1976 —— 50 JAHRE —— 2026
RICHARD WAGNER MUSEUM
RWM BAYREUTH

Wahnfried

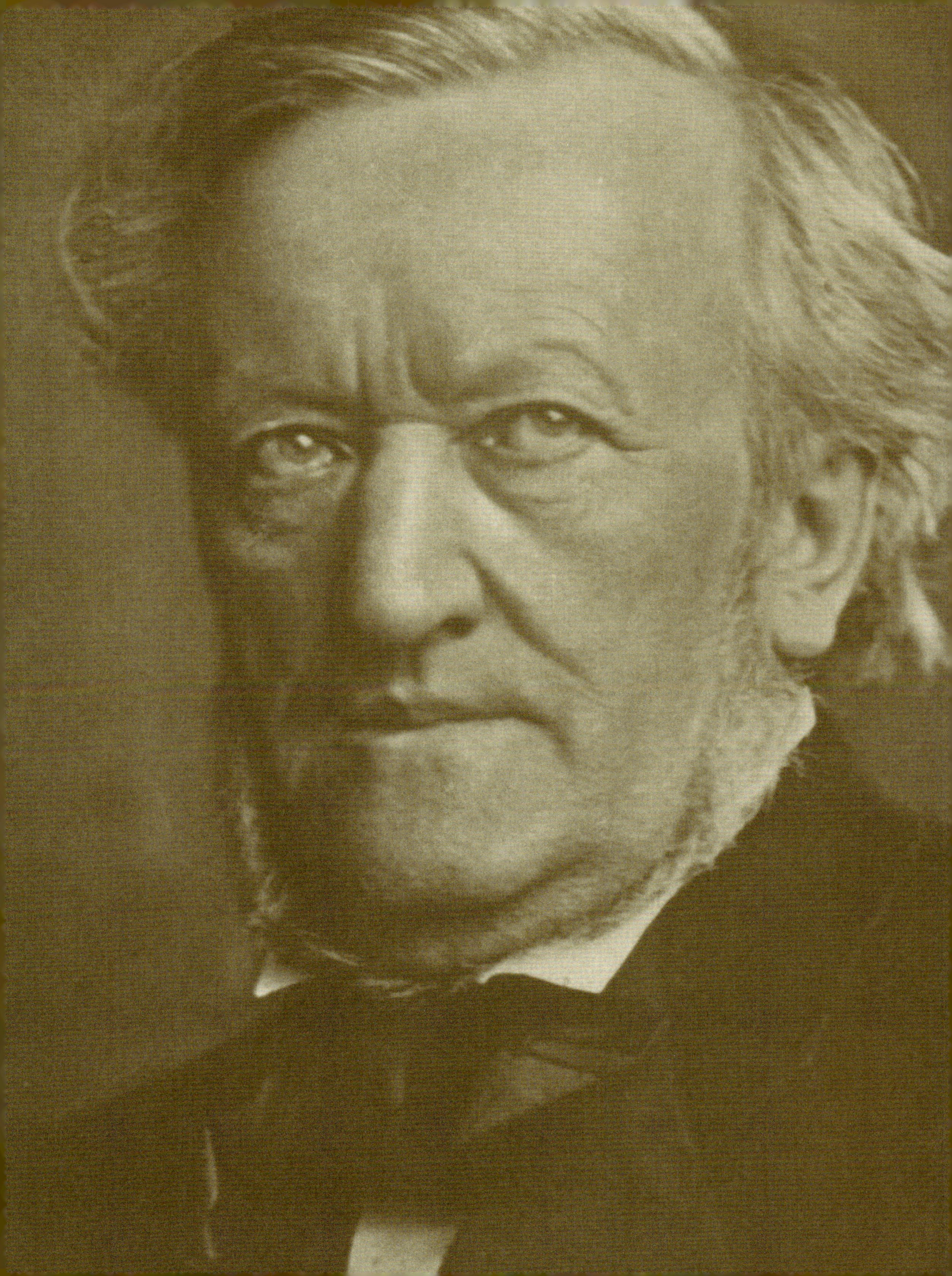

150

Utopie
und Echo

Sven Friedrich

Wahnfried

50 Jahre Richard Wagner Museum
1976–2026

Hrsg. von der Richard-Wagner-Stiftung Bayreuth

Deutscher
Kunstverlag

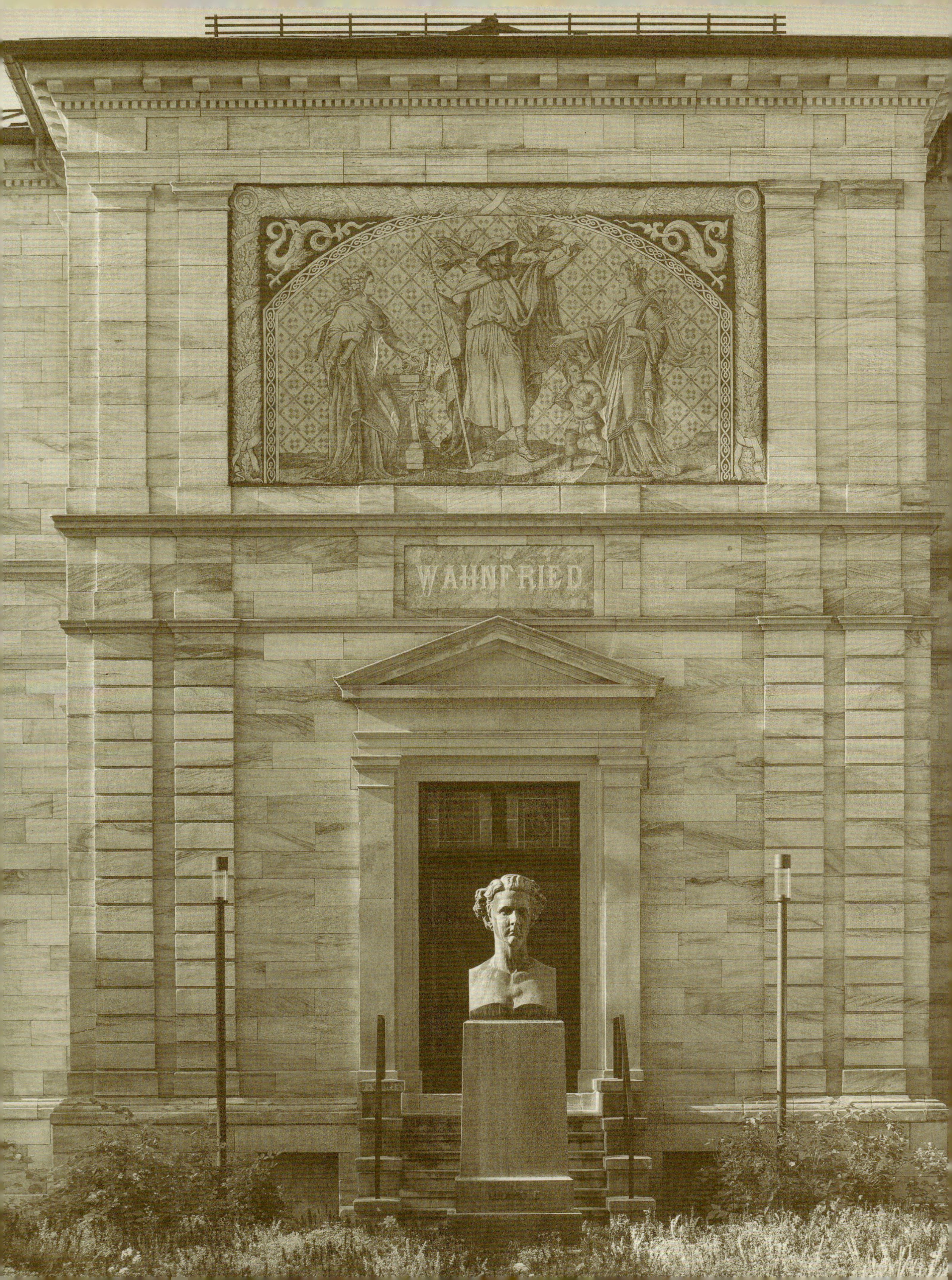
WAHNFRIED

Inhalt

Grußwort des Regierungspräsidenten

Was wäre Bayreuth ohne seine Richard-Wagner-Festspiele? Mit Richard Wagners Uraufführung seiner Tetralogie *Der Ring des Nibelungen* im Jahr 1876 nahm für die Stadt Bayreuth eine bis dahin unvorstellbare dynamische Entwicklung ihren Anfang: Die Bayreuther Festspiele waren geschaffen! Bis heute sind sie ein kulturelles Ereignis von internationaler Strahlkraft, das Opernfreunde aus aller Welt anzieht und den Namen Bayreuth in die Welt trägt.

Die Faszination von Wagners Werk ist ungebrochen. Seit 150 Jahren pilgern Kunstschaffende, Musikbegeisterte sowie Persönlichkeiten aus Politik, Wirtschaft und gesellschaftlichem Leben aus allen Kontinenten alljährlich auf den Grünen Hügel, um in dem von Wagner selbst geschaffenen Festspielhaus seine Opern zu erleben. Es war Wagner selbst, der seinen Nachfolgern den Rat »Kinder, macht Neues« mit auf den Weg gegeben hat, auf dass sein Werk immer wieder neu interpretiert werden möge. Operngeschichte schrieb etwa das »Neu-Bayreuth« von Wieland Wagner, der mit seinem *Parsifal* 1951 der Wegbereiter eines neuen Inszenierungsstils wurde. Die Bühne wurde »entrümpelt« und auch der »Weihrauch« war verschwunden. Ebenso prägend war der »Jahrhundert-*Ring*« von Patrice Chéreau im Jahr 1976, eine aufregende Neuinszenierung, die mit Traditionen gebrochen hat und die »Werkstatt Bayreuth« in eine neue Zeit führte.

Der zweite Fixstern für Besucherinnen und Besucher Bayreuths ist Haus Wahnfried, der Ort, mit dem sich Wagner den Wunsch nach einem festen Lebensmittelpunkt erfüllte, wo sein »Wähnen Frieden fand«, wie er es selbst formulierte und wie es an der Nordostfassade zu lesen ist. Nach teilweiser Zerstörung im Zweiten Weltkrieg wurde das Gebäude 1976 weitgehend originalgetreu wiederhergestellt. Seither dient das Haus als Richard Wagner Museum mit dem Nationalarchiv und der Forschungsstätte der 1973 errichteten Richard-Wagner-Stiftung. Sie widmet sich der Bewahrung des umfangreichen Nachlasses Richard Wagners und stellt ihn der Forschung zur Verfügung. Im Haus Wahnfried wird die Lebens- und Schaffenswelt Wagners auf besondere Weise spürbar.

Nach knapp vier Jahrzehnten wurde das Museum um das benachbarte Siegfried-Wagner-Haus erweitert. Am authentischen Ort wird hier auch das ideologisch belastete Kapitel der deutschen und der Bayreuther Geschichte dokumentiert. Gleichzeitig wurde das historisch gewachsene Gebäudeensemble mit einem Erweiterungsbau ergänzt. Der transparent und filigran gestaltete Neubau fügt sich sensibel in das bestehende Ensemble ein und erfüllt zugleich komplexe funktionale Anforderungen – als Ausstellungs- und Depotraum sowie als unterirdischer Zugang zum Haus Wahnfried. Für dieses gelungene architektonische Konzept wurde der Bau zu Recht mit dem Bayerischen Staatspreis für Bauen im Bestand ausgezeichnet.

Mit seiner spannenden musealen Konzeption und seinem ganzjährigen Angebot ergänzt das Museum den sommerlichen Festspielbetrieb auf ideale Weise. Es macht das faszinierende und zugleich ambivalente Kulturphänomen Wagner verständlich – und lädt dazu ein, es immer wieder neu zu hinterfragen.

Gerade im Jubiläumsjahr, in dem wir auf 150 Jahre Bayreuther Festspiele und zugleich auf 50 Jahre Richard Wagner Museum zurückblicken, wird diese besondere Verbindung von Kunst, Geschichte und kritischer Auseinandersetzung besonders deutlich. Die zahlreichen Veranstaltungen und Ausstellungen dieses Jahres eröffnen neue Perspektiven auf Werk und Wirkung Richard Wagners.

Den Bayreuther Festspielen und dem Richard Wagner Museum gratuliere ich herzlich zu diesen bedeutenden Jubiläen. Mögen sie auch in Zukunft Menschen aus aller Welt begeistern, zum Nachdenken anregen und die lebendige Auseinandersetzung mit Kunst und Kultur weitertragen.

Florian Luderschmid
Regierungspräsident von Oberfranken
Vorstandsvorsitzender der Richard-Wagner-Stiftung Bayreuth

Grußwort des Oberbürgermeisters

In seinem Bayreuther Wohnhaus »Wahnfried« sollte – der Inschrift auf der Vorderseite nach – Richard Wagners »Wähnen Frieden« finden. Hier verbrachte er seine letzten zehn Lebensjahre. Hier vollendete er mit der *Götterdämmerung* den letzten Teil seiner gigantischen Tetralogie *Der Ring des Nibelungen* und hier komponierte er große Teile seines letzten Werks *Parsifal*. Von hier aus leitete er den Bau des Festspielhauses und die ersten Festspiele 1876 und 1882.

Auch nach Wagners Tod blieb das Haus Familienwohnsitz. Am 5. April 1945 durch einen Bombentreffer zur Hälfte zerstört, wurde das Fragment nach dem Krieg für Wohnzwecke der Familie Wieland Wagners ertüchtigt. Die Gartenseite und auch die veränderten Innenräume erinnerten jedoch in keiner Weise mehr an das historische Wahnfried Richard Wagners. Nach Wieland Wagners allzu frühem Tod 1966 stand das Haus zunächst leer. Von 1973 bis 1976 wurde es dann originalgetreu wiederaufgebaut und als Museum eingerichtet.

Mit der Grabstätte Richard und Cosima Wagners im Park ist das Haus eine der Hauptsehenswürdigkeiten in unserer gerade an kulturellen Anziehungspunkten gewiss nicht armen Stadt. Seit nun einem halben Jahrhundert ist es Museum. Hervorgegangen aus der ehemaligen Richard-Wagner-Gedenkstätte im Neuen Schloss gehört es zum Pflichtprogramm kulturell interessierter Besucherinnen und Besucher, vor allem natürlich für das Publikum und die Mitwirkenden der Bayreuther Festspiele.

Mit dem Nationalarchiv und der Forschungsstätte der Richard-Wagner-Stiftung beherbergt Wahnfried nicht nur die weltweit größte Wagner-Sammlung, sondern ist auch der zentrale Ort für die Dokumentation und Vermittlung von Richard Wagners Leben und Schaffen, seiner vielgestaltigen und manchmal auch monströsen Wirkungen und der wissenschaftlichen Auseinandersetzung mit diesem einzigartigen Kulturphänomen.

In den Jahren 2010–2015 vollständig saniert, erweitert und neugestaltet hat sich das Museum bis heute zu einem lebendigen und agilen Kulturbetrieb mit verschiedensten Veranstaltungsformaten entwickelt. Sonder- und Wechselausstellungen, Kammerkonzerte und Events führen Menschen unterschiedlichster Interessenlagen zusammen und bieten den Besucherinnen und Besuchern bei ihrer Begegnung mit Wagner Erlebnisse auf allen Ebenen.

Nach nun 150 Jahren Bayreuther Festspiele dokumentiert der vorliegende Band aus Anlass des 50-jährigen Bestehens des Museums seine Entstehung und seine Arbeit bis in die Gegenwart. Er beschreibt damit nicht nur ein Stück kultureller Stadtgeschichte, sondern dient auch der Rückvergewisserung eines Ortes der nationalen und internationalen Wagner-Begeisterung. Allen Leserinnen und Lesern seien daher aufschlussreiche und manchmal auch amüsante Einsichten in die Geschichte des Hauses Wahnfried gewünscht.

Thomas Ebersberger
Oberbürgermeister der Stadt Bayreuth 2020–2026
Geschäftsführer der Richard-Wagner-Stiftung Bayreuth

Vorwort

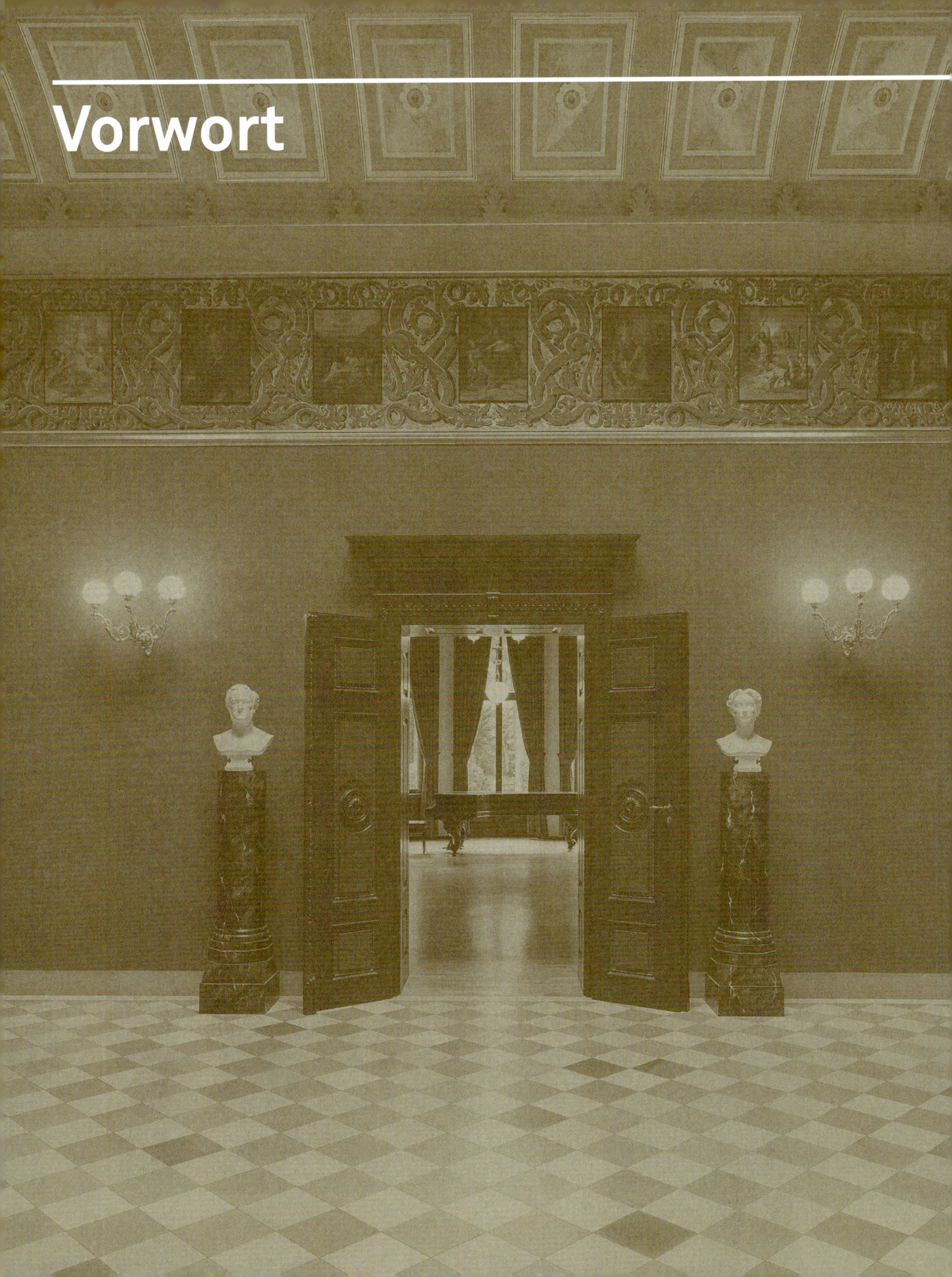

Das Jahr 1976 markierte zum Zentenarium der Bayreuther Festspiele einen Höhepunkt in der wechselvollen Geschichte dieses einzigartigen Musiktheater-Unternehmens: Patrice Chéreau hob als erster ausländischer Regisseur seine als »Jahrhundert-*Ring*« apostrophierte Inszenierung der festspielbegründenden Tetralogie aus der Taufe. Sie sollte gleichermaßen zum größten Skandal erbitterter Ablehnung und nach ihrer Dernière 1980 mit dem über 100-minütigen Schlussapplaus zum bislang größten Erfolg der Festspielgeschichte werden und ist so bis heute Kult geblieben. Auch eine Arbeitsgemeinschaft »100 Jahre Bayreuther Festspiele« wurde ins Leben gerufen, die eine zehnbändige Schriftenreihe der Fritz Thyssen Stiftung hervorbrachte, bis heute sämtlich Standardwerke zur Festspielgeschichte, und – last, not least – in Wagners ehemaligem Bayreuther Wohnhaus »Wahnfried« wurde unter Anwesenheit des Bundespräsidenten und erklärten Nicht-Wagnerianers Walter Scheel sowie weiterer hochrangiger Repräsentanten der Bundesregierung und des Freistaats Bayern das Richard-Wagner-Museum eröffnet.

Im Jahr 2026 steht demnach nun ein weiteres Doppeljubiläum an: 150 Jahre Bayreuther Festspiele mit der Erstaufführung des *Rienzi* und einem visuell von Künstlicher Intelligenz gestalteten *Ring des Nibelungen* sowie 50 Jahre Richard-Wagner-Museum. Es hat sich in dieser Zeit von der an authentischem Ort ausgestellten Sammlung zu Leben und Werk Richard Wagners und zur Geschichte der Bayreuther Festspiele zu einem nicht nur räumlich, sondern auch inhaltlich vielfältigen Betrieb des Sammelns, Bewahrens, Ausstellens und Vermittelns, der Veranstaltungen und Forschung entwickelt. Und während es in dieser Zeit mit Wolfgang, Eva und Katharina Wagner drei Festspielleiter und -leiterinnen gab, beschränkte sich das Museum mit Manfred Eger und Sven Friedrich auf nur zwei Direktoren.

Auf den folgenden Seiten soll aus diesem Anlass auf ein halbes Jahrhundert Richard-Wagner-Museum zurückgeblickt werden. Wir wollen seine Arbeit dokumentieren, aber auch an große und kleine Begebenheiten und Episoden erinnern, die sich in diesen 50 Jahren im und um das Haus Wahnfried ereignet haben.

Die Rückschau auf 50 Jahre »Richard-Wagner-Museum mit Nationalarchiv und Forschungsstätte der Richard-Wagner-Stiftung Bayreuth«, so die vollständige und nach gutem deutschem Sprachgebrauch etwas sperrige Bezeichnung der Institution, kann und soll jedoch kein Selbstzweck sein, sondern vielmehr Selbstvergewisserung als notwendige Grundlage einer Zukunftsperspektive.

Rechenschaft ablegen oder Bilanz ziehen wollen wir indessen nicht, denn im dauernden Wandel der Zeiten und Rahmenbedingungen gibt es keine Haltepunkte. Die ständige Veränderung des Hauses, seines Selbstverständnisses, seiner Aufgaben und Angebote wird auch künftig fortschreiten. Die Maßstäbe einer Standortbestimmung können daher niemals absolut sein. Gleichwohl erscheint es lohnend, die Geschichte des Hauses zu erzählen, das einst das Wohnhaus Richard Wagners war.

Der besseren Lesbarkeit halber haben wir auf Fußnoten, Quellenverweise und einen wissenschaftlichen Apparat verzichtet und uns auf ein Literaturverzeichnis beschränkt. Die Quellen entstammen dabei sämtlich unserem Archiv sowie den Erinnerungen des Verfassers. Gemäß den Regeln der deutschen Rechtschreibung wird das generische Maskulinum verwendet. Es gilt gleichermaßen für alle Geschlechter – auch in der Pluralform.

Besonderer Dank gilt der Richard-Wagner-Stiftung und den Zuschussgebern, die diese Publikation im Rahmen unserer Aktivitäten zum 150-jähigen Jubiläum der Festspiele und dem 50-jährigen Bestehen von Museum und Archiv unter dem Titel *50/150 – Utopie und Echo* ermöglicht haben, vor allem dem Beauftragten der Bundesregierung für Kultur und Medien, dem Bayerischen Staatsministerium für Wissenschaft und Kunst, der Stadt Bayreuth, der wie immer unverzichtbaren Oberfrankenstiftung, der Gesellschaft der Freunde von Bayreuth, der Rainer-Markgraf-Stiftung Bayreuth, dem Arbeitskreis selbständiger Kulturinstitute (AsKI) sowie allen Spendern und Sponsoren.

Zu danken ist aber auch dem Deutschen Kunstverlag, Frau Kathleen Herfurth und Frau Dr. Imke Wartenberg, für die großartige Zusammenarbeit und Betreuung dieses vergleichsweise kurzfristig verwirklichten Buchprojekts, Frau Dr. Andrea Schaller für das sorgfältige Lektorat und Herrn Edgar Endl für Layout und Satz sowie unseren Mitarbeiterinnen und Mitarbeitern für ihre Unterstützung: Tanja Dobrick für die Bildredaktion, Kristina Unger für ihre Recherchen im Archiv sowie Oliver Zeidler und Julia Nützel für die Durchsicht der Akten. Dank gilt aber auch allen anderen, die in den folgenden Kapiteln erwähnt werden. Sie haben sämtlich ihren Anteil an 50 Jahren Richard-Wagner-Museum.

Bayreuth, im März 2026
Sven Friedrich

Vorspiel: Die Richard-Wagner-Gedenkstätte 1923–1973

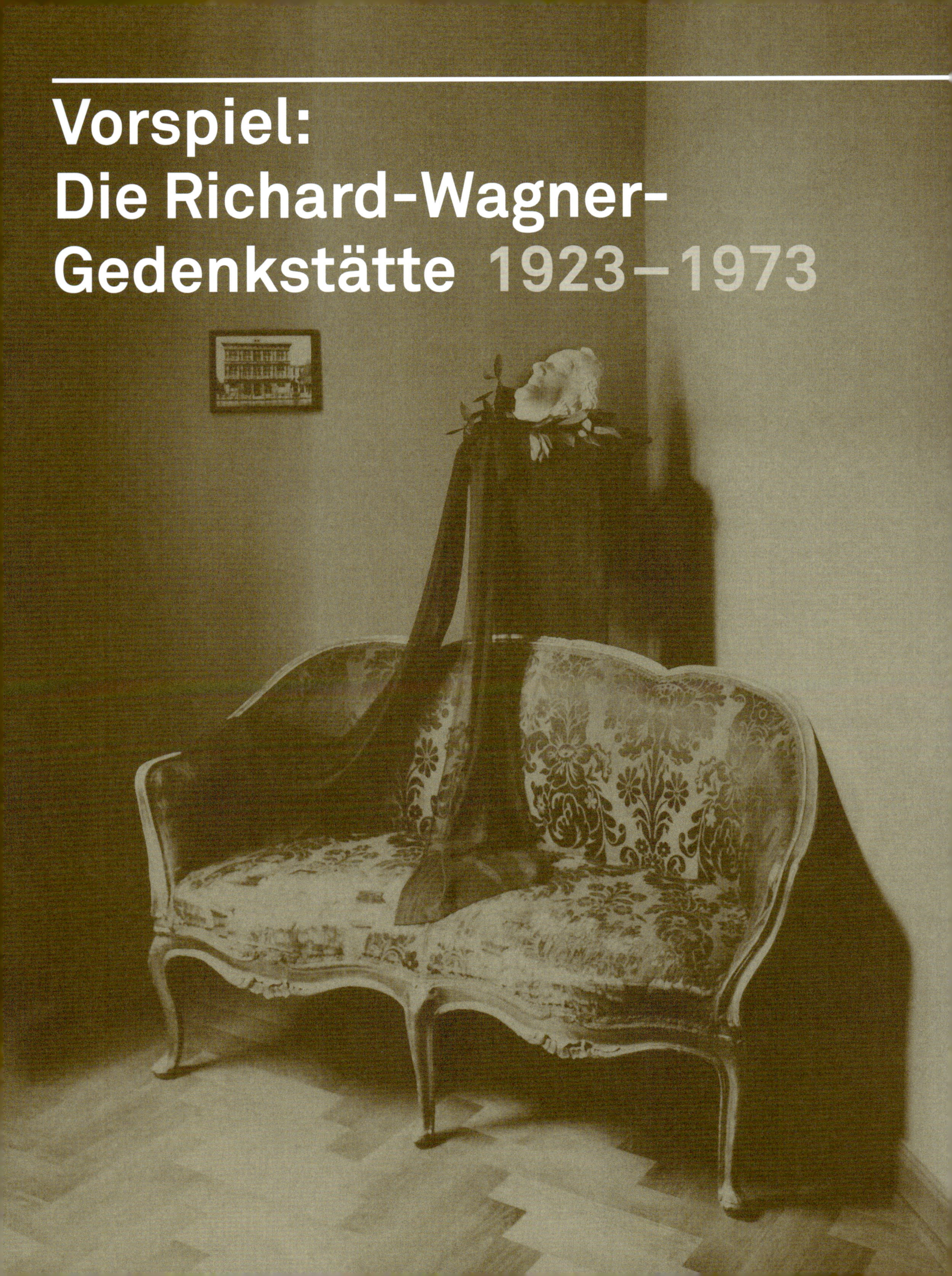

Eine Oper beginnt mit einer Ouvertüre, ein Musikdrama Richard Wagners mit einem Orchestervorspiel. Die Ouvertüre präsentiert die wichtigsten musikalischen Themen des Werks, das zumeist mythisch raunende Vorspiel ist dagegen bereits Teil der Handlung, auf die es vorausweist. So beginnt auch die Geschichte des Richard-Wagner-Museums nicht erst mit dessen Eröffnung 1976, sondern reicht bis zu Richard Wagner (1813–1883) selbst zurück. Unter tatkräftiger Mithilfe seiner Frau Cosima, geb. Comtesse de Flavigny (1837–1930), Tochter Franz Liszts (1811–1886) und Marie d'Agoults (1805–1876), hatte er in Tribschen bei Luzern und in Wahnfried mit der Petrifizierung seines Lebens und Schaffens begonnen. Er diktierte Cosima seine Autobiografie *Mein Leben* und bereitete die zunächst zehn-, später sechzehnbändige Ausgabe seiner *Gesammelten Schriften und Dichtungen* vor. Hierzu wurden alle greifbaren Dokumente zusammengetragen und so das Fundament zu einem einzigartigen Künstlermythos gelegt. Die Begründung der Bayreuther Festspiele 1876 und die Wirkungsmacht seiner musikdramatischen Werke führte überdies zu einem unvergleichlichen Wagner-Kult, der durch die ideologische Anschlussfähigkeit der metapolitischen Ästhetik seines »Gesamtkunstwerks« eine weltanschauliche Dimension mit fatalen Konsequenzen erhalten sollte.

Wagner hat jedoch kein Testament hinterlassen, welches seine Nachlassangelegenheiten und die Zukunft der Bayreuther Festspiele rechtsverbindlich hätte regeln können. So unternahm der Bayreuther Bankier Adolf von Groß (1845–1931), der die finanziellen und juristischen Angelegenheiten der Familie besorgte und der nach Wagners Tod zum Vormund der Kinder bestellt worden war, dem dringenden Wunsch von Wagners Witwe Cosima folgend, die nötigen Schritte, um ihren und Wagners Sohn Siegfried (1869–1930) neben ihr selbst zum alleinigen Erben zu machen, seine Schwestern dagegen mit dem gesetzlichen Pflichtteil abzufinden und so die dynastische Erbfolge zu sichern.

Cosima Wagner ging es bei ihrer Sammeltätigkeit selbstredend nicht um Bestandssicherung zum Zweck objektiver oder gar wissenschaftlicher Dokumentation. Sie forderte Wagners Briefe schon deshalb von verschiedensten Adressaten zurück, um im Interesse einer möglichst widerspruchsfreien Wagner-Hagiografie mit der

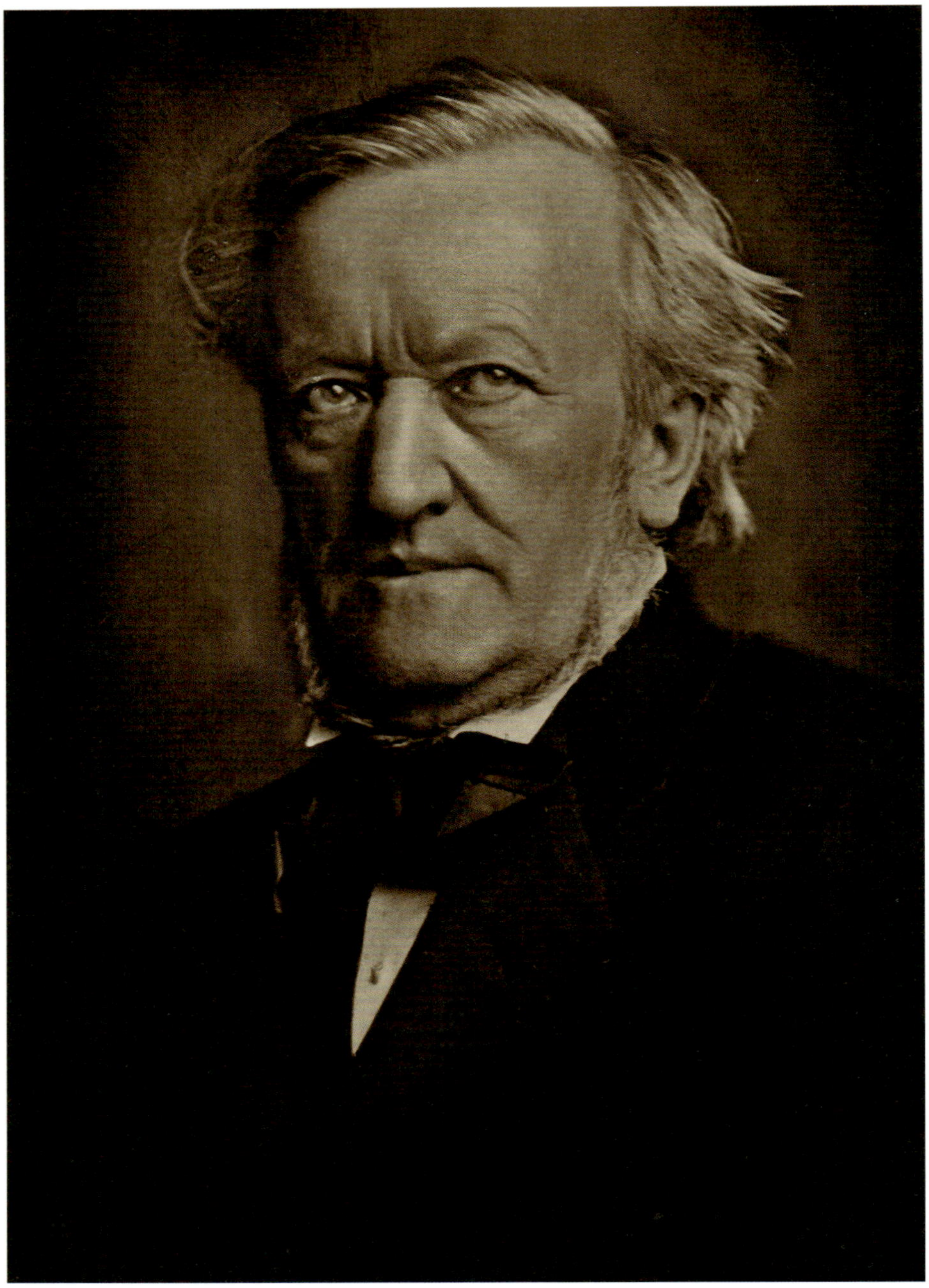

Richard Wagner, 1880

Zusammenführung in Wahnfried auch die Kontrolle über deren Nutzung zu haben. Was nicht ins Bild passte, wurde retuschiert, verborgen oder gar eliminiert. Mythenbildung per Waberlohe war in Wahnfried ein probates Mittel der Lebensdarstellung Wagners. So verbrannte Cosima beispielsweise die ihr zugänglichen Briefe Friedrich Nietzsches (1844–1900) an Wagner und sie selbst sowie auch Wagners Briefe an seine Geliebte Mathilde Wesendonck (1828–1902) – glücklicherweise jedoch erst nach deren Publikation durch Wolfgang Golther 1908.

Mit gemeinschaftlichem Testament vom 8. März 1929 hatten sich Siegfried und seine Ehefrau Winifred Wagner (1897–1980) gegenseitig als Allein- und Vorerben ihrer Kinder und diese als Nacherben zu gleichen Teilen eingesetzt. Mit dem Tod Cosima Wagners am 1. April und nur kurz darauf Siegfried Wagners am

Cosima Wagner, 1911

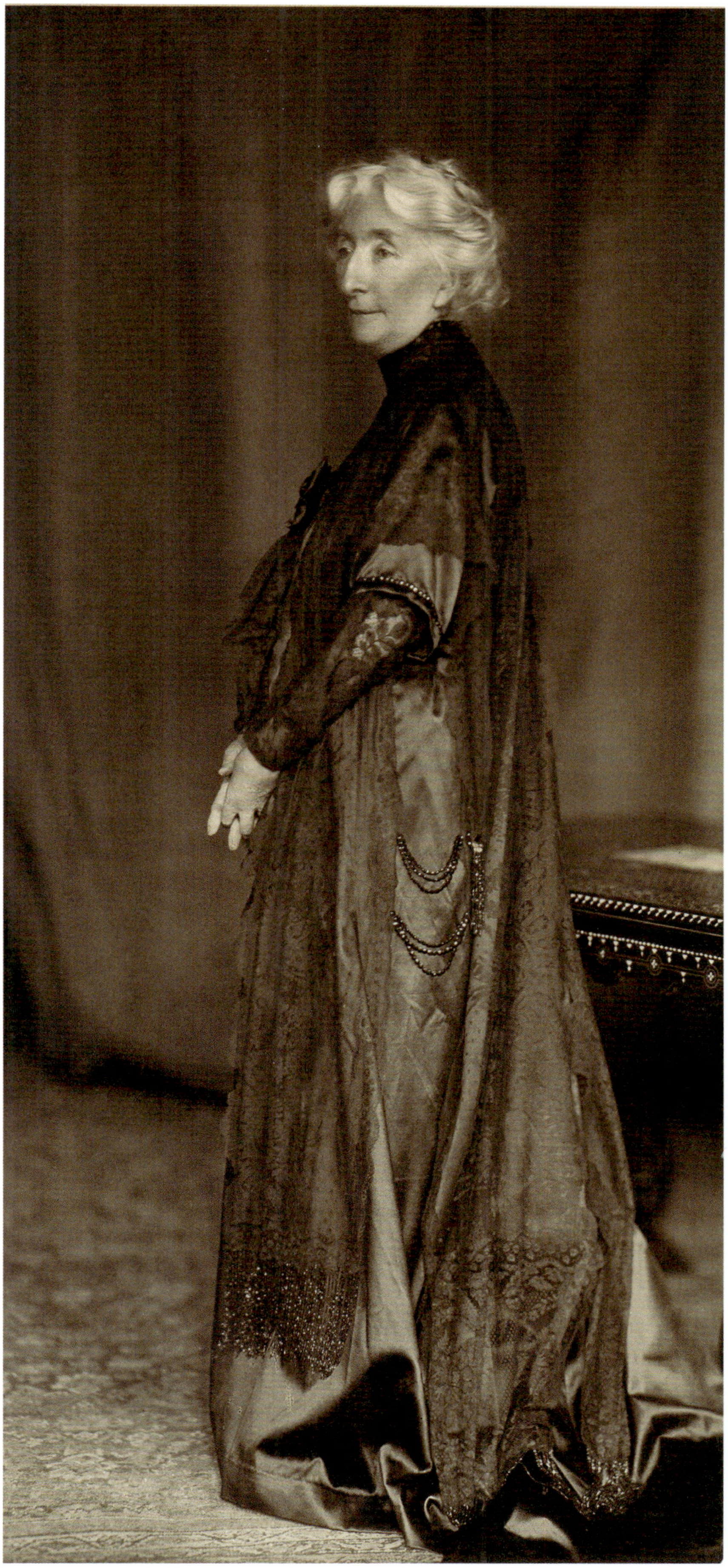

Winifred und Siegfried Wagner

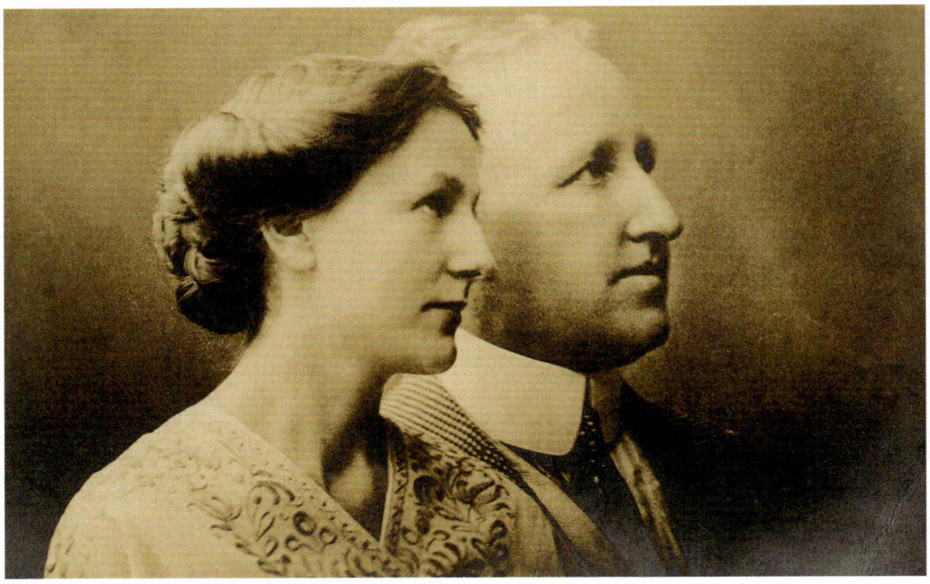

4. August 1930 ging nicht nur das Festspielhaus, sondern auch der Familiensitz Wahnfried und der Nachlass Richard und Cosima Wagners zunächst in das Eigentum Winifred Wagners über.

Helena Wallem (1873–1953)

Helena Wallem wuchs in Riga als Tochter eines norwegischen Vaters und einer deutschen Mutter auf. Ihr Leben hatte ihrer eigenen Aussage nach mit ihrem ersten Besuch der Bayreuther Festspiele 1896 den entscheidenden Impuls erhalten. Ihre »Sendung« fand sie als Pflegetochter und Mitarbeiterin des von ihr zutiefst verehrten Carl Friedrich Glasenapp (1847–1915). Er war der Verfasser der ersten monumentalen Wagner-Biografie, die 1911 in sechs Bänden und mit einem Umfang von mehr als 3.000 Seiten erschien. Nach seinem Tod übersiedelte sie 1921 nach Bayreuth. Am Sehnsuchtsort jedes Wagnerianers richtete sie in ihrer Wohnung in der Friedrichstraße 19 mit Gegenständen aus Glasenapps Nachlass, seiner Bibliothek und einigen Möbelstücken ein »Glasenapp-Gedenkzimmer« und einen »Biographischen Richard-Wagner-Saal« ein.

Helena Wallem, 1938

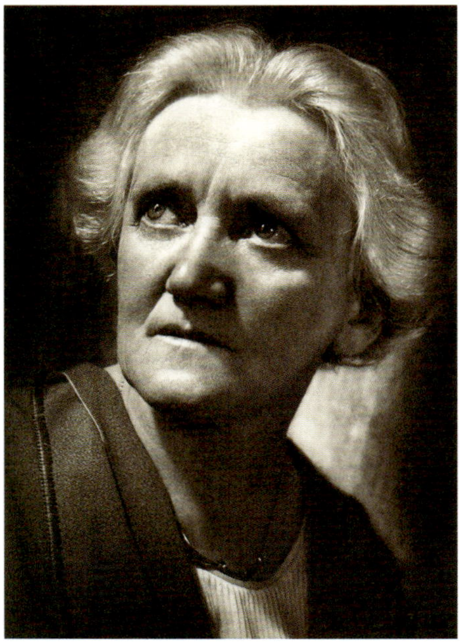

Sie war eine besessene Wagner-Apologetin und das, was man heute wohl eine begabte Netzwerkerin nennen würde, die nicht nur mit der Familie Wagner und den Repräsentanten der Stadt Bayreuth, sondern auch Wagnerianern weltweit in Verbindung stand und dadurch ihre Sammlung kontinuierlich um weitere Nachlässe, Manuskripte, Briefe, Musikalien, Objekte, Fotografien, Originalausgaben und wissenschaftliche Literatur erweitern konnte. Für ihren Übervater Glasenapp und dessen Werk forderte sie lange Zeit nicht weniger als den Literaturnobelpreis. Über die selbsternannte Ordensfrau des Wagnerianismus, die stets darauf bestand, als »*Fräulein* Wallem« angesprochen zu werden, spottete man in Bayreuth bald mit einer Paraphrase der »Gralserzählung« aus dem III. Akt des *Lohengrin*: »Alljährlich naht vom Himmel eine Taube, um neu zu stärken ihre Jungfernschaft …«.

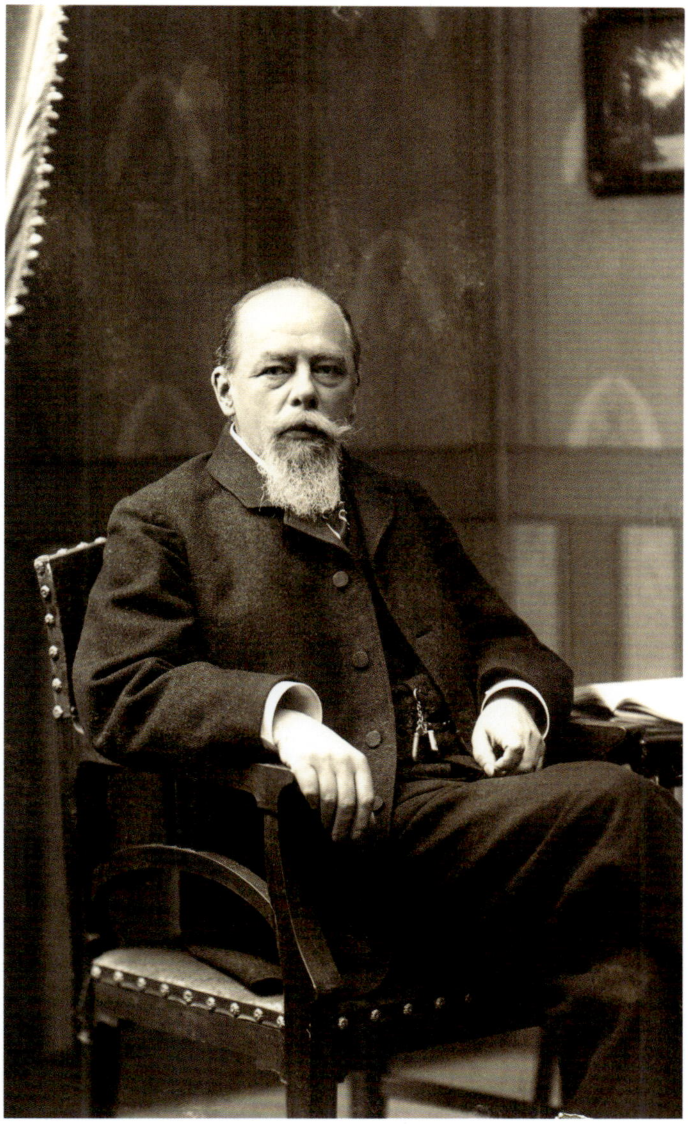

Carl Friedrich Glasenapp

Besonders der Bayreuther Oberbürgermeister Albert Preu (1868–1944) und der städtische Rechtsrat Karl Keller erwiesen sich als wichtige Förderer der Idee, neben den Festspielen als Vergegenwärtigung und Feier des Werks auch die geradezu mythische Persönlichkeit Richard Wagner selbst institutionell zu verankern und hierfür eine dauerhafte museale Institution zu schaffen. So schrieb Preu am 11. Mai 1923 an das Bayerische Staatsministerium für Unterricht und Kultus:

»Wir brauchen nur anzudeuten, daß weder die Stadt Bayreuth, noch [...] der Bayerische Staat eine Wagner-Spezialbibliothek wie die Glasenapp'sche, noch gar ein Wagner-Museum von der Art des geplanten Wagner-Saales besitzen und daß die Schaffung solcher Einrichtungen nicht allein für die Forschung und für weite Kreise der Kunst- und Literatur-Freunde von hohen Werte sein, sondern auch die Erfüllung einer Dankesschuld bedeuten, die die Stadt Bayreuth, aber auch der Bayerstaat dem Werke Richard Wagners schulden. [...] Nur in der hingebungsvollen Versenkung in ihre Geisteswelt kann das deut-

Eingang zur Richard-Wagner-Gedenkstätte im Neuen Schloss Bayreuth, vor 1945

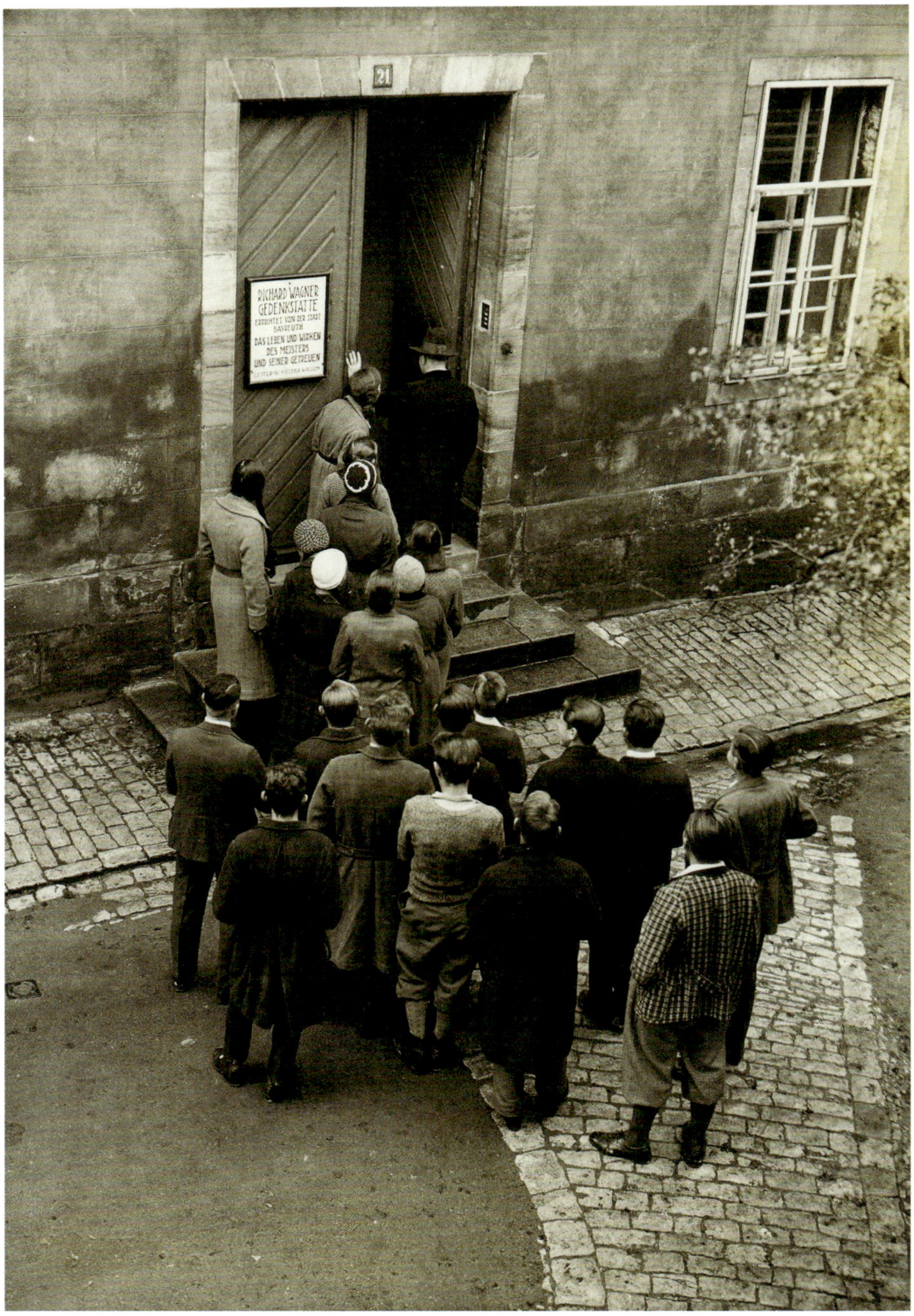

sche Volk innerlich genesen und die Kraft zur Überwindung der äußeren wirtschaftlichen Nöte finden. Es gilt also jetzt ganz besonders, Unternehmungen zu fördern, die dieser Verinnerlichung zu dienen geeignet sind. Was macht eine Stätte, wie Weimar, dem deutschen Volke zu einem Nationalheiligtum und lockt alljährlich Tausende dorthin? Nicht der äußere Glanz und die blühende Entwicklung der Stadt, sondern der Geist Goethes! So wird auch alles, was der Erinnerung an Richard Wagner dient und dem Beschauer die Vertiefung in seine Ideenwelt und sein Kunstwerk erleichtert, dazu beitragen, Bayreuth noch mehr als bisher schon zu einem Nationalheiligtum der Deutschen zu machen.«

Houston Stewart Chamberlain
und Hans von Wolzogen

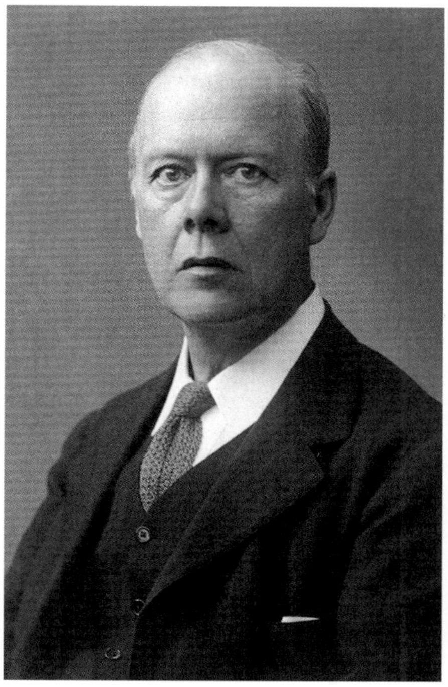

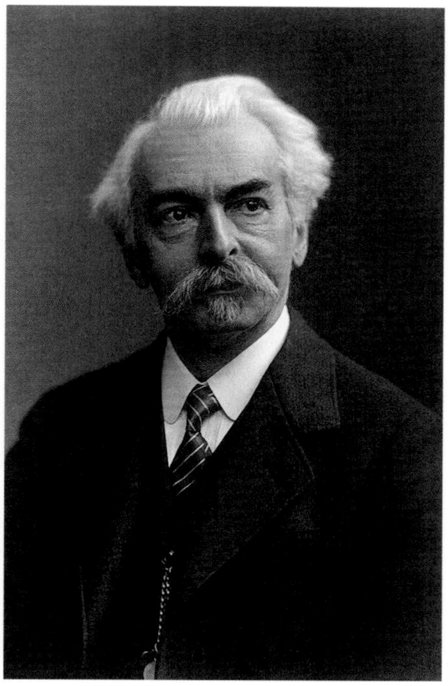

Tatsächlich wurde Wallems Sammlung, für deren Präsentation sie nun den »Damenflügel« des Neuen Schlosses nutzen konnte, am 22. Juli 1924 als »Richard-Wagner-Gedenkstätte« eröffnet und am 1. August 1927 von der Stadt Bayreuth erworben, die damit auch die Trägerschaft der Gedenkstätte übernahm. Bei dieser Gelegenheit erhielt der Verbindungsweg vom Vorplatz des Schlosses zum Hofgarten, der am Damenflügel vorbeiführt, den Namen »Glasenappweg«, den er bis heute trägt.

In den sozialpolitischen Wirren der 1920er Jahre erlebte der sogenannte »Bayreuther Gedanke« einen gehörigen Aufschwung. Dieser beruhte auf der Kulturtheorie des späten Wagner, der gegen den vermeintlichen Verfall der deutschen Kultur eine »Regeneration der Menschheit aus den Naturkräften« zum Zwecke einer »ästhetischen Weltordnung« als Heilmittel anempfahl. Zur Weltanschauung geronnen, verschaffte Wagners ideologisierte Ästhetik den nationaldeutschen und völkischen Kreisen nach den Demütigungen von Kriegsniederlage und Versailler Verträgen eine kulturelle Legitimation für einen Sieg des »arischen« Deutschtums in einem antisemitischen Rassenkampf.

Die Richard-Wagner-Gedenkstätte fungierte vor diesem Hintergrund durchaus nicht nur als traditionalistischer Verehrungsort und Kultstätte für Richard Wagner als idealisierte Zentralfigur deutscher Nationalkultur, sondern – neben den Klassiker-Gedenkstätten in Weimar – auch als Ort des Widerstands gegen den vermeintlichen Kulturverfall durch die als dekadent und »jüdisch-bolschewistisch« apostrophierte ästhetische Moderne. Sie verstand sich als Hort »geistiger Erneuerung« und hatte in ihrer Leiterin Helena Wallem eine zentrale Stellung und weltanschauliche Funktion im sogenannten »Bayreuther Kreis« um das Haus Wahnfried. Mit der erhaben-autoritativen Erscheinung der »hohen Frau«

Cosima als gleichsam apostolischem Mittelpunkt, ihrem Schwiegersohn Houston Stewart Chamberlain (1855–1927) als Chefideologen und den von Hans von Wolzogen (1848–1938) herausgegebenen *Bayreuther Blättern* als publizistisches Zentralorgan wurde hier die ideologische, völkisch-nationale und parareligiöse Wagner-Aneignung betrieben.

In Cosima Wagners Töchtern Daniela Thode (1860–1940) und Eva Chamberlain (1867–1942) fand Helena Wallem prominente Unterstützerinnen. Vor allem Letztere überließ der Gedenkstätte neben anderen Dokumenten und Erinnerungsstücken auch die in ihrem Besitz befindlichen Tagebücher ihrer Mutter.

Weitere bedeutende Förderer waren vor allem der dänische Fabrikant und Wagnerianer Robert Bartsch (1859–1948) und der Kölner Fabrikant Heinrich Bales (1872–1954). Bartsch hatte der Gedenkstätte 1928 nicht nur ein Drittel seines Vermögens für weitere Ankäufe, sondern auch seine wertvolle Handschriften-Sammlung und seine Wagner-Bibliothek mit 6.000 Bänden in 25 Sprachen hinterlassen und diese laufend durch Zukäufe erweitert. Bales finanzierte immer wieder Ankäufe (allein 1929 für 40.000 Reichsmark), wofür ihm Siegfried Wagner mit dem *Bales-Tänzchen* aus Dankbarkeit sogar eine kleine Komposition widmete. Für ihre Verdienste um die Gedenkstätte erhielten Bartsch und Bales am 22. August 1928 auch die Goldene Bürgermedaille und die Ehrenbürgerwürde

Daniela Thode und Eva Chamberlain

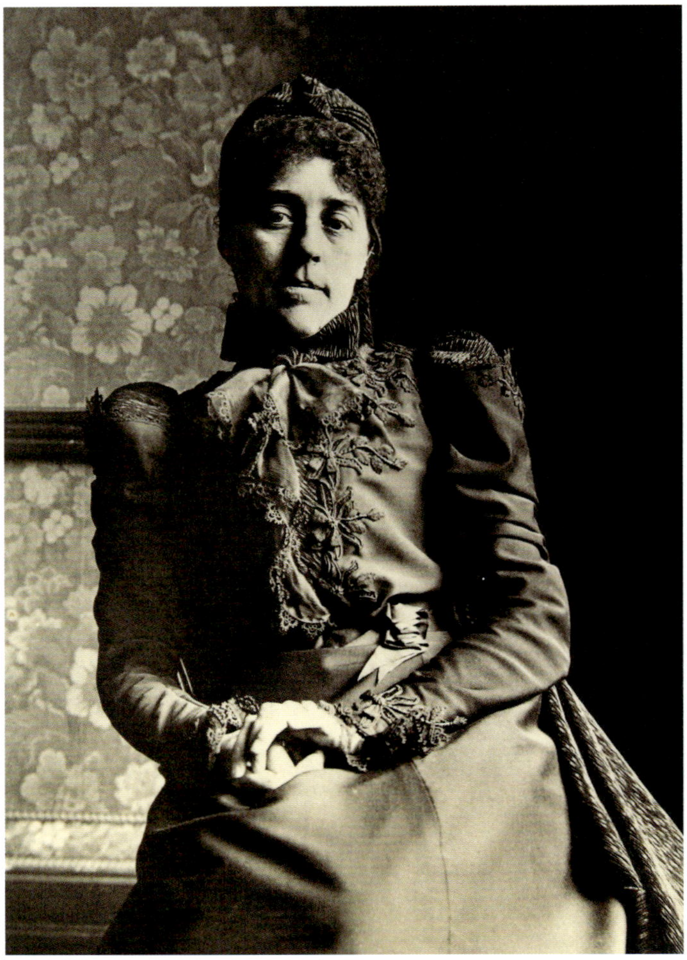

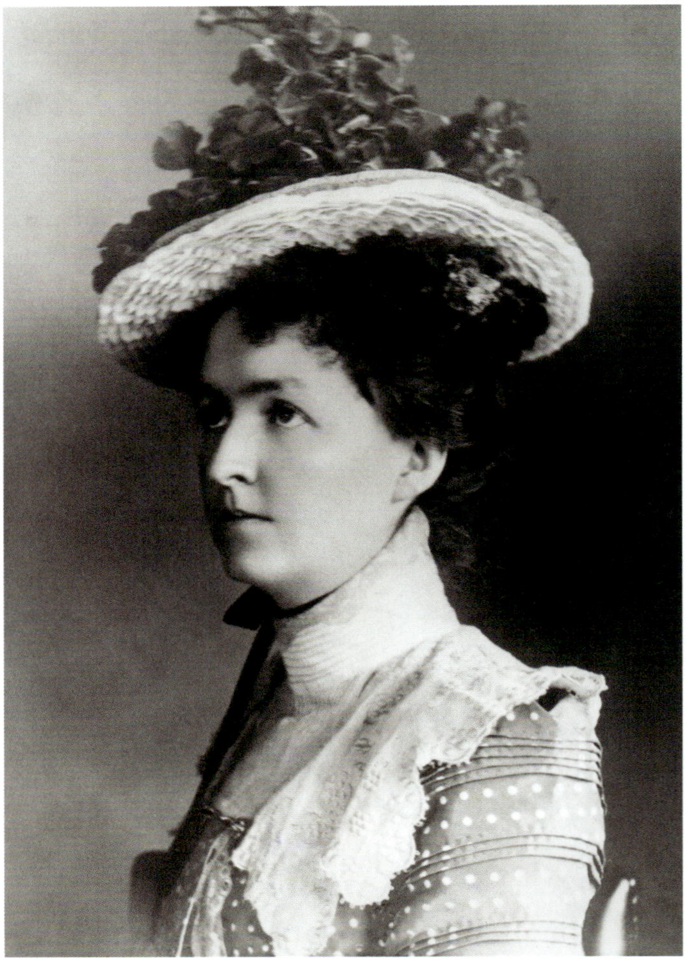

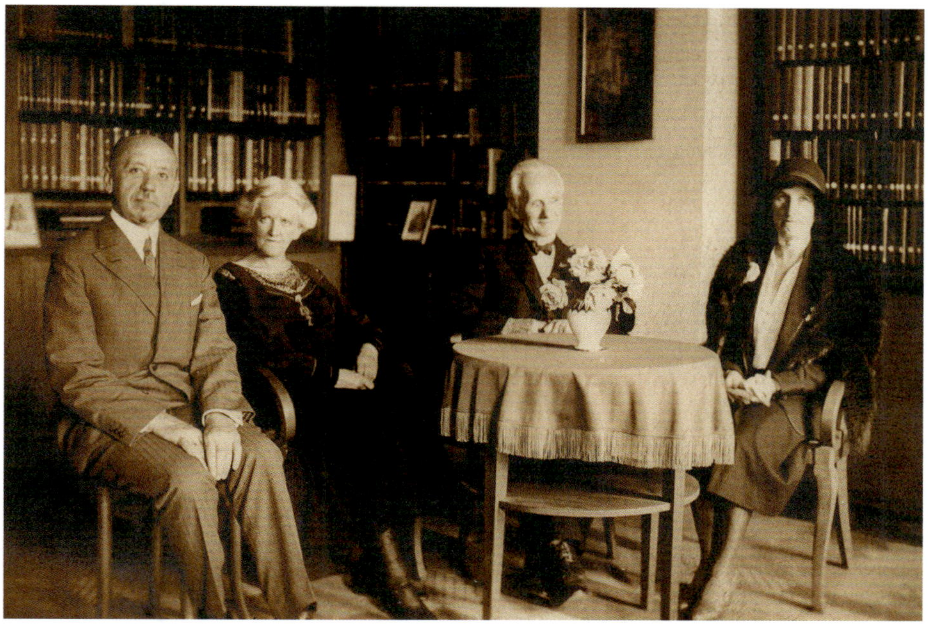

Heinrich Bales, Helena Wallem, Robert Bartsch und Margarethe Bales (v.l.n.r.) in der Richard-Wagner-Gedenkstätte

der Stadt Bayreuth. Siegfried Wagner selbst überließ der Gedenkstätte neben anderen Gegenständen wie Bühnenbildmodellen aus dem Festspielhaus vor allem das »Sterbesofa« Richard Wagners, auf welchem dieser am 13. Februar 1883 im venezianischen Palazzo Vendramin-Calergi die Oper seines irdischen Daseins beendet hatte.

Dr. Otto Strobel (1895–1953)

Nach Siegfried Wagners Tod 1930 hatte seine junge, energische Witwe Winifred als Erbin des Familienvermögens auch die Leitung der Festspiele übernommen. Durch ihre künstlerischen Entscheidungen zog sie immer wieder den Zorn der traditionalistischen »Alt-Wagnerianer« auf sich, darunter ihre Schwägerinnen und auch Helena Wallem. Mit der Verwaltung des Familienarchivs, das bis zum Ende des Zweiten Weltkriegs in den Wandschränken des Siegfried-Wagner-Hauses lagerte, beauftragte sie 1932 Dr. Otto Strobel (1895–1953). Strobel hatte 1924 mit einer Arbeit über Richard Wagner promoviert und stand seitdem mit dem Haus Wahnfried in Verbindung. 1933 wurde er auch Bayreuther Stadtbibliothekar und 1938 zum Städtischen Archivdirektor ernannt.

Otto Strobel

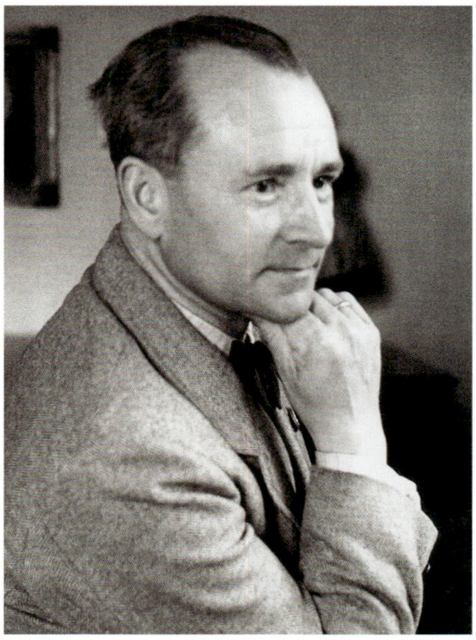

Vor seiner Anstellung als Wahnfried-Archivar war er auch als wissenschaftlicher Mitarbeiter der Gedenkstätte tätig und – offenbar ohne Wallems Wissen – als deren künftiger Leiter im Gespräch gewesen. Für Helena Wallem, die 1931 davon erfuhr, war dies natürlich ein heftiger persönlicher Affront und eine tiefe Verletzung, die bis zu Suizidgedanken führte. In dem sich verschärfenden Konflikt zwischen Wahnfried und der Gedenkstätte bezogen auch die jeweiligen Parteigänger Position, sodass es zwischen Wallem und Strobel nicht nur zu einem Konkurrenzverhältnis, sondern zu offener Feindschaft kam, in deren Folge jeweils gegenseitige Hausverbote ausgesprochen wurden.

Eva Chamberlain und Daniela Thode vermachten der Gedenkstätte indessen immer wieder Gegenstände aus Wahnfried (wie beispielsweise Wagners »Braunes Buch« genanntes Tagebuch), um sie Winifred Wagners Zugriff zu entziehen. Gelegentlich wurden aber vorher ganze Seiten aus Konvoluten entfernt, Passagen geschwärzt und unkenntlich gemacht, Dokumente gefälscht (wobei Eva Chamberlain die große Ähnlichkeit ihrer Handschrift mit der ihres Vaters Richard Wagner zugutekam) oder gleich vernichtet. Schon die Frage, ob Cosima Wagner ihre Tagebücher Eva Chamberlain tatsächlich aus Dankbarkeit für ihre aufopferungsvolle Pflege geschenkt hat, wie diese an Eides statt versicherte, ist nicht wirklich geklärt. Unzweifelhaft ist dagegen, dass Eva Chamberlain in den Tagebüchern an verschiedenen Stellen Schwärzungen vorgenommen hat. Auch verbrannte sie nachweislich den Briefwechsel zwischen ihren Eltern Richard und Cosima Wagner. So sind die Themen »Verlust« und »Vernichtung« beim Umgang mit der Vergangenheit nicht nur in die Geschichte des Hauses Wahnfried eingeschrieben, sondern auch in die des Archivs.

Die Gedenkstätte im Damenflügel des Neuen Schlosses umfasste zunächst 10 Räume des Obergeschosses und wurde bis 1933 auf 16 Räume in beiden Geschossen erweitert. Die Exponate wurden in Tischvitrinen und auf den dahinterliegenden Wänden reliquienartig und dicht gedrängt als chronologische Hagiografie von Wagners Leben und Schaffen in 12 Abschnitten präsentiert, die im Wesentlichen der Biografie Glasenapps folgten und diese illustrierten.

Seit 1928 wurde die Ausstellung dann im Erdgeschoss mit einem Pantheon der »Kämpfer für Bayreuth«, also der Vertreter des »Bayreuther Kreises«, in Bildern und Werken fortgesetzt. Neben Chamberlain, Wolzogen und Glasenapp wurden hier Wolfgang Golther, Arthur Prüfer, Richard Sternfeld oder Erich Kloss gewürdigt, die als prominente Vertreter der völkisch-nationalen Wagner-Publizistik auch zu den regelmäßigen Autoren der *Bayreuther Blätter* gehörten.

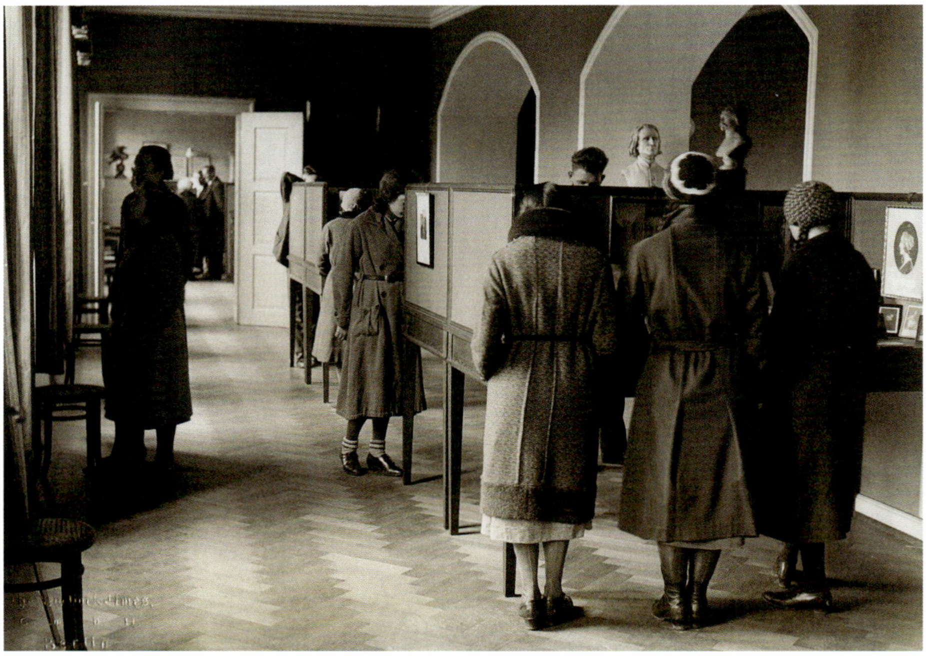

Besucher in der Richard-Wagner-Gedenkstätte im Neuen Schloss, vor 1945

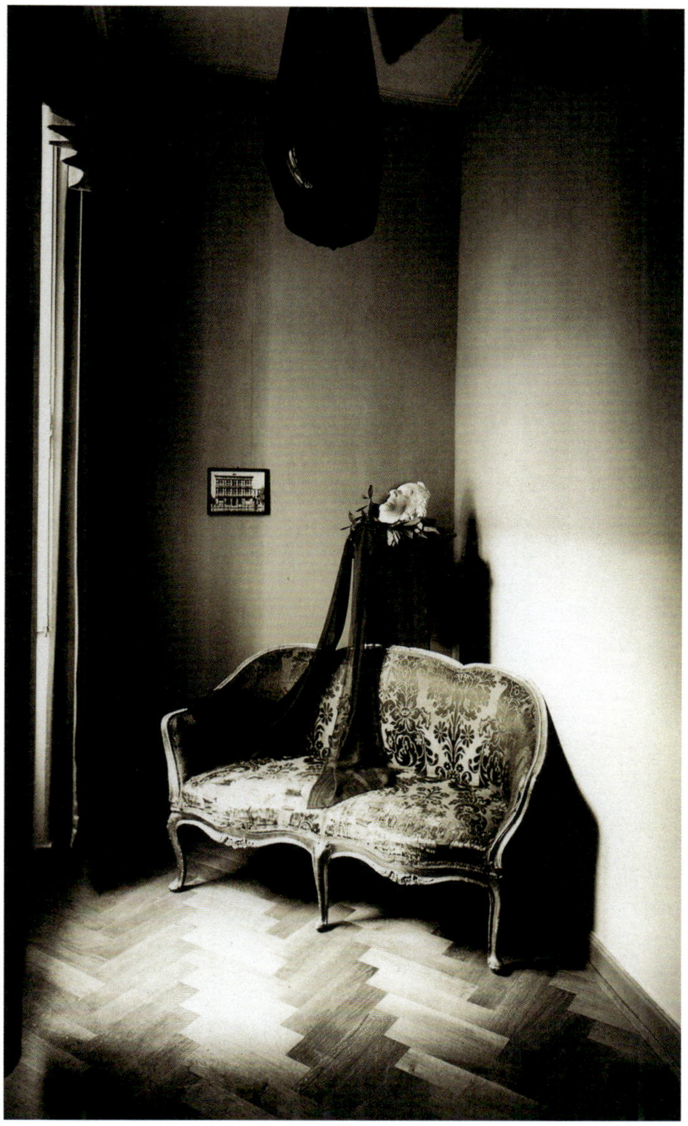

Sterbesofa Richard Wagners aus dem Palazzo Vendramin-Calergi, Venedig, in der Richard-Wagner-Gedenkstätte, 1930

Den Abschluss bildete die Abteilung »Geschichte der Festspiele«, die sich jedoch auf die Lebenszeit Wagners und daher die Jahre 1876 und 1882 beschränkte. Weiterhin gab es ein Zimmer mit persönlichen Erinnerungsstücken Richard und Cosima Wagners sowie sogenannte »Weiheräume«, in denen die Totenmasken Cosima und Siegfried Wagners präsentiert wurden sowie das mit einem langen schwarzen Schleier dekorierte Sterbesofa Richard Wagners mit seiner darüber wie eine Monstranz zum Zwecke stummer Anbetung und innerer Erschütterung erhobenen Totenmaske. So erhielt die gesamte Präsentation eine sakrale Aura. Hier pflegten besonders andächtige Besucherinnen gelegentlich sogar niederzuknien. In den Jahren 1930 und Anfang 1931 wurde die Ausstellung um die Abteilung »Bayreuther Bühnenmodelle« erweitert, danach folgte die Präsentation der Bartsch-Sammlung.

Trotz der überragenden internationalen Vernetzung Helena Wallems, ihrer intensiven Reisetätigkeit zur Akquise von Exponaten und Archivalien, der zahlreichen privaten Gönner, gelegentlicher Zuschüsse des Freistaats Bayern und der Trägerschaft für laufende Verwaltung und Betrieb durch die Stadt Bayreuth geriet die Gedenkstätte infolge der Weltwirtschaftskrise seit 1929 in zunehmende finanzielle Schwierigkeiten. Hierunter litten insbesondere die Inventarisierung und Katalogisierung der ständig wachsenden Sammlung, Korrespondenzen blieben manchmal über Monate unbeantwortet. Zudem musste die Gedenkstätte wegen Schimmelbefalls in mehreren Erdgeschossräumen von Herbst 1931 bis Juli 1932 für den Besucherverkehr geschlossen bleiben. Hinzu kam, dass sich Wallem wegen einer Gürtelrose ab Sommer 1931 für mehrere Monate in einem Schweizer Sanatorium kurieren musste. So entstand der Eindruck, die Gedenkstätte sei führungslos oder gar nicht mehr vorhanden, war sie doch beinahe ausschließlich mit der Person Helena Wallems verbunden und identisch.

In der Zeit des Nationalsozialismus war die Gedenkstätte dann jedoch fester Bestandteil der »Institution Bayreuth« als Symbol und Instrument der nationalsozialistischen Staatsreligion und ihrer Propaganda, verkörpert durch den »ersten Wagnerianer des Staates« Adolf Hitler (1889–1945) – auch wenn dieser als enger persönlicher Freund Winifred Wagners eher der »Gegenpartei« Wallems angehörte. Wagner und Bayreuth waren jedoch gleichsam Staatsräson. Helena Wallem trat mit der »Machtergreifung« 1933 in die NSDAP ein, war eine glühende, linientreue Nationalsozialistin, die sich an das NS-Regime nicht anpassen musste, sondern dieses – wie Wagner-Bayreuth insgesamt – nachdrücklich begrüßte. Eine Aktivistin mit Funktion in Staat oder Partei war sie jedoch nicht und trat auch öffentlich nicht als politische Propagandistin in Erscheinung. Die Gedenkstätte mit ihrem dort vermittelten Wagner-Bild, das Widersprüche und Kritik zugunsten eines uniformen heroischen Mythos völkischer Nationalkunst getilgt hatte, fügte sich indessen problemlos und ganz selbstverständlich in die neue Staatskultur ein und gehörte zum festen Besuchsprogramm für NSDAP-Delegationen, HJ- und Gruppen des »Bunds deutscher Mädel« (BdM) oder ausländische Gäste während der Festspielzeit, seit 1939 auch im Rahmen der Organisation und Durchführung der »Kriegsfestspiele« durch die von Winifred Wagners Schwiegersohn, dem SS-Obersturmbannführer Bodo Lafferentz (1897–1975), geleitete NS-Organisation »Kraft durch Freude«.

Durch fortgesetzte Vergrößerung und Neuerwerbungen erreichte die Gedenkstätte bis 1941 ihre größte Ausdehnung auf 34 Räume, von denen vier Räume als Wohnräume Helena Wallems dienten, mit den folgenden Abteilungen:

1. Leben und Schaffen Richard Wagners
2. Geschichte der Festspiele
3. Bayreuther Bühnenbildmodelle
4. Wagner-Bibliothek
5. Handschriften-Sammlung
6. Weiheräume für Richard, Cosima und Siegfried Wagner
7. Gedenkzimmer für Ludwig II., Liszt, Glasenapp, Wolzogen und andere
8. Persönliche Erinnerungsstücke von Wagner
9. Bayreuther Kostümkunst

10. Requisiten aus dem Festspielhaus
11. Kämpfer für Bayreuth
12. Bildende Kunst
13. Quellen zu Wagners Werken

Der Wahnfried-Archivar Dr. Otto Strobel wurde indessen auch Leiter einer ersten »Richard-Wagner-Forschungsstätte«, die auf der Bibliothek des 1938 verstorbenen Hans von Wolzogen basierte, in dessen Wohnhaus Lisztstr. 2 eingerichtet und 1939 an Wagners Todestag, dem 13. Februar, eröffnet wurde. Um sich ganz der Wagner-Forschung widmen zu können, war Strobel von seinen städtischen Aufgaben entbunden worden. Durch die Forschungsstätte wurde die wissenschaftliche Bedeutung der Gedenkstätte weiter gemindert und auf ihre repräsentative Funktion der kultisch-unkritischen Vermittlung eines staatskonformen, völkisch-nationalistischen Wagner-Bilds beschränkt. Die Forschungsstätte war auf Betreiben Winifred Wagners dagegen direkt der Reichskanzlei unterstellt worden, um eine Einflussnahme des als Bayreuther Oberbürgermeister fungierenden, aber wenig geschätzten Gauleiters Fritz Wächtler (1891–1945) zu verhindern.

Neben der zweifelsohne verdienstvollen Herausgabe des Briefwechsels zwischen Richard Wagner und König Ludwig II. von Bayern bestand die Hauptaufgabe dieser »Forschungsstätte« in der Abwehr kritischer Angriffe auf Person und Werk Richard Wagners sowie seiner ideologischen Indienstnahme mit wissenschaftlichen Mitteln, darunter der Nachweis seiner »rein arischen Abstammung«. Winifred Wagner hatte sogar die Idee, dass sämtliche Publikationen zu Wagner zunächst der Forschungsstelle vorgelegt und vor dem Druck von Otto Strobel genehmigt werden müssten. Dieses Ansinnen ging jedoch selbst Reichspropagandaminister Joseph Goebbels (1897–1945) zu weit.

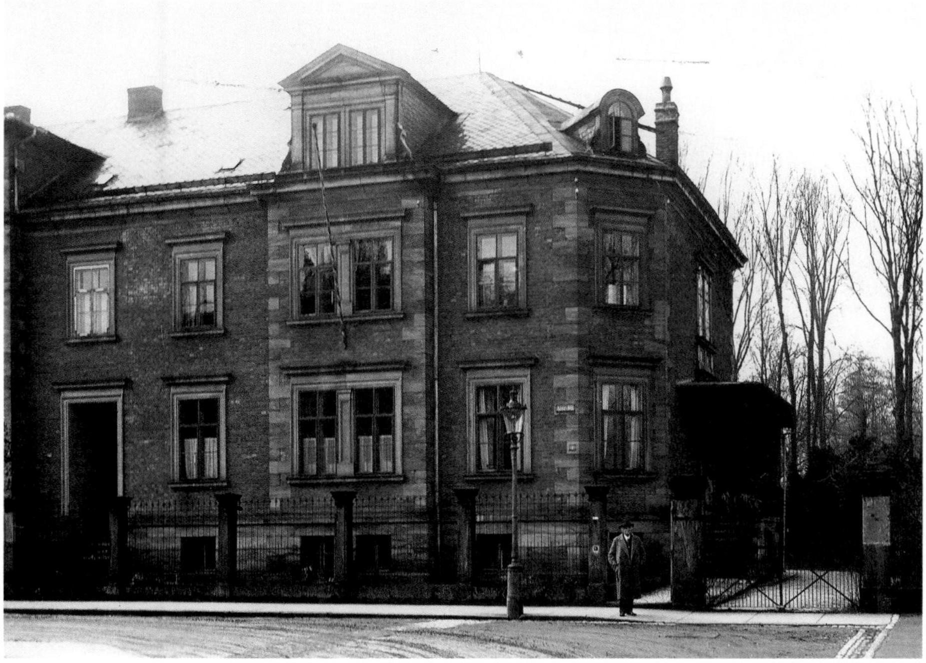

Hans von Wolzogen vor seinem Wohnhaus in der Lisztstraße in Bayreuth

Wieland Wagner in Uniform, 1937

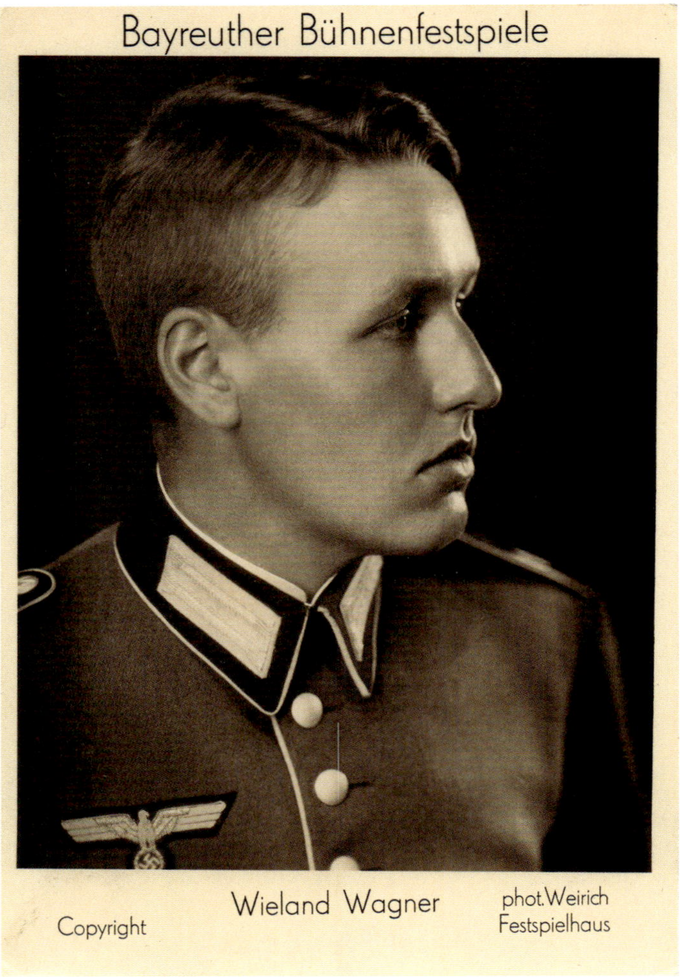

Gegen Kriegsende wurden die Bestände aus Sicherheitsgründen zunächst ins Festspielhaus evakuiert. Das Wolzogen-Haus wurde beim Bombenangriff auf Bayreuth am 5. April 1945, dem auch Wahnfried zur Hälfte zum Opfer fiel, zerstört. Strobel, der 1931 in die NSDAP eingetreten war, wurde auf Anweisung der Militärbehörde am 18. Juni 1945 aus dem städtischen Dienst entlassen, blieb jedoch auf Bitten Winifred Wagners Wahnfried-Archivar – allerdings ohne Bezahlung. Am 18. Oktober wurde er verhaftet, zunächst ins Zuchthaus Bayreuth und dann in das Internierungslager Hammelburg verbracht. Nach seiner »Entnazifizierung« bezog er eine Pension als Ruhestandsbeamter. Auf Anordnung des Bayerischen Staatsministeriums für Finanzen wurde das Vermögen der Forschungsstätte als ehemaliger Reichsbesitz 1952 der Stadt Bayreuth zwecks Schaffung eines Richard-Wagner-Archivs übergeben und die Bestände wurden im Folgejahr in die Gedenkstätte integriert.

Noch im Januar 1945 hatte Winifred Wagners ältester Sohn Wieland (1917–1966) unter dem Vorwand eines angeblich geplanten Neudrucks der Werke Richard Wagners vergeblich versucht, seinen »Onkel Wolf« Hitler zur Herausgabe der Partiturhandschriften Wagners zu bewegen, die dieser zu seinem 50. Geburtstag 1939 von der Reichswirtschaftskammer geschenkt bekommen hatte und die bis heute verschollen sind. Es handelt sich um jene autografen Partituren, die

Wagner einst selbst seinem großen Gönner und Mäzen König Ludwig II. von Bayern (1845–1886) geschenkt hatte und die später in den Wittelsbacher Ausgleichsfonds gelangten, nämlich die Frühwerke *Die Feen*, *Das Liebesverbot* und *Rienzi* sowie *Das Rheingold* und *Die Walküre*.

Im März 1945, als die totale Kriegsniederlage sogar den verblendetsten Nationalsozialisten klarwerden musste, begann man in Wahnfried in aller Heimlichkeit Wagners Bibliothek aus den Schränken im Saal zu räumen, zu verpacken und in Sicherheit zu bringen. Man stelle sich vor, es wäre bekannt geworden, dass sich ausgerechnet die mit Hitler so eng und freundschaftlich verbundene Familie Wagner an die Evakuierung ihres Hauses machte – das Verdikt »Wehrkraftzersetzung« wäre wohl das Mindeste gewesen. Es ist Wolfgang Wagner zu verdanken, dass nach Kriegsende auch kostbare Handschriften seines Großvaters in Sicherheit gebracht werden konnten: Bei Nacht und Nebel brach er in sein von der US-Army beschlagnahmtes Elternhaus ein, stopfte wenigstens einige der handschriftlichen Partituren in zwei Rucksäcke und brachte sie – auf den Rücken und vor die Brust geschnallt – mit der Eisenbahn in das Ferienhaus der Familie in Nußdorf bei Überlingen am Bodensee.

Selbst als die russischen Truppen im April 1945 bereits vor Berlin standen, fuhren Wieland Wagner und sein Schwager Bodo Lafferentz mit dem Holzvergaser-Auto ein letztes Mal zur Reichskanzlei, um nochmals die Herausgabe der Partituren zu erbitten. Sie drangen aber gar nicht mehr bis zu Hitler vor, sondern erhielten von dem im Grunde ahnungslosen Albert Bormann (1902–1989), dem jüngeren Bruder von Hitlers Privatsekretär Martin Bormann (1900–1945), der

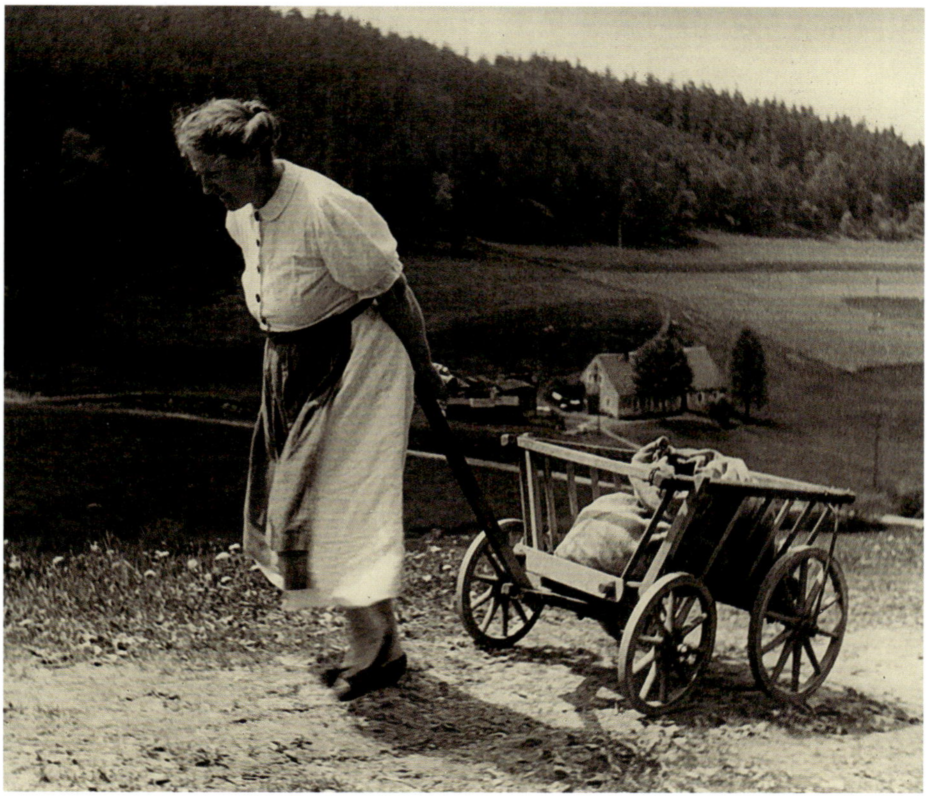

Winifred Wagner in Oberwarmensteinach, kurz nach dem Zweiten Weltkrieg

sich bereits auf dem Obersalzberg bei Berchtesgaden befand, um die zu diesem Zeitpunkt noch geplante Evakuierung Hitlers dorthin vorzubereiten, lediglich folgende Auskunft: Die Partituren – wohl des unmittelbar bevorstehenden »Endsiegs« wegen – könnten nirgends sicherer sein als beim »Führer« selbst. So fuhr man unverrichteter Dinge nach Bayreuth zurück. – Daraus wurde später geschlossen, dass die Rote Armee die Partituren bei der Besetzung des Bunkers beschlagnahmt und in die Sowjetunion gebracht habe. Nicht minder wahrscheinlich ist aber, dass sich die Partituren tatsächlich nie in Berlin befanden, sondern in Hitlers Privatarchiv auf dem Obersalzberg, wo auch andere Geschenke zu seinem 50. Geburtstag lagerten. Dann könnten sie möglicherweise bei der Evakuierung des Berghofs zusammen mit den Habseligkeiten Hermann Görings (1893–1946) in Richtung Italien gegangen oder aber auch von der US-Army bei der Besetzung aufgefunden und in die USA verbracht worden sein.

Gegen Kriegsende hatte auch die Gedenkstätte ihre Arbeit eingestellt und war zunächst geschlossen worden. Die Ausstellungsgegenstände waren verpackt und evakuiert, die Räume als Lager und provisorische Notunterkünfte genutzt worden. Helena Wallem war aufgrund ihrer Parteimitgliedschaft in öffentlicher Funktion nicht mehr tragbar. Sie wurde daher am 16. Februar 1946 zunächst ihres Amtes enthoben, und die kommissarische Leitung der Gedenkstätte Stadtbaurat Walter Gurlitt übertragen. Nach Abschluss ihres Spruchkammerverfahrens 1947 und der Genehmigung ihrer »Wiederverwendung« durch die amerikanische Militärregierung wurde die mittlerweile 74-jährige Wallem dann wieder in ihr Amt eingesetzt. Am 100. Geburtstag Glasenapps, dem 8. Oktober 1947, wurde zunächst lediglich das »Glasenapp-Gedenkzimmer« für eine kleine Ausstellung wiedereröffnet.

Doch Wagner war aufgrund seiner Bedeutung im »Dritten Reich« ebenso diskreditiert wie die Familie – und namentlich Winifred Wagner – aufgrund ihrer engen Beziehung zu Hitler. Winifred Wagner jedenfalls hat ihre Nibelungentreue zu Hitler bis zu ihrem Tod niemals bestritten, ja in trotzigem Stolz sogar betont, und wurde demnach entweder der verblendeten Sturheit geziehen oder auch – mehr oder weniger heimlich – gerade deshalb als aufrichtige und charakterstarke Persönlichkeit bewundert und verehrt. Offiziell aber sah die Stadt Bayreuth zunächst keine besondere Dringlichkeit zur Fortsetzung einer institutionellen Wagner-Pflege.

Auch Helena Wallem stand als eigensinniges Relikt einer vergangenen Epoche der vollständigen Neueröffnung der Gedenkstätte im Wege, die sie als ihre persönliche Angelegenheit betrachtete und die ausschließlich *ihr* Wagner-Bild vermitteln sollte. Trotz ihrer unbestreitbar beträchtlichen Lebensleistung, die sie indessen nie nachdrücklich zu erwähnen versäumte, verstand sie sich als eine Art irdische Stellvertreterin Cosima Wagners und des Wagner-Kults, in dessen Mittelpunkt sie stets ihre Person zu stellen trachtete. Andererseits ist es bemerkenswert, mit welcher Energie und welchem Erfolg sich Wallem in einer patriarchal geprägten und dominierten Welt als Frau zu behaupten verstand, ohne wie Cosima oder Winifred Wagner über den dynastischen Nimbus zu verfügen.

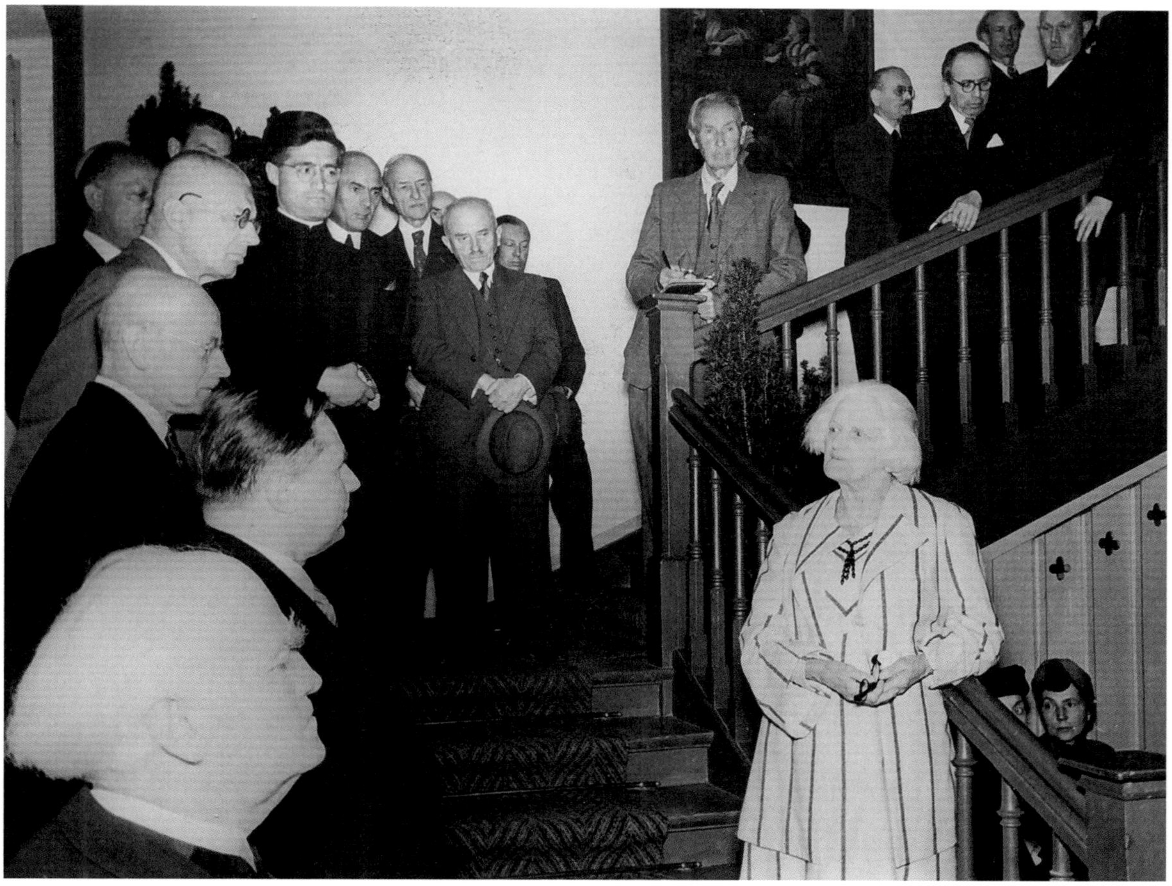

Helena Wallem bei der Wiedereröffnung der Richard-Wagner-Gedenkstätte am 22. Juli 1949 im Neuen Schloss

Otto Strobel jedenfalls bestritt in einer »Denkschrift« zur Neuorganisation der Gedenkstätte vom 14. Dezember 1948 nicht nur die persönliche und wissenschaftliche Eignung der unkritischen Wagner-Apologetin Wallem, sondern warf ihr auch die Vernichtung von Quellen vor, welche ihrer Meinung nach dem von ihr gepflegten apodiktischen Wagner-Bild hätten abträglich sein können. Für eine Wiedereröffnung der Gedenkstätte schlug Strobel die Eliminierung jeglichen »Reliquienkults und gefühlsseliger Schwärmerei«, also der »Weiheräume« und »Gedenkzimmer« vor, um einer nüchtern-kritischen Auseinandersetzung mit Wagner den Vorzug zu geben. Außerdem sollten alle Bibliotheken und Handschriften in Wahnfried (und damit unter seiner Aufsicht) mit dem Familienarchiv zusammengeführt werden. Die »neue« Gedenkstätte solle demnach nur noch folgende Abteilungen haben: Biografie, Werke, Festspielgeschichte, Bühnenmodelle, Schallplattenarchiv, Dokumentenarchiv sowie einen Raum für die Verwaltung.

Genau 25 Jahre nach ihrer Gründung fand am 22. Juli 1949 im Neuen Schloss die Neueröffnung der Gedenkstätte in der von Otto Strobel entworfenen Form statt. Zuvor mussten noch zwei Familien, welche kriegsbedingt in den Räumen gewohnt hatten, nach aufreibenden Auseinandersetzungen ausziehen. Auch war der Schlossflügel zwar nicht zerstört, aber durch Kriegseinwirkung sehr in Mitleidenschaft gezogen worden, sodass zunächst noch umfangreiche Instandsetzungsarbeiten vonnöten waren. Helena Wallem, mehr geduldet als geschätzt und insbesondere Wieland Wagner in herzlicher gegenseitiger Abneigung verbunden, hielt Hof und versah im Wesentlichen weiter den Führungs- und Verwaltungsdienst. Geöffnet war die Gedenkstätte täglich von Mai bis September, im Jahr 1950 zählte sie 700 Besucher.

Mit dem beinahe überraschend frühen Wiederbeginn der Festspiele 1951 war Bayreuth dann wieder das Epizentrum für Wagnerianer weltweit. Die Besichtigung der Gedenkstätte war im Rahmen des Festspiel-Besuchs natürlich Pflicht, und die Stadt hatte es auch nicht versäumt, die Vertreter der Presse und des öffentlichen Lebens in Deutschland hierzu einzuladen. Die jährliche Besucherzahl stieg auf 2.084. Bis tatsächlich zu ihrem letzten Atemzug arbeitete Helena Wallem für ihr Lebenswerk. Zu einem von ihr erwünschten, mit 100.000 D-Mark veranschlagten Ausbau des Dachgeschosses für eine Forschungsstätte kam es indessen nicht mehr. Doch unter dem erklärten Schlussstrich der vermeintlichen »Stunde null« von 1945 offenbarten sich auch teilweise bedrückende Kontinuitäten, die sich in Bayreuth mehr oder weniger unterschwellig, jedoch weitgehend unbeanstandet bis in die 1980er Jahre zogen.

Am 23. Februar 1953 verstarb Otto Strobel nur 58-jährig nach einem Schlaganfall, und auf beinahe mysteriöse Weise folgte ihm Helena Wallem nur vier Tage später infolge einer Grippe nach. Nach ihrem Tod wurde die Gedenkstätte vorübergehend geschlossen, ihr Leichnam im Glasenapp-Gedenkzimmer aufgebahrt. Kommissarischer Leiter wurde ihr Mitarbeiter und Vertrauter Studienrat Herbert Kiesewetter, der vom 1. Oktober 1947 bis zum 15. September 1953 in der Gedenkstätte tätig war. Nach seinem Ausscheiden nahm er seine ursprüngliche Tätigkeit als Lehrer wieder auf.

Gertrud Strobel (1898–1979)

Gertrud Strobel

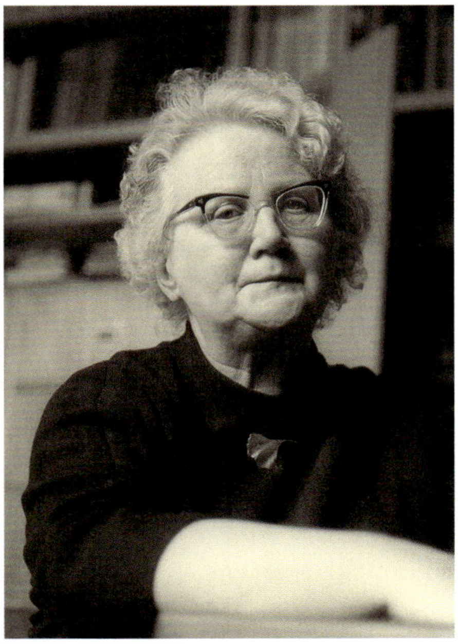

Nachfolgerin Dr. Otto Strobels im Wahnfried-Archiv wurde seine erste Ehefrau und Mitarbeiterin Gertrud (1898–1979). Sie war bereits im Alter von 13 Jahren eine begeisterte Wagnerianerin und hatte 1917 ein Studium an der Hochschule für Musik in Sondershausen begonnen, welches sie als ausgebildete Konzert- und Bühnenpianistin sowie Sängerin abschloss. 1922 erwarb sie gemeinsam mit einer Freundin einen Patronatsschein der Bayreuther Festspielstiftung und besuchte 1925 erstmals die Festspiele. 1927 gründete und leitete sie die Ortsgruppe Nordhausen des »Bayreuther Bundes der Deutschen Jugend«. Bei ihrem nächsten Bayreuth-Besuch im selben Jahr machte sie bereits Führungen in der Gedenkstätte. Hier lernte sie im Juli 1931 Otto Strobel kennen, den sie ein Jahr später heiratete. 1930/31 sang sie auch im Festspielchor. Nach der Scheidung von Otto Strobel 1948 begann sie eine Beziehung mit dem verheirateten Wagner-Schriftsteller Zdenko von Kraft (1886–1979). Politisch blieb sie wie Winifred Wagner der NS-Ideologie im Stillen treu. Ihr umfangreiches Wissen über Leben und Werk Richard Wagners trug ihr wie Wagners *Ring*-Göttin Erda die Benennung als »Ur-Wala« ein. Zusammen mit Werner Wolf, Leipzig, wurde sie auch erste Herausgeberin der »Sämtlichen Briefe« Richard Wagners. Tatsächlich

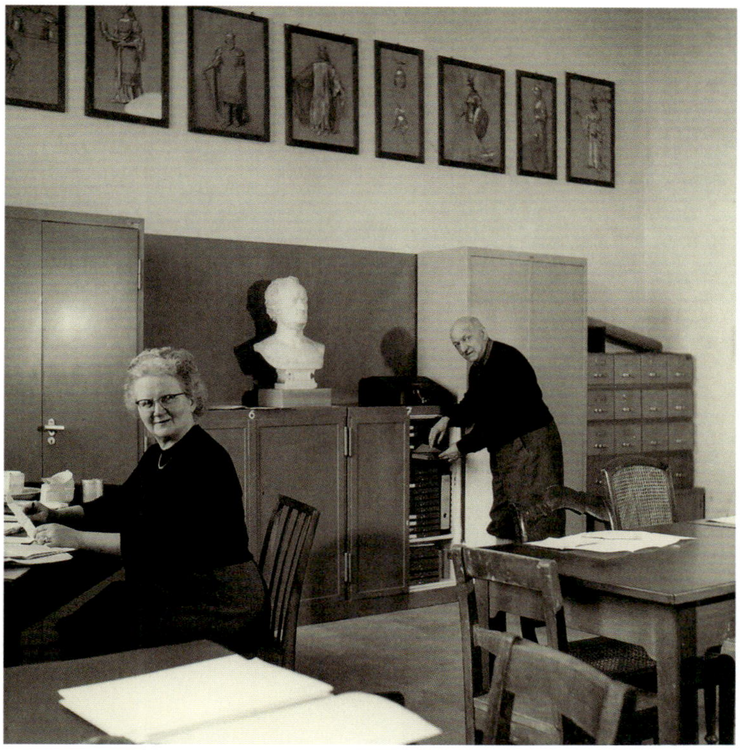

Gertrud Strobel und Zdenko von Kraft im Richard-Wagner-Archiv

verwaltete sie das Archiv weniger, als dass sie darüber herrschte. Dabei hing der Grad ihrer Unterstützung von Wagner-Forschern durchaus auch von ihrer persönlichen Sympathie ab. Gegebenenfalls wusste sie diesen dann aber oft mit sicherem Griff und ohne Katalog die gewünschten Handschriften aus Bergen von Archivalien hervorzuholen und auszuhändigen. Als 1974 Wolfgang Wagners (1919–2010) neuer wissenschaftlicher Mitarbeiter Dr. Oswald Georg Bauer (1941–2023) seinen Antrittsbesuch bei ihr machte und seine Jacke etwas achtlos über einen herumstehenden Sessel warf, erntete er einen strengen Blick über den Rand ihrer Brille und die Zurechtweisung: »Junger Mann, das tut man nicht, das ist der Stuhl des Meisters!!«

Joachim Bergfeld

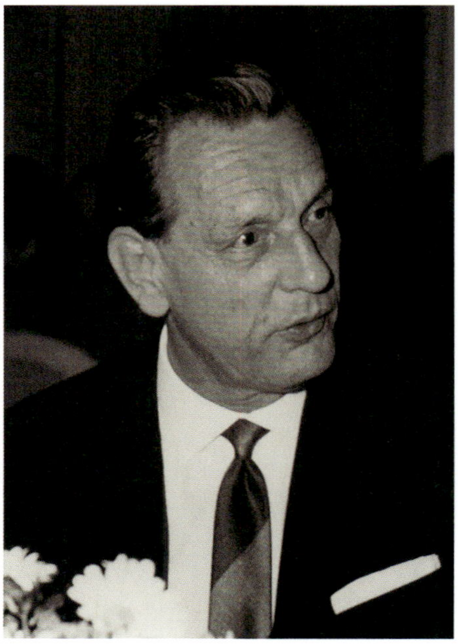

Dr. Joachim Bergfeld (1906–1988)

Die Gedenkstätte wurde nach Helena Wallems Tod bis 1973 von Dr. Joachim Bergfeld geleitet. Er stammte aus Eisenach und studierte nach dem Abitur 1925 zwölf Semester Musik- und Theaterwissenschaft sowie Kunstgeschichte an den Universitäten Leipzig, Halle, München und Berlin, unter anderem bei dem Wagner-Forscher Alfred Lorenz (1868–1939), dem Nestor der Münchner Theaterwissenschaft Arthur Kutscher (1878–1960) und dem Kunsthistoriker Wilhelm Pinder (1878–1947). Bergfelds Schwerpunkt war die deutsche Musik der Spätromantik. Er promovierte 1930 mit einer Dissertation über die Symphonischen Dichtungen Franz Liszts. Seit 1934 leitete er die NS-Kulturgemeinde in Halle/Saale. Dort beteiligte er sich an der »Säuberung« der Theaterspielpläne im Sinne der NS-Ideologie. 1936 wurde er Ressortleiter der Gaupropagandaleitung, ein Jahr später Re-

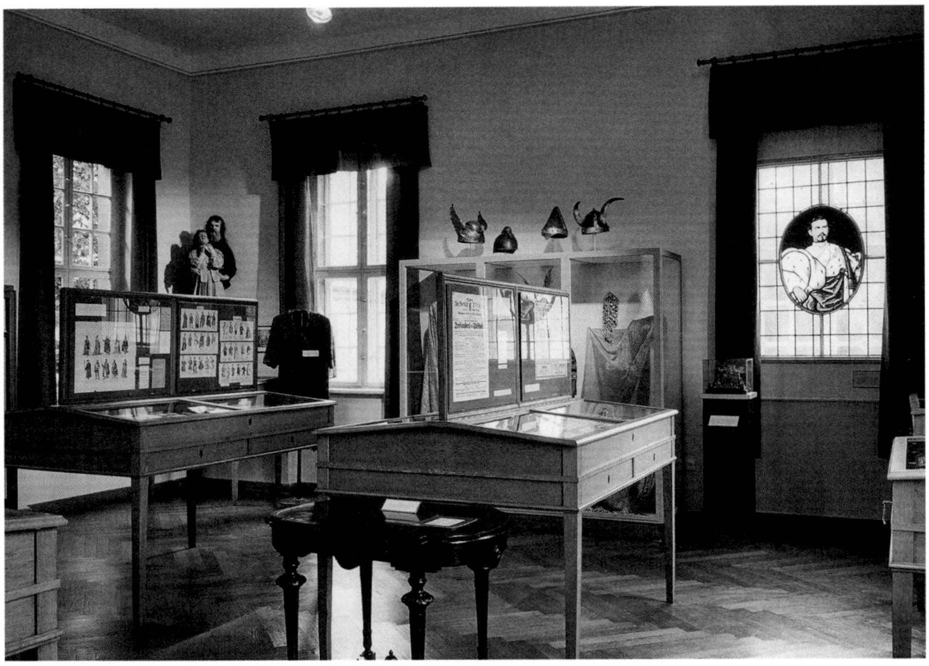

Richard-Wagner-Gedenkstätte im Neuen Schloss

ferent im Propagandaministerium. 1941 ging er als Leiter der Abteilung Kultur in der Außenstelle des Ministeriums nach Den Haag. 1946 kehrte er zurück nach Halle, wurde von den Sowjets verhaftet und bis 1952 in Buchenwald und Waldheim interniert. Nach seiner Haftentlassung kehrte er zu seiner Familie zurück, die sich in Bayreuth, dem Heimatort seiner Frau, niedergelassen hatte, und arbeitete zunächst als Musikkritiker bei der *Fränkischen Presse*.

Wohl auch durch Erfahrung geläutert, betrat mit Bergfeld der Vertreter einer neuen, nüchternen und kritischen, wissenschaftlich orientierten Generation von Wagner-Forschern die Bayreuther Bühne. Den nach dem Kriegstrauma zwangsläufig gewandelten Zeitgeist brachte auch der nachmalige Leiter des Pressebüros der Festspiele Herbert Barth (1910–1998) zum Ausdruck, wenn er am 14. August 1949 im *Fränkischen Kulturspiegel* über die Gedenkstätte schrieb: »Ohne die Verdienste der Archivleiterin Helen [sic!] Wallem schmälern zu wollen, können wir uns eine Kritik nicht versagen, die Kritik einer jungen Generation und einer neuen Zeit [... Wir dürfen Wagner] nicht als Gipsfigur auf einen hohen Sockel stellen und damit dem lebendigen Strom unserer Zeit entrücken. Wir wollen kein Museum, und wir glauben außerdem, daß es [...] widersinnig [...] ist, ihn in einer Gedenkstätte in der festumrissenen Vorstellung [...] der Archivleiterin zu präsentieren.«

In einem Exposé zur Neugestaltung der Gedenkstätte nach der Ära Wallem summierte Bergfeld die Sammlung auf rund 50.000 Objekte, darunter 20.000 Bücher, »Tausende von Bildern«, zwei Flügel und vier Klaviere. Nur der kleinste Teil werde in der Ausstellung gezeigt, die aus der Perspektive der »Wagnerianer« und mit dem Motiv des »Kampfes für Bayreuth« gestaltet und damit eigentlich obsolet sei. Die Gedenkstätte trage »noch immer den Charakter einer Privat-Sammlung«, etwa nur ein Zehntel des Bestands sei inventarisiert. Zugänglichkeit für die wissenschaftliche Forschung, stärkere Berücksichtigung konservatorischer Aspekte und eine thematische Neuordnung nennt Bergfeld als Ziele einer Neuorganisation der Gedenkstätte. Auch schlägt er – wie schon Otto Strobel – eine Reduzierung der Ausstellung um etwa ein Viertel durch den Wegfall der bisherigen Gedenk- und »Weiheräume« vor. Die bisher 13 Abteilungen in 25 Räumen sollen auf 6 Abteilungen in 15 Räumen reduziert werden, was zudem zu einer Minderung der Miete an die Bayerische Verwaltung der staatlichen Schlösser, Gärten und Seen als Eigentümerin des Neuen Schlosses führen würde. Außerdem sollten künftig Wechselausstellungen veranstaltet und ein publikumsträchtiges Schallarchiv mit Vorführmöglichkeiten eingerichtet werden.

Dieses Konzept bildete später auch die Grundlage für das Museum in Wahnfried. Für die Neugestaltung veranschlagte Bergfeld drei Jahre. Am 19. November 1953 stimmte der Bayreuther Stadtrat Bergfelds Vorschlägen zu und berief ihn als neuen Leiter der Gedenkstätte. Am 4. Juni 1954 wurde die neugestaltete Gedenkstätte mit einer Sonderausstellung über die Geschichte der Festspiele wiedereröffnet. Die zweite Sonderausstellung im Folgejahr widmete sich Cosima und Siegfried Wagner. Zwischen Juni und Oktober 1957 fand dann eine bemerkenswerte Ausstellung zum Werk Wagners im Bühnenbild der Gegenwart mit Leihgaben von 27 deutschen und 14 ausländischen Bühnen statt, 1959 wurde eine Sonderausstellung zu Richard Strauss und Hans Pfitzner gezeigt.

Von 1958 bis 1971 leitete Bergfeld als Nachfolger Dr. Karl Würzburgers (1891–1971) auch die Bayreuther Volkshochschule und konnte daher nur teilweise für die Gedenkstätte tätig sein. Hier sortierte er zahlreiche Wagner-»Reliquien« aus, die auf dem Dachboden der benachbarten ehemaligen Hilfsschule und in einem Kellerraum der Jean-Paul-Schule an der Königsallee gelagert wurden. Darunter befanden sich ein Grammophonschrank und alte, verstaubte, offenbar durch die Bombe beschädigte Sessel aus Wahnfried, teils verschimmelte Mappen mit den Lithografien zum *Ring* von Franz Stassen sowie Gipsbüsten Wagners, welche dann allerdings den Schülern zum Fußballspielen dienten.

Am Ende beschränkte sich die Ausstellung auf 25 sowohl chronologisch wie auch thematisch gegliederte, teilweise offene Schautische mit Exponaten zu Leben und Schaffen Richard Wagners. Geblieben war der Gedenkraum mit Wagners Steinway-Flügel aus Wahnfried, seiner Totenmaske und dem Sterbesofa aus Venedig. Im Eckraum des Obergeschosses, der auch für Veranstaltungen diente, hatte die Glasenapp-Bibliothek ihren Platz gefunden. Hier fand am 8. Juni 1954 auch ein denkwürdiges Konzert zum 85. Geburtstag Siegfried Wagners zwei Tage zuvor statt: Alfred Brendel (1931–2025) spielte auf dem Ibach-Flügel Richard Wagners, welchen dieser 1880 in Neapel zur Arbeit am *Parsifal* benutzte und der heute im Franz-Liszt-Museum steht, Werke von Beethoven und Liszt, während Gilbert Graf Gravina (1890–1972), ein Enkel Liszts, Siegfried Wagners ihm gewidmetes *Konzertstück für Flöte* aus dem Jahr 1913 zu Gehör brachte.

Wie später im Wahnfried-Museum waren schon in der Gedenkstätte die etwa 20 ausgestellten Bühnenbildmodelle sowie das von Bergfeld – trotz leistungsschutzrechtlicher Bedenken Wolfgang Wagners – geschaffene »Klingende Museum« mit historischen Tondokumenten und Ausschnitten aus Wagners Werken die Hauptattraktionen. Anders als unter Wallem wurden die Exponate nun auch ausreichend beschriftet, sodass die Besucher nicht mehr auf Führungen angewiesen waren. Geplant war außerdem die Erweiterung um einen Raum zur Wirkungsgeschichte Wagners mit der Bezeichnung »Nachfolge und Forschung«, unter anderem zu Anton Bruckner, Hugo Wolf, Richard Strauss und Hans Pfitzner.

Neben dem Leiter bestand das Personal noch aus einer Sekretärin und einer Reinigungskraft in Teilzeit, die zugleich als Botin fungierte, sowie während der Festspielzeit aushilfsweise noch einem Rentner an der Kasse. Am 18. November 1954 wurde auch erstmals eine Satzung für die Gedenkstätte erlassen. Diese bestimmte als deren Zweck: »1. als Bildungsstätte Richard Wagners Leben und Schaffen auf dem Wege der Anschauung darzustellen; 2. als Sammelstätte die Dokumente des Lebens und Schaffens Richard Wagners in Schrift, Buch und Bild zu bewahren und sie für die wissenschaftliche Forschung und sonstige zweckmäßige Verwendung bereitzustellen.« Der reguläre Eintritt betrug 1,– DM.

Besucherzahlen Richard-Wagner-Gedenkstätte 1953–1972

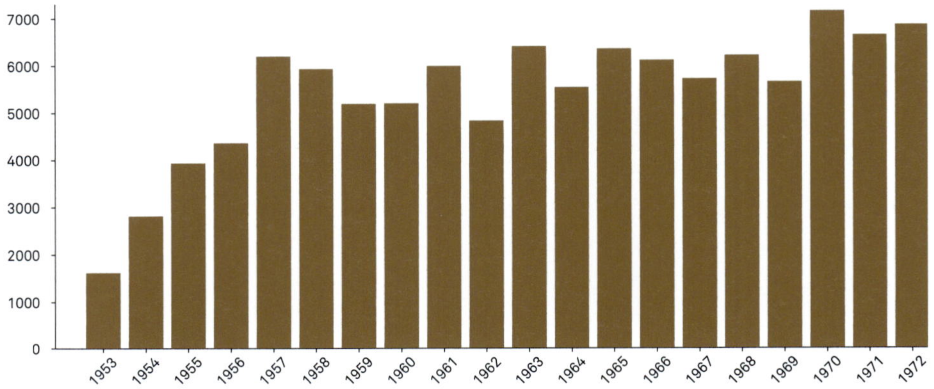

Eine der wichtigsten wissenschaftlichen Leistungen Bergfelds war 1975 die Herausgabe von Wagners »Braunem Buch«, einem Geschenk Cosimas, das seine Bezeichnung seinem repräsentativen braunen Ledereinband mit Bronze-Beschlägen, verziert mit 12 grünen Malachiten, verdankt und das Wagner zwischen 1865 und 1882 als eine Art Tage- und Notizbuch verwendete. Es war aufgrund seines privaten, vertraulichen Inhalts abschließbar und enthält immerhin 241 von Wagner beschriebene Seiten. Wie auch die Tagebücher Cosima Wagners ist es aus dem Besitz der Tochter Eva Chamberlain als testamentarisches Vermächtnis vom 14. Mai 1931 in die Gedenkstätte gekommen – jedoch nicht, ohne dass sie vorher 14 Seiten herausgeschnitten und vernichtet sowie 5 Seiten überklebt hätte. Etwa die Hälfte seines Inhalts war bereits von Wagner selbst publiziert worden, vor allem in den *Gesammelten Schriften und Dichtungen*, aber eine vollständige Veröffentlichung hatte bislang nicht stattgefunden. Ebenso wie bei den Tagebüchern bezweifelte Wolfgang Wagner jedoch das rechtmäßige Eigentum Eva Chamberlains und damit das der Stadt Bayreuth und der Gedenkstätte – was zu einigem, am Ende jedoch erfolglosen Widerstand gegen dessen Publikation führte.

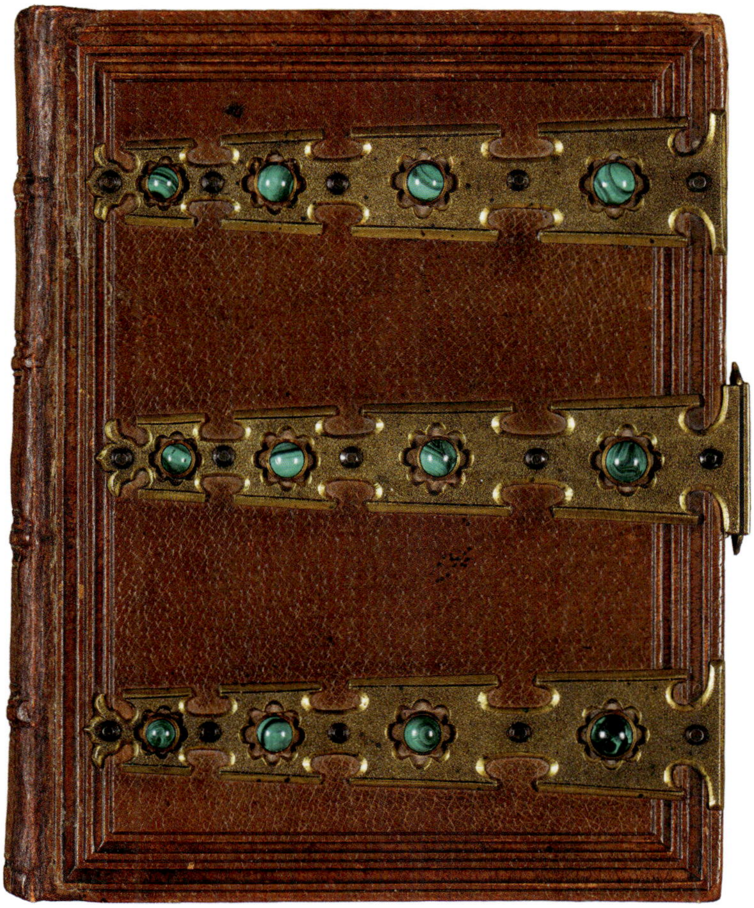

Richard Wagners »Braunes Buch«

Eigentlich hätte Bergfeld im Alter von 65 Jahren im Jahr 1971 in den Ruhestand verabschiedet werden können. Im Hinblick auf die bevorstehende Gründung einer Richard-Wagner-Stiftung und die sich daraus für die Gedenkstätte und deren Leitung ergebenden Konsequenzen wurde sein Dienstverhältnis jedoch um zwei weitere Jahre verlängert. Am Ende seiner 20-jährigen Tätigkeit umfasste die Gedenkstätte schließlich neben dem Glasenapp-Nachlass 825 originale Briefe Richard Wagners sowie mehrere Tausend weitere Briefe von und an seine Familie und deren Umkreis, sonstige Dokumente sowie den Nachlass Houston Stewart und Eva Chamberlains mit rund 16.500 Handschriften, darunter die Tagebücher Cosima Wagners, sowie Chamberlains Bibliothek (ca. 12.500 Bände), den bibliothekarischen Nachlass Hans von Wolzogens und Robert Bartschs mit Bales-Sammlung (ca. 11.000 Bände), ein Schallarchiv mit mehr als 1.000 Schallplatten sowie eine Bühnenbildmodell-Sammlung der Festspiele mit über 80 Exemplaren, darunter zahlreiche Originalmodelle der Gebrüder Max (1836–1919) und Gotthold (1844–1892) Brückner aus der Zeit vor dem Ersten Weltkrieg. Die Dokumentation der Festspielgeschichte mittels Bühnenbildmodellen und Fotos konnte Bergfeld bis zur Gegenwart führen. Mit der Gründung der Richard-Wagner-Stiftung 1973 wurden die Bestände der Gedenkstätte in das neue »Nationalarchiv« integriert, die Schausammlung ging in der des Richard-Wagner-Museums in Wahnfried auf. Damit war die Richard-Wagner-Gedenkstätte im Neuen Schloss Geschichte.

Wahnfried wird Museum
1973–1976

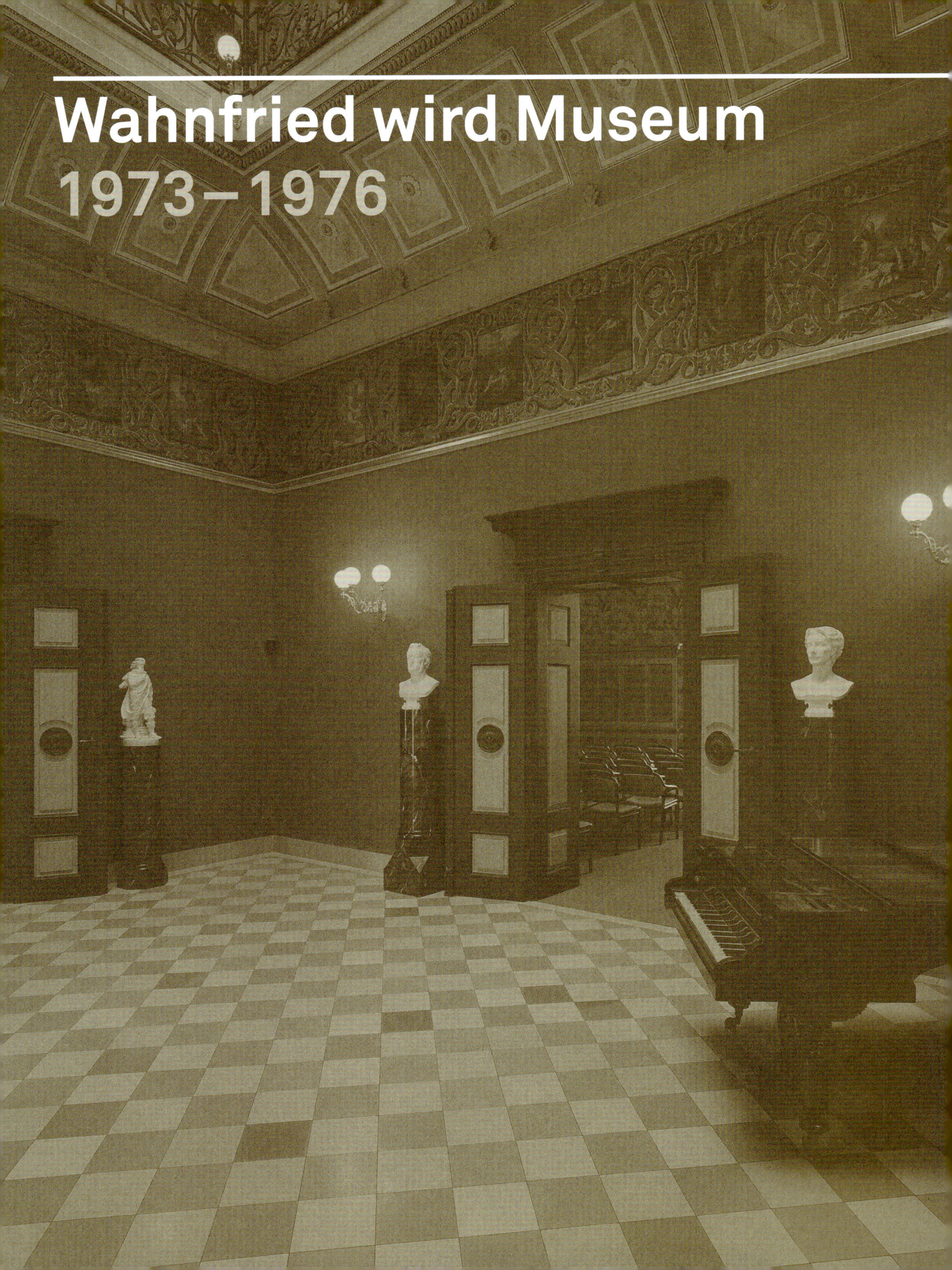

Dr. Manfred Eger (1927–2016)

Nachfolger Dr. Joachim Bergfelds wurde nach dessen Ruhestandsversetzung 1973 der in Wallenfels/Frankenwald geborene Dr. Manfred Eger. Eger hatte seit 1937 die Oberschule und das Konservatorium in Augsburg besucht und war gegen Kriegsende – noch nicht 18-jährig – als Luftwaffenhelfer und zum Reichsarbeitsdienst eingezogen worden. Nach einigen Wochen Gefangenschaft und dem Abitur 1947 studierte er in Bamberg und Erlangen Kunstgeschichte, Literaturgeschichte mit Theaterwissenschaft, Musikwissenschaft, Archäologie und Psychologie. 1952 promovierte er mit einer Dissertation über den niederländischen Zeichner und Vorläufer Rembrandts Hendrik Goudt (1585–1648). Danach arbeitete er als Redakteur bei der *Frankenpost*. 1955 kam er nach Bayreuth und war zunächst als Kulturredakteur bei der *Fränkischen Presse* tätig. Hier rezensierte der bekennende Fan der Arbeiten Wieland Wagners 12 Jahre lang auch Produktionen der Bayreuther Festspiele. 1968 wurde er Feuilletonchef sowie Musik-, Literatur- und Theaterkritiker beim »Ring nordbayerischer Tageszeitungen«.

Eger setzte die Linie Bergfelds unter dem Motto »Fakten und Fairness statt Kult und Weihe« fort und stand so für eine Generation von Wagner-Forschern, die der kniefälligen Verehrung und der ideologischen Indienstnahme eine wissenschaftlich fundierte, nüchtern-pragmatische und vor allem auch humorvolle Haltung entgegensetzte und damit die noch immer sehr weihrauchgeschwängerte Atmosphäre in Bayreuth durchlüftete. Damit zeigte Eger, dass eine Erscheinung wie Richard Wagner durch kritischen und manchmal auch ironischen Zugriff keineswegs infrage gestellt oder verzwergt wird, sondern aus einer Perspektive umfassender Menschlichkeit sogar gewinnt und erst so in seiner vollständigen Größe fassbar wird – und dass es vom Erhabenen zum Lächerlichen manchmal nur ein kleiner Schritt ist.

Nach der zwanzigjährigen Konsolidierung der Gedenkstätte unter Bergfeld stand Eger schon mit Amtsübernahme vor der Herkulesaufgabe, diese zum hundertjährigen Jubiläum der Festspiele 1976 in das geplante Richard-Wagner-Museum im Haus Wahnfried zu überführen. Dieses stand nach Wieland Wagners

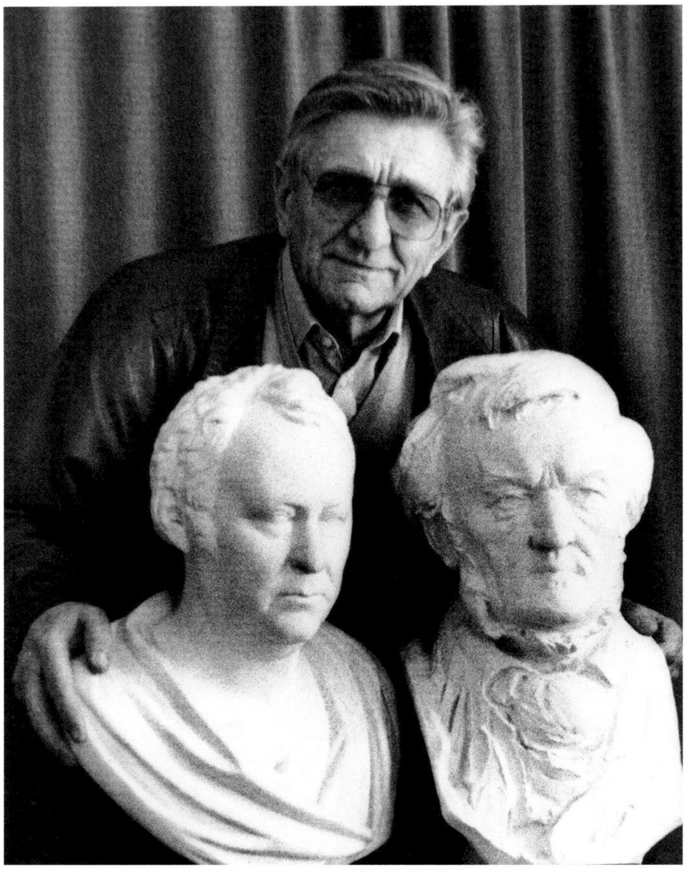

frühem Tod 1966 und dem durchaus unfreiwilligen, von Winifred Wagner jedoch entschieden durchgesetzten Auszug seiner Hinterbliebenen leer und erinnerte in nichts mehr an das einstige Wohnhaus Richard Wagners. So hatte Wieland Wagner die kriegszerstörte Ruine ab 1949 für Wohnzwecke wiederherstellen lassen, indem er zunächst die offenen Seiten an der Süd- und Ostseite zumauern ließ. An der Stelle des vollständig zerstörten Saals blühte ein Garten mit plätscherndem Springbrunnen. Der ursprüngliche Grundriss wurde verändert, in der Halle eine Zwischendecke eingezogen, sodass hier ein bürgerliches Wohnzimmer im Stil der 1950er Jahre entstand. »Man kann nicht in einem Museum leben, auch wenn es das des eigenen Großvaters ist«, hatte Wieland Wagner gesagt. So ließ er auch große Teile der nach dem Bombentreffer vom 5. April 1945 und Plünderungen noch vorhandenen Einrichtungsgegenstände entfernen und durch zeitgemäßes Mobiliar ersetzen.

Eger stand also vor der Aufgabe, neben seiner Arbeit in der Gedenkstätte sowohl den originalgetreuen Wiederaufbau Wahnfrieds und dessen Ertüchtigung für Museumszwecke wissenschaftlich und kuratorisch zu begleiten und zugleich die Dauerausstellung und Präsentationsformen des neuen Museums zu konzipieren und umzusetzen. Hierfür war neben der wissenschaftlichen Qualifikation und umfassendem Wissen über Wagner auch gehöriger handwerklicher Pragmatismus erforderlich. Beides vereinigte Eger in seiner Person auf besonders glückliche Weise. Als Journalist war er an flüssiges und verständliches Schreiben gewöhnt, was ihm künftig bei seinen zahlreichen Buchpublikationen, Aufsätzen und Vorträgen zugutekommen sollte, und gleichzeitig war er – wie auch Wolfgang Wagner – ein leidenschaftlicher und handwerklich begabter Bastler, der viele Stunden in seiner Werkstatt zubringen konnte. Hier legte er nicht nur für die künftige Dauerausstellung, sondern auch für seine zahlreichen späteren Sonderausstellungen die Gliederung und Anordnung der Exponate fest, entwarf die Gestaltung oder verfasste Ausstellungstexte und Objektbeschriftungen. Ursprünglich sollte auch er – wie sein Vorgänger Bergfeld – noch mit der Leitung der Volkshochschule betraut werden. Dieses Vorhaben wurde dann aber im Hinblick auf die wachsenden Aufgaben als Leiter der Gedenkstätte und des künftigen Museums in Wahnfried fallengelassen.

Auch widmete Eger sich besonders leidenschaftlich den beiden Museumsprojekten, die ihm besonders am Herzen lagen: den Bühnenbildmodellen und dem »Klingenden Museum«. Für dieses wurde im Gästezimmer im unzerstörten Westflügel Wahnfrieds ein Tonstudio eigerichtet, in dem Eger Aufnahmen von Schallplatten und Tonbändern für die Vorführungen im Saal auf Kassetten überspielte und zusammenschnitt. Für die Bühnenbildmodelle konstruierte er nicht nur die Schaukästen und Beleuchtungsanlagen, sondern auch einen Hubwagen, mit dem die bewegungssensiblen Exponate aus den Ausstellungsregalen genommen, transportiert und wieder zurückgeführt werden konnten. Nicht zuletzt baute er selbst das Modell des Inneren der Katharinenkirche, Schauplatz des I. Aufzugs der *Meistersinger* »ohne Nürnberg«, in der Inszenierung des verehrten Wieland

Gartenseite von Haus Wahnfried zur Zeit Wieland Wagners

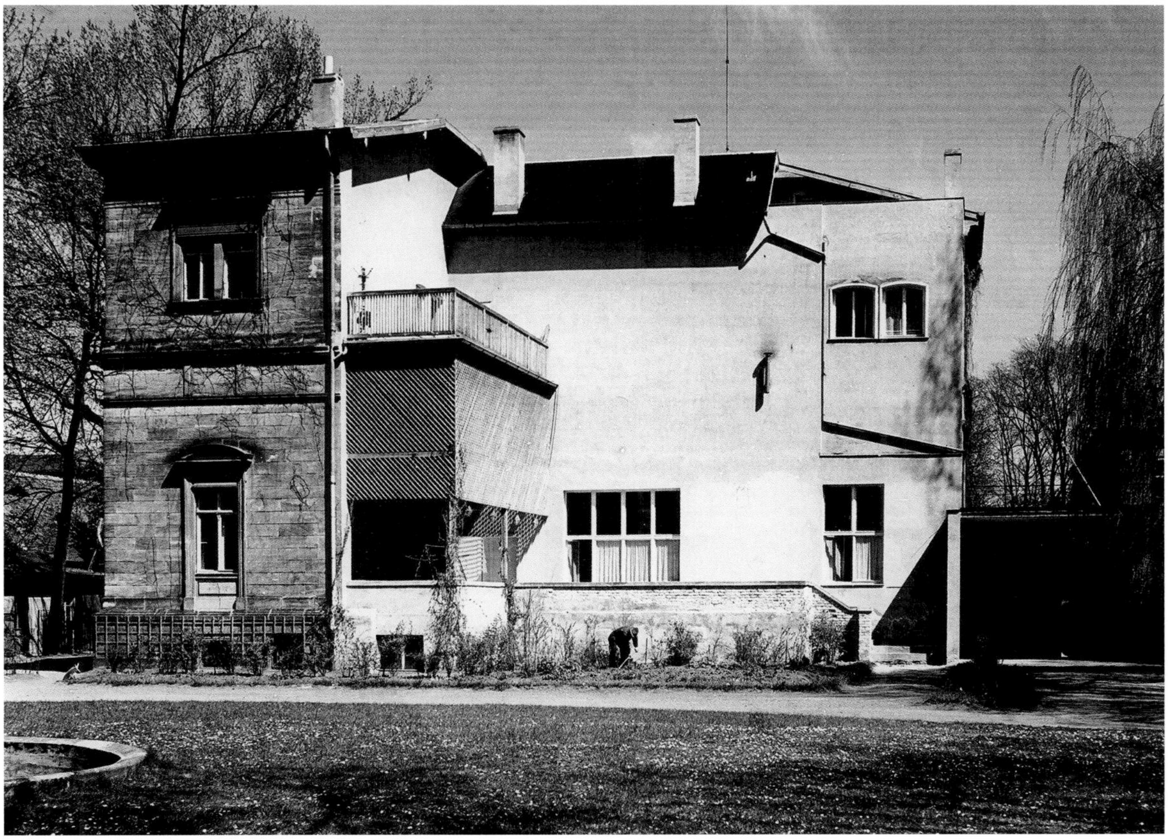

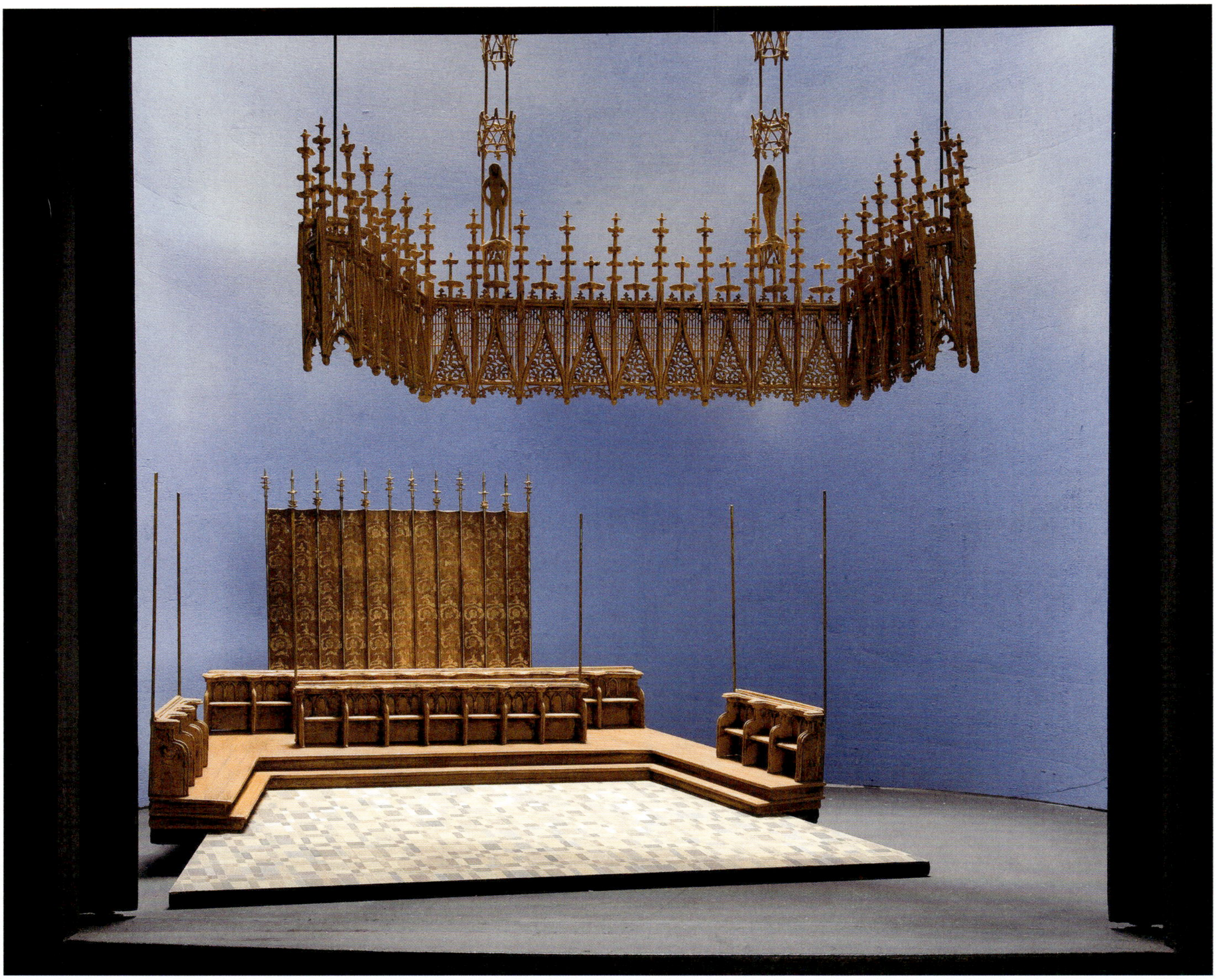

Manfred Eger, Bühnenbildmodell zu *Die Meistersinger von Nürnberg*, 1956

Wagner von 1956, die den Kirchenraum mit einem schwebenden gotischen Gehänge nur andeutete. Eger war also nicht nur ein produktiver Autor und Vermittler, sondern auch ein »Macher« im besten Sinne, der allerdings als solcher – er gab es selbst zu – Aufgaben nicht besonders gut delegieren konnte.

Schon damals erwies sich indessen, wie schwer die Anforderungen von Kulturarbeit und Rathaus-Bürokratie oft zur Deckung zu bringen sind. So erhielt die Gedenkstätte beispielsweise eine Spende für die Aufrüstung der noch sehr primitiven Audio-Anlage durch einen neuen Grundig-Verstärker, der durch einen gehörigen Rabatt des Herstellers »nur« 700 DM gekostet hatte. Nach der Verbuchung im Haushalt standen die Mittel zur Bezahlung der Rechnung jedoch erst mehrere Monate später zur Verfügung. Ebenso erging 1974 die Aufforderung, aus Ersparnisgründen künftig die städtischen Eintrittskarten zu nutzen – deren Druck dann gegenüber den bisherigen allerdings 20 Prozent teurer war …

Die Richard-Wagner-Stiftung

Im Jahr 1973 vollzog sich aber nicht nur der Führungswechsel in der Gedenkstätte. Am 2. Mai war auch die Richard-Wagner-Stiftung als rechtsfähige und gemeinnützige öffentliche Stiftung des bürgerlichen Rechts gegründet worden, um zu verhindern, dass die Nachlässe Richard und Cosima Wagners, zu denen auch das Festspielhaus und das Wahnfried-Archiv gehörten und die Eigentum Winifred Wagners als Alleinerbin waren, nach ihrem Tod Gegenstand möglicher Erbauseinandersetzungen würden und in deren Folge gar liquidiert werden müssten.

Schon nach dem Tod Wieland Wagners hatten daher Überlegungen begonnen, den bisherigen privaten Familienbetrieb der Bayreuther Festspiele auf einer rechtlich breiteren institutionellen Grundlage zu verankern und so eine auch finanziell dauerhaft gesicherte Zukunftsperspektive zu schaffen und zu gewährleisten. Ausgangspunkt war dabei das gemeinschaftliche Testament Siegfried und Winifred Wagners von 1929, in welchem die bindende Festlegung getroffen worden war: »Das Festspielhaus darf nicht veräußert werden. Es soll stets den Zwecken, für die es sein Erbauer bestimmt hat, dienstbar gemacht werden, einzig also der festlichen Aufführung der Werke Richard Wagners.« Dieser zentrale Passus wurde neben einigen anderen Bestimmungen in die Stiftungsurkunde übernommen.

So brachte die Familie Wagner das Festspielhaus mit Nebengebäuden und Liegenschaften als Vermögenseigentum der Stiftung ein und verkaufte das Wahnfried-Archiv für 12,4 Mio. DM (dies entspricht etwa 23 Mio. Euro heutiger Kaufkraft) zu gleichen Teilen an die Bundesrepublik Deutschland, die Oberfrankenstiftung und die Bayerische Landesstiftung, welche es als »Nationalarchiv« wiederum der Richard-Wagner-Stiftung als Dauerleihgabe überließen. Der Freistaat Bayern verpflichtete sich zur Zahlung laufender jährlicher Zuschüsse für die Erfüllung des Stiftungszwecks, die Stadt Bayreuth zur Gestellung eines »wissenschaftlich vorgebildeten« Bediensteten zur Betreuung des Archivs, der Bezirk Oberfranken zum Personalkostenersatz für eine Schreibkraft.

Nach Maßgabe der Stiftungssatzung verwaltet und bewahrt das Nationalarchiv seine Bestände nach den geltenden wissenschaftlichen und konservatorischen Kenntnissen und Grundsätzen des Bibliotheks- und Archivwesens. Weiterhin ist es dazu bestimmt, weitere Dokumente in Schrift und Bild sowie Druckwerke und Gegenstände, die Leben, Schaffen und Nachwirkung Richard Wagners betreffen, zu sammeln und zu bewahren, um sie als öffentliche Forschungsstätte für wissenschaftliche Forschungen und Veröffentlichungen sowie im Rahmen von Dauer- und Sonderausstellungen des Museums zur Verfügung zu stellen.

Neben dem handschriftlichen Nachlass Richard und Cosima Wagners, also Musik-, Dichtungs- und Prosamanuskripten – an der Spitze die autografen Libretti, Kompositions- und Orchesterskizzen sowie Partiturerst- und -reinschriften –, 3.677 originalen Briefen und 3.220 Briefabschriften der insgesamt über 10.000 Briefe Wagners, dem Diktatmanuskript von Wagners Autobiografie *Mein Leben*, Urkunden und sonstigen biografischen Dokumenten, über 900 Briefautografen und ca. 450 Briefabschriften Cosima Wagners und weiteren mehreren Tausend Briefdokumenten der Familien Liszt/Wagner und anderer Absender, dem Archiv der Festspielverwaltung Bayreuth bis 1945, Bildern und Büsten Richard Wagners und Familie, dem künstlerischen Nachlass Siegfried Wagners, darunter die autografen Partituren seiner Werke, sowie sonstigen persönlichen Gegenständen Wagners und seiner Familie enthält und verwaltet das Nationalarchiv heute auch Wagners Bibliothek in Wahnfried mit 2.310 Bänden, seine »Dresdner Bibliothek« mit ca. 400 Bänden, die Bibliothek Houston Stewart Chamberlains mit rund 12.500 Bänden, die aus den Beständen der Gedenkstätte entstandene Studienbibliothek mit mehr als 40.000 bibliografischen Einheiten, ein Bildarchiv mit rund 15.000 Bilddokumenten und ein Schallarchiv mit rund 12.000 Titeln.

Eine besondere Preziose unter den Handschriften sind vielleicht die letzten, an Cosima Wagner gerichteten schriftlichen Zeugnisse Friedrich Nietzsches (1844–1900) von 1889, die als »Wahnsinnszettel« bezeichnet werden, weil sie bereits von seinem unmittelbar bevorstehenden geistigen Zusammenbruch gekennzeichnet sind. Die wichtigste Zuerwerbung war 1978 für über 1 Mio. US-Dollar die »Burrell-Sammlung«. Mary Burrell (1850–1898) war die Tochter des bedeutenden Dubliner Arztes Sir John Banks (1811–1889) und eine der englischen Wagner-Anhängerinnen und Festspiel-Besucherin der ersten Stunde. Allerdings begegnete sie dem in Wahnfried und der Gedenkstätte betriebenen Wagner-Kult mit einigem Unbehagen. So begann sie dank ihres beträchtlichen Vermögens mit einer umfangreichen und hartnäckigen Sammeltätigkeit für eine eigene Wagner-Biografie, die aber mit ihrem Tod Fragment blieb und leider kaum über Wagners Schulzeit hinauskam. Mit ihrer Sammlung sicherte sie Quellen, die für Wahnfried unerreichbar waren, darunter vor allem Handschriften und Dokumente aus dem Nachlass von Richard Wagners erster Ehefrau Minna (1809–1866). Diese waren nach deren Tod in den Besitz ihrer außerehelichen Tochter Natalie Bilz-Planer (1826–1892) gelangt, die von ihrer Mutter stets als ihre Schwester ausgegeben worden war. Auch sie stand Bayreuth und vor allem Cosima begreiflicherweise äußerst reserviert und misstrauisch gegenüber, sodass Mary Burrell in ihr die wichtigste Verbündete fand, die ihr den Nachlass ihrer Mutter Minna schließlich verkaufte. Die Erwerbung umfasste 364 Briefe Wagners, vor allem an Minna, aber auch an Ernst Benedikt Kietz, Anton Pusinelli u. a., den einzigen erhaltenen Brief Wagners an Mathilde Wesendonck (»Morgenbeichte« vom 7. April 1858) und weitere wichtige Werk-Manuskripte Wagners, u. a. zu seinen Jugenddramen *Leubald* (1827) und *Die Hochzeit* (1833), den frühen Opern *Die Feen* (1833/34), *Das Liebesverbot* (1840) und *Rienzi* (1837–1841), sowie zu *Holländer*, *Tannhäuser*, *Lohengrin* und *Meistersinger*.

Heute umfasst das Nationalarchiv insgesamt rund 200.000 archivalische Einheiten, darunter mehr als 100.000 Handschriften, etwa 8.000 Museumsexponate, mehr als 3.000 audiovisuelle Medien und Tonträger, ca. 3.000 Grafiken und 14.000 Fotos. Das Richard-Wagner-Museum mit Nationalarchiv und Forschungsstätte der Richard-Wagner-Stiftung Bayreuth ist damit die zentrale und weltweit mit Abstand größte und bedeutendste Wagner-Sammlung.

Das Siegfried-Wagner-Haus

Im Zuge der Stiftungsgründung hatte die Familie Wagner am 24. April 1973 auch das Haus Wahnfried samt Grundstück der Stadt Bayreuth geschenkt, die es wiederum der Stiftung im Hinblick auf dessen künftige museale Nutzung als Dauerleihgabe überließ. Auch das von Winifred Wagner bewohnte Siegfried-Wagner-Haus kaufte die Stadt für 600.000 DM. Es blieb nach Winifred Wagners Tod am 5. März 1980 zunächst ungenutzt, wurde aber bis 1992 für 1,8 Mio. DM renoviert und für die Zwecke des Museums umgebaut. Hierbei wurde auch das Flachdach durch ein regensicheres Schrägdach ersetzt sowie die Terrasse erneuert und abgedichtet. Auch der ursprüngliche Grundriss des Obergeschosses blieb nicht erhalten, sondern wurde für die Nutzung als Archiv-, Bibliotheks- und Büroräume angepasst.

Richard Wagner hat das Siegfried-Wagner-Haus nie gesehen. Zwar plante er bereits 1879, ein damals an dessen Stelle befindliches Nebengebäude zu einem kleinen Landhaus für seinen Sohn Siegfried und dessen Lehrer Heinrich von Stein (1857–1887) umbauen zu lassen, wozu es aber nicht kam. 1894 ersetzte Siegfried Wagner dieses Nebengebäude als Äquivalent zum gegenüberliegenden »Gärtnerhaus« durch einen kubischen, zweigeschossigen Flachdachbau im Stil der italienischen Renaissance.

Nach Siegfried Wagners Tod 1930 erweiterte der Architekt Hans C. Reissinger (1890–1972), der Onkel von Wieland Wagners nachmaliger Ehefrau Gertrud (1916–1998), das Haus 1932 im Auftrag Winifred Wagners durch Anbauten an der Nord- und Südseite und einen Verbindungsbau zum Haus Wahnfried. Winifred Wagner nutzte es als Gästehaus, u. a. für die Dirigenten Arturo Toscanini und Richard Strauss sowie für Adolf Hitler, mit dem sie schon seit 1924 freundschaftlich verbunden war und der hier zwischen 1936 und seinem letzten Festspielbesuch 1940 wohnte.

Siegfried-Wagner-Haus, Kaminzimmer zur Zeit Winifred Wagners

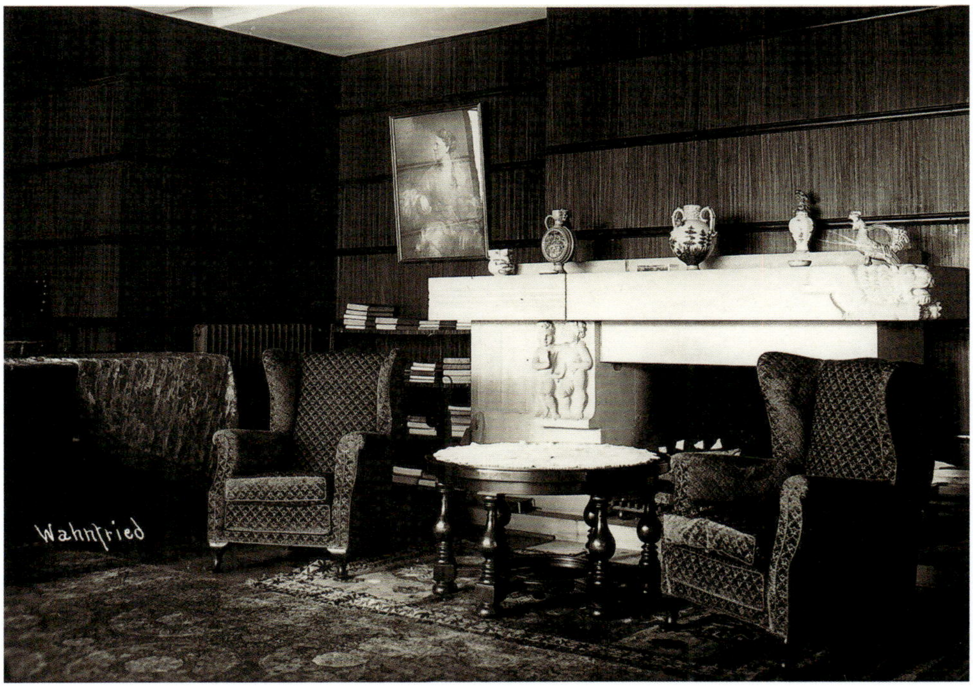

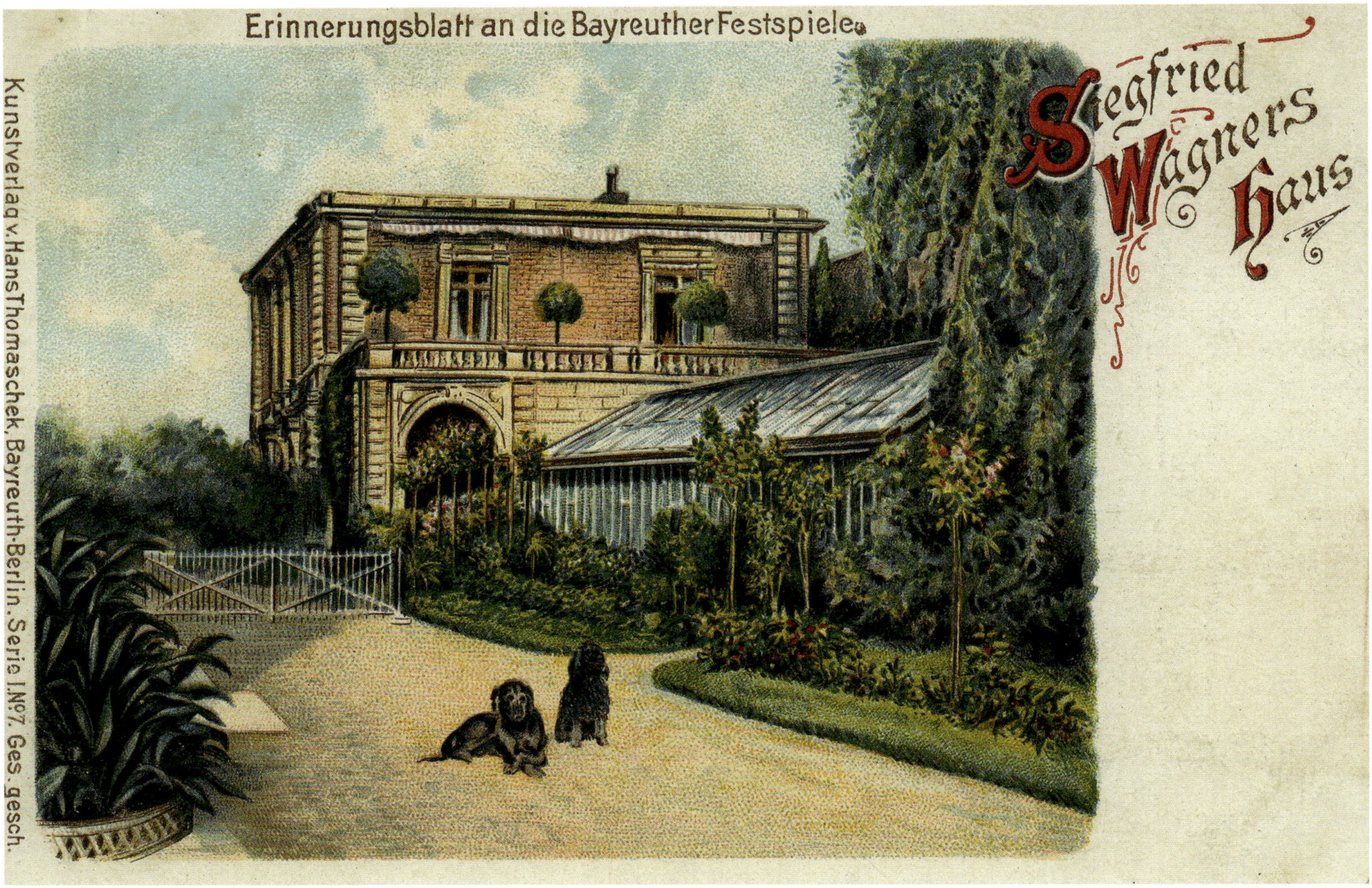

Siegfried-Wagner-Haus mit Gewächshaus, Postkarte, um 1894

Die Gestaltung der Innenräume entsprach ganz dem Stil und Geschmack der Zeit: breitflächige, waagrechte Vertäfelungen aus Zebrano-Eiche, germanisierende Ornamentik und Elemente des Jugendstils finden sich ebenso wie solche des Bauhauses. Diese so eigentümliche wie typische Stilmischung zeigen beispielsweise einerseits die Halbreliefs mit den Sternbildern der Familienmitglieder an den Pilastern und der Umfassung eines großen Kamins, andererseits die großflächigen Schiebetüren oder aus akustischen Gründen für Vorsingen die gerundeten Deckenvouten mit indirekter Beleuchtung, was ebenso der letzte Schrei war wie die modernen Vertikal-Schiebefenster. Der Teepavillon im Garten ist heute noch ebenso erhalten wie das Brunnenbassin mit einer Fischplastik aus Muschelkalk des Düsseldorfer Bildhauers Willi Hoselmann (1890–1978), die seit 2015 auch wieder Wasser spuckt.

1945 wurde das gesamte Wahnfried-Anwesen von der US-Army beschlagnahmt und im Siegfriedhaus, das im Gegensatz zu Wahnfried unbeschädigt geblieben war, ein Offizierskasino eingerichtet. Winifred Wagner zog sich in ein Wochenendhaus der Familie in Oberwarmensteinach im Fichtelgebirge zurück, das sie in Anlehnung an das von Wagner und seiner Frau Minna 1857/58 bewohnte Gartenhaus bei der Villa Wesendonck in der Gemeinde Enge bei Zürich »Asyl« nannte. Nach dem Abzug der Amerikaner 1957 zog Winifred Wagner wieder in das Siegfriedhaus ein und bewohnte es bis zu ihrem Lebensende 1980.

Auf der Zielgeraden

1975 war die Verwaltung der Gedenkstätte vom Glasenappweg in die 1. Etage des Chamberlain-Hauses (Wahnfriedstr. 1, heute städtisches Kulturreferat und Kulturamt) umgezogen, nur einen Steinwurf von Wahnfried entfernt. Im Dachgeschoss des Chamberlain-Hauses wurde auch dessen beträchtliche Bibliothek aufgestellt, die aber leider nie öffentlich zugänglich gemacht werden konnte. In einige Räume des Erdgeschosses (heute Jean-Paul-Museum) zog Gertrud Strobel mitsamt einem Teil des Wahnfried-Archivs ein. Die besonders wertvollen handschriftlichen Partituren und Briefe Wagners waren in einem Banktresor deponiert worden. Im nördlichen Teil des Erdgeschosses lag die Wohnung des Hausmeisters, der später ins Gärtnerhaus neben Wahnfried umziehen sollte. Im Untergeschoss wurden die Handschriften des Archivs der Gedenkstätte in Eisenschränken gelagert.

Wolfgang Wagner war es indessen nie ganz geheuer, dass das Familienarchiv sich nun nicht mehr in Wahnfried, sondern in städtischen Räumlichkeiten befand. Nachdem Gertrud Strobel 1978 gestorben war, wollte der damalige Oberbürgermeister Hans-Walter Wild (1919–2001) vermeiden, dass Wolfgang Wagner Dokumente aus dem Chamberlain-Haus in seinen Besitz brachte, solange das Eigentum ungeklärt war. Um jedoch umgekehrt einen Zugriff der Stadt zu verhindern, hatte Wolfgang Wagner seinerseits einen Stahlschrank aus dem Nachlass Otto Strobels

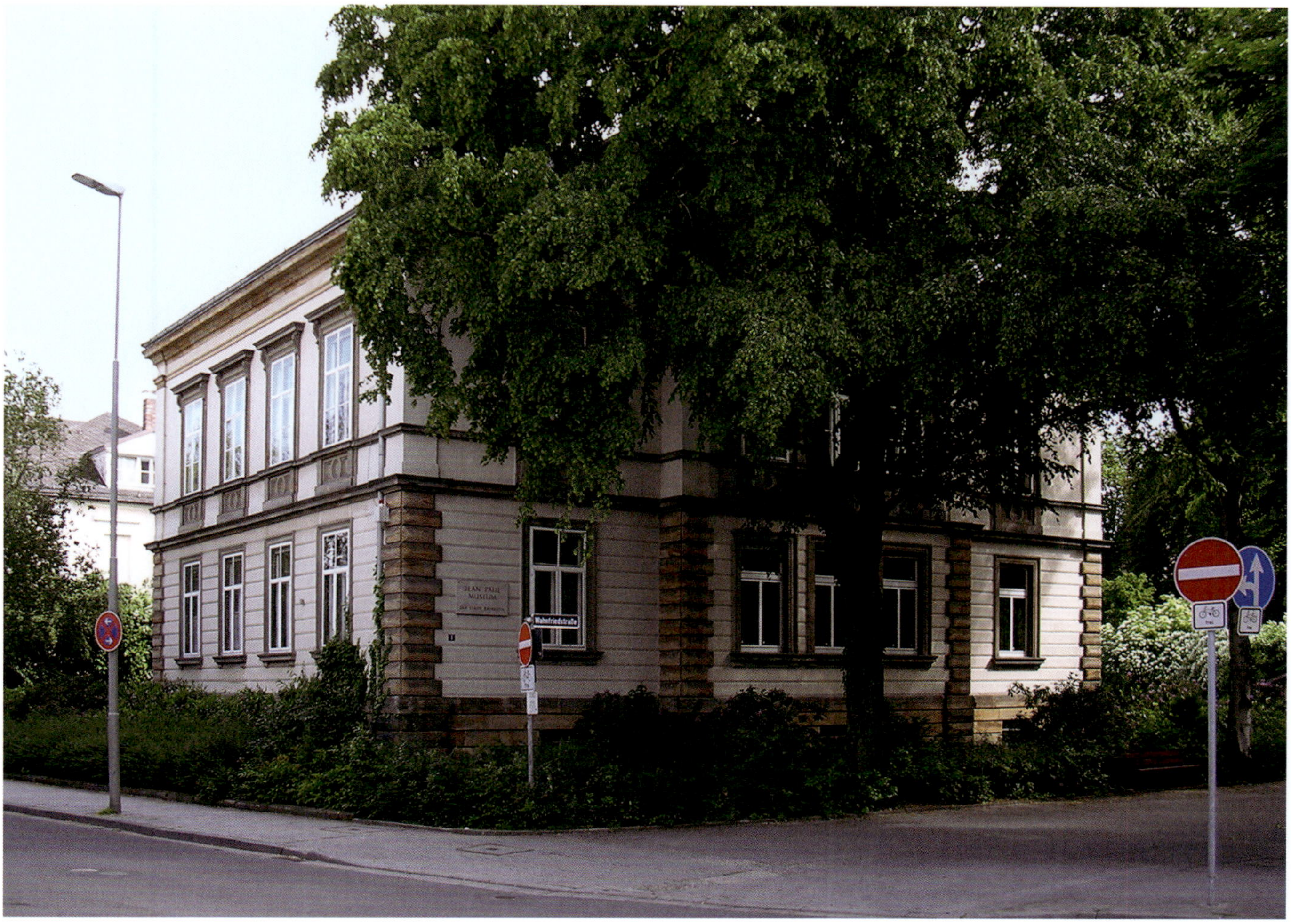

Chamberlain-Haus, heutiges Jean-Paul-Museum, 2010

kurzerhand mit einem Schloss gesichert und den Schlüssel mitgenommen. Daraufhin ließ der Oberbürgermeister allerdings den gesamten verschlossenen Schrank ins Rathaus bringen und öffnen. Zutage kam nichts weiter als Arbeitsmaterialien Strobels, und so wurde der Schrank wieder ins Chamberlain-Haus zurücktransportiert. Wolfgang Wagner riss daraufhin in einem seiner typischen Wutanfälle einen Karteikasten, den er durchsuchen wollte, aus dem Schrank und schüttete den Inhalt auf den Boden. Auch hier handelte es sich nur um leere Karteikarten. – Wolfgang Wagners Vertrauen in die Stadt war also begrenzt, wenn es um den Familiennachlass ging, während der Oberbürgermeister stets befürchtete, dass städtisches Eigentum – oder das, was man dafür hielt – wiederum von Wolfgang Wagner requiriert würde. So ließ Wild beispielsweise nach dem Tod Winifred Wagners auch umgehend die Schlösser des Siegfriedhauses auswechseln, um einen eigenmächtigen Zugang Wolfgang Wagners zu verhindern.

Die für das hundertjährige Festspieljubiläum 1976 geplante Eröffnung des Museums in Wahnfried erwies sich derweil als Hürdenlauf gegen die Zeit. An den Kosten von 3,2 Millionen DM für den originalgetreuen Wiederaufbau beteiligten sich die Bundesrepublik Deutschland und der Freistaat Bayern mit je 840.000 DM, die Stadt Bayreuth mit 450.000 DM, die Gesellschaft der Freunde von Bayreuth mit 200.000 DM, der Bezirkstag mit 100.000 DM aus der Oberfrankenstiftung, 140.000 DM konnten aus Einsparungen von Mitteln für Sanierungsmaßnahmen am Festspielhügel zugelegt werden, der Rest wurde aus privaten Spenden gedeckt. Als Bauträger fungierte im Auftrag der Richard-Wagner-Stiftung ein »Verein zur Förderung des Festspielhauses«; die oberste Bauleitung war Wolfgang Wagner übertragen worden, der nicht nur die technischen und organisatorischen Erfahrungen und Fähigkeiten hierfür mitbrachte, sondern auch Geschick und Wagemut in der Bewältigung der finanziellen Probleme, außerdem ein unersetzliches Detailwissen über den früheren Zustand des Hauses.

In enger Zusammenarbeit mit dem Bayerischen Landesamt für Denkmalpflege ging es bei der baulichen Instandsetzung zunächst um die Beseitigung der Kriegs-, Wetter- und Altersschäden, eine möglichst originalgetreue Wiederherstellung der beiden großen Repräsentationsräume Halle und Saal sowie die Umgestaltung und Einrichtung der übrigen Räume und des Kellers für die Zwecke des Museums und des Archivs. Der Bayreuther Architekt Helmut Jahn (1939–2018) und seine Kollegen Annemonika und Lothar Linder leisteten Detektivarbeit im Aufspüren von Plänen, Fotos, Zeichnungen und Fragmenten, die über bauliche und dekorative Einzelheiten Aufschluss gaben und Rekonstruktionen ermöglichten. Andere Einzelheiten steuerten Winifred und Wolfgang Wagner aus ihrer Erinnerung bei. Als verantwortlicher Architekt behielt Jahn auch dann Übersicht und Nerven, als eine Reihe unvorhergesehener Schwierigkeiten auftrat: mit Fundamenten, durchgerosteten Eisenträgern, bröckelnden Mauern und dem von Holzwürmern zerfressenen Dachgebälk, das völlig erneuert werden musste. Im Untergeschoss erwiesen sich die Decken als zu niedrig für die dort geplante Ausstellung der Bühnenbildmodelle. Diese sollten natürlich auf Augenhöhe stehen, die Modellkästen benötigten für die Beleuchtung jedoch – wie im »echten«

Theater auch – Raum oberhalb des Proszeniums. So blieb nichts anders übrig, als den Boden des Kellers ausheben und tiefer legen zu lassen.

Wichtige museumsfachliche Beratung kam – wie auch künftig immer wieder – von der soeben gegründeten »Landesstelle für die nichtstaatlichen Museen« beim Bayerischen Landesamt für Denkmalpflege in München und deren Abteilungsleiterin Dr. Isolde Rieger (1924–2015). Das Richard-Wagner-Museum war ihr erster Kunde. Innenarchitekt Dipl.-Ing. Rudolf Werner entwarf die formschönen und edlen Vitrinen aus Mahagoni, deren Gliederung und Einfassung mit wandhohen Profilleisten sowie Farben und Struktur der Wandbespannungen. Für die Ausstellungstexte wurde von der damaligen Stadtsparkasse Bayreuth eine Schreibmaschinen-Sonderanfertigung mit besonders großen Buchstaben als Dauerleihgabe zur Verfügung gestellt.

Bayreuther Stuckateure unter Leitung von Fritz Weigel zeigten bei der Nachbildung der völlig zerstörten Kassettendecke im Saal altmeisterliches Können, nicht minder die Schreinerei Höreth oder die Restauratoren Edgar Stengele aus Bamberg und Ehmann aus Nürnberg, der das stark verwitterte Sgrafitto-Gemälde über dem Eingang rettete, indem er die noch bestehenden Teile hinterspritzte und dadurch wieder befestigte und dann die abgebröckelten Teile stilgerecht nachbildete. Für die Objektmontage in den 136 Wand- und Tischvitrinen im Ober- und Zwischengeschoß blieben Eger und seinen Hilfskräften Sigrid Hartmann und Wilfried Engelbrecht am Ende ganze vier Tage – und Nächte. Sie genügten dank minuziöser Vorarbeit und Organisation. Werner Meyer schrieb in der *AZ* von einem »Weltrekord im Museums-Einräumen«.

Die letzten Kostümvitrinen wurden erst in den frühen Morgenstunden des Eröffnungstags, Samstag, den 24. Juli 1976, angeliefert. Als sie dekoriert wurden, saßen die meisten Ehrengäste schon zum Festakt bereit. Nur eine Stunde vor der Eröffnung war eine Glasvitrine mit dem historischen Festspielhaus-Modell von George Steingraeber (1858–1932) aus dem Jahr 1888, die überraschenderweise durch keine Tür passte, mit Seilen und Leitern über den Balkon ins Obergeschoss gehievt worden.

Die Exponate stammten vor allem aus der Sammlung der Gedenkstätte, ergänzt durch wertvolle Objekte und Dokumente aus dem Nationalarchiv. Damit war die Gedenkstätte am authentischen Wohn- und Schaffensort Wagners angekommen und im neuen Richard-Wagner-Museum aufgegangen. 1988 übertrug die Stadt ihre Sammlung ebenfalls als Dauerleihgabe an die Stiftung. Im Zuge dessen erwarb die Stiftung weitere 60 Erinnerungsstücke von der Familie, die sich bislang noch als Dauerleihgabe in Wahnfried befunden hatten. Mit der Eröffnung als Museum wurde das Wahnfried-Anwesen nicht nur öffentlich zugänglich, sondern auch zum zentralen Dokumentationsort von Wagners Leben und Werk sowie der Aufführungsgeschichte der Bayreuther Festspiele.

Wahnfried als Museum
1976–1993

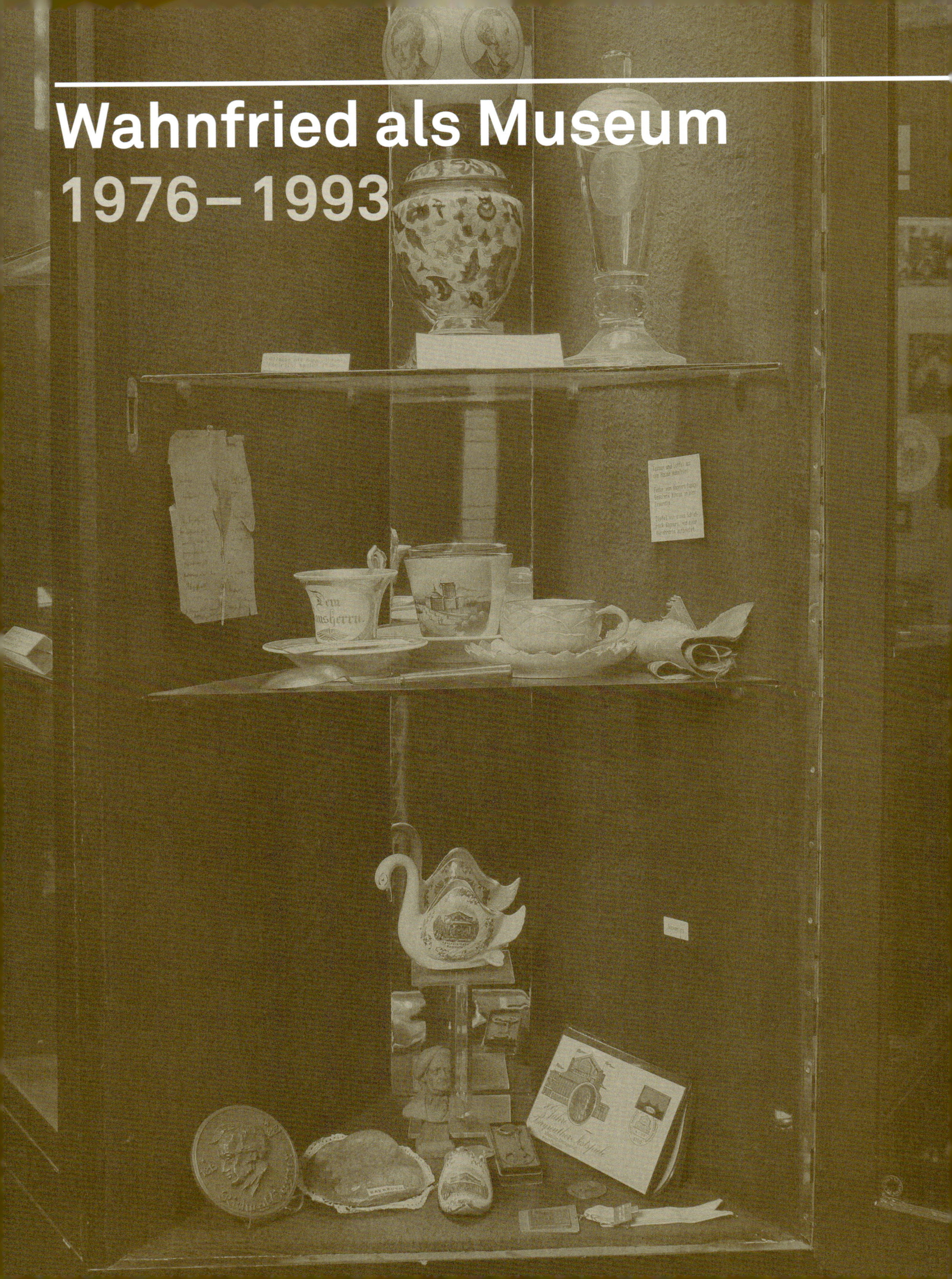

Das Wohnhaus

Bereits vor seiner Übersiedlung von Tribschen bei Luzern nach Bayreuth hatte Wagner am 1. Februar 1872 für 12.000 Gulden ein Grundstück am Hofgarten gekauft. Einen Monat später schrieb er am 1. März an den König:

> »Es ist mir nöthig endlich zu wissen, wohin ich gehöre, wo ich meinen festen Wohnsitz nehme[n] und für meine Familie im bürgerlichen Sinne sorgen kann. Ich habe viele Jahre meines Lebens dem wüsten Walten des Zufall's anheim geben müssen, nenne keinen Besitz mein und lebe wie ein Flüchtling in der Welt. Für den so wichtig gewordenen Rest meines Lebens kann ich hier, wohin der Zufall mich warf, nicht verbleiben; ich muss dort leben, wo ich mir zugleich einen angemessenen Wirkungskreis bereitet wissen kann: diess muss im Herzen Deutschland's sein, und glücklich bin ich, diesen jetzt auserwählten Punkt in Ihrem Königreiche inbegriffen gefunden zu haben. Dort wünsche ich meinen dauernden Heerd zu gründen, um ihn als lebenvolles Eigenthum dereinst meinen Erben hinterlassen zu können.«

Das Grundstück lag damals noch am Stadtrand auf einer »Miedelspeunt« genannten Wiese zwischen dem Hofgarten und dem damaligen »Rennweg« (heute »Richard-Wagner-Straße«). Das Haus ist eine typische Künstlervilla des 19. Jahrhunderts und Ausdruck großbürgerlicher Wohnkultur. Wagner entwarf es in den Grundzügen selbst. Nach dem Vorbild der Renaissance-Villen Andrea Palladios (1508–1580) erhielt das Haus auf einem nahezu quadratischen Grundriss eine dreiteilige Front mit vorspringendem Mittelrisalit und einer Rotunden-Apsis an der rückwärtigen Gartenseite. Das Atrium der von Palladio zitierten römischen Wohnhäuser bildet in Wahnfried die zentrale, offene Halle mit Oberlicht in 16 Metern Giebelhöhe und umlaufender Galerie, welche die privaten Räume des Obergeschosses mit Kinderzimmern, Cosima Wagners »Grauem Stübchen«, Wagners Arbeitszimmer und dem gemeinsamen Schlafzimmer verbindet. Im niedrigen Zwischengeschoß befanden sich Bade- und Ankleidezimmer. Die Entwürfe zum Haus fertigte der Berliner Bauinspektor Wilhelm Neu-

Haus Wahnfried, Grundriss des Obergeschosses, beiderseits das Zwischengeschoss

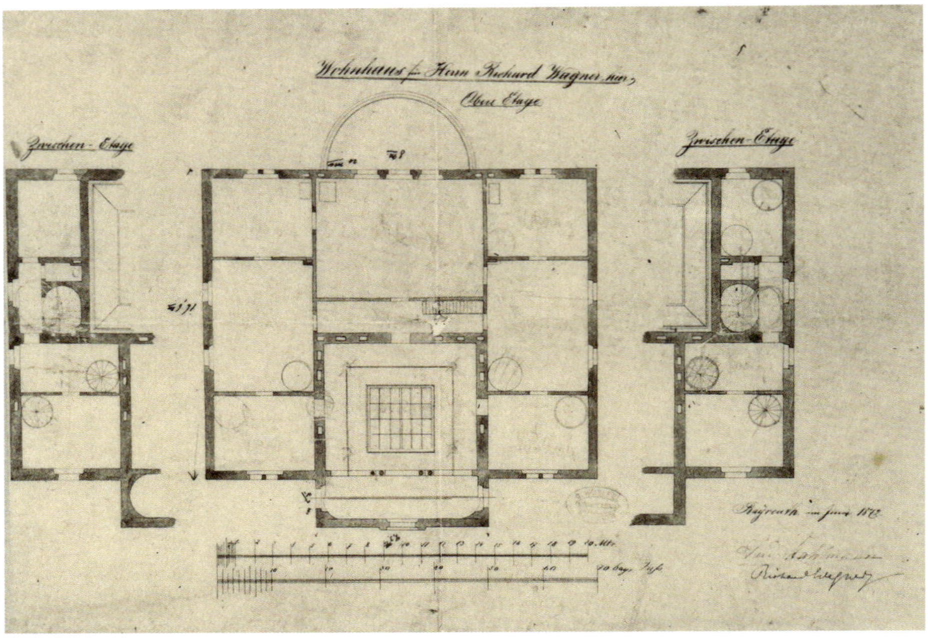

mann (1826–1907), ausgeführt wurde der Bau ab 1872 vom Bayreuther Maurermeister Carl Wölfel (1833–1893). Die Baukosten in Höhe von 75.000 Mark zahlte Wagners königlicher Mäzen Ludwig II. von Bayern.

Auf einem frühen Schnitt sind in der Halle noch weit geschwungene Treppen vorgesehen. Auf sie wurde jedoch verzichtet. Nur eine schmale Stiege – gleich beim Haupteingang – und versteckte Wendeltreppen führten zu den privaten Räumen im Obergeschoss, die auf diese Weise von den auch für den Empfang von Besuch bestimmten Repräsentationsräumen des Erdgeschosses abgeschirmt waren.

Haus Wahnfried, Postkarte, um 1915

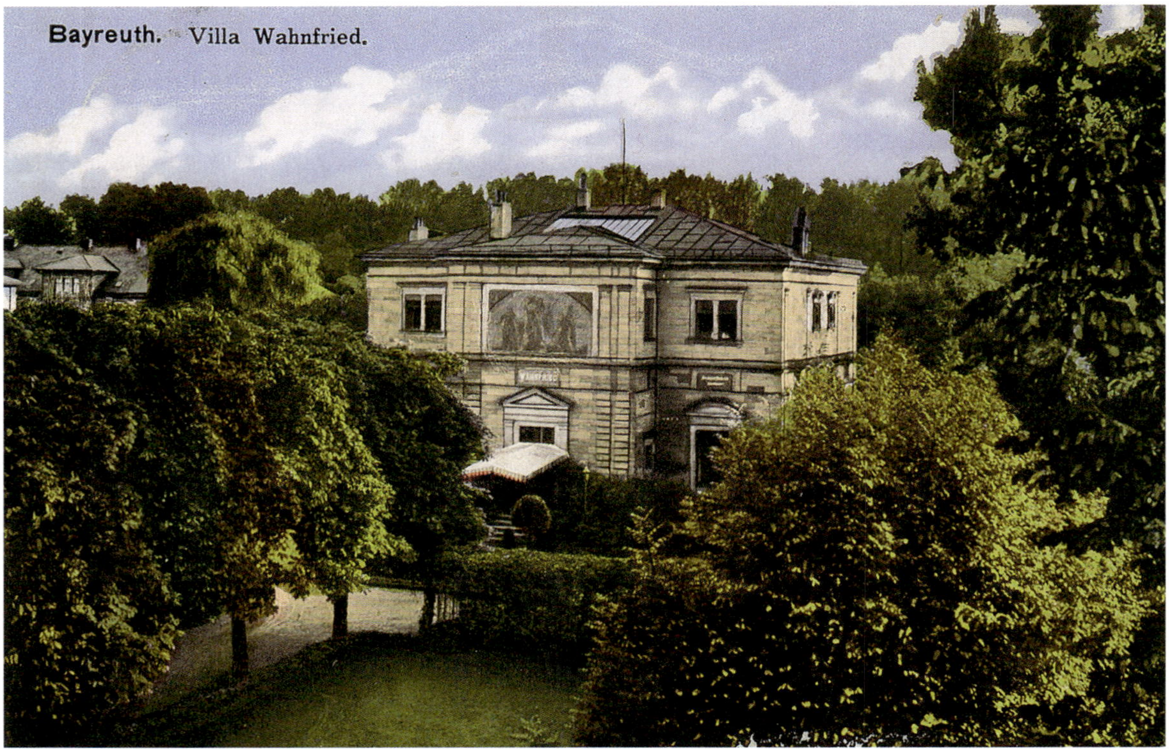

Schnitt durch Richard Wagners geplantes Wohnhaus in Bayreuth, links mit nicht umgesetzter Treppe

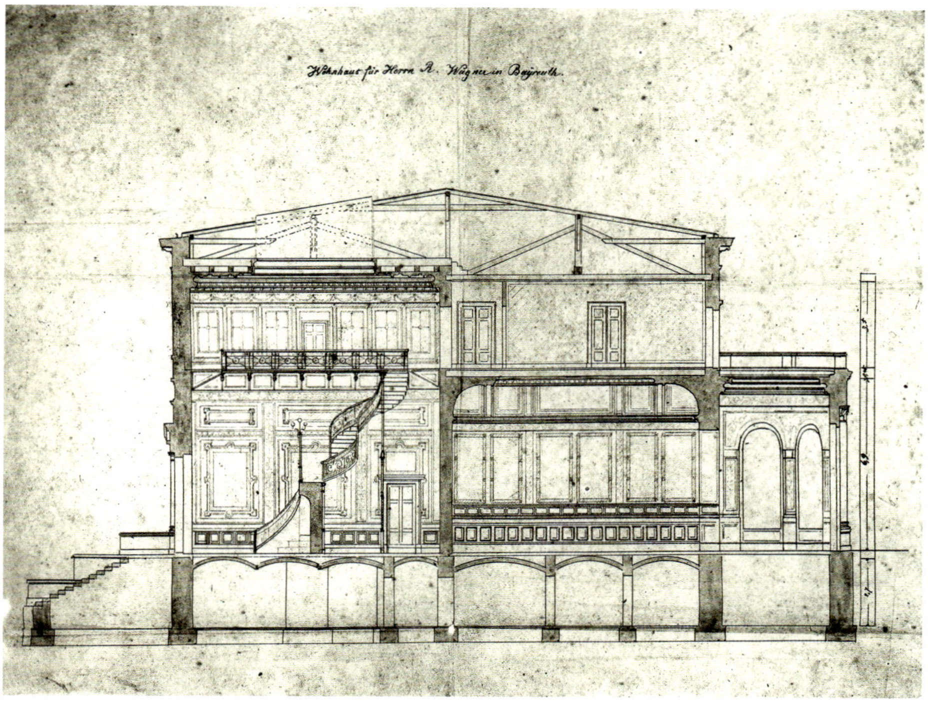

Grundriss des Erdgeschosses von Richard Wagners geplantem Wohnhaus in Bayreuth mit nicht umgesetzten Treppen

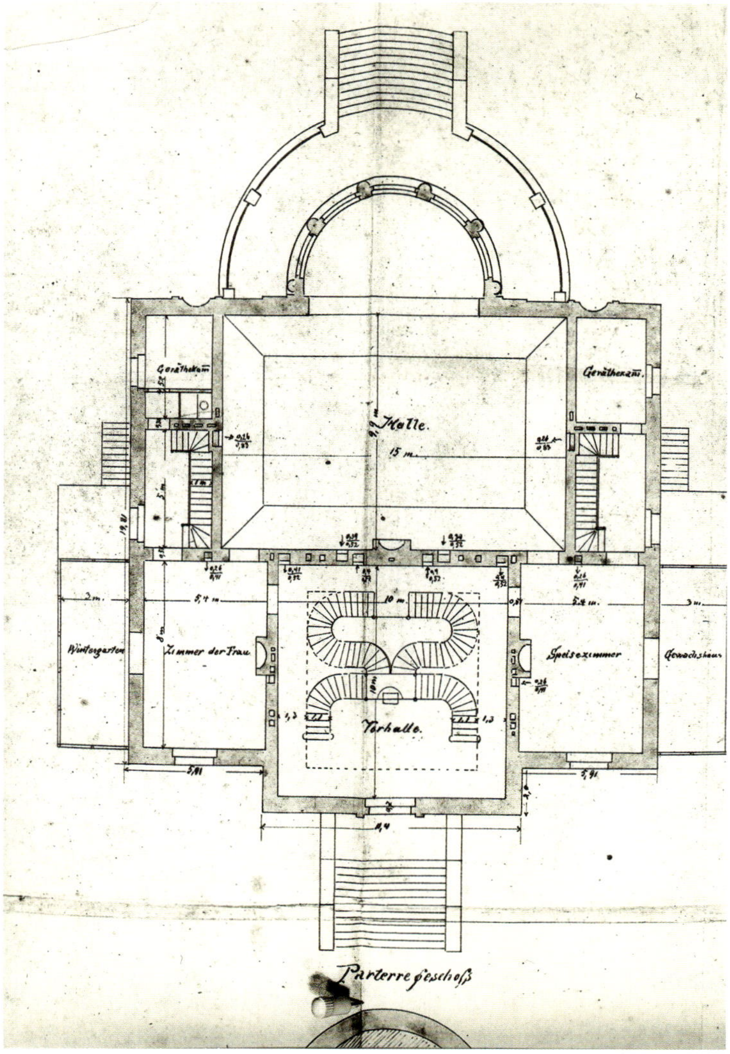

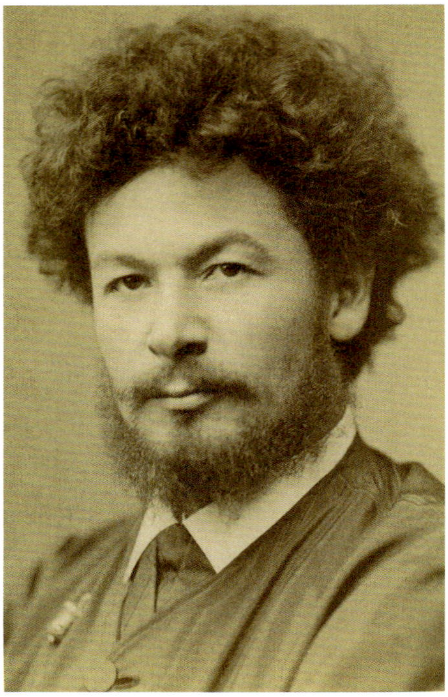

Lorenz Gedon, um 1880

In der Halle befanden sich nicht nur ein Harmonium mit 2 Manualen und Pedal sowie ein Billardtisch, sondern zu Weihnachten auch der große Tannenbaum aus dem Fichtelgebirge, vor dem die Bescherung stattfand. Auch diente die Halle mit ihrer bemerkenswerten Akustik 1875 für die ersten Solistenproben. Außerdem erklang hier am 25. Dezember 1878 zu Cosimas Geburtstag zum allerersten Mal das Vorspiel zu *Parsifal* unter Wagners Leitung. An die Halle mit den Büsten Richard und Cosima Wagners von Gustav Adolph Kietz (1824–1908), den Marmorstatuetten mit den Heldenfiguren Wagners von Caspar von Zumbusch (1830–1915) und dem an der Galerie umlaufenden Fries mit Szenen aus dem *Ring des Nibelungen* von Franz Heigl nach Michael Echter (1812–1879) schließt sich der Saal an, der eigentliche Wohnraum mit Bibliothek. Beide Räume waren vom damaligen Münchner Stardesigner Lorenz Gedon (1844–1883) gestaltet worden.

Hier stand und steht auch Wagners Steinway-Flügel, den Wagner von der Firma in New York zu den ersten Festspielen 1876 geschenkt bekommen hatte. Dieser konnte 1978 durch großzügige Unterstützung der Firma generalüberholt werden. 2025/26 wurde das bemerkenswerte Instrument vom Atelier Chris Maene in Ruiselede/Belgien restauriert. 1881 hatte Cosima Wagner ihrem Mann zum 68. Geburtstag außerdem die Ausgestaltung der Felder in den Deckenkehlungen mit den Wappen der Städte geschenkt, in denen es die ersten Wagner-Vereine gab. Paul von Joukowsky (1845–1912), der auch die Bühnenbilder zur Uraufführung des *Parsifal* entwarf, fertigte zu Wagners letztem Geburtstag am 22. Mai 1882 die Bemalung der Seidentapete mit Vögeln und floralen Ornamenten nach einem alten chinesischen Muster. Hierfür hatte er Schablonen gefertigt, mit denen sich auch die Kinder an der Arbeit beteiligen konnten. Die Nebenräume der Halle dienten als Speisezimmer und als »Lila Salon« genanntes Empfangszimmer Cosima Wagners.

Über der Eingangstür des Hauses befindet sich ein farbiges Glasfenster mit dem Stadtwappen von Luzern, von wo die Familie Wagner aus dem zur Stadt gehörenden Tribschen ja gekommen war, sowie ein Wappenschild mit dem Sternbild des Großen Wagens, das von einem Geier gehalten wird. Dabei steht der Wagen für den Familiennamen »Wagner«, der Geier für Wagners geliebten Stiefvater Ludwig Geyer (1779–1821).

Ein Bauplan vom Juni 1872 zeigt im oberen Feld des Mittelrisalits eine Sonnenuhr, die jedoch nie etwas angezeigt hätte, liegt die Fassade doch auf der Nord-

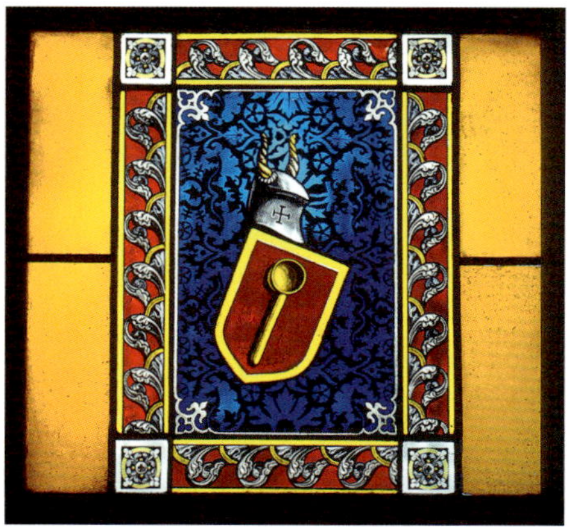

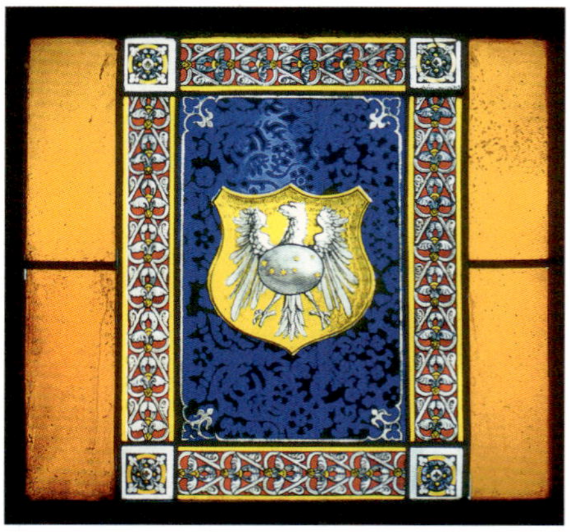

Haus Wahnfried, Wappen von Tribschen und Familienwappen Wagners über dem Eingang

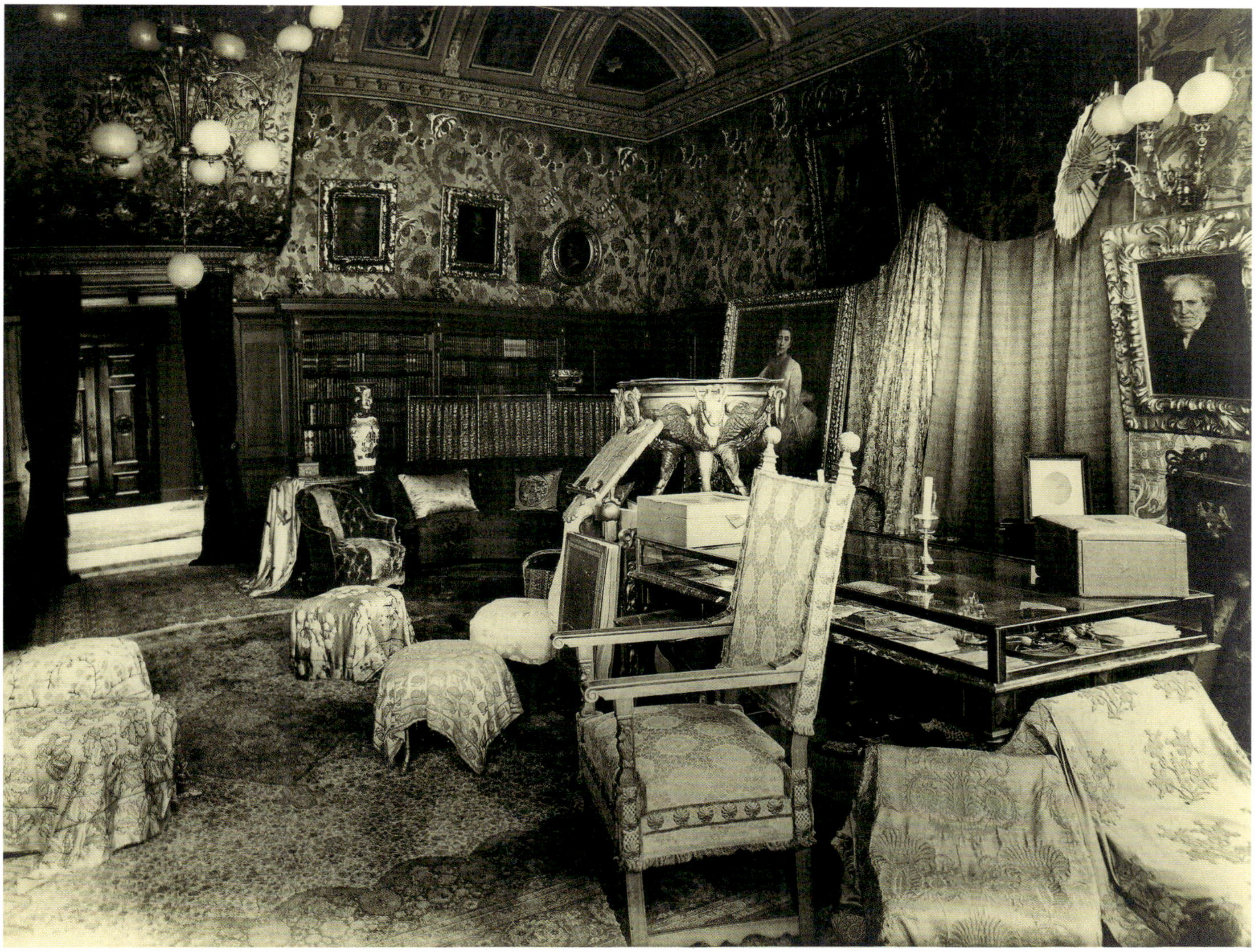

Haus Wahnfried, Saal, um 1890

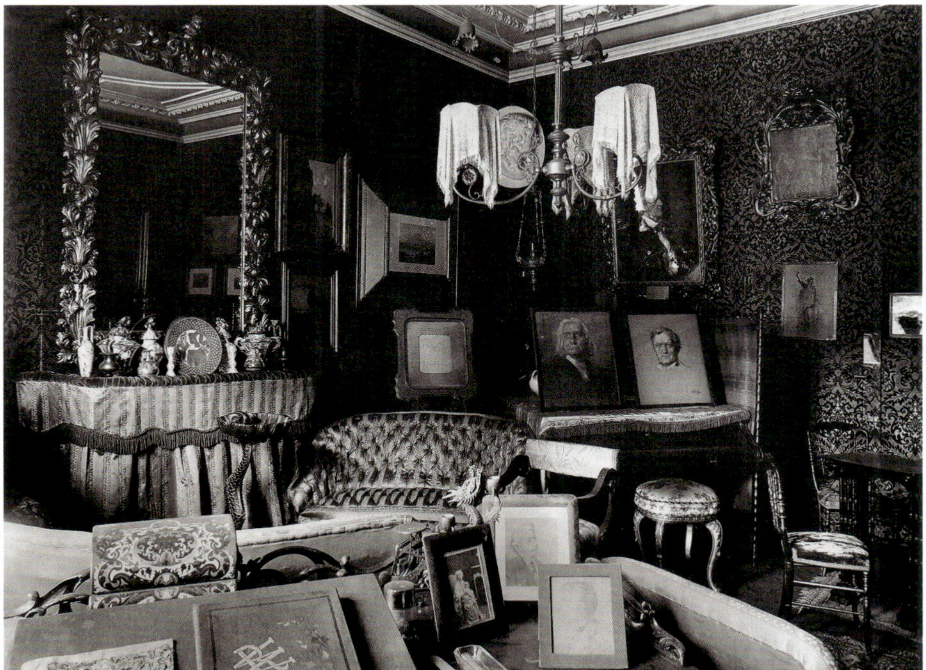

Haus Wahnfried, »Lila Salon«

Haus Wahnfried, Speisezimmer

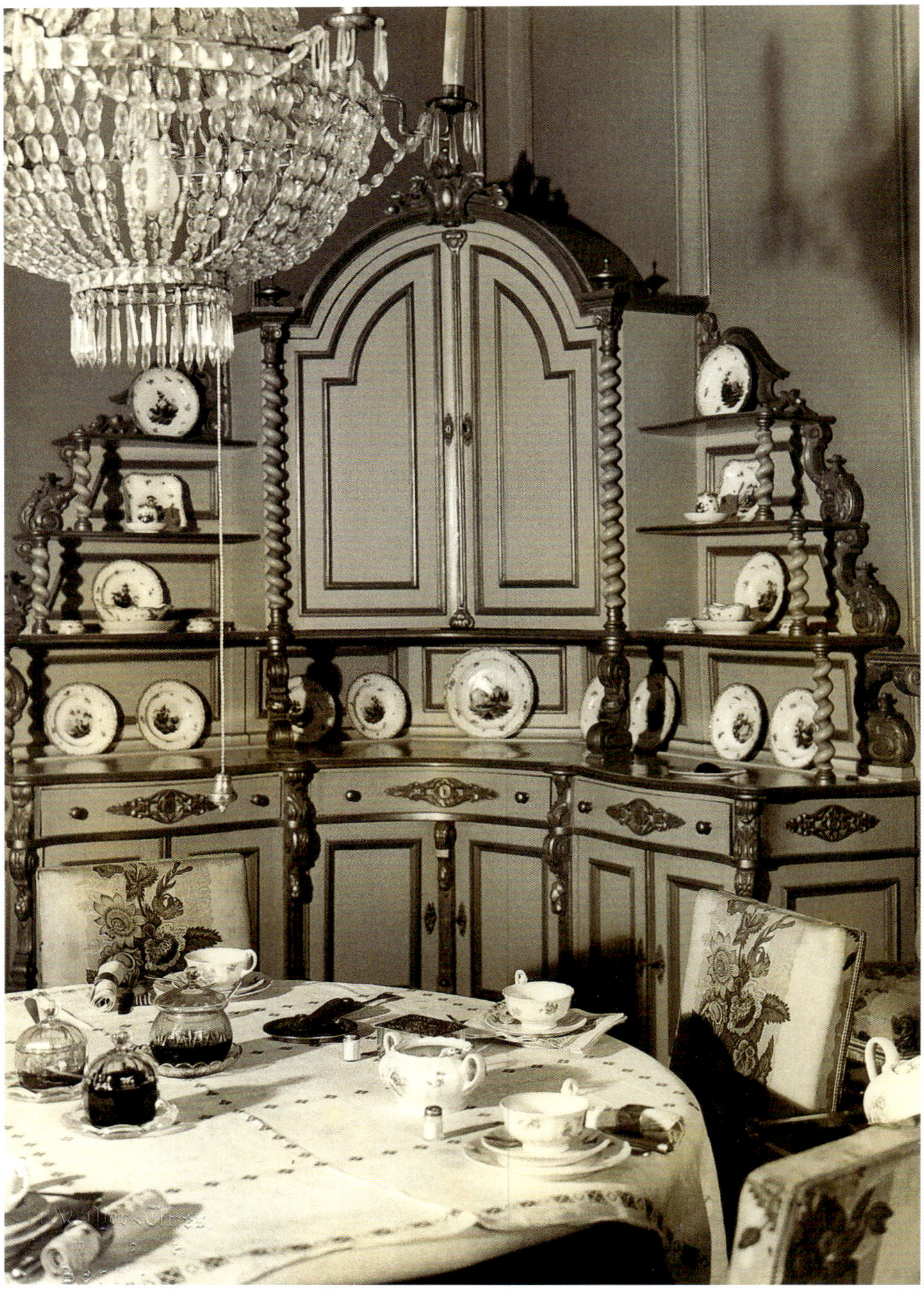

seite des Hauses ... So wurde sie durch das große Sgraffito von Robert Krauße (1834–1903) ersetzt, welches nach Wagners eigener Angabe das »Kunstwerk der Zukunft« versinnbildlicht: Die Gestalt der großen, von Wagner hoch verehrten dramatischen Sängerin Wilhelmine Schröder-Devrient (1804–1860), seine erste Senta und Venus, erscheint links als Allegorie auf die antike Tragödie, in der Mitte steht Wagners erster, frühverstorbener Tristan-Darsteller Ludwig Schnorr von Carolsfeld (1836–1865) als Wotan für den germanischen Mythos und rechts Cosima mit der Leier für die Musik. Zu ihren Füßen der kleine Siegfried, als Hauptfigur im *Ring* und Wagners Sohn Symbol für eben jene Zukunft, deren Ausdruck das aus dem Geist der antiken Tragödie, des germanischen Mythos und der Musik gemeinsam hervorgebrachte Musikdrama Wagners sei. Vor dem Haus wurde zu-

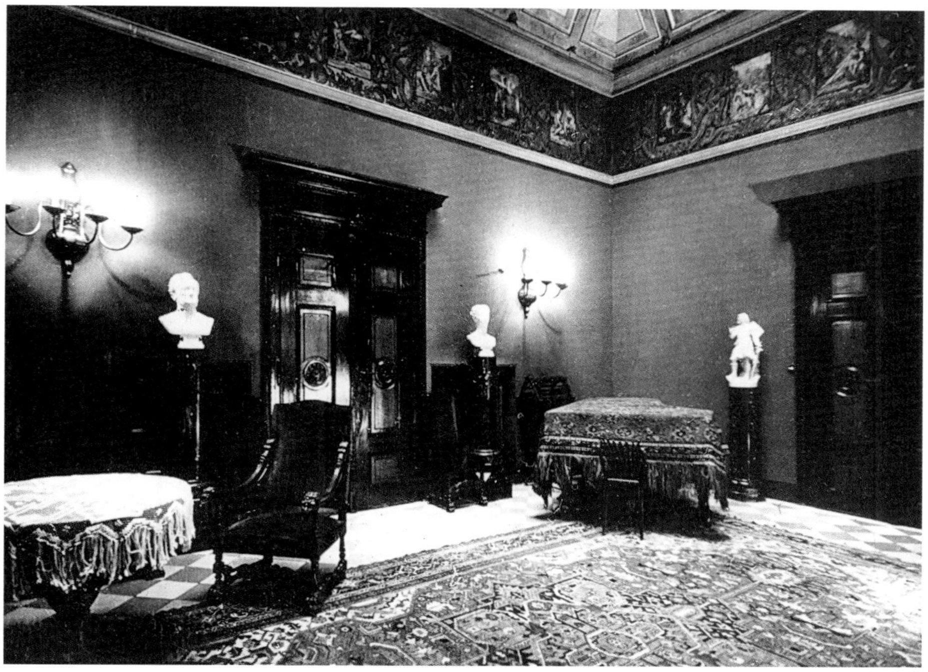

Haus Wahnfried, Halle mit Flügel,
nach Wagners Tod

unten:
Haus Wahnfried, Aufriss der Fassade
mit Sonnenuhr

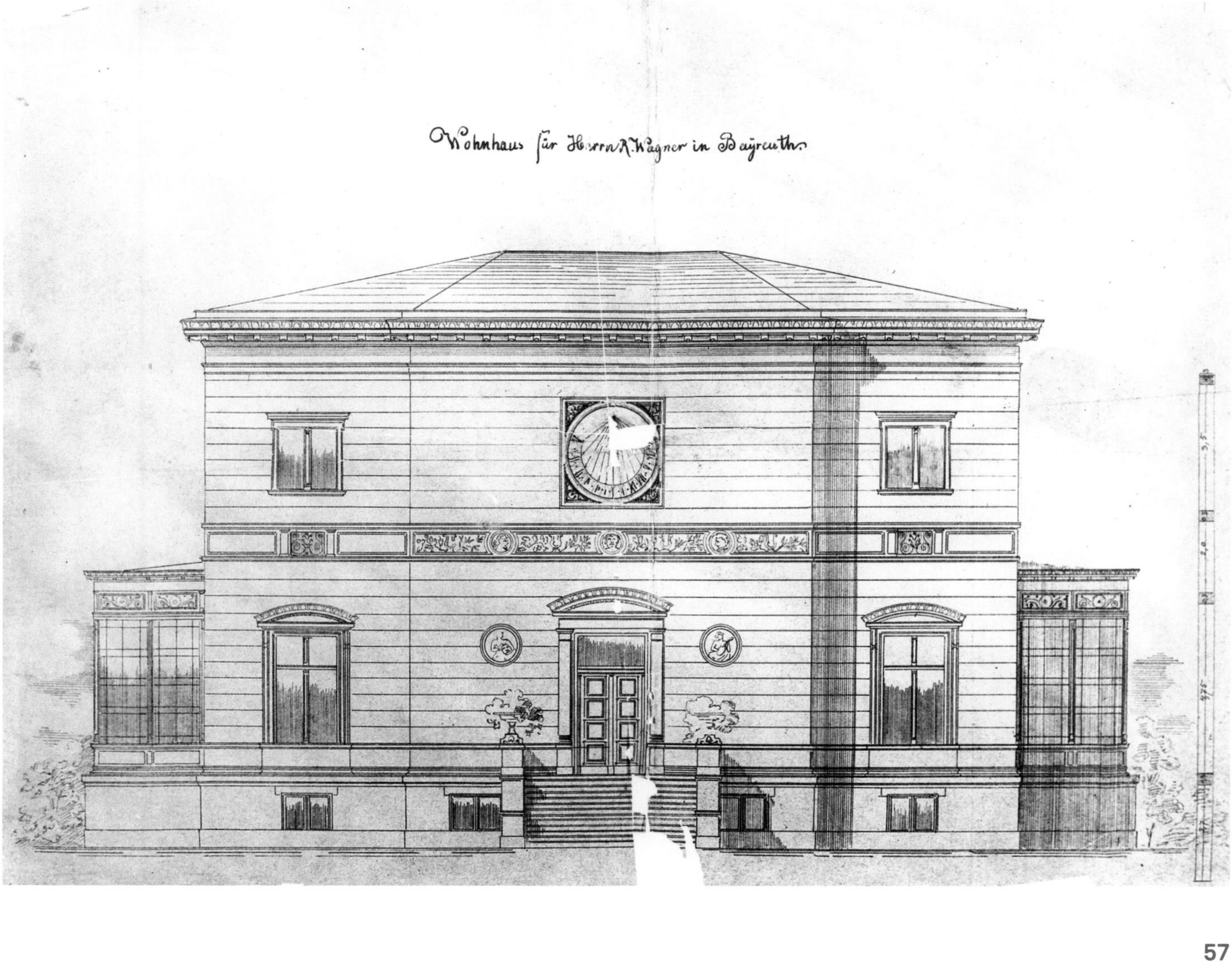

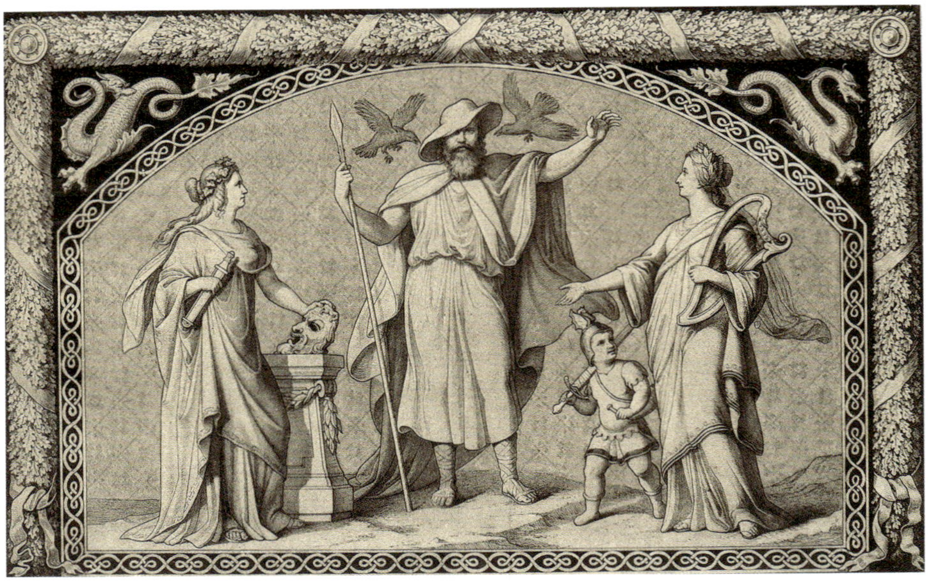

Haus Wahnfried, Sgraffito auf der Fassade

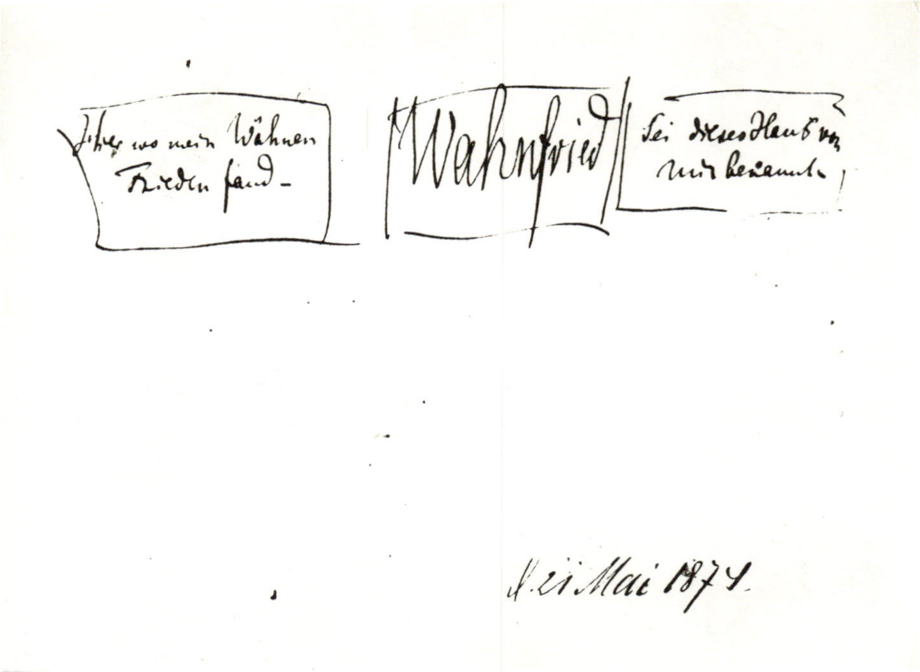

Hier wo mein Wähnen Frieden fand –
Wahnfried
sei dieses Haus von mir benannt.

d. 21 Mai 1874.

Wagners handschriftlicher Entwurf zur Inschrift auf der Fassade

nächst eine Büste Richard Wagners aufgestellt, die 1875 durch Zumbuschs monumentale Bronze-Büste des jugendlichen Ludwig II. von Bayern ersetzt wurde, der so gleichsam als Schutzpatron des Hauses und seiner Bewohner präsent ist.

Nachdem Wagner mit seiner Familie seit 27. April 1872 zunächst im Hotel »Fantaisie« in Donndorf, westlich von Bayreuth, gewohnt hatte und Ende September in das Haus Dammallee 7 in Bayreuth umgesiedelt war, bezog er Ende April 1874 das Haus, das er – jeder Bauherr vermag das nachzuvollziehen – während seiner Entstehung vorzugsweise »Ärgersheim« genannt hatte. Einen Monat später verfasste er den Taufspruch, der auf drei Marmortafeln im Mittelband der Fassade angebracht wurde: »Hier wo mein Wähnen Frieden fand / Wahnfried / sei dieses Haus von mir benannt.«

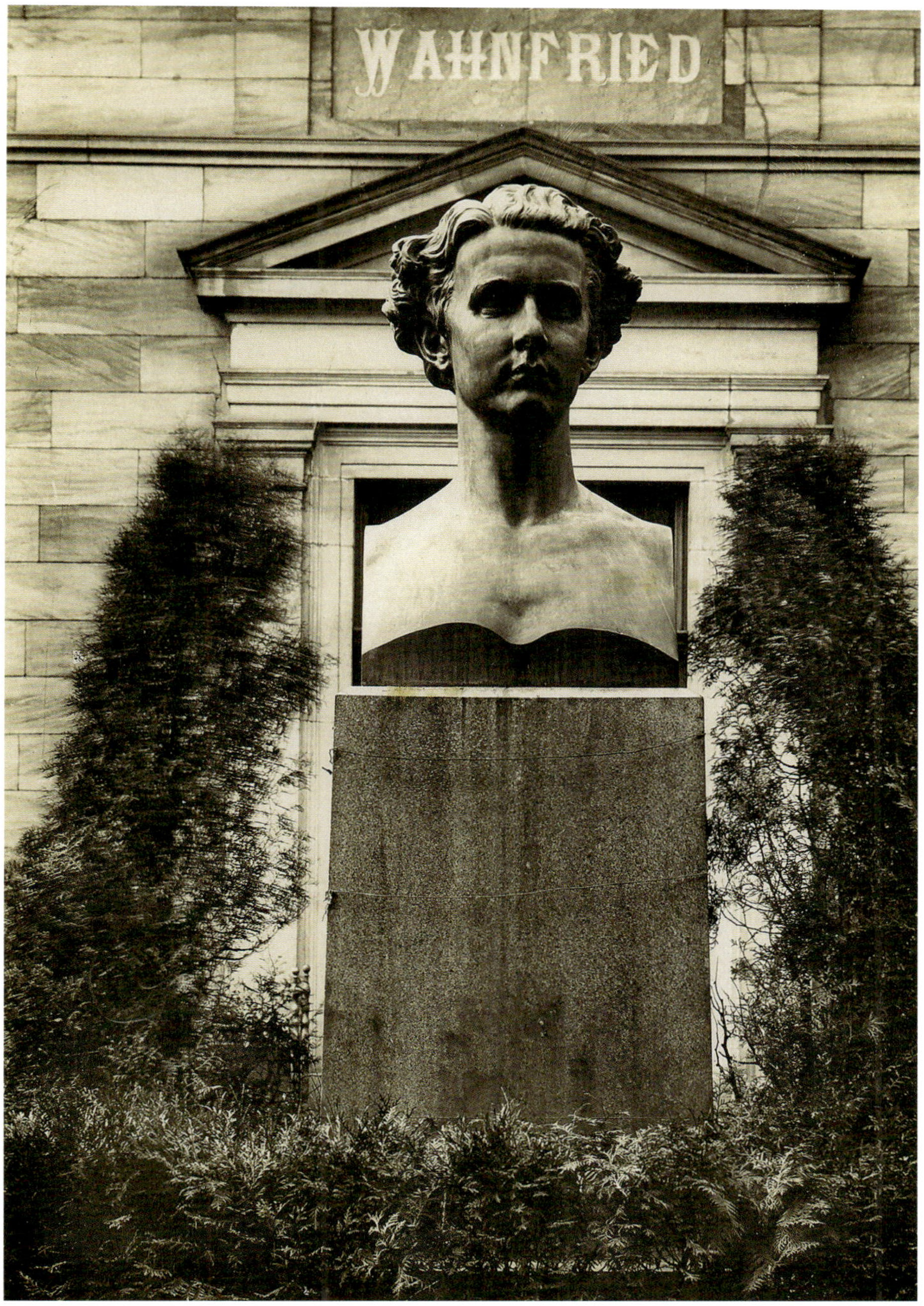

Kaspar von Zumbusch, Büste Ludwigs II. vor Haus Wahnfried

Es ist das Motto von Wagners Lebensabend. Hier, in seinem ersten eigenen Wohnhaus, verbrachte er sein letztes, bedeutungsvolles Lebensjahrzehnt, hier vollendete er mit den am unteren Rand der letzten Seite der *Götterdämmerungs*-Partitur niedergeschriebenen Worten »Vollendet in Wahnfried am 21. November 1874. Ich sage nichts weiter!!« die musikgeschichtlich inkommensurable Tetralogie *Der Ring des Nibelungen*, hier schuf er große Teile seines letzten Werks *Parsifal*, von hier aus leitete er den Bau des Festspielhauses und die ersten Festspiele 1876 mit der Gesamturaufführung des *Ring* sowie die zweiten Festspiele mit der *Parsifal*-Uraufführung 1882. Ein halbes Jahr später starb er in Venedig, und so wurde das Haus noch in weit höherem Maße das Haus Cosima Wagners, die erst am 1. April 1930 hier versterben sollte.

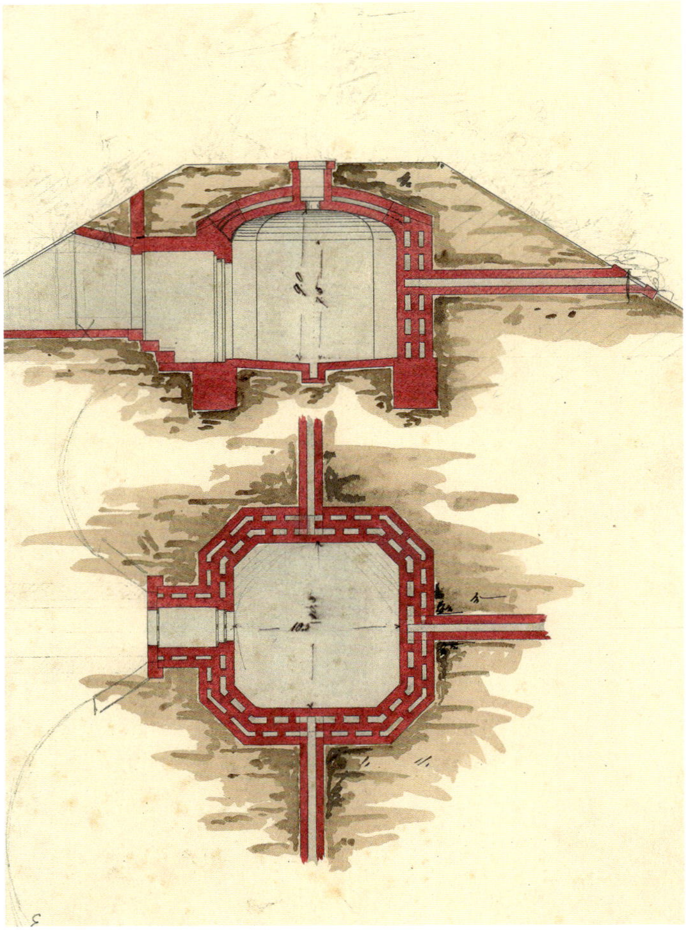

Richard Wagners Gruft im Park von Haus Wahnfried (oben: Schnitt, unten: Grundriss), 1873

Bereits zehn Jahre vor seinem Tod, Wahnfried war noch nicht einmal bezogen, hatte Wagner die Gruft für sich und Cosima geplant. Nicht wie andere anständige Leute im Bayreuther Stadtfriedhof (wie beispielsweise Jean Paul oder auch Franz

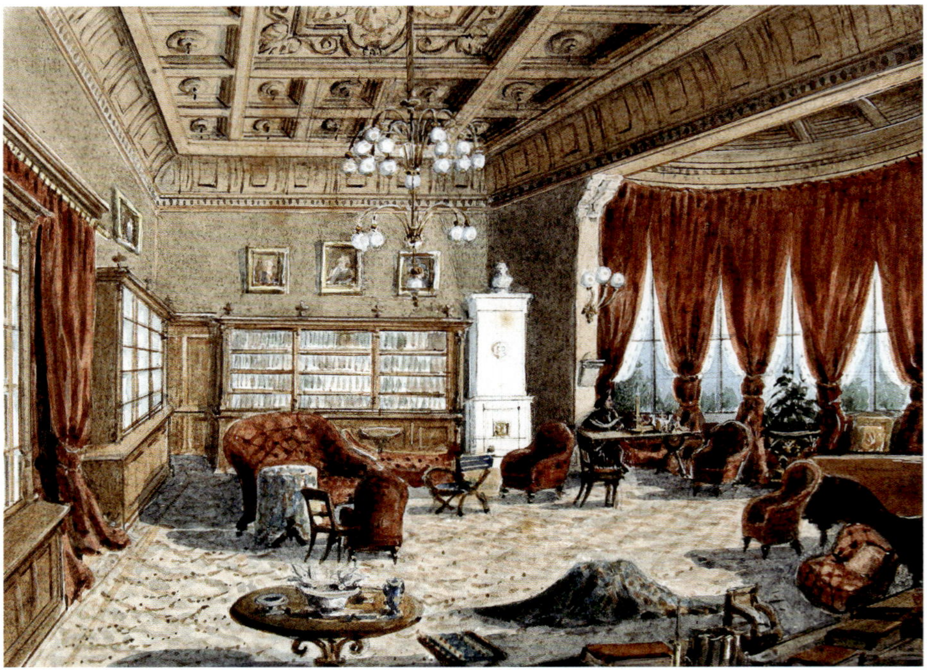

Susanne Schinkel, *Saal von Haus Wahnfried,* Aquarell, 1878

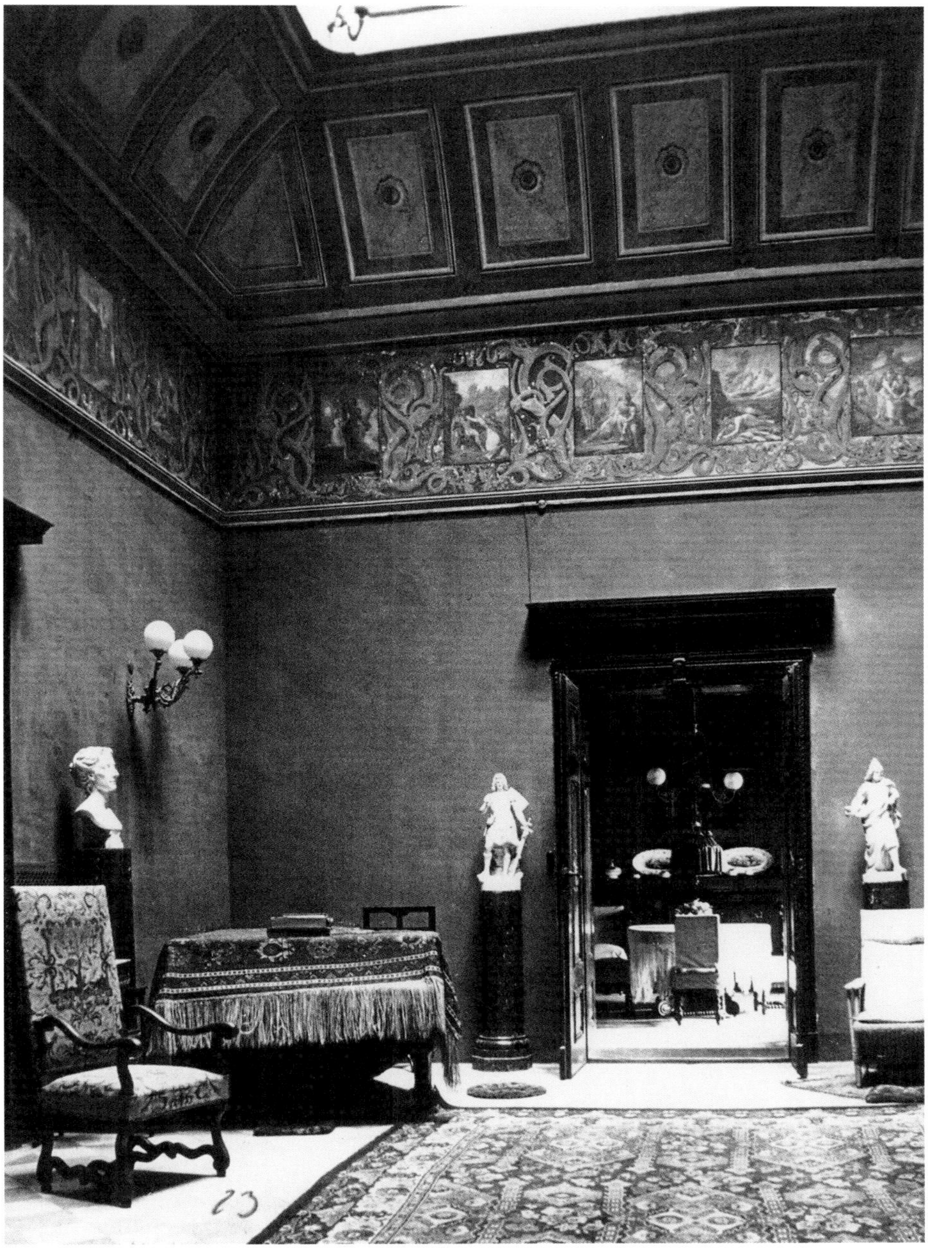

Liszt), sondern im Wahnfried-Park wollte er seine letzte Ruhe finden. Selbstverständlich wurde dieses Ansinnen vom Bayreuther Magistrat genehmigt. Schon am 8. August 1873, also noch vor dem Einzug, war die Gruft am Ende der Mittelachse des Anwesens im Park fertig und bot für Wagners stets wie eine Monstranz vor sich her getragene Todessehnsucht einen beruhigenden Anblick. Am 18. Februar 1883 wurde sie dann mit einer tonnenschweren Granitplatte über dem Sarkophag aus Zink verschlossen, nicht, ohne dass Cosima sich noch zuvor auf den Sarg geworfen und innig versucht hätte, ihm nachzusterben. Doch nachdem sie den Vergöttlichten – Ironie des Schicksals – noch um fast 50 Jahre überlebt hatte, wurde schließlich auch ihre Urne tief im Grabhügel versenkt. Der mit einem Scherengitter verschlossene unterirdische Zugang zur Gruft blieb ungenutzt, der Platz an Wagners rechter Seite leer.

Haus Wahnfried, Halle mit Blick ins Speisezimmer, nach Wagners Tod

Die Eröffnung

Am Vormittag des 24. Juli 1976 erklangen auf dem neuen Vorplatz vor der Einfahrt zum Haus Wahnfried ein Bläsersatz und der »Wach auf!«-Chor aus den *Meistersingern*, dargeboten von Mitgliedern des Festspielorchesters und -chors unter Leitung seines Leiters Norbert Balatsch (1928–2020). In Anwesenheit von Bundespräsident Walter Scheel (1919–2016) und seiner Frau Mildred (1931–1985) war dies der Auftakt zur Eröffnung des »Richard-Wagner-Museums mit Nationalarchiv und Forschungsstätte der Richard-Wagner-Stiftung Bayreuth« – so die etwas umständliche vollständige Bezeichnung der neuen Institution. Winifred Wagner war nicht eingeladen worden, um Irritationen zu vermeiden. Dabei war es ihr, ihrem politischen Irrweg zum Trotz, letzten Endes zu verdanken, dass es das Museum und die Stiftung – durchaus auch gegen Widerstand aus der Familie – überhaupt gab. Wie ein Mahnmal von Zeit und Einsamkeit erschien nur ihr Schatten hinter einem Vorhang des Siegfried-Wagner-Hauses.

Nach einleitenden Worten von Ministerialrat Dr. Wolfgang Eberl (1930–2017), der als Vorstandsvorsitzender der Richard-Wagner-Stiftung sprach, würdigten weitere prominente Redner das Ereignis: Bundesinnenminister Prof. Dr. Werner Maihofer (1918–2009), der bayerische Kultusminister Prof. Dr. Hans Maier (1931–2026), Oberbürgermeister Hans Walter Wild (1919–2001), Festspielleiter Wolfgang Wagner (1919–2010) mit einer improvisierten Ansprache und der bayerische Ministerpräsident Dr. Alfons Goppel (1905–1991). Hier einige kurze Auszüge:

Prof. Dr. Werner Maihofer, Bundesminister des Innern:

Das Werk Richard Wagners ist ein nicht nur urtümliches, sondern urgewaltiges Ereignis unserer Musikgeschichte, entsprungen aus dem Drang, sich des germanischen Ursprungs unserer Kultur als der einzigen in den eigenen und nicht fremden Boden getriebenen Wurzeln unserer nationalen Kultur bewusst zu werden. Dass diese zugleich die Vergewisserung eines Ursprungs unserer Kultur ist, in und aus einer Welt des Irrationalen, des Mystischen, ja des Mystischen und Archetypischen urtümlicher und ewig geltender menschlicher Gestalten mit ihren Bindungen und Verstrickungen, Lösungen und Befreiungen im großen Spiel auf diesem Welttheater, – das kann deutschtümelnd missverstanden werden. Das kann aber auch ganz urtümlich und ursprünglich die Quellen unserer eigensten Ängste und Hoffnungen aufschließen, die uns heutige Menschen im Grunde nicht anders umtreiben als jene Gestalten, die dort auf der Bühne leiden oder kämpfen, sich verlieren oder erfüllen.

Da Wagner dieser eigenartige und unverwechselbare Beitrag unserer nationalen Kultur zu dem großen Welttheater ist, in dem die Menschen aller Völker sich der Gestalten ihres Daseins und des Sinnes ihres Lebens auf der Bühne dieser Welt spielerisch versichern, macht das Bleibende, das dieser Dichter, Musiker und Dramatiker Wagner gestiftet hat, über sein eigenes Volk, über seine eigene Zeit hinaus.

Der Pflege dieses Erbes dient die Richard-Wagner-Stiftung, die heute in das Haus Wahnfried einzieht. Zu ihr wird der Bund aus seiner gesamtstaatlichen Verantwortung auch in Zukunft nach Kräften beitragen, geht es hier doch nicht nur um eine lokale oder regionale, sondern um eine nationale Aufgabe: Nicht bloß um archivalische Kulturpflege, sondern um kreative Kulturförderung, der ich lebendiges Gedeihen und reiche Ernte wünsche.

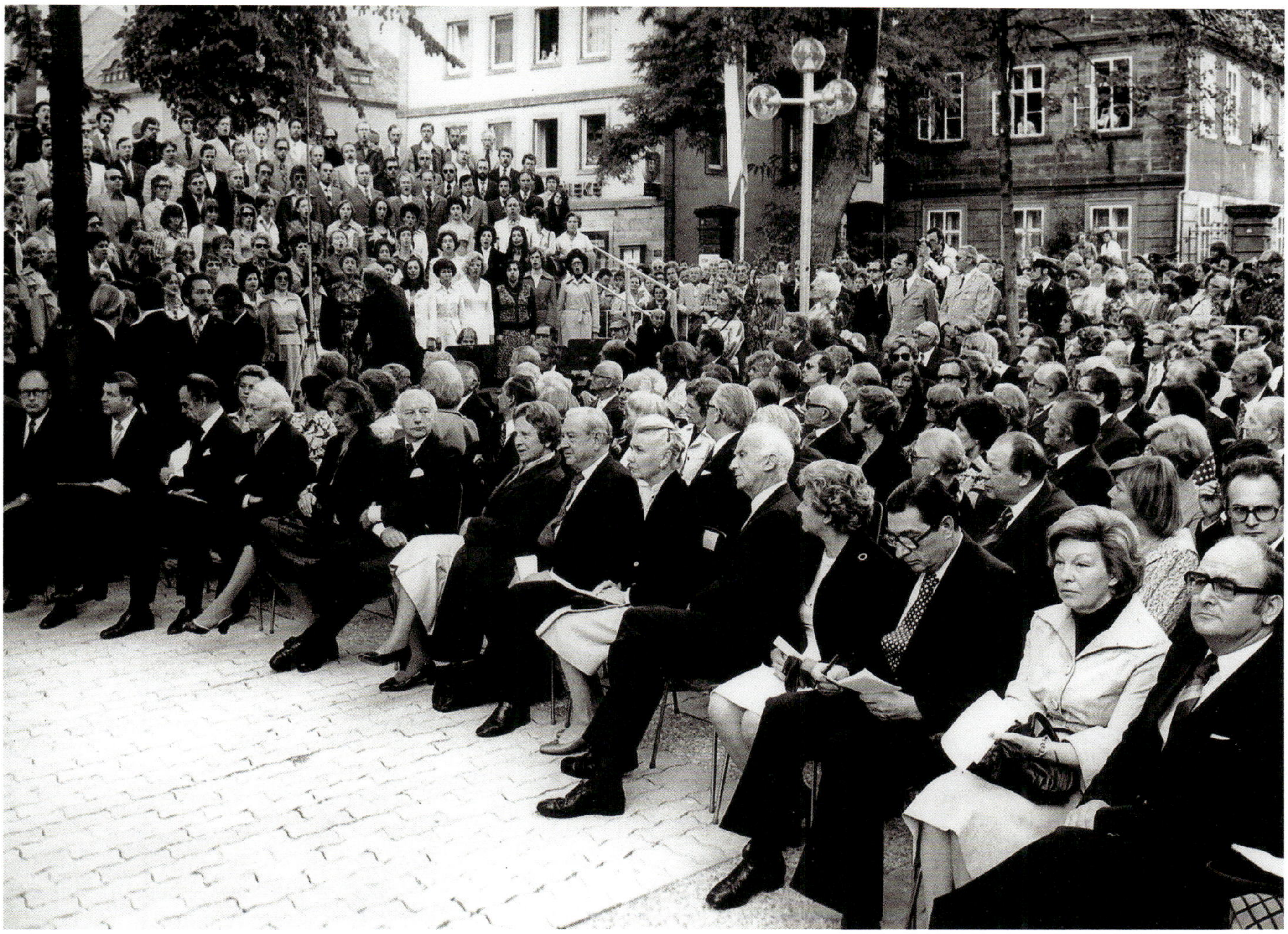

Eröffnung des Richard-Wagner-Museums am 24. Juli 1976

Prof. Dr. Hans Maier, Bayerischer Staatsminister für Unterricht und Kultus:

Droht dem Fürsten der Oper heute ein Ende? Ich meine: kaum. Neben der stets von neuem zwingenden Genialität seiner Musik ist auch die Vieldeutigkeit seiner Dramenhandlungen einer der Gründe dafür, warum das Interesse an Wagner heute in aller Welt so ungemindert groß ist. Erkannt und ausgeschöpft sind Wagners Werke noch lange nicht.

Vielleicht wird das Museum, das jetzt in den Mauern entstanden ist, in denen Richard Wagner seine letzten Lebensjahre verbrachte, durch sein dokumentarisches Material dazu beitragen können, Licht auf eine der unheimlichsten Persönlichkeiten eines ganzen Jahrhunderts zu werfen.

Das Museum hat eine an Schwierigkeiten, Mühen und Komplikationen reiche Vorgeschichte, die nun im Glanz der Wirklichkeit für den Besucher nicht ohne weiteres erkennbar ist. Wer das Museum betritt, weiß nichts von dem Zeitdruck und den denkmalpflegerischen Problemen des Wiederaufbaues. Lange drohte die termingerechte Eröffnung des Museums daran zu scheitern, daß für die Einrichtung keine Mittel zur Verfügung standen. Denn das, was Richard Wagner selbst in einem solchen Fall getan hätte, nämlich das Geld auszugeben, ohne es zu haben, das kann sich ein ordentlicher Stiftungsvorstand, zumal wenn er zum größeren

Teil aus Beamten besteht, natürlich nicht leisten. Uns aber sollte die Überwindung dieser Schwierigkeiten Anlass sein, allen, die am Zustandekommen des Museums mitgewirkt haben, herzlich zu danken und zu wünschen, daß viele Besucher künftig von der Gelegenheit Gebrauch machen, ein paar neue Seiten im Leben Wagners aufzublättern.

Hans Walter Wild, Oberbürgermeister der Stadt Bayreuth und Geschäftsführer der Richard-Wagner-Stiftung:
Unser Dank gilt Herrn Bundesinnenminister Professor Dr. Werner Maihofer, der die kulturelle Aufgabe seines Ressorts nicht nur als eine Pflicht, sondern als einen echten inneren Aufruf versteht, der Bayerischen Staatsregierung, insbesondere Herrn Staatsminister Professor Dr. Hans Maier und seinen Mitarbeitern, ohne deren aktive Mithilfe der Wiederaufbau von Haus Wahnfried und die Errichtung des Richard-Wagner-Museums nicht möglich gewesen wären; ferner dem Bezirkstag von Oberfranken und den Mäzenen von heute, den Frauen und Männern der Gesellschaft der Freunde von Bayreuth, die nicht nur eine wichtige finanzielle Unterstützung gewährt, sondern auch wertvolle Anstöße vermittelt haben.
Die Bürger von Bayreuth erfüllt es mit Stolz, daß der künstlerische Nachlaß von Richard Wagner auf alle Zeiten hinaus in der Stadt Bayreuth eine Heimstatt gefunden hat. Sie sind stolz darauf, daß dieses Museum im Wohnhaus Richard Wagners an jener Stätte eingerichtet werden konnte, an der der Meister endgültig zum Bürger von Bayreuth wurde, um sein Lebenswerk zu vollenden. Der Bevölkerung waren Haus und Park Wahnfried bislang verschlossen. Beide öffnen sich an diesem heutigen Tag der Öffentlichkeit. Die enge Verbindung, die Richard Wagner zu Lebzeiten mit Bayreuth und seinen Bürgern geknüpft hat, wird damit lange nach seinem Tod neu gefestigt. Bayreuth ist stolz auf das Richard-Wagner-Museum, ein Museum und eine Forschungsstätte von nationaler, ja internationaler Dimension.

Dr. h.c. Alfons Goppel, Ministerpräsident des Freistaates Bayern:
Der Bund, der Freistaat Bayern und die Stadt Bayreuth wissen sich nun für dieses Haus und für das ihm anvertraute Erbe Richard Wagners gemeinsam verantwortlich. Mit diesem Nationalmuseum ist zugleich auch eine würdige Gedenkstätte entstanden – nicht als Ort kritikloser Personenverehrung oder nationaler Glorifizierung, sondern als Stätte echter Begegnung und Auseinandersetzung mit Persönlichkeit und Werk Richard Wagners in ihrer Größe, in ihrer dämonischen Genialität und in ihrer Problematik.
Und als Nationalmuseum kann Haus Wahnfried nicht einem engen Begriff von Nationalität und Zeitbedingtheit gewidmet sein.
So kann hier im Museum und Nationalarchiv wie drüben im Festspielhaus ein großes Erbe würdig für die ganze Menschheit verwaltet werden als Gemeinschaftsleistung von Bund, Freistaat Bayern und Stadt Bayreuth, und das heißt nicht zuletzt auch als Gemeinschaftsleistung der Bürger unseres Landes.
In diesem Sinne eröffne ich das Richard-Wagner-Museum mit Nationalarchiv.

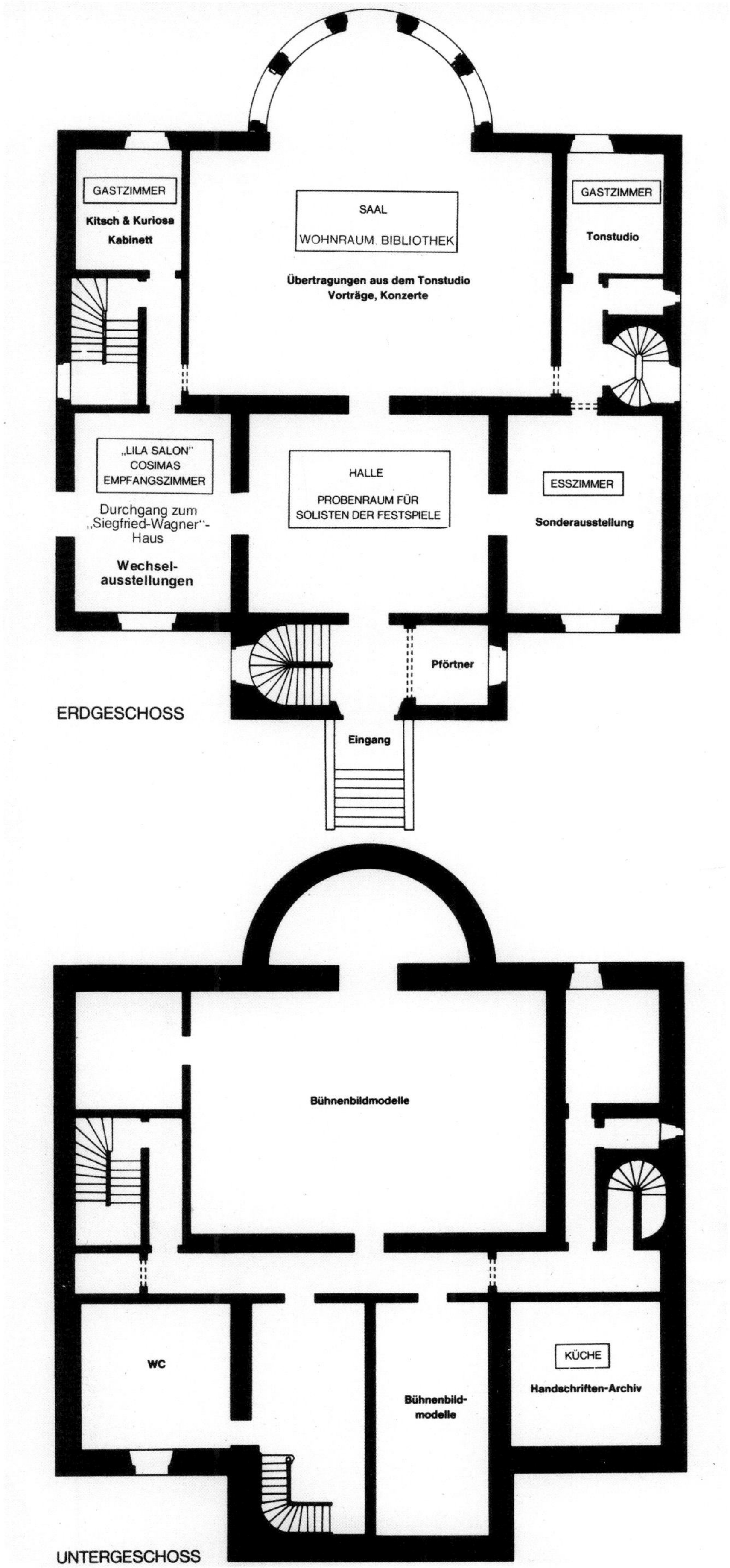

Haus Wahnfried als Museum,
Grundriss von Erd- und Untergeschoss

Haus Wahnfried als Museum,
Grundriss von Ober- und Zwischengeschoss

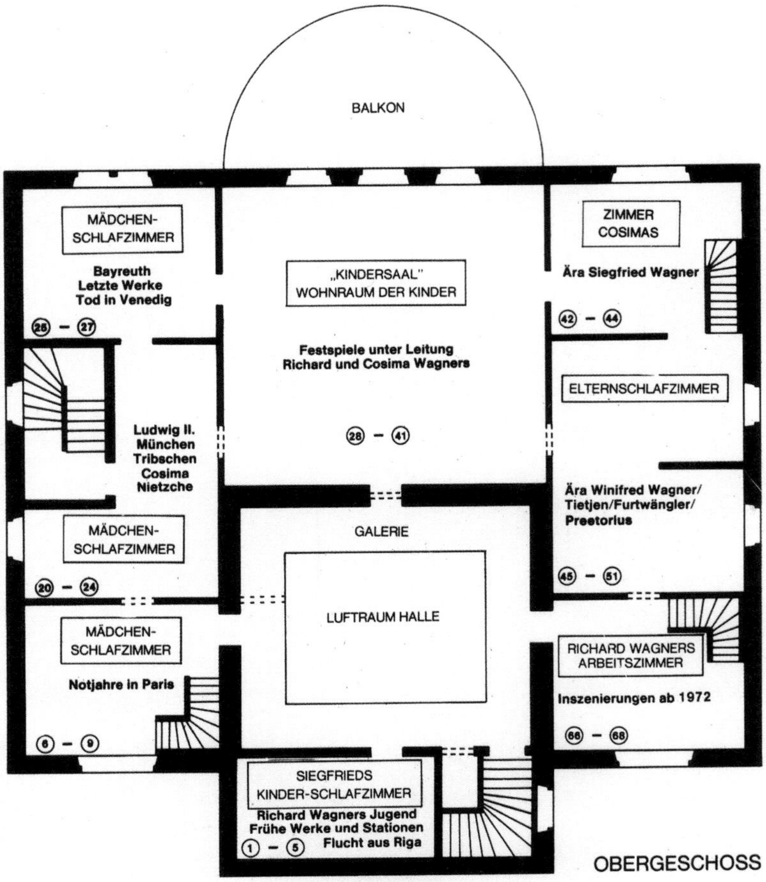

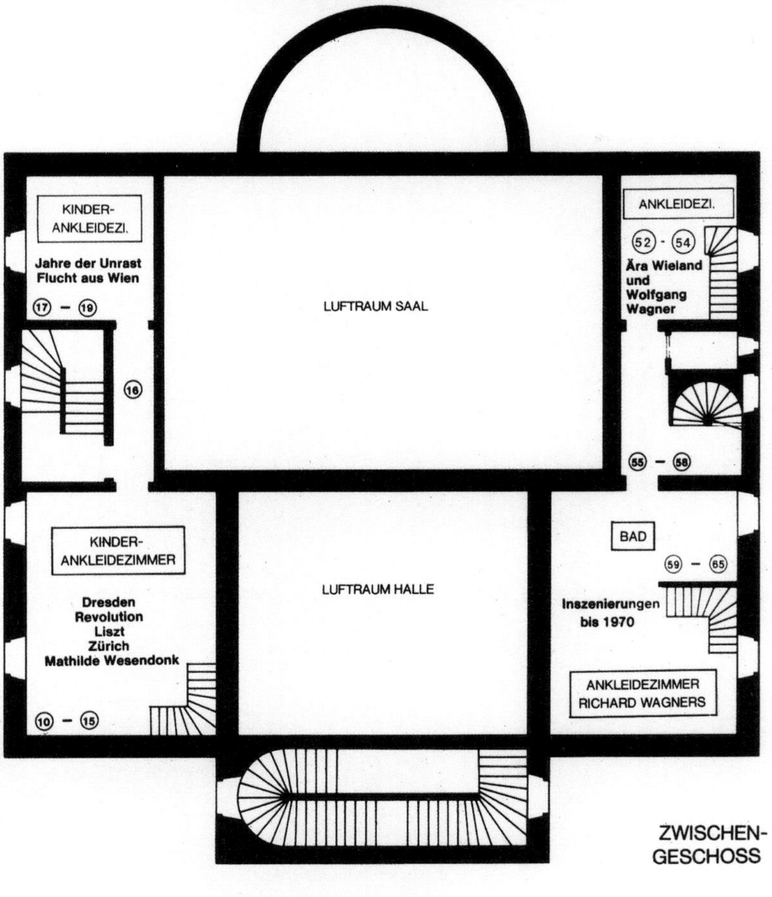

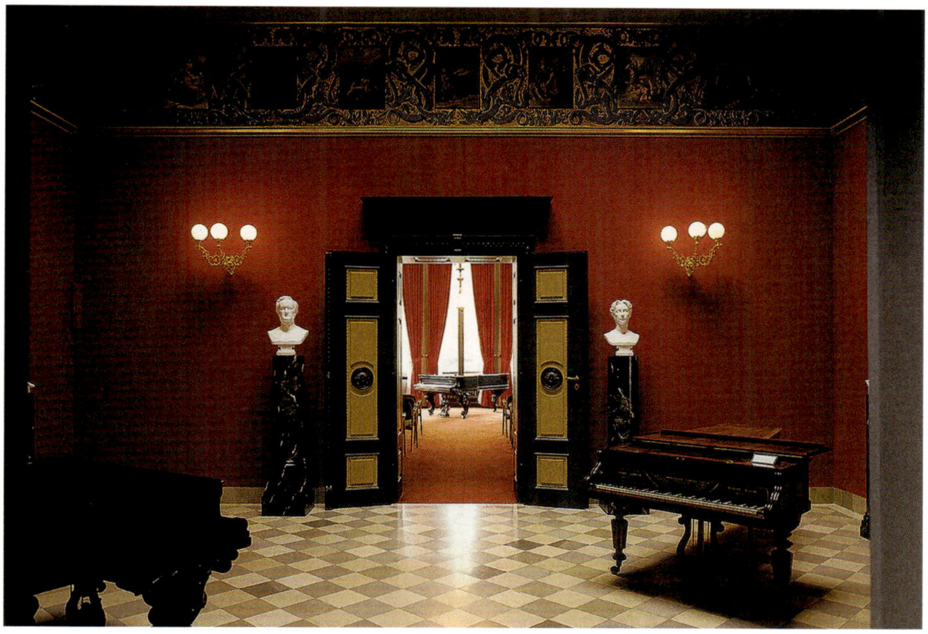

Haus Wahnfried als Museum, Halle, nach 1976

Das Museum

Das Wahnfried-Museum sollte keine »Weihestätte« eines obsoleten Wagner-Kults sein, sondern den von Bergfeld und Eger bereits in der Gedenkstätte begonnenen Weg fortsetzen, nämlich eine sachliche Dokumentation auf wissenschaftlicher Grundlage, ohne Schönfärberei, aber auch ohne pseudoreligiösen Ernst, mit durchaus augenzwinkerndem Humor. Aus der »Gedenkstätte« sollte eine »Denkstätte« werden, ein »unmuseales Museum«.

Gleich hinter dem zentralen Haupteingang des Hauses Wahnfried befindet sich ein Vestibül, in dem zweckmäßigerweise die Museumskasse platziert war. Von hier aus gelangt man auch heute noch über das historische Treppenhaus auf

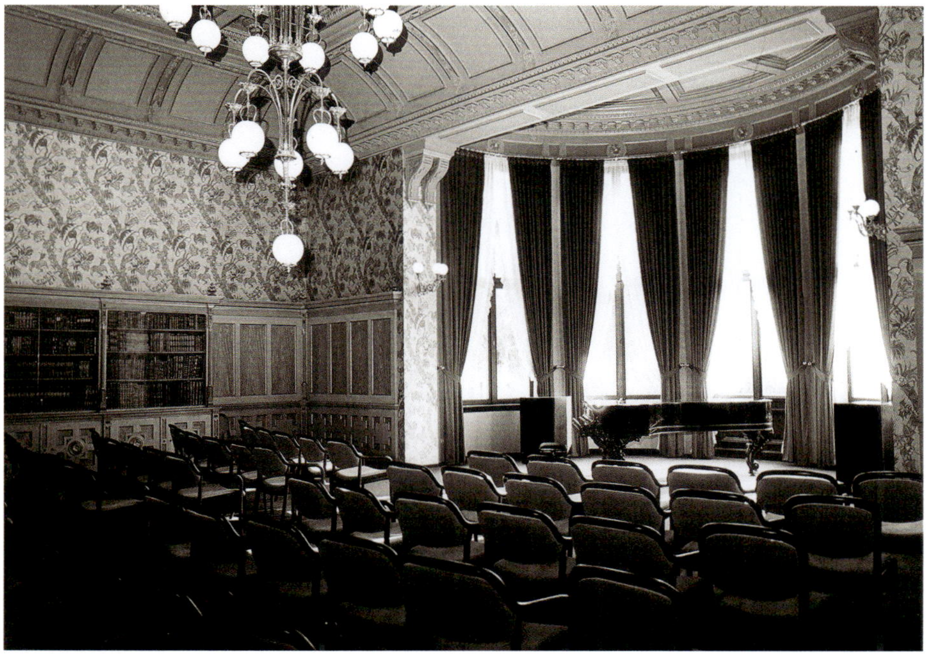

Haus Wahnfried als Museum, Saal, 1983

Kindersaal

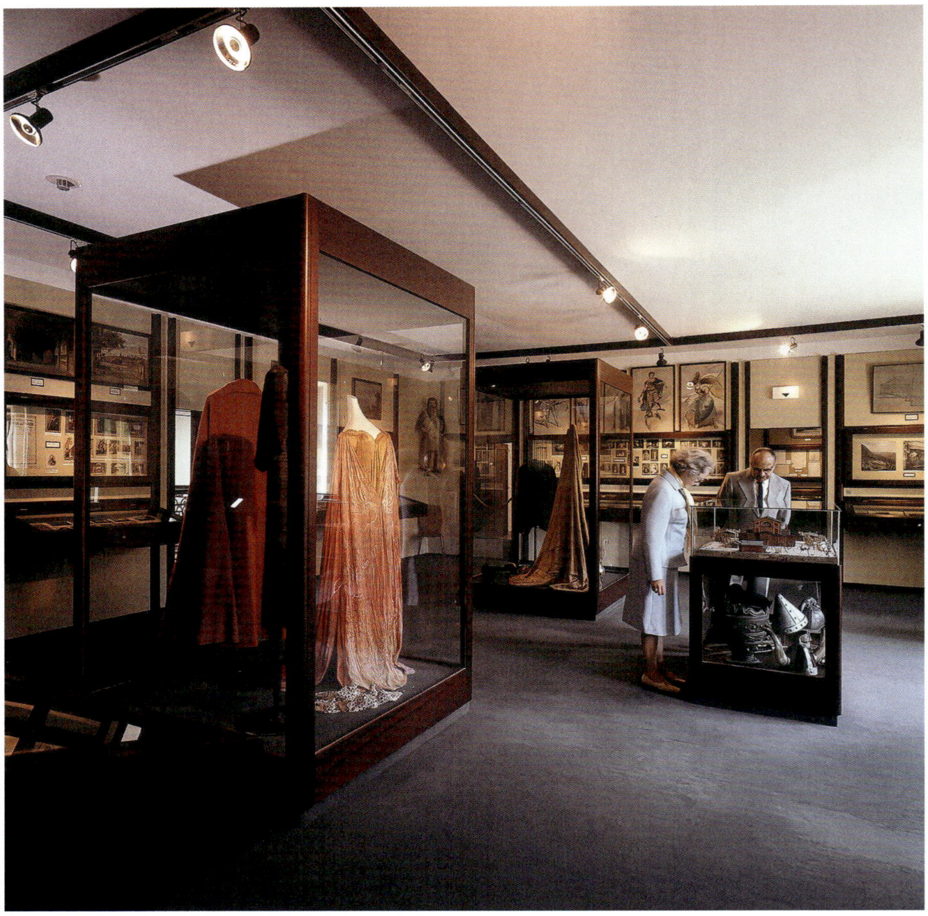

die Galerie im Obergeschoss und von dort in die Räume der Dauerausstellung in den ehemaligen Privatzimmern. Im Erdgeschoss betritt man zunächst die imposante, original erhaltene Halle. Links von dieser befand sich Cosima Wagners »Lila Salon«, der nun völlig leer, neutral und weiß gestrichen für Sonderausstellungen diente, während im ebenso neutralen ehemaligen Speisezimmer rechts eine Ausstellung zur Geschichte des Hauses, später auch temporäre Kabinettausstellungen zu sehen waren. Geradeaus gelangt man in den Saal, damals mit einer Konzertbestuhlung für die Zuspielungen des »Klingenden Museums«, das ebenso eine Hauptattraktion des Museums war wie die Ausstellung der Bühnenbildmodelle im Untergeschoss, in dem sich auch der Tresorraum des Archivs mit den wertvollen Handschriften befand.

Die Ausstellung im Ober- und dem besonders niedrigen Zwischengeschoss sollte je zur Hälfte dem Leben und Schaffen Wagners sowie der Aufführungsgeschichte der Bayreuther Festspiele gewidmet sein. Man muss Richard Wagner indessen den Vorwurf machen, dass er beim Entwurf seines Hauses nicht daran gedacht hat, dass es einst Museum sein sollte. Denn für größere Gruppen sind die meisten Räume zu klein. Der Rundgang führte zunächst im östlichen Flügel vom Ober- ins Zwischengeschoss, dann wieder aufwärts und über den zentralen Saal in den Westflügel, erneut abwärts ins Zwischengeschoss und wieder aufwärts in Wagners ehemaliges Arbeitszimmer und von dort zurück auf die Galerie. Um die didaktisch gedachte Führungslinie einzuhalten und zu vermeiden, dass Räume zwei Mal betreten werden mussten, wurden nicht »erlaubte« Durchgänge mit Kordeln abgesperrt, die nach einem Museumstag jedoch immer wieder von verwirrt desorientierten Besuchern abgehängt vorgefunden wurden.

Hinter den an der Wand montierten Tischvitrinen befanden sich flache Wandvitrinen. Die Wandbespannungen erhielten verschiedene symbolträchtige Farben, die im Museumsführer zur Orientierung aufgegriffen wurden und auch als Referenz für einen Audioführer dienen sollten. Hierzu wurden mit Unterstützung der Bayreuther Grundig-Niederlassung, zu deren Geschäftsführung Eger beste Beziehungen unterhielt, 10 tragbare Kassettenrecorder als »Fonoführer« oder »Klingende Wegweiser« mit einer Spieldauer von 1 Stunde beschafft, die sich jedoch als zu schwer und unhandlich für die Besucher erwiesen, sodass eine funktionierende mediale Begleitung erst mit dem technischen Fortschritt und der Neugestaltung ab 2015 verwirklicht werden konnte.

Das Museum war täglich, auch montags, an 360 Tagen im Jahr von 9 bis 17 Uhr geöffnet und nur am 24. und 25. Dezember, Neujahr sowie Oster- und Pfingstsonntag geschlossen. Es gab gedruckte Wegweiser in deutscher, englischer und französischer Sprache, Führungen fanden nach Vereinbarung statt. Die Besucherspitzen lagen und liegen mit gelegentlich 700–800 täglich naturgemäß in der Festspielsaison. Bereits im August 1979 waren seit der Eröffnung 100.000 Besucher ins Museum gekommen, bis Ende 1980 waren es 150.000. Einer davon war am 26. Juli Bundespräsident Karl Carstens mit seiner Frau. Im Jahr 1986 zählte das Museum erstmals mehr als 40.000 Besucher, bis 1989 waren insgesamt bereits über eine halbe Million gekommen. Infolge der deutschen Wiedervereinigung erlebte das Museum 1990 sein mit 55.480 Besuchern herausragend besucherstärkstes Jahr. Der Einbruch in den Jahren 2020/21 war eine Folge der mehrmonatigen Museumsschließungen aufgrund der Covid-Pandemie.

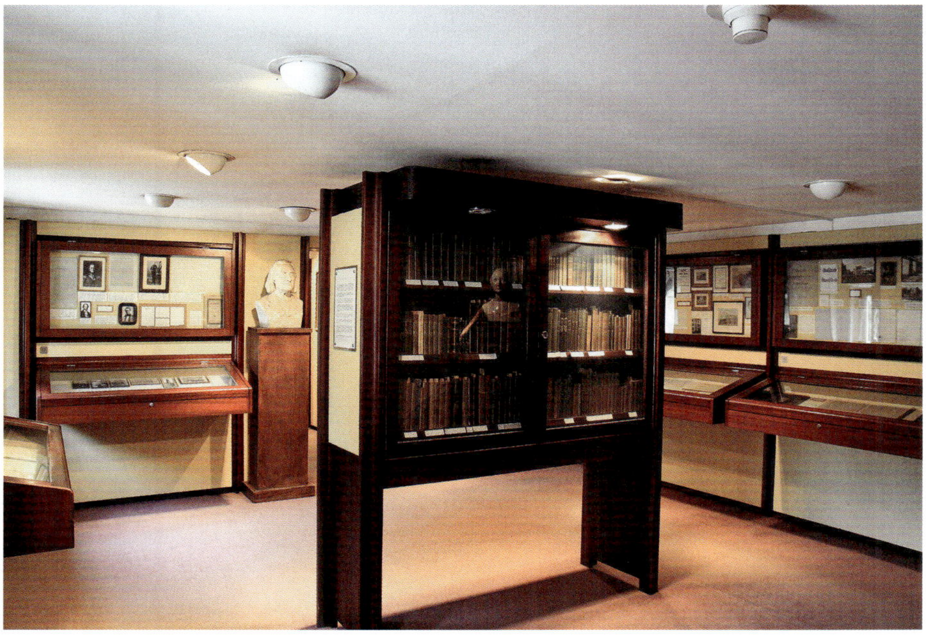

Dresdner Bibliothek

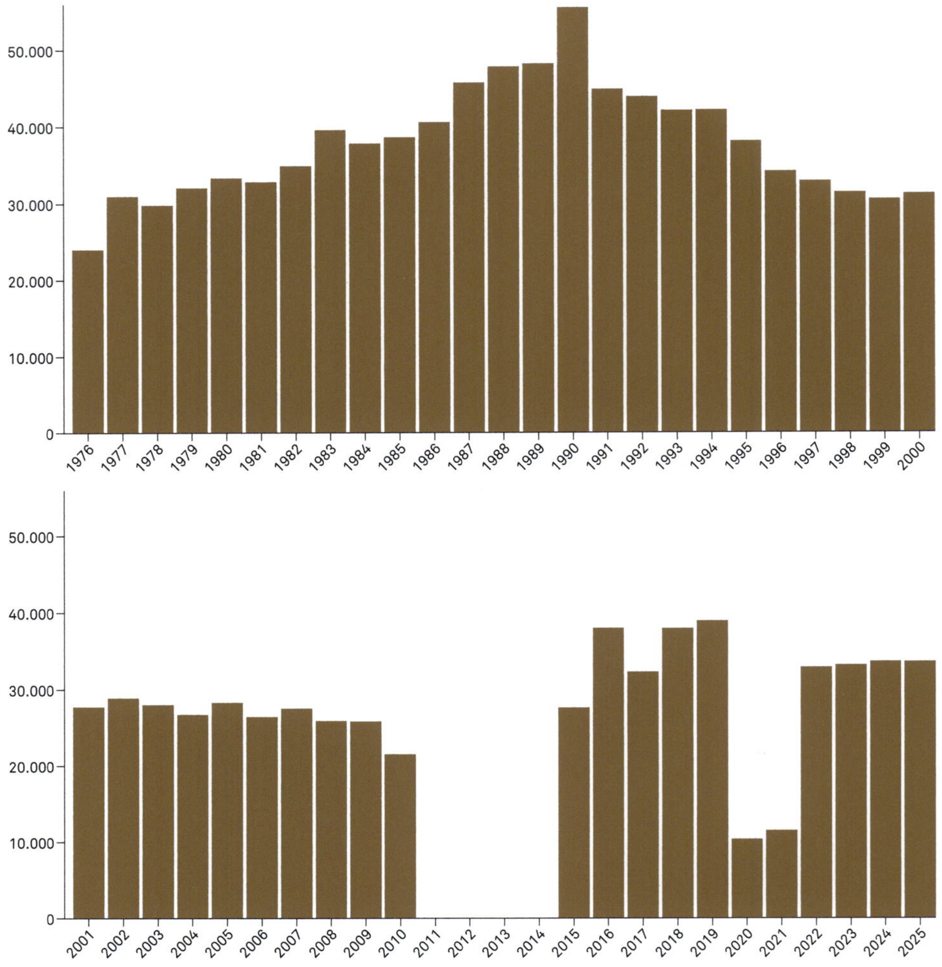

Besucherzahlen Richard-Wagner-Museum 1976–2025

Die Räume der Verwaltung und die Archive befanden sich zunächst noch immer im Chamberlain-Haus und damit ohne direkten Zugang zu den Museumsräumen. Dies änderte sich erst 1992 mit dem Umzug ins Siegfried-Wagner-Haus. Hier wurden im Obergeschoss Büro- und Archivbenutzerräume eingerichtet. Auch das Fotoarchiv und die Forschungsbibliothek fanden hier ihren Platz. Über eine zusätzlich eingebaute Wendeltreppe gelangte man von dort auch in die ehemalige Küche im Erdgeschoss, die jetzt die »Bartsch-Bibliothek« enthielt. Im nördlichen Erweiterungsbau schloss sich das Archiv der Festspielverwaltung von 1876 bis 1945 an sowie im Untergeschoss das Bildarchiv mit seinen großformatigen Planschränken. Die Kellerräume wurden zu Lagerzwecken, für das Gipsbüsten-Kabinett, die Kostümsammlung und schließlich eine Zugregal-Anlage für großformatige Bildwerke genutzt. Das im Erdgeschoss an die ehemalige Küche angrenzende ehemalige Speisezimmer Winifred Wagners mit dem langen, schweren Esstisch diente als Konferenzraum. Auf der Südseite fungierte das ehemalige Wohn- und Musikzimmer seit 1983 als AV-Medienraum. Hier wurde seit 1992 auch ein Steingraeber-Tafelklavier ausgestellt, welches Wagner im Festspielhaus bei den Proben verwendete. Der Raum gehörte seitdem ebenso zum öffentlich zugänglichen Museumsbereich wie das angrenzende Gartenzimmer, das zusammen mit dem Verbindungsbau und dem anschließenden »Lila Salon« in Wahnfried als Fläche für Wechselausstellungen diente.

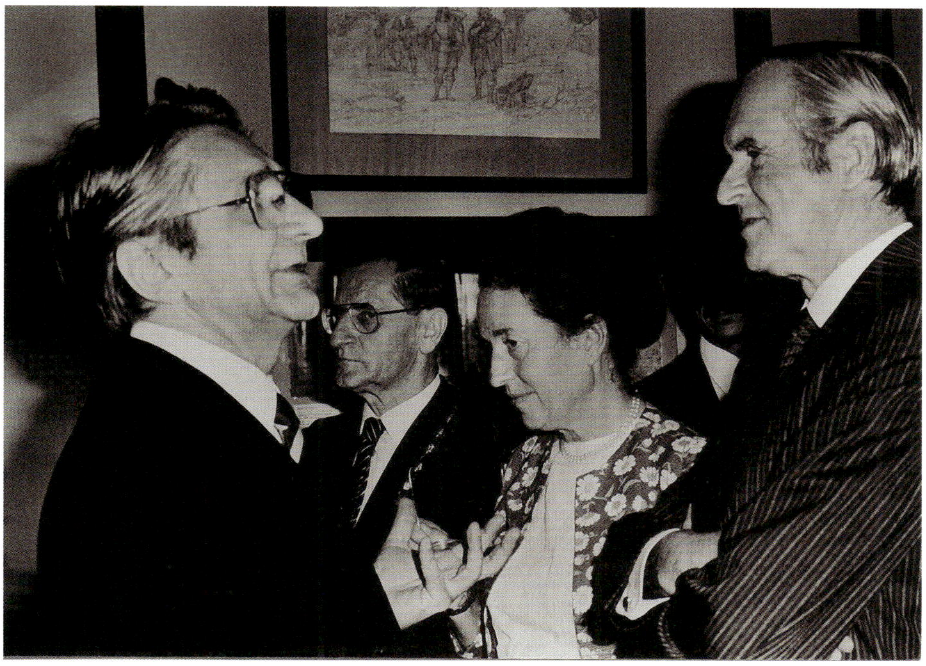

Besuch des Bundespräsidenten Karl Carstens, im Gespäch mit Manfred Eger, 1980

Die Dauerausstellung

Die Dauerausstellung zu Leben und Werk Wagners und zur Geschichte der Bayreuther Festspiele im Ober- und Zwischengeschoss des Hauses Wahnfried war streng chronologisch aufgebaut. Die Vitrinen waren mit Dokumenten und Exponaten unterschiedlichster Art, von kostbaren Originalen bis hin zu schlichten Fotoabzügen und Kopien, bis zu Kapazitätsgrenze gefüllt. Dadurch konnte einerseits eine größtmögliche dokumentarische Fülle erreicht werden, andererseits war die kognitive Überforderung der Besucher vorprogrammiert. Aber so machte man in den 1970er Jahren eben Museum. Daher seien nachfolgend nur die herausragenden Exponate erwähnt.

Der Rundgang begann im grün gehaltenen ehemaligen Kinderzimmer Siegfried Wagners an der Nordseite des Hauses mit der Kindheit und Jugend Wagners. Hier stachen Wagners Abschrift der V. Symphonie seines Idols Beethoven von 1830, ein Exemplar von Logiers Kompositionslehre, mit der Wagner autodidaktisch das Komponistenhandwerk erlernen wollte, die autografe Kompositionsskizze zum *Rienzi* und Minna Wagners Ehering als besondere Exponate heraus.

Zurück über die Galerie gelangte man links in eins der ehemaligen Mädchenschlafzimmer. Hier wurden symbolträchtig in Grau Wagners Pariser Hungerjahre von 1839 von 1842 dargestellt. Zu den herausragenden Ausstellungsstücken gehörte unter anderem ein originaler Brief Wagners an seinen Schwager Karl Avenarius (1822–1896), in dem er um 50 Francs zur Bezahlung der Miete bat, außerdem das 1953 in Zürich entstandene Aquarell-Porträt von Wagners erster Frau Minna (1809–1866) mit ihrem Bologneser Peps von Clementine Stockar-Escher (1816–1886) sowie Entwürfe zum *Fliegenden Holländer*.

Clementine Stockar-Escher, *Minna Planer mit Hund Peps*, Aquarell, 1853

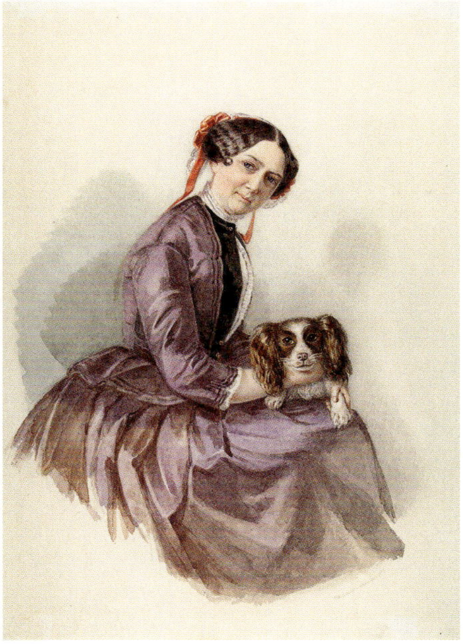

Treppab gelangte man sodann ins Zwischengeschoss mit den ehemaligen Bade- und Ankleidezimmern der Töchter. Hier wurden mit Dresden (1842–1849)

und Zürich (1849–1858) die nächsten wichtigen Kapitel in Wagners Biografie in gelber Farbe präsentiert. Hier fand man unter anderem die Theaterzettel zu den Uraufführungen des *Rienzi* 1842 und des *Fliegenden Holländer* 1843. Neben einer Vielzahl weiterer Materialien folgten Kompositionsskizzen zu *Tannhäuser* und *Lohengrin*. Hier befand sich auch der Steckbrief, mit dem nach Wagner wegen seiner Beteiligung an den revolutionären Aufständen in Dresden 1849 gefahndet worden war, ebenso wie das wunderbare Pastell-Porträt Franz Liszts von Charles-Laurent Maréchal (1801–1887), welches 1993 in das neugegründete Franz-Liszt-Museum verbracht und in Wahnfried durch eine Kopie ersetzt wurde. Außerdem waren hier die Erstausgabe von Wagners zentraler ästhetischer Schrift *Oper und Drama* sowie die Handschrift der *Wesendonck-Lieder* ausgestellt. Auch die Büste Mathilde Wesendoncks (1828–1902) von Ludwig Keiser (1816–1890) aus dem Jahr 1860 befand sich hier.

Der anschließende südliche Raum im Zwischengeschoss war beim Wiederaufbau teilweise zu einem schmalen Gang geworden, weil dort im rekonstruierten Ostflügel ein zusätzliches neues Treppenhaus als Fluchtweg hatte eingebaut wer-

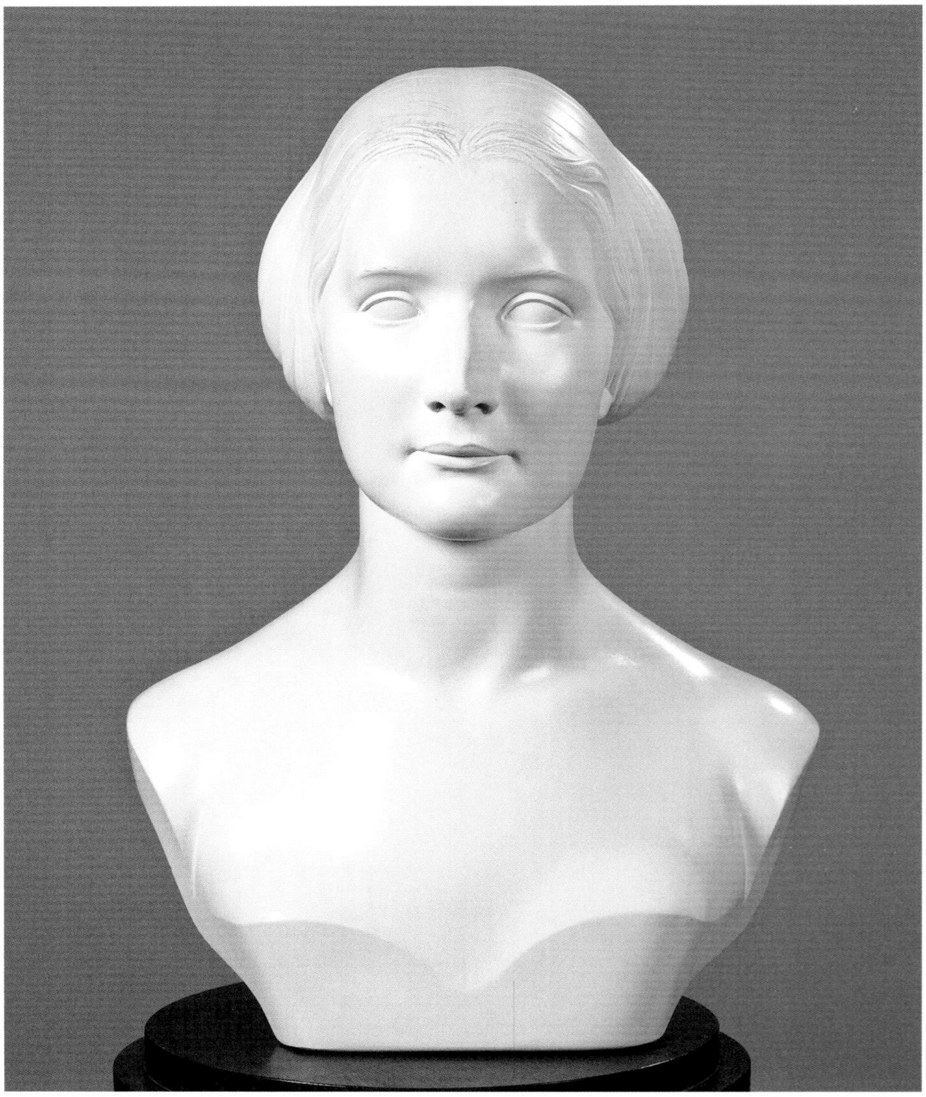

Büste Mathilde Wesendoncks
von Johann Ludwig Keiser

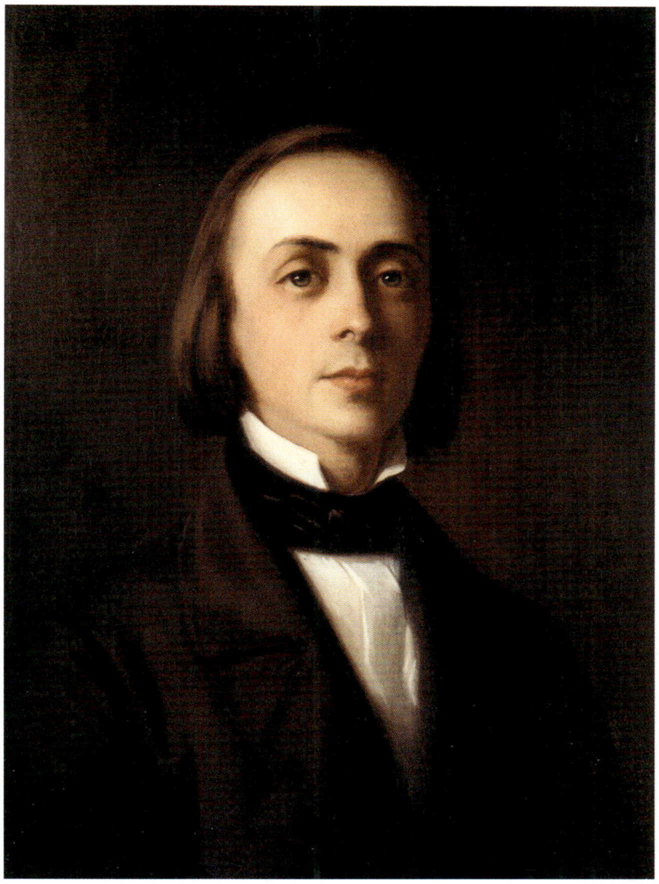

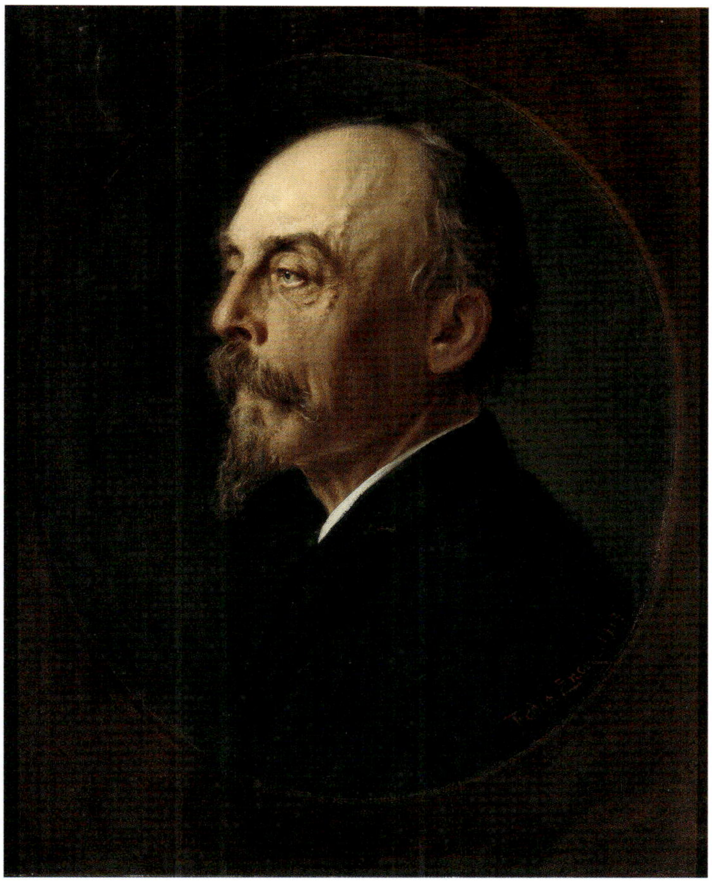

links:
Wilhelm Streckfuss, *Hans von Bülow*, 1855

rechts:
Fedor Encke, *Hans von Bülow*, 1913

den müssen. Hier befanden sich ein Jugend- und ein Altersporträt Hans von Bülows von Wilhelm Streckfuß (1817–1896) aus dem Jahr 1855 und von Fedor Encke (1851–1926) aus dem Jahr 1913. Auch die briefliche »Ehrenerklärung« Ludwigs II. für Bülows Ehefrau Cosima wurde hier gezeigt, zu der Wagner den König gedrängt hatte, ohne dass dieser ahnte, dass Bülow bereits Hörner aufgesetzt worden waren.

Im nachfolgenden grauen Raum wurden Wagners Amnestiegesuche in Sachsen sowie deren Ablehnungsbescheide ebenso gezeigt wie Dokumente zur Vollendung von *Tristan und Isolde* und der Theaterzettel zur Pariser Premiere des *Tannhäuser* am 13. März 1861, die zu einem unvergleichlichen Theaterskandal werden sollte, sowie zum Beginn der Arbeit an *Die Meistersinger von Nürnberg*. Außerdem wurden die Stationen seiner unbehausten Irrfahrten zwischen 1859 und 1864 dokumentiert. Ausgestellt war auch der Brief Wagners an Peter Cornelius vom 8. April 1864, das Dokument einer mysteriösen Vorahnung der Rettung aus höchster Bedrängnis durch König Ludwig II. von Bayern keinen Monat später: »Ein *Licht* muss sich zeigen: *Ein Mensch* muss mir erstehen, der *jetzt* energisch *hilft* ... *Ein gutes*, wahrhaft hilfreiches *Wunder* muss mir jetzt begegnen, sonst ist's aus!«

Über das neu eingebaute Treppenhaus mit zwei Illustrationen von Theodor Pixis (1831–1907), nämlich dem *Gebet der Elisabeth* (1869) und *Hans Sachs und Evchen* (1888), sowie der wandfüllenden »Tabulatur« aus der *Meistersinger*-Inszenierung Wieland Wagners 1963 gelangte man sodann wieder ins Obergeschoss mit dem blauen »Königszimmer«, wo nicht nur die Münchner Jahre 1864–1866, die

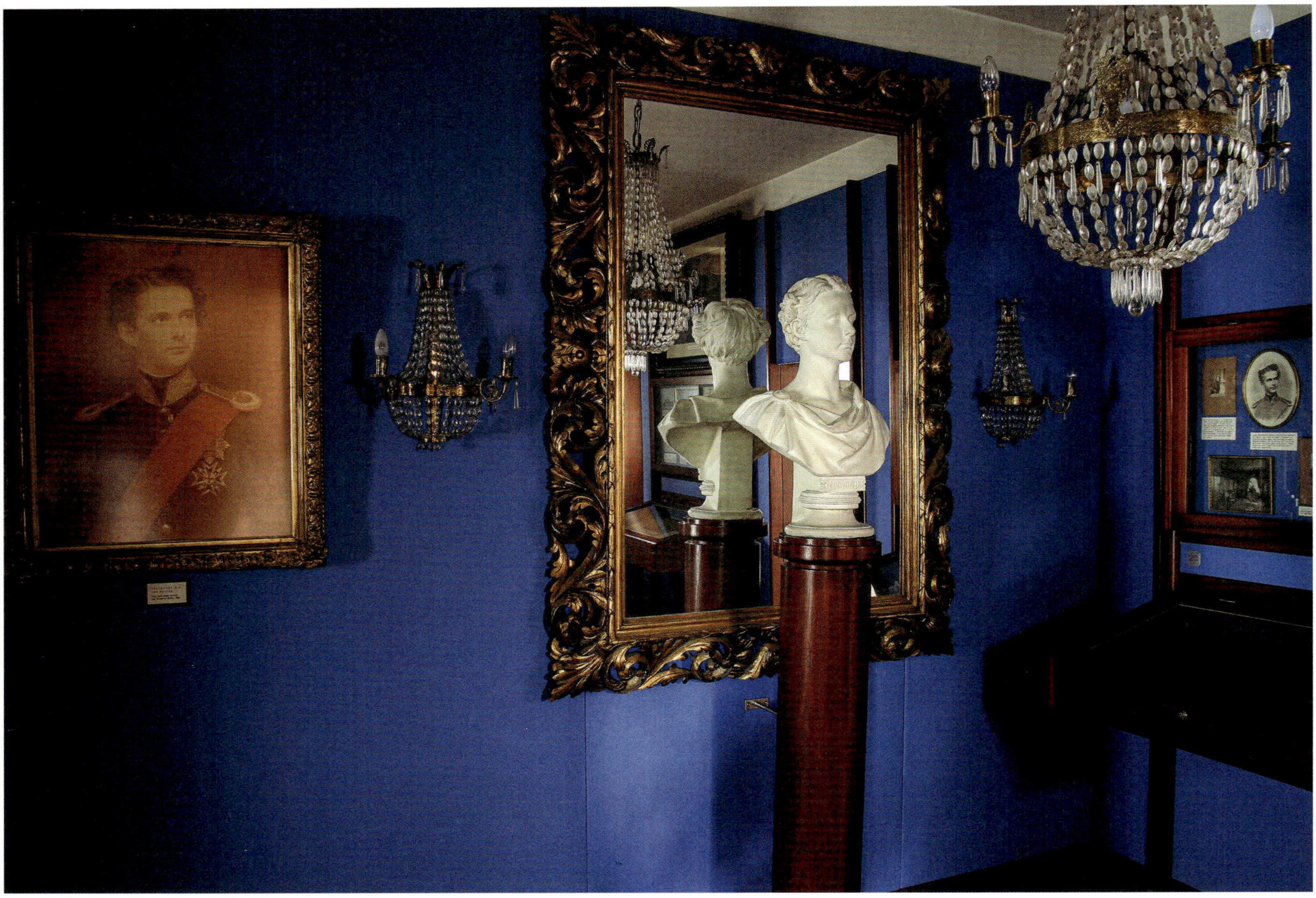

Königszimmer

enthusiastische Königsfreundschaft und das nicht realisierte Vorhaben eines Wagner-Festtheaters, die Uraufführungen von *Tristan und Isolde* 1865, *Die Meistersinger von Nürnberg* 1868, *Das Rheingold* 1869 und *Die Walküre* 1870 dokumentiert wurden, sondern auch das Verhältnis zwischen Wagner und Nietzsche, die Beziehung zu Cosima und die Tribschener Jahre. Hier waren unter anderem Wagners erster, mit »Thränen himmlischester Rührung« verfasster Brief an seinen königlichen Erretter Ludwig II. vom 3. Mai 1864, ein Hohlgussmodell von Schloss Hohenschwangau, das Ludwig II. Wagner geschenkt hatte, der Theaterzettel der *Tristan*-Uraufführung in München am 15. Mai 1865, das handschriftliche Widmungsgedicht Wagners zur Übersendung der Partiturreinschrift zur *Walküre* 1866, eine Abschrift des Textes zu *Siegfrieds Tod*, der späteren *Götterdämmerung*, von der Hand Friedrich Nietzsches, ein Glasporträt König Ludwigs II. von Karl de Bouché (1845–1920) sowie dessen Totenmaske ausgestellt.

Der anschließende, in Oliv-Gold gehaltene Raum war mit Bayreuth dem letzten Kapitel von Wagners Biografie gewidmet. Besondere Exponate waren hier ein Fassadenplan des Festspielhauses mit barocken Fruchtgehängen und Wagners handschriftlicher Notiz »Die Ornamente fort!«, das Programm für die Grundsteinlegung am 22. Mai 1872 sowie ein Holzschnitt zur Aufführung von Beethovens IX. Symphonie im Markgräflichen Opernhaus unter Wagners Leitung an diesem

Tag. Wertvolle originale Handschriften waren das Widmungsgedicht Wagners für Ludwig II. zum *Siegfried*, die später nicht vertonten Schlussworte Brünnhildes oder ein Widmungsblatt für den Dirigenten der *Parsifal*-Uraufführung Hermann Levi (1839–1900) mit der Melodie des »Karfreitagszaubers«. Zum Haus Wahnfried wurde der nicht ausgeführte Entwurf mit der Sonnenuhr auf der vorderen Fassade und Wagners handschriftlicher Entwurf für die Widmungsinschrift »Hier wo mein Wähnen Frieden fand / Wahnfried / sei dieses Haus von mir benannt« gezeigt (s. Seite 58). In den beiden letzten Vitrinen wurde unter anderem die Bleistiftskizze des lesenden Wagner am Vorabend seines Todes von Paul von Joukowsky, Wagners Totenmaske, ein Abguss seiner rechten Hand, eines seiner notorischen Samtbaretts und an der Wand das Wagner-Porträt Franz von Lenbachs (1836–1904) aus dem Jahr 1882 präsentiert. In der Raumecke stand – ungeschützt – das Sterbesofa Wagners aus dem Palazzo Vendramin-Calergi in Venedig, das auf diese Weise immer wieder Ziel von Reliquienjägern wurde, die Fäden aus dem Bezug herauszogen.

Im zentralen »Kindersaal«, dem größten Raum des Obergeschosses, wurden in Blassgelb die noch von Wagner selbst geleiteten Festspiele 1876 und 1882 mit den Uraufführungen des *Ring des Nibelungen* und des *Parsifal* dokumentiert. Hier sahen die Besucher einen originalen Bauplan mit einem Längsschnitt durch das Festspielhaus, in welchen Wagner noch eine Vergrößerung des Orchestergrabens eingezeichnet hatte, eine Zeichnung des Zuschauerraums noch ohne Bestuhlung von Louis Sauter (ca. 1840–nach 1876) und eine Zeichnung von Adolph von Menzel (1815–1905), die Wagner bei den Proben auf der Bühne des Festspielhauses zeigt. An der Wand war eines der Holzpferde aufgehängt, die 1896 für den Walkürenritt verwendet wurden, indem diese mit kostümierten Bayreuther Schulkindern vor dem Rückprospekt entlanggezogen wurden. Rechts neben der Tür zum Balkon stand die Bronzebüste Wagners von Lorenz Gedon, der auch die Halle und den Saal des Hauses gestaltet hatte. Einen Eindruck vom Umfeld dieser ersten

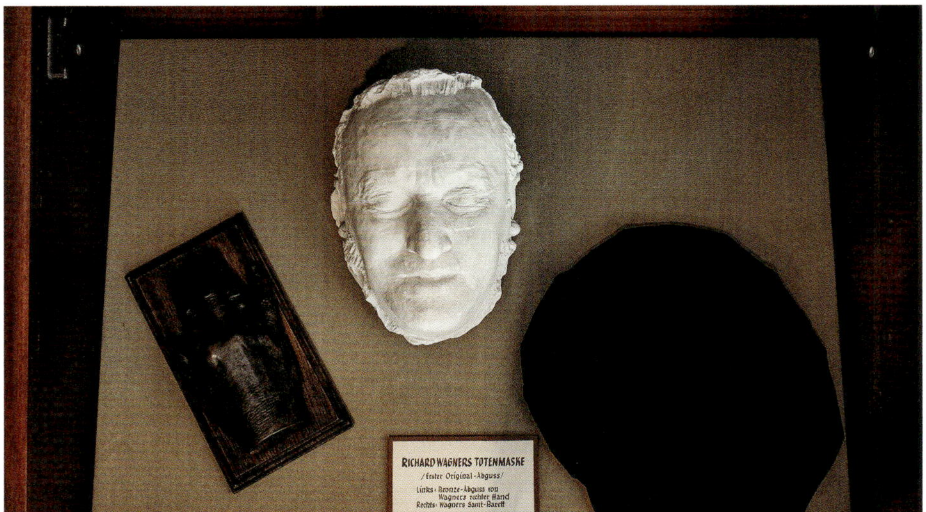

Totenmaske, Abguss der rechten Hand und Samtbarett Richard Wagners

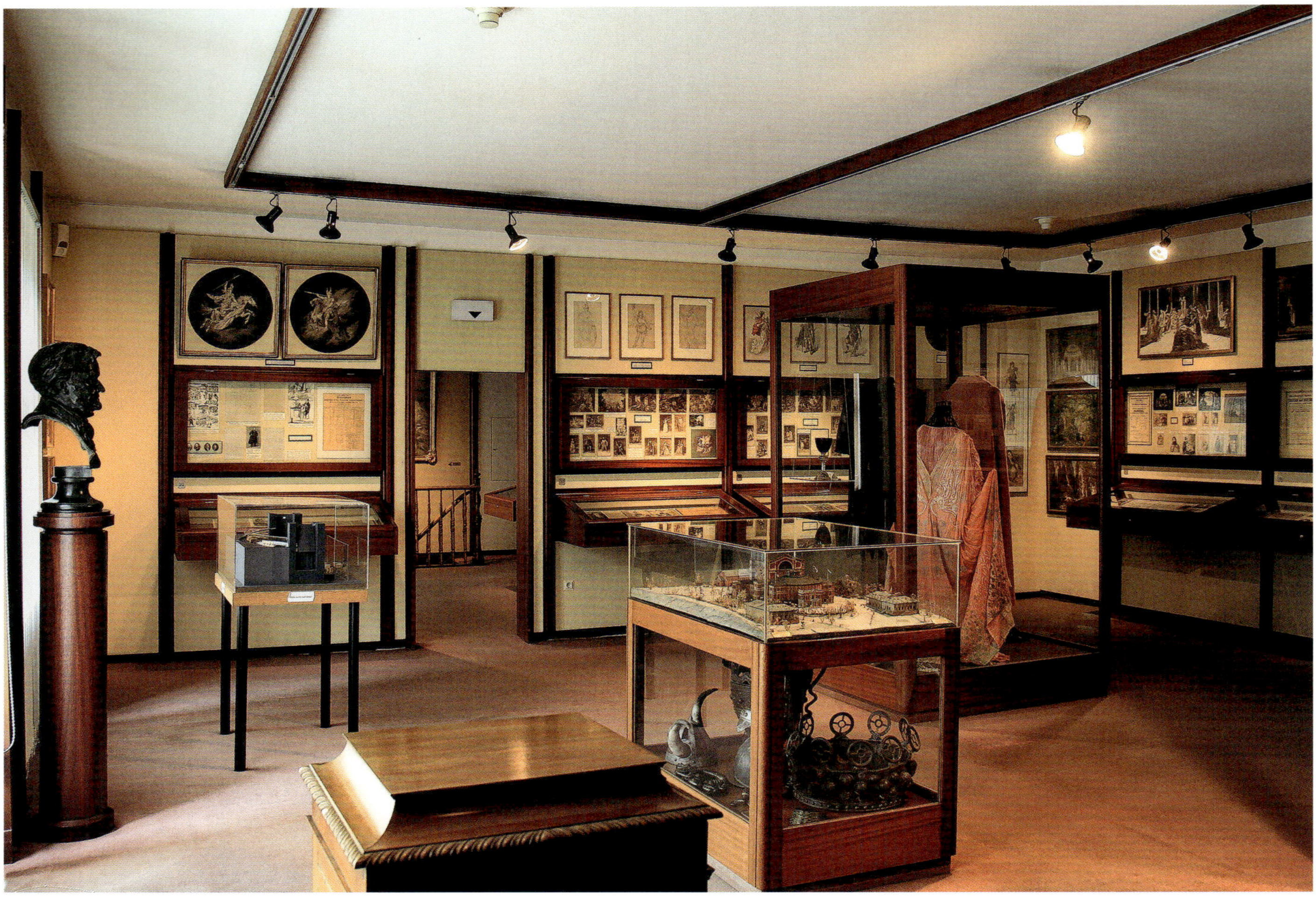

Kindersaal

Festspiele gab ein Ölgemälde-Triptychon von Georg Laška mit Darstellungen der Auffahrt, der Pause und nach der Aufführung. Im Raum befanden sich zwei große Kostümvitrinen sowie das Modell des Festspielhauses von George Steingraeber.

Weiterhin waren Besetzungszettel, Kostümprobenplan, die Orchesterzusammenstellung und ein Aushang für die Mitwirkenden mit der Bitte um »Deutlichkeit!« von Wagners Hand zu sehen. An den Wänden befanden sich die Vorzeichnungen für die Projektion der reitenden Walküren und Kostümskizzen von Carl Emil Doepler (1824–1905) sowie die Bühnenbildentwürfe von Josef Hoffmann (1831–1904). Zum *Parsifal* 1882 waren die Bühnenbildentwürfe und Kostümzeichnungen von Paul von Joukowsky und Max Brückner (1836–1919) ausgestellt.

Mit dem Beginn der Ära Cosima Wagner wurde die Ausstellung im Wesentlichen von Bühnenfotografien und Fotoporträts der Mitwirkenden beherrscht, was eine Art begehbares Fotoalbum ergab. Als plastisches Exponat ist ein Puppenpaar erwähnenswert, welches den Fliegenden Holländer und Senta in der Bayreuther Erstaufführung 1901 darstellte. Dieses wurde bei der Schlussapotheose vor dem Rückprospekt nach oben gezogen.

Im anschließenden hellgrauen Raum, dem ehemaligen »Grauen Stübchen« Cosimas, und dem Schlafzimmer zur Ära Siegfried und Winifred Wagners bis 1944 war vor allem ein Porträt Winifred Wagners von Raffael Schuster-Woldan

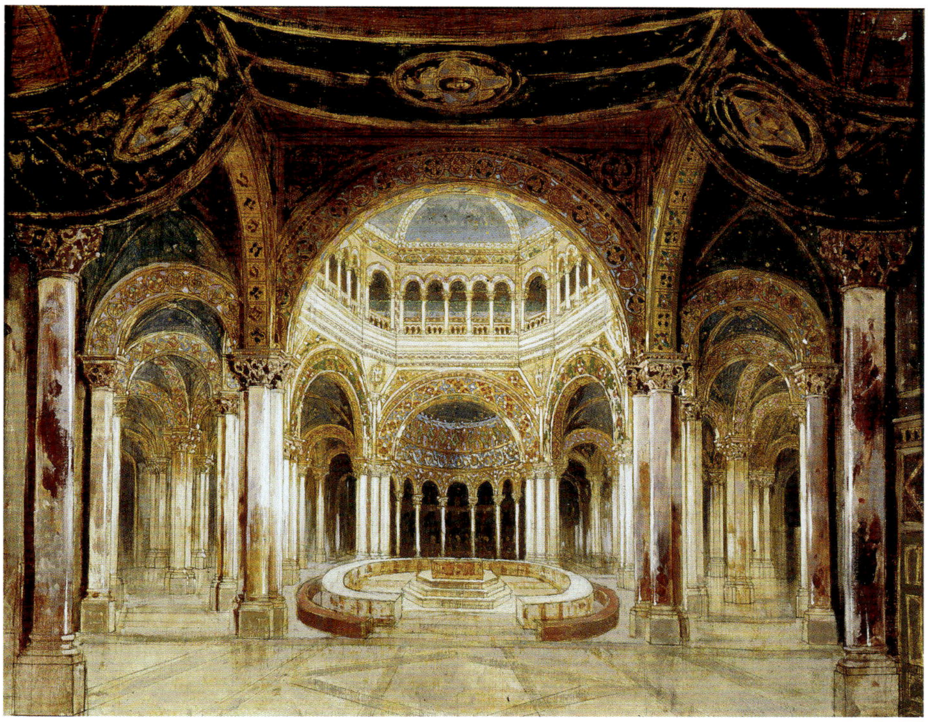

Max Brückner, Bühnenbildentwurf zur Uraufführung des *Parsifal* in Bayreuth 1882

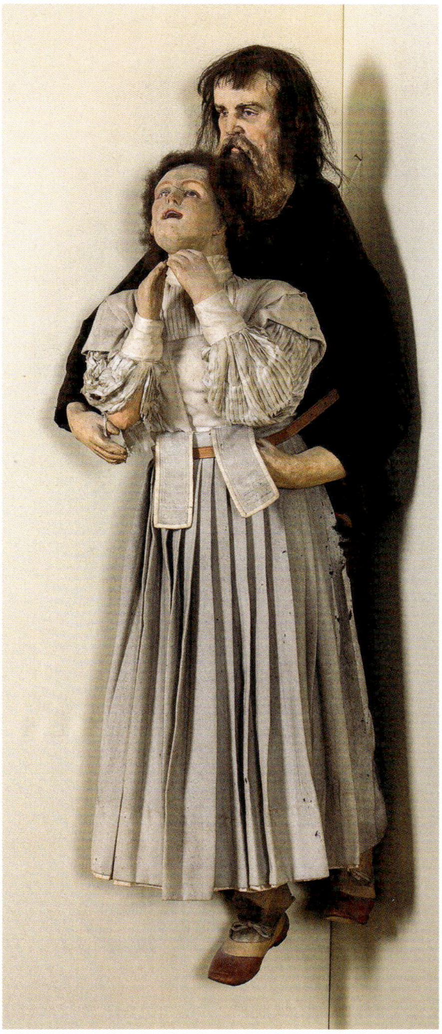

Holländer und Senta als Puppenpaar aus *Der fliegende Holländer*, Bayreuth 1901

(1870–1951) aus dem Jahr 1931 erwähnenswert. Hier befand sich auch ein kleiner schwarzer Schreibtisch Cosima Wagners. Die Fotodokumentation von Bühnenbildern und Mitwirkenden erstreckte sich auch weiter auf die Ära Wieland und Wolfang Wagners nach dem Zweiten Weltkrieg ab 1951 im westlichen Zwischengeschoss, das über eine kleine Treppe erreicht wurde und ursprünglich Bade- und Ankleidezimmer Richard und Cosima Wagners enthielt. Der erste, blassgelbe Raum dokumentierte die Produktionen der Festspiele bis zu Wieland Wagners Tod 1966, das anschließende grüne Zimmer dann die nachfolgende Epoche unter der alleinigen Leitung Wolfgang Wagners. Nachdem sich hier das Badezimmer befunden hatte, war auch der Waschtisch Richard Wagners ausgestellt. Schließlich führte wiederum eine Treppe zurück in Wagners Arbeitszimmer im Obergeschoss, wo die Festspiele in den 1970er Jahren bis zum »Jahrhundert-*Ring*« von 1976 dokumentiert waren. Hier stand Wagners Schreibtisch aus Graupa bei Dresden, an dem er am *Lohengrin* gearbeitet hatte. Neben einem Wagner-Porträt von Josef Bernhardt (1805–1885) aus dem Jahr 1868 wurde auch ein Ölporträt Johann Sebastian Bachs von Leo Samberger (1861–1949) gezeigt. Die Fotogalerie der Festspiel-Produktionen ab 1978 wurde dann im Untergeschoss fortgesetzt.

Das Kitschkabinett

Eine Besonderheit des Museums war das seit 1978 bestehende Kabinett mit »Kitsch, Kuriositäten und Kostbarkeiten« im ehemaligen südöstlichen Gästezimmer. Erst in den 1970er Jahren hatte eine breitere ideologiekritische Auseinandersetzung mit Wagner begonnen. Nach der Diskreditierung infolge seiner Rezeption durch Hitler und während der NS-Zeit war es durchaus nicht nur eine

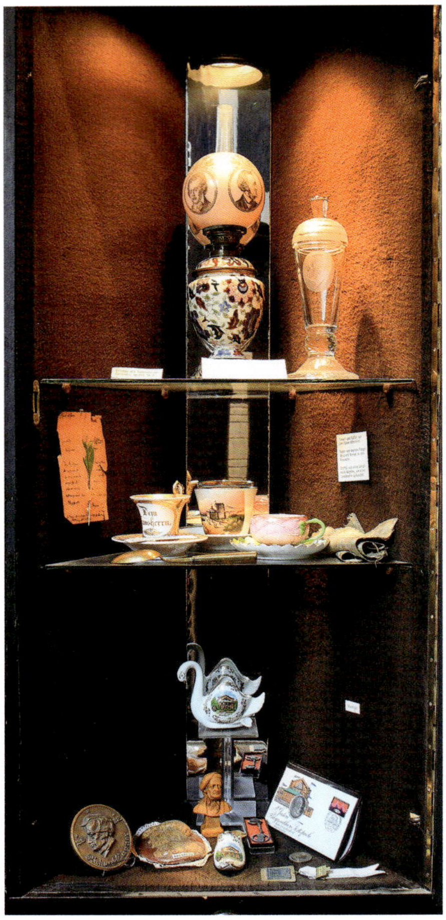

Kitschkabinett

rhetorische Frage, ob man den prominenten Antisemiten Wagner nach Auschwitz überhaupt noch spielen dürfe. Auch wenn der Wiederbeginn der Festspiele beinahe überraschend schon sechs Jahre nach Kriegsende stattfand, um durch die bewusste Pflege deutscher Kulturgeschichte schnellstmöglich wieder eine zivilgesellschaftliche Identität als Fundament einer funktionierenden Demokratie herbeizuführen: Die vielzitierte »Stunde null« war ein Mythos, dessen Schatten auch manch unbehagliche Kontinuität überdeckte.

Wagner und die Bayreuther Festspiele erschienen ihren Kritikern demnach als Symbol für eine braune Nostalgie, in welche sich manch Unbelehrbarer in trotzigem Beharren zurückzog. Es habe doch schließlich die hehre Kunst Wagners nichts mit dem schmutzigen politischen Geschäft zu tun und zeige, »dass doch nicht alles falsch gewesen sein« könne. Die Festspielleitung jedenfalls bat in Aushängen darum, »von politischen Diskussionen auf dem Hügel Abstand nehmen zu wollen« – was angesichts der Ideologiegeschichte Wagners und der herzlichen Verbundenheit von Familie und Festspielen mit Hitler und dem »Dritten Reich« nolens volens ebenfalls eine hoch politische Aussage war.

Demnach waren Wagner und die Bayreuther Festspiele nach Kriegsende für zwanzig Jahre – von wenigen Ausnahmen abgesehen – weniger Gegenstand kritischer Selbstreflexion als revanchistischer Rechtfertigung und Verteidigung. So blieb die Wagner-Rezeption gerade im Zuge ihrer Entkleidung von der Indienstnahme durch den NS-Staat und dessen Vertreter auch von einem überwältigenden Riesenernst, der augenzwinkernden Humor als unangemessen empfunden hätte.

Die Einrichtung eines »Kitschkabinetts« ausgerechnet am »geweihten Ort« Wahnfried war demnach ein entschiedener Bruch mit dem apodiktischen Verehrungsgestus der alten Gedenkstätte, wonach man sich Wagner allenfalls auf Knien rutschend nähren dürfe. Darüber hinaus war sie Ausdruck einer neuen Herangehensweise, welche dem Wagner-Kult – und dessen Folgen – manch komische Blüte entgegensetzte und ihn damit ironisch aufs Korn nahm. Es war Wolfgang Wagner, der die Anregung dazu gegeben hatte, so, wie er überhaupt die besonders entsetzliche Epoche der Bayreuther Geschichte, deren Teil er selbst gewesen war, mit manchmal vielleicht zu hemdsärmeliger Scherzhaftigkeit ins Anekdotische zu ziehen trachtete.

Der »Mythos Wagner« wurde hier indessen nicht nur durch Exponate aus dem persönlichen Besitz unterlaufen, wodurch das »Menschlich – Allzumenschliche« Wagners offenbar wurde, sondern auch durch Objekte, die vor allem der Wagner-Idolatrie der Jahrhundertwende entstammten und in ihrer Tendenz, Wagner zum überlebensgroßen Denkmal zu erheben, nun unfreiwillig komisch wirkten.

In einem sechseckigen drehbaren Schrank, dessen verschiedenfarbige Deckenstrahler bei Bewegung des Möbels die ironisch übertriebene Atmosphäre einer Reliquienschau erzeugten, befanden sich beispielsweise Püppchen von Figuren aus Wagners Werken, Gebrauchsgegenstände mit Wagner-Motiven, ein Taschentuch Wagners, eine Feder seines Papageis »Papo«, ein Notiz-Album, das er Cosima geschenkt hatte, mit der Aufschrift »Geschreibsel Gebleibsel für lieb gut Weibsel«, bis hin zu einem Geschenk König Ludwigs II. von Bayern, ein perlen-

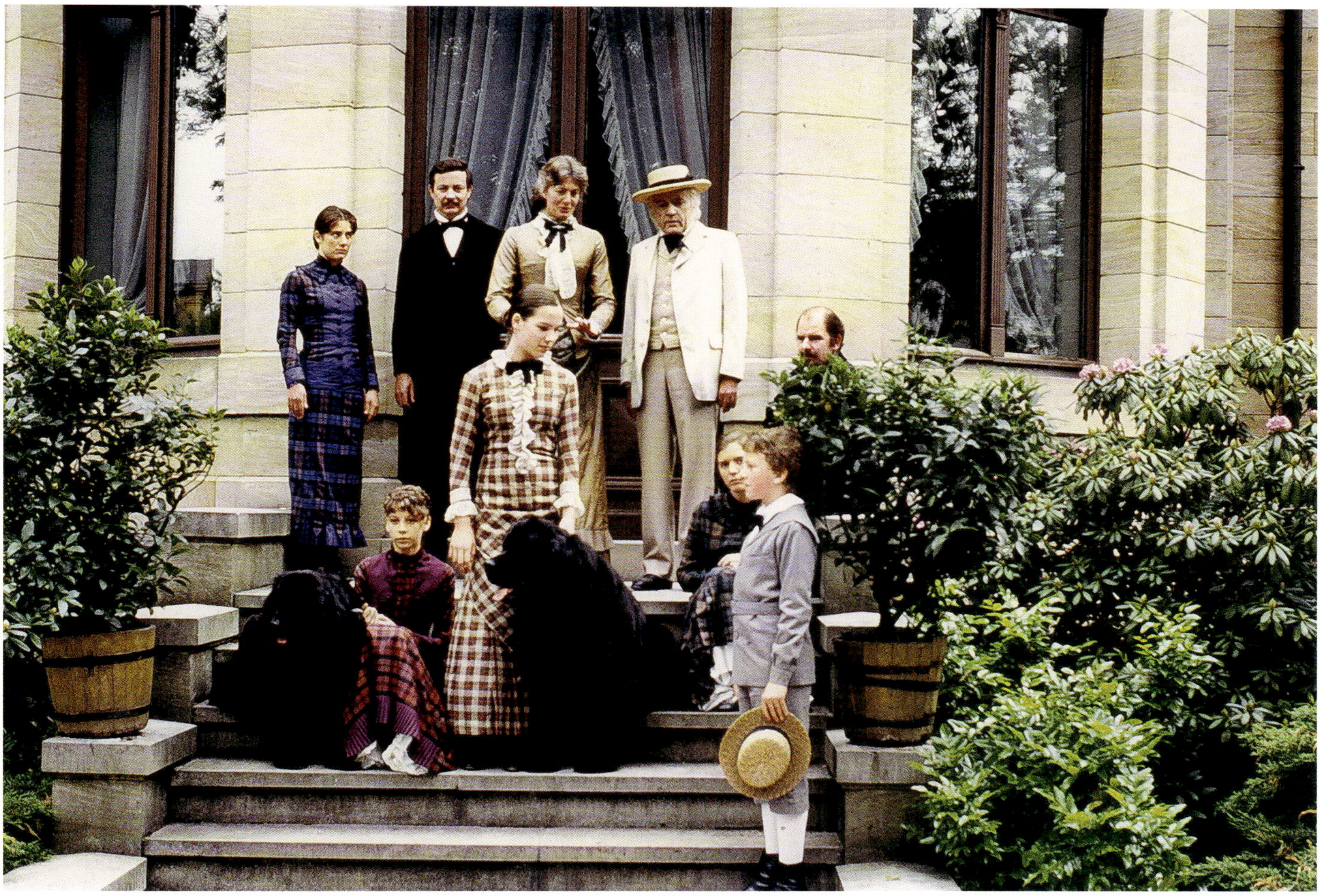

Richard Burton als Richard und Vanessa Redgrave als Cosima Wagner mit Familie auf der Gartentreppe nach einem Foto von 1881

besticktes Portemonnaie, in dem Wagner einen gezogenen Backenzahn aufbewahrte. Auch Wagners Strohhut fehlte nicht, den er auf dem berühmten Familienfoto vom 23. August 1881 auf der Gartentreppe von Wahnfried trägt und den sich auch Richard Burton (1925–1984) als Richard Wagner in dem großen Biopic zu Wagners 100. Todesjahr 1983 von Tony Palmer (geb. 1941) als einziges authentisches Stück in diesem Film nicht ohne Stolz aufs Haupt setzen durfte.

An der Wand und in einer Vitrine befanden sich Spielkarten mit Wagner-Motiven und eine Speisekarte von Christian Sammets Festspielrestauration mit Spezialitäten wie »Lohengrin-Forellen aus den Schwanenteichen der Bayreuther geheiligten Lande«, »gefüllte Schwanenbrüste à la Lohengrin«, »Wotanschinken«, »Freias goldene Erda-Äpfel« oder »Floßhilden-Suppe mit Alberich-Einlagen« mit ausgestelltem »Gralsbrötchen«, dazu »Rheingold-Bier«, oder »Siegmunds Stangenspargel«. Honi soit qui mal y pense …

Den hypertrophen Wagner-Kult gerade um die Jahrhundertwende um 1900 verdeutlichte auch ein monströses Ölgemälde Paul von Joukowskys. Es zeigt die Apotheose Wagners, der von Engeln getragen die Wolken durchbricht und einem rotglühenden Gralskelch entgegenschwebt.

In dieselbe Kategorie gehört auch ein Gemälde Richard Guhrs (1873–1956), der das überlebensgroße Wagner-Denkmal im Liebethaler Grund bei Pirna, süd-

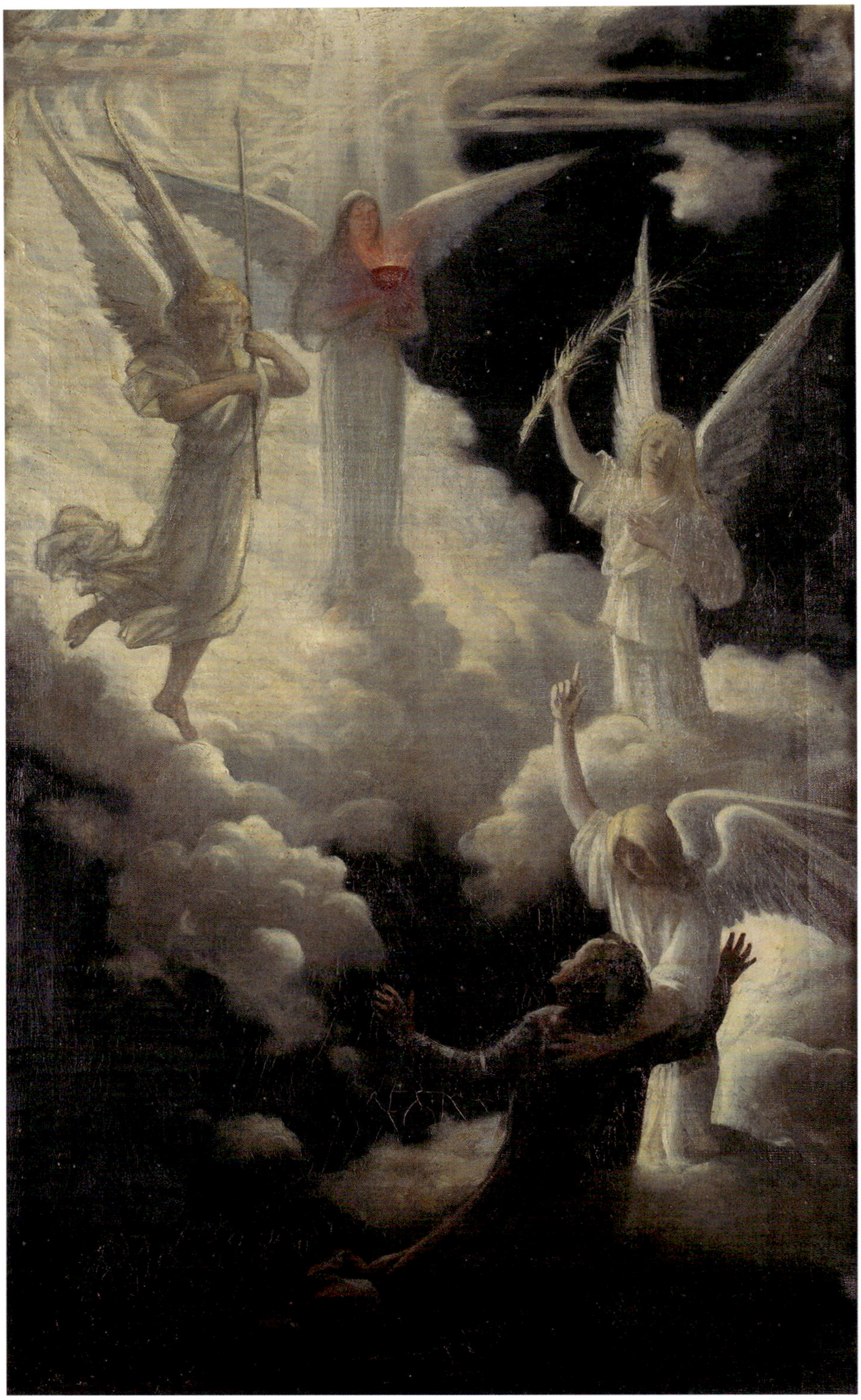

Paul von Joukowsky,
Wagners Himmelfahrt, 1883

östlich von Dresden, geschaffen hat, welches Wagner als Gralsritter zeigt. Hier das »Elbische Pontifikat« mit Wagner als Hohepriester mit ausgebreiteten Armen inmitten allerlei allegorischer Gestalten, flankiert vom Gekreuzigten, der Sixtinischen Madonna und Nietzsche. Oder auch Wagner als Christophorus, der einen blonden, arischen Christusknaben durch die Fluten einer bösen und bedrohlichen Zeit trägt.

Ein »Bierseidla« mit Schlegel aus Wagners Bayreuther Stammkneipe »Angermann« illustrierte dagegen, wie Thomas Manns Schwiegervater Alfred Pringsheim (1850–1941), Wagner-Anhänger und Patron der Festspiele, hier mit einem Gast über sein Idol in Streit geraten, mit seinem Trinkgefäß tätlich geworden war und daraufhin in Anspielung auf Wagners Hausphilosophen »Schoppenhauer« genannt wurde. Auch fand sich eine Ausgabe der Publikation *Mutter Brünnhilde* eines gewissen Moritz Wirth (1825–1903), der darin die die Walküre begleitenden Melodien als »ausgeprägte Schwangerschaftsmusik« bezeichnet und sogar ein bislang unbekanntes Motiv aufspürt: die »Milchdrüsen- oder Lusttriole«. Haar-Reliquien von Liszt, Wagner und Cosima waren dort ebenso zu sehen wie das Plakat zur Uraufführung der Parodie *Tristanderl und Süßholde*, welche in München dem Original sogar zuvorgekommen war, ein Kartenspiel mit Wagner-Figurinen, Künstlerfotos »in Pose« oder Gegenstände aus persönlicher Garderobe und Besitz, welche auch heute noch im östlichen Wahnfried-Zwischengeschoss ausgestellt sind.

Wagners Bibliotheken

Neben der aufwendigen Kassettendecke, Wagners Steinway und den Ölbildern der Familiengalerie ist Wagners eindrucksvolle Bibliothek ein besonderer Blickfang im Saal. Wahrscheinlich war Wagner einer der belesensten Musiker überhaupt. Cosimas Tagebücher berichten von nahezu täglicher, intensiver Lektüre und den Gesprächen darüber. Die im Zuge der Rekonstruktion des zerstörten Saals nachgebauten Bibliotheksschränke an der Rück- und den Seitenwänden enthalten 2.310 Bände, die Wagner als Bestandteil der Raumgestaltung von dem Bayreuther Buchbindermeister Christian Senfft kostbar hatte einbinden lassen.

Die Porträts über den Schränken zeigen Cosima Wagner (Franz von Lenbach, 1879), den bewunderten Onkel Adolf Wagner (Chr. Ludwig Friedheim, 1804), Franz Liszt (Franz von Lenbach, 1871), Wagners Stiefvater Ludwig Geyer (Selbstbildnis, um 1806), Wagners Mutter Johanna (Ludwig Geyer, 1813), Richard Wagner (Franz von Lenbach, 1871), Marie Gräfin d'Agoult (Henri Lehmann, 1859), Cosima Wagner (Paul von Joukowsky, 1880). Im Zuge der Neugestaltung des Museums wurde die ursprüngliche Hängung wiederhergestellt und das Porträt Ludwigs II. (Ferdinand Piloty, 1865) ergänzt, ferner wurden die beiden Porträts Cosima Wagners wie schon zu Wagners Lebzeiten auf Staffeleien im Saal aufgestellt. Ebenfalls 2015 ergänzt wurde das Porträt Arthur Schopenhauers (Wilhelm Beckmann, 1882) in der linken Laibung der Rotunde.

Noch kurz vor Kriegsende war die kulturhistorisch kostbare Bibliothek Wagners vorsorglich verpackt und evakuiert worden. Nur unter großen Schwierigkeiten konnte indessen der Abtransport der von der amerikanischen Besatzung als Reparationsleistung beschlagnahmten Bücherkisten in die USA verhindert werden. Zusammen mit dem Wahnfried-Archiv wurde die Bibliothek 1973 für die Richard-Wagner-Stiftung erworben. Dank eines handschriftlichen Standortkatalogs von 1888 konnte jedes Buch wieder an seinen ursprünglichen Platz gestellt werden.

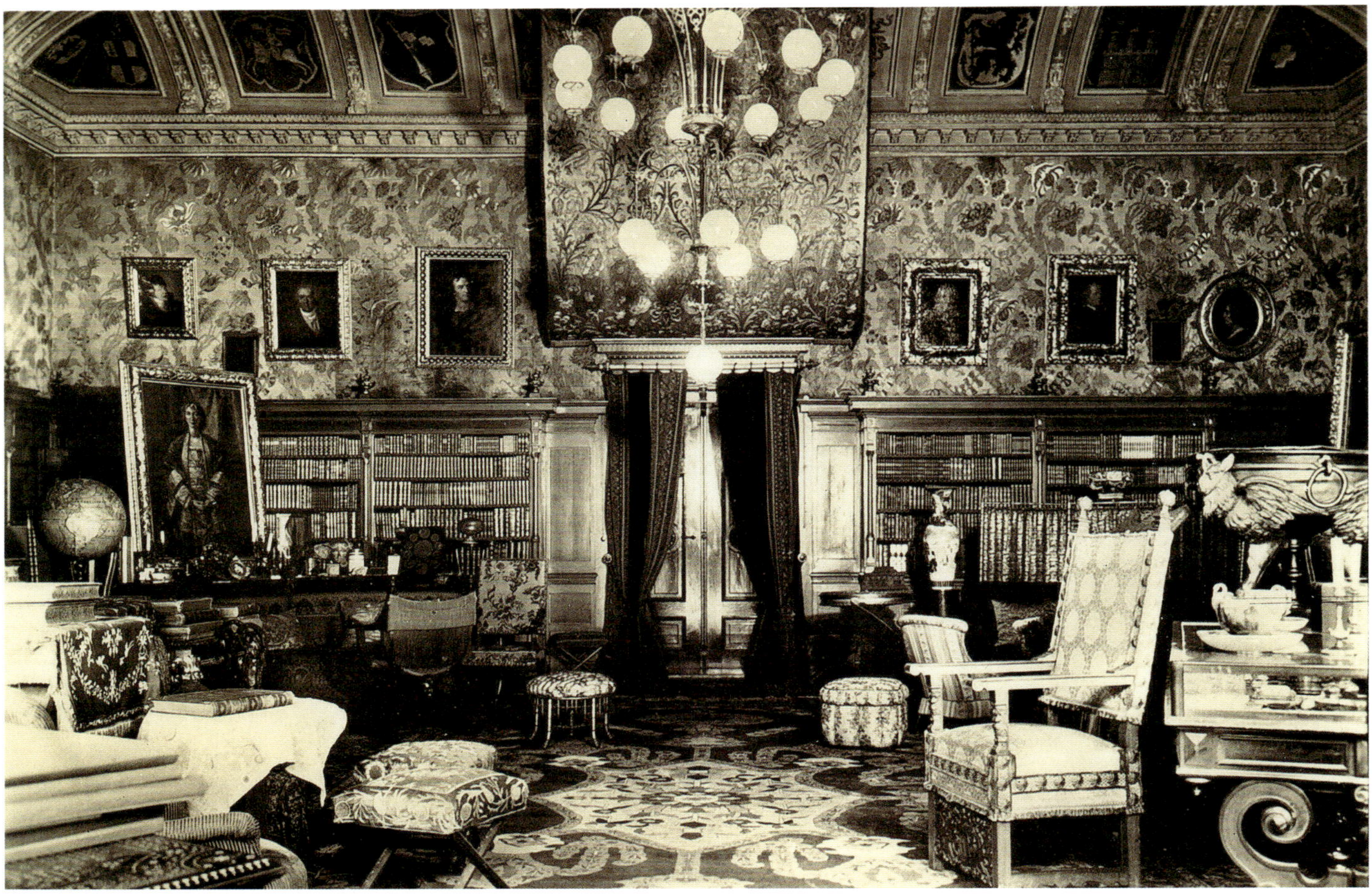

Haus Wahnfried, Saal, vor 1930

Der ebenso quantitative wie qualitative Schwerpunkt der Bibliothek liegt auf der epischen, dramatischen und lyrischen Weltliteratur. Der gesamte bildungsbürgerliche Literaturkanon des 19. Jahrhunderts ist hier vertreten: Werke von Klopstock, Lessing, Wieland, Goethe, Schiller, Hölderlin, Jean Paul, Tieck, den Gebrüdern Schlegel, Platen, Voltaire und Rousseau fehlen ebenso wenig wie Corneille und Racine. Aber auch zeitgenössische französische Literatur von Balzac und Baudelaire bis Jacolliot ist vertreten. Schließlich finden sich die große englische Epik von Scott, Sterne, Swift, Milton und Ossian sowie die Lyrik Shelleys, die Spanier Calderón, Cervantes und Lope de Vega, die italienische Klassik mit Werken von Dante, Ariost, Tasso und Machiavelli sowie sizilianische Märchen, aber auch ungarische und persische Dichter. Geradezu selbstverständlich erscheint ein breites Spektrum der klassischen Antike, der griechischen ebenso wie der römischen; besonders wertvoll darunter die Straßburger Cäsar-Ausgabe von Cuspinianus aus dem Jahre 1541 mit einer Vorrede von Melanchton. Aber Wagner besaß auch Werke des historischen Hans Sachs, die Urtexte des *Beowulf*, des *Heliand* und des *Ulfila* ebenso wie Brants *Narrenschiff* und eine dreibändige Ausgabe mit Texten der *Minnesinger*.

Unter den Musikalien dominieren natürlich Beethoven mit einer Gesamtausgabe seiner Werke, Bach und Mozart. Werke von Berlioz und Bruckner fehlen ebenfalls nicht, auch nicht Motetten von Palestrina oder Opern von Gluck. Weiterhin Cherubini und Cimarosa, Scarlatti und Spontini, Rossaro und Rossini,

Chopin und Glinka, aber auch Mendelssohns *Paulus* und seine Ouvertüren sowie Méhuls *Joseph* und Halévys *Jüdin*, nicht jedoch – wenig überraschend – Verdi, Brahms und Meyerbeer.

Im Bereich der Philosophie nimmt kaum überraschend Schopenhauer die Zentralstellung ein und ausgehend davon die indisch-brahmanische und buddhistische religiöse Dichtung wie die *Upanishads*, für deren Lektüre im Original Wagner sogar ein wenig Sanskrit gelernt hatte. Daneben alle maßgeblichen, kanonisierten Denker der klassischen Antike und der mitteleuropäischen Geistesgeschichte, aber auch Titel von Spinoza, Hobbes und Locke, Giordano Bruno und Pascal, sowie der Mystiker vom Mittelalter – namentlich Meister Eckhart – bis zum Barock – hier Jakob Böhme – bis hin zu den amerikanischen Spiritualisten, schließlich Schriften zur Vivisektion sowie antisemitische und rassentheoretische Schriften. Von Nietzsche besaß Wagner nur die *Geburt der Tragödie* und die *Unzeitgemäßen Betrachtungen*, die nach 1876 entstandenen Schriften gegen Wagner fehlen begreiflicherweise.

Dem Umfang von Wagners altnordischen und allgemeinen etymologischen Studien entspricht auch die Literatur hierzu: neben dem *Altnordischen Lesebuch* und dem *Altnordischen Sagenschatz* von Ettmüller besaß er auch F. A. Wimmers *Altnordische Grammatik* sowie *Nordiske Fortids Sagaer* und *Oldnordiske Sagaer*, Wörterbücher und Grammatiken des Keltischen und Altfriesischen, Schmitthenners *Ursprachlehre* oder Brandstäters *Die Gallicismen in der deutschen Schriftsprache*. Im Bereich der Geschichtswissenschaften finden sich neben Detailuntersuchungen die Standardwerke von Mommsen, Ranke, Arndt und Droysen. Außerdem Untersuchungen zu Völkerkunde, Geografie und Naturwissenschaften, kunsthistorische und archäologische Werke wie Vitruv und Palladio, Vasari und Sandrart.

Neben dieser kulturgeschichtlich hochbedeutenden Büchersammlung wurde im Bereich der Dauerausstellung im Zwischengeschoss auch die deutlich kleinere Bibliothek gezeigt, die Wagner als Dresdner Hofkapellmeister in den 1840er Jahren zusammengetragen hatte. Sie befindet sich heute in der »Schatzkammer« im Wahnfried-Untergeschoss und enthält rund 200 Titel in 500 Bänden, darunter bereits nahezu sämtliche Quellentexte für Wagners nachfolgendes Werk wie *Über den Krieg von Wartburg* von C. T. L. Lucas, die *Vorrede zum Vaticanischen Manuskript des Lohengrin-Epos* von Joseph Görres, die *Deutsche Mythologie* und die *Deutschen Sagen* der Gebrüder Grimm sowie weitere Quellen zum *Ring* (*Der Nibelunge Not und Klage*, *Zu den Nibelungen* von Lachmann, die *Edda*, Simrocks *Deutsches Heldenbuch*, Wilhelm Grimms *deutsche Heldensage*, *Untersuchungen zur deutschen Heldensage* von Mone und Snorris *Geschichte der norwegischen Könige*), die Werke Hans Sachs', das *Tristan*-Epos Gottfrieds von Straßburg und die Werke Wolframs von Eschenbach, darunter das *Parzival*-Epos.

Als Wagner nach seiner Beteiligung an den Dresdner Aufständen 1849 ins Zürcher Exil fliehen musste, hatte er diese Bibliothek seinem Schwager, dem Verleger Heinrich Brockhaus (1804–1874), gegen ein Darlehen von 500 Talern überlassen. Er bat ihn, die Bibliothek geschlossen aufzubewahren, da er sie später wieder auslösen wollte, wozu es jedoch nie kam. Stattdessen begann Wagner in Tribschen und

Bayreuth eine neue Büchersammlung, Grundstock der Bibliothek im Saal. 1873 überließ Wagner die Dresdner Bibliothek seinem Schwager endgültig als Ausgleich für das nie zurückgezahlte Darlehen. So verblieb sie zunächst im Besitz der Familie Brockhaus in Leipzig. Erst 1939 wurde ihre wissenschaftliche Erschließung durch die NS-Forschungsstätte erwogen, was durch den Kriegsausbruch jedoch verhindert wurde. Am 4. Dezember 1943 fiel das Gebäude des Brockhaus-Verlags in einer der Leipziger Bombennächte einem Luftangriff zum Opfer. Daher musste man annehmen, dass mit dem Verlagshaus auch Wagners Dresdner Bibliothek vernichtet worden sei. Doch die Bibliothek war während der Bombenangriffe in einem tiefen Bunker eingelagert und nach dem Krieg nach Wiesbaden gerettet worden. Der Verleger Hans Brockhaus (1888–1965) selbst hatte bereits mit ihrer Katalogisierung begonnen, die später von seiner Frau Susanne zu Ende geführt wurde, und dachte ebenfalls über eine Kommentierung und Herausgabe nach, welche er dem Wagner-Forscher Curt von Westernhagen (1893–1982) übertrug. Nur 20 Titel mit rund 100 Bänden sind verlorengegangen, dank einer von Minna Wagner angefertigten Inventarliste ist aber bekannt, um welche Titel es sich dabei handelt. 1974 überließ Susanne Brockhaus (1898–1978) Wagners Dresdner Bibliothek der Richard-Wagner-Stiftung als Geschenk für das Museum.

Das »Klingende Museum«

Schon in der Gedenkstätte war die Möglichkeit, historische Musikaufnahmen von Wagners Werken hören zu können, eine besondere Attraktion für die Besucher gewesen. In Wahnfried kam noch die authentische Atmosphäre des Saals hinzu, sodass es gerade nach der Kopfarbeit des Ausstellungsbesuchs eine besonders intensive Erfahrung war, in diesem Raum, den Blick in den Park und auf Wagners Grabstätte gerichtet, der überwältigenden Orchestermusik Wagners oder den großen Sängerinnen und Sängern der Vergangenheit zu lauschen.

So war das »Klingende Museum« bereits Joachim Bergfeld ein wichtiges Anliegen gewesen und wurde es demnach auch für Manfred Eger. Wenn er nicht rauchend seine Schreibmaschine bearbeitete, fand man ihn außer in seiner Werkstatt besonders häufig im Tonstudio im ehemaligen Wahnfried-Gästezimmer rechts neben dem Saal. Hier produzierte er Vorführprogramme, die anfangs noch von rumpelnden, knisternden Vinyl-Schallplatten auf Tonband, später auf Kompaktkassette und schließlich auf CD überspielt und durch erläuternde Moderationstexte verbunden wurden. Täglich um 10, 12 und 14 Uhr wurden diese von der Museumskasse aus in den Saal übertragen, zwischendurch konnten sich die Besucher aus ausliegenden Listen auch Aufnahmen wünschen. Da konnte es durchaus vorkommen, dass das Kassenpersonal auch mal mehrfach am Tag mit Isoldes Liebestod auf die Probe gestellt wurde.

Dabei war der Saal mit seiner breiten Apsis und dem fast quadratischen Grundriss, den harten Glasscheiben vor den Bibliotheksschränken und dem schallschluckenden roten Teppichboden akustisch alles andere als unproblematisch. Wiederum von Grundig erhielt das Museum vier der damals technisch höchst innovativen

Kugellautsprecher, die zwischen den Sitzreihen aufgestellt wurden. Hinzu kamen rechts und links zwei große monolithische schwarze Lautsprecher-Boxen, die allerdings den Raumeindruck ebenso störten wie die Konzertbestuhlung die Atmosphäre des ehemaligen Wohnraums. Aber Ziel war eben der perfekte Klang, der erstmals mit der Ouvertüre zur *Lustigen Witwe* erprobt wurde.

1990 gelang dann mit der »Audionova«-Anlage des Radio- und Fernsehtechnikers Helmut Lorenz aus Arnschwang im Bayerischen Wald eine deutliche Verbesserung. Für den Traum technischer Perfektion an diesem besonderen Ort hatte Lorenz sein gut gehendes Elektrofachgeschäft aufgegeben und zwölf entbehrungsreiche Jahre an der Spezialanfertigung für Wahnfried getüftelt. Die Herausforderung bestand vor allem darin, die Lautsprecher unsichtbar zu machen und trotzdem einen Klang wie im Konzertsaal zu erzeugen. Hierzu konstruierte Lorenz eine 6-Kanal-Aktivelektronik, mit der jeder Kanal einzeln an- und ausgesteuert und so exakt an die räumlichen Bedingungen angepasst werden konnte. Die sechs Kanäle wurden auf vier Lautsprecherpaare verteilt. Ein Paar mit je drei Lautsprechern wurde für den Klang aus der Mitte rechts und links von der Gartentür in der Rotunde in die Mauern eingebaut, ein großes Paar mit je 4 Lautsprechern für den Hauptklang in die Wände rechts und links von der Rotunde und ein weiteres Paar mit je 2 Lautsprechern für den Seitenklang wurde auf den Bibliotheksschränken versteckt. Die voluminösen Subwoofer fanden Platz in den vorderen Unterschränken der Bibliothek. Insgesamt brachte es die Anlage auf eine Musikleistung von 3.200 Watt, die Kosten von 40.000 DM (was heute in etwa der gleichen Summe in Euro entspricht) konnte zur Hälfte durch Spenden finanziert werden. Als das Wunderwerk vor Spendern und Ehrengästen erstmals präsentiert wurde, gab es – anderes als unzählige Male zuvor – jedoch zunächst keinen Ton von sich. Der peinliche Vorführeffekt bewirkte zunächst einige hektische Aktivitäten der Techniker, gefolgt von einem beunruhigenden dumpfen Knall, dann aber erklang schließlich doch noch Musik – allerdings nicht, wie angekündigt, »Nimrod« aus Edward Elgars *Enigma-Variationen*, sondern das hämmernde Schicksals-Motiv von Beethovens V. Symphonie. – Seitdem sollte die Anlage aber 20 Jahre lang die Besucher begeistern.

Museumsarbeit

Gute Kulturarbeit besteht vor allem in der Kunst des Verschwindens. Alles sollte leicht und selbstverständlich erscheinen, sodass man die Mühen dahinter möglichst nicht wahrnimmt. Aber die beträchtliche Konjunktur des Museums seit 1976 kam nicht von ungefähr. Manfred Eger betrieb seine Aufgabe mit besonderer Leidenschaft, ohne jedoch verbissen zu sein. Wenigstens für die Erschließung und Katalogisierung der Bibliotheken sowie für den Archivbetrieb stand seit Mai 1988 neben einer Sekretärin und einer Schreibkraft mit Günter Fischer ein diplomierter Bibliothekar zur Verfügung.

Aber schon die reine Verwaltung hinter den Kulissen ist nicht zu unterschätzen, zumal Kulturbetrieb und behördliche Kommunalverwaltung durchaus nicht immer kompatibel sind. Weder im »workflow«, wie man heutzutage so schön sagt, noch im »mindset«. Die Akten jedenfalls geben eindrucksvoll Auskunft vom manchmal mühseligen Tagesgeschäft des Ringens um Beschaffungen, Genehmigungen, Instandsetzungsmaßnahmen und Unterhalt – wobei es zumeist weniger um Sach- als um Verfahrens- oder Rechtsfragen geht. Das hat sich bis heute nicht grundlegend geändert. Hingegen fand der Praktiker Eger seine Befriedigung vor allem in der handwerklichen Arbeit an Exponaten wie den Bühnenbildmodellen oder der Herstellung von Sonderausstellungen, während der Wissenschaftler seinem Vermittlungsauftrag mit intensiver Publikations- und Vortragstätigkeit nachkam. So verfasste er im Hinblick auf künftige Ausstellungen bereits im Voraus Broschüren, die als Jahresgaben verteilt wurden und so nicht nur der inhaltlichen Vermittlung, sondern auch der Werbung dienten.

Außerdem übernahm Eger gemäß der satzungsmäßigen Selbstverpflichtung der Stadt Bayreuth als Mitstifterin der Richard-Wagner-Stiftung, einen »wissenschaftlich vorgebildeten Bediensteten« für die Verwaltung des Wahnfried-Archivs zu stellen, auch dessen wissenschaftliche Leitung. Zuvor hatte Wolfgang Wagner die langjährige Haus-Archivarin Gertrud Strobel erbost entlassen, nachdem diese 1976 erbittert gegen den umstrittenen »Jahrhundert-*Ring*« von Patrice Chéreau agitiert und damit Öl ins Feuer des ohnehin jedes Maß übersteigenden Skandals gegossen hatte. So war sie auch Vorstandsmitglied im gegen die Festspiele und ihre Leitung wirkenden »Aktionskreis für das Werk Richard Wagners« und hatte dann noch die zweifelhafte Behauptung lanciert, 73 Orchestermitglieder sowie der legendäre Dirigent Carlos Kleiber (1930–2004) hätten wegen dieser Produktion ihre Teilnahme an den Festspielen 1977 abgesagt.

Damit war die institutionelle Trennung von Gedenkstätte und Wahnfried-Archiv, die zu Zeiten Helena Wallems und Otto Strobels zu heftiger Konkurrenz und Feindschaft geführt hatte, endgültig zu Ende und Wahnfried als Museum und Nationalarchiv der weltweit bedeutendste und zentrale Ort der Wagner-Forschung und -Vermittlung geworden. Nunmehr erfolgte auch der Umzug der Handschriften-Sammlung von der Gedenkstätte im Chamberlain-Haus in den Tresorraum im Wahnfried-Untergeschoss. Die Entwicklung von Museum und Archiv führte indessen nicht nur zu einer Zunahme der Besucherzahlen, sondern auch der Archivbenutzer, die wissenschaftlich betreut werden mussten. So arbeiteten beispielsweise 1985 insgesamt 60 Wagner-Forscher im Archiv. Zur Bestandssicherung und besseren Verfügbarkeit wurde daher begonnen, die Bestände des Handschriftenarchivs auf Mikrofilm aufzunehmen. Auch wurde Eger mit der Planung, Realisierung und künftigen Leitung eines Jean-Paul-Museums mit der bedeutenden Sammlung des Bayreuther Arztes Dr. Philipp Hausser (1918–2003) beauftragt. 1980 wurde es in den freigewordenen Räumen im Hochparterre des Chamberlain-Hauses eröffnet.

Sonderausstellungen

Schon zu Zeiten der Gedenkstätte wurden nicht nur in den Häusern selbst Sonderausstellungen gezeigt, sondern auch in einer Großvitrine im sogenannten Hertie-Tunnel, einer heute nicht mehr existierenden Fußgänger-Unterführung zwischen dem Kaufhaus in der Maximilianstraße (heute Karstadt), die damals noch für den Straßenverkehr freigegeben war, und der in deren Mitte gelegenen Insel der Zentralen-Omnibus-Haltestelle. Allerdings handelte es sich dabei weniger um Ausstellungen mit einem inhaltlichen Vermittlungsanspruch, sondern eher um Dekorationen mit zu einem spezifischen Thema zusammengestellten Exponaten.

Im Jahr 1977 gab es in Wahnfried zunächst eine Sonderausstellung zu Geschichte und Wiederaufbau des Hauses. Im Folgejahr wurden die Kostümentwürfe Arpad Schmidhammers (1857–1921) zum *Ring* 1896 gezeigt. Diese waren von Winifred Wagner aufgefunden und dem Museum mit dem Vermerk »Ist das was? – Sonst Papierkorb!« überlassen worden. Allerdings hätte sie so ohne Weiteres gar nicht über diese Objekte verfügen dürfen, fallen sie doch in die Zeit vor Siegfried Wagners Tod im Jahr 1930 und damit ihre Vorerbschaft. Nur die Gegenstände in ihrem Besitz aus der Zeit nach 1930 waren Winifreds alleiniges Eigentum, über das sie nach Gutdünken verfügen konnte. Für die Schmidhammer-Figurinen benötigte sie die Zustimmung ihrer Kinder, die sie jedoch erhielt, woraufhin diese von der Richard-Wagner-Stiftung angekauft wurden. Drei von ihnen zierten über viele Jahre eine Wand im Büro des Museumsdirektors.

Nach der wichtigen Erwerbung der »Burrell-Sammlung« im Jahr 1978 wurde diese 1979 in einer Sonderausstellung gezeigt, 1980 gab es eine Dokumentation zu Cosima Wagner, 1982, hundert Jahre nach der Uraufführung, zum *Parsifal* und 1983, erstmals im Verbindungsbau, eine Ausstellung über *Die Oper in Europa – Große Meister im Kleinformat*. In den Jahren 1982 und 1983 konnte dem Publikum überdies mit den Vorführungen eines sogenannten »Welte-Mignon-Vorsetzers« an Wagners Steinway eine besondere Attraktion geboten werden. Dabei handelt es sich um ein sogenanntes Reproduktionsklavier, das die authentische Wiedergabe pianistischer Interpretationen ermöglicht. Bei dem von der Freiburger Firma M. Welte & Söhne 1904 patentierten Verfahren werden nicht nur die angeschlagenen Töne, sondern auch Anschlagstärke und Dynamik als Lochstreifen auf einer Papierrolle aufgezeichnet. Mittels des vor die Tastatur des Flügels montierten Vorsetzers, welcher für jede Taste einen »Finger« besitzt, kann die Rolle wieder abgespielt werden, wobei eine pneumatische Mechanik Stärke und Dauer des Anschlags steuert. So erhielt das Publikum einen Eindruck beispielsweise vom Spiel eines Cornelius Rübner (1853–1929) mit Wagner-Paraphrasen und anderer großer Pianisten der Vergangenheit bis hin zu Gustav Mahler (1860–1911) mit dem 1. Satz seiner V. Symphonie. Sogar das ZDF-Kulturmagazin *aspekte* berichtete. Diese aufregenden Darbietungen wurden 1999 und 2000 wiederholt.

Neben einer Ausstellung über den russisch-jüdischen Pianisten und engen Mitarbeiter Wagners Joseph Rubinstein (1847–1884), der sich nach Wagners Tod im Alter von nur 36 Jahren in Tribschen erschoss, nahm Eger sich 1984 mit *Wagner und die Juden* eines brisanten Themas an, war und ist Wagners Antisemitismus im Hinblick auf Hitlers Wagner-Idolatrie und den Holocaust doch der wohl problematischste Aspekt seiner Wirkungsgeschichte. Wenn auch Hitler Wagners Antisemitismus überraschenderweise kaum rezipiert hat, so spielt dieser im Zusammenhang mit der ideologischen Anschlussfähigkeit und Funktion von Wagners Gesamtkunstwerk-Ästhetik für den Nationalsozialismus doch keine unerhebliche Rolle für die Auseinandersetzung mit Wagner und seinem Werk.

Nach dem nachvollziehbar beschämten und schuldbewussten Verschweigen und Verdrängen der NS-Zeit und ihren Wurzeln hatte eine ideologiekritische Wagner-Rezeption jedoch überhaupt erst in den 1970er Jahren begonnen. So war die Ausstellung die erste, ebenso dringende wie eigentlich längst überfällige Auseinandersetzung des »offiziellen« Bayreuth mit diesem schwierigen Thema – und damit auch ein Tabubruch. Die öffentliche Beachtung war dementsprechend groß.

Daran mag man ermessen, welch langer Weg von der vollständig unkritischen, kniefälligen Verehrungshaltung der Gedenkstätte zu Wallems Zeiten über die eher nüchterne Betrachtung bis hin zu einer kritischen Wagner-Rezeption gerade hier zurückgelegt worden ist. Zu einer Zeit, in der geschichtsblinde Verehrung und rechtfertigender Legitimationsdruck für Wagner noch sehr eng beieinanderlagen, war diese Stellungnahme so wichtig wie richtungweisend – auch wenn der wirkungsgeschichtliche Zusammenhang noch weitgehend auf Wagners Biografie verengt und sein Antisemitismus unter Hinweis auf seine jüdischen Freunde und Helfer zumindest ansatzweise relativiert wurde.

Dass eine Erscheinung wie Richard Wagner zur Mythenbildung einlädt und dessen Darstellung demnach eine große Anzahl von Irrtümern, Verzerrungen, Entstellungen, Klischees und spekulativen Vermutungen hervorbringt, liegt auf der Hand. Eger bezeichnete seinen Vermittlungsanspruch daher gerne als »Unkraut jäten«, nämlich seinem Motto »Fakten und Fairness« gemäß zumindest die gröbsten Verfälschungen aufzudecken. Dies galt nach einer Ausstellung über den langjährigen Leiter der Festspielchöre Wilhelm Pitz (1898–1973) im Jahr 1985 auch für die Ausstellung *Königsfreundschaft – Legende und Wirklichkeit* über Richard Wagner und Ludwig II. 1986. Hier widerlegte Eger nicht nur manche märchenhafte Vorstellung über das Verhältnis, sondern rückte auch die Behauptung einer angeblich grenzenlosen und ruinösen finanziellen Freigiebigkeit des von Wagners Musik verführten und willenlos gemachten Königs gerade. 1987 wurden dann mit *Richard Wagner im Exlibris* und *Ein Wagner-Zentrum für Utopia* zwei externe Ausstellungen gezeigt.

Ähnlich vielschichtig, ambivalent und widersprüchlich wie die vielbeschworene »Königsfreundschaft« war auch das Verhältnis zwischen Wagner und Nietzsche, das Eger 1988 zum Gegenstand einer Sonderausstellung machte. War Eger zunächst ein Bewunderer Nietzsches, seines revolutionären Denkens und seiner Sprachmacht gewesen, bewirkte das nähere Befassen mit dessen Schriften eine Umkehr: Eger bezeichnete Nietzsche nunmehr als »Karl May der Philosophie«. Die »unsterbliche Wagner-Kritik Nietzsches«, wie sie Thomas Mann genannt hatte, erschien nun vor allem als Produkt einer Enttäuschung des »Menschlichen, Allzumenschlichen«. Nietzsche, der in der *Geburt der Tragödie aus dem*

Geiste der Musik noch als flammender Wagner-Adept aufgetreten war und sich selbst als eine Art geistiger Bayreuther Kronprinz gesehen hatte, wurde seine Verehrung nach der menschlichen Enttäuschung eher peinlich, weshalb der verwundete Dionysos sich später durch die nicht minder wortgewaltigen Niederschriften heftiger Abneigung zu heilen trachtete – allerdings vergeblich.

Ebenso wie den epochalen Dioskuren-Verhältnissen Wagners zu Liszt, Ludwig II. oder Nietzsche galt Egers Aufmerksamkeit aber auch jenen Persönlichkeiten, ohne die Wagner-Bayreuth und die Festspiele nicht zustande gekommen wären. So war der Dirigent der *Ring*-Uraufführung 1876 ebenso Gegenstand einer Sonderausstellung (*Hans Richter – Des Meisters lieber Gesell*, 1990–1992) wie anschließend der Bankier und eigentliche Bayreuther Wegbereiter Friedrich Feustel (1824–1891). Von 1992 bis Ende 1994 wurden die Richard-Wagner-Stipendienstiftung und ihr Gründer Friedrich von Schoen (1849–1941) unter dem Titel *Die Sonne meines Lebens* gewürdigt. Außerdem wurde die vom Stadtmuseum kuratierte Schau *Der Auftritt der Gäste* über das Festspielpublikum präsentiert und es wurden die großformatigen Gouachen Ferdinand Leekes (1859–1937) mit Wagner-Szenen gezeigt, welche das zeitgenössische hypertrophe und pathetische Wagner-Bild vermitteln. Damit war das letzte Jahr der Tätigkeit Egers auch besonders reichhaltig. Die eindrucksvollen Gemälde Leekes wurden auch 2007 und erneut 2016 unter dem Titel *Germanenkult* in der neuen Ausstellungshalle präsentiert, und die Stipendienstiftung war zu ihrem 125-jährigen Bestehen 2007 unter dem Titel *Der freie Eintritt* ebenfalls noch einmal Gegenstand einer Sonderausstellung.

Die summarische Aufzählung lässt indessen kaum den Arbeitsaufwand erahnen, mit dem Eger seine Sonderausstellungen beinahe im Alleingang realisierte und stets mit entsprechenden Publikationen begleitete. Daneben war das prosaische Tagesgeschäft der laufenden Verwaltung ebenso zu betreiben wie die mehr oder weniger wissenschaftliche Korrespondenz, die Konsolidierung der nunmehr zusammengeführten Archive und nicht zuletzt die Gründung und Leitung des Jean-Paul-Museums. Dazu kamen abschließend Planung und des Franz-Liszt-Museums mit der 1988 von der Stadt angekauften, bedeutendsten Privatsammlung zu Liszt aus der Hand des Münchner Pianisten und Schriftstellers Ernst Burger (geb. 1937). Damit war das Haus gut bestellt und konnte guten Gewissens, wenn auch nicht leichten Herzens, einem Nachfolger übergeben werden.

»In Spuren gehen«
1993–2010

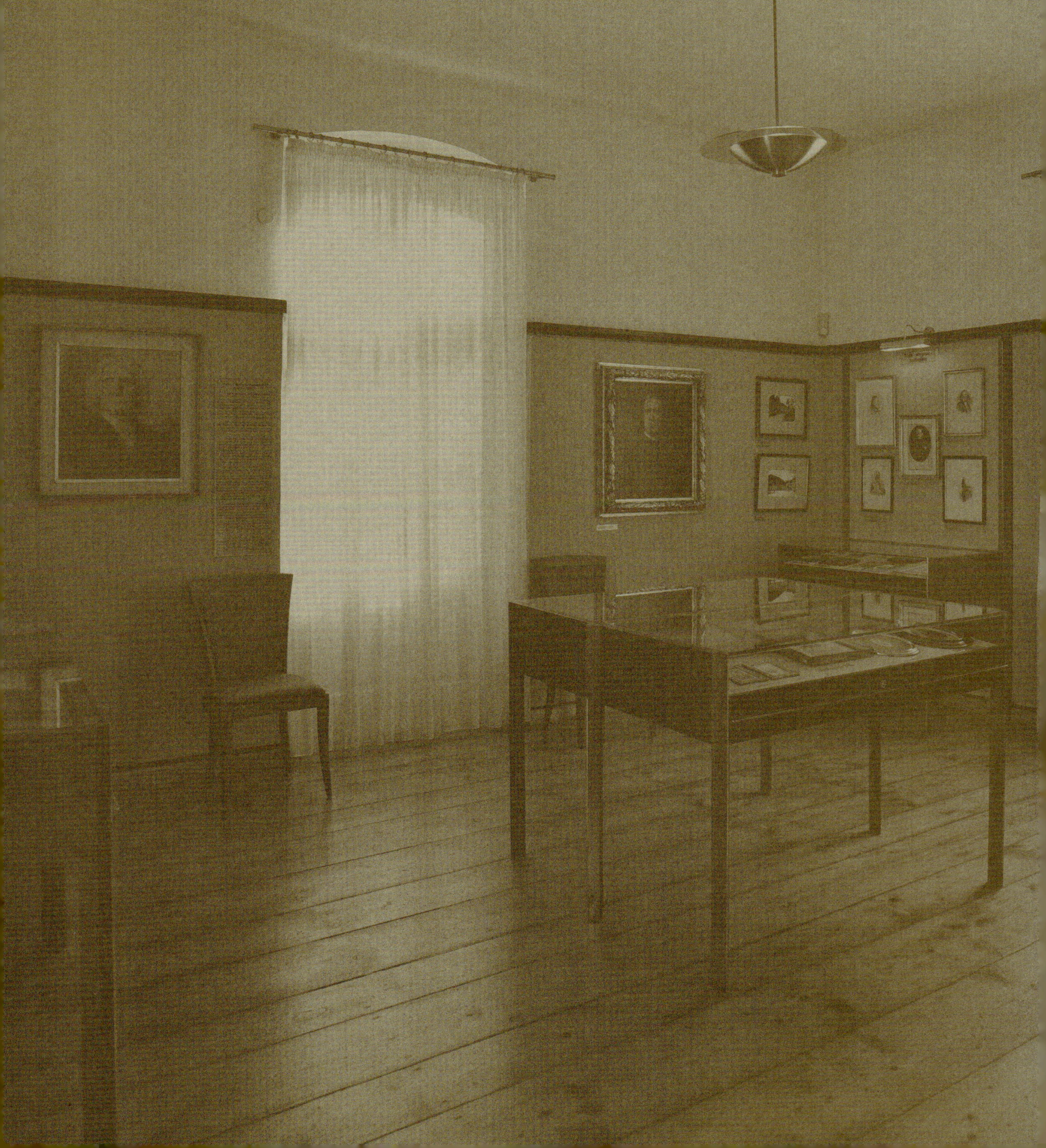

Dr. Sven Friedrich (geb. 1963)

Nach 20 Jahren, in denen Dr. Manfred Eger den originalgetreuen Wiederaufbau des Hauses Wahnfried wissenschaftlich-kuratorisch begleitet, das neue Richard-Wagner-Museum konzipiert, mit den Beständen aus Gedenkstätte und Nationalarchiv realisiert und etabliert sowie die Gedenkstätte abgewickelt hatte und mit der Verwaltung zwei Mal umgezogen war, das Jean-Paul-Museum realisiert, das Franz-Liszt-Museum entworfen und dafür seinen Ruhestand noch um zwei Jahre verschoben hatte, übergab er sein Lebenswerk dem unerfahrenen, noch nicht 30-jährigen Sven Friedrich.

In Halstenbek bei Hamburg aufgewachsen, hatte sich dieser schon seit Jugendzeiten intensiv mit Theater und klassischer Musik beschäftigt. Der Oper und ihren vermeintlich stets dicken, schreienden Sängerinnen und Sängern insbesondere bei Wagner gegenüber zunächst eher skeptisch, war es 1980 die zufällige Begegnung mit einer Fernsehübertragung des *Ring des Nibelungen* aus Bayreuth, die einen fundamentalen Sinneswandel herbeiführte. Genauer: die Szene mit Wotans Abschied von Brünnhilde am Ende der *Walküre* in Patrice Chéreaus legendärer Inszenierung des »Jahrhundert-*Ring*« mit Dame Gwyneth Jones und Sir Donald McIntyre.

Als der heutige Museumsdirektor nach dem Abitur 1982 und einer Ausbildung zum Bankkaufmann als 21-jähriger, namenloser, aber tiefgläubiger Jung-Wagnerianer dann 1984 erstmals nach Bayreuth und Wahnfried kam, konnte er noch nicht ahnen, hier seine berufliche Lebensaufgabe gefunden zu haben. Tief ergriffen von den Generalproben zum damaligen *Ring* stand er vor dem schlichten Grabhügel im Park des Hauses und ging auf Zehenspitzen durch die Räume des Museums, voller Ehrfurcht angesichts jenes Lebens und Werks, das ihn wie nichts zuvor erschüttert und begeistert hatte.

Ab dem Wintersemester dieses so lebensentscheidenden Jahres studierte Friedrich an der Ludwig-Maximilians-Universität München Theaterwissenschaft, Germanistik und Kommunikationswissenschaft bei Dieter Borchmeyer (geb. 1941), Jens Malte Fischer (geb. 1943), Jürgen Schläder (geb. 1948), Wolfgang Frühwald (1935–2019) und Walter Schmitz (geb. 1953). Stark beeinflusst wurde er auch von seinem späteren väterlichen Freund Udo Bermbach (1938–2024). Nach dem Examen zum Magister Artium 1990 mit einer Arbeit über die Aufführungen der Werke Richard Wagners zu dessen Lebzeiten und Tätigkeit als wissenschaftlicher Dokumentar am Deutschen Theatermuseum München arbeite er zum Zeitpunkt seiner Bestimmung als Nachfolger Egers noch an seiner Dissertation bei Hans-Peter Bayerdörfer (geb. 1938) zur Musiktheater-Ästhetik Wagners. Ein Jahr später schloss Friedrich sein Studium mit Rigorosum und Promotion ab.

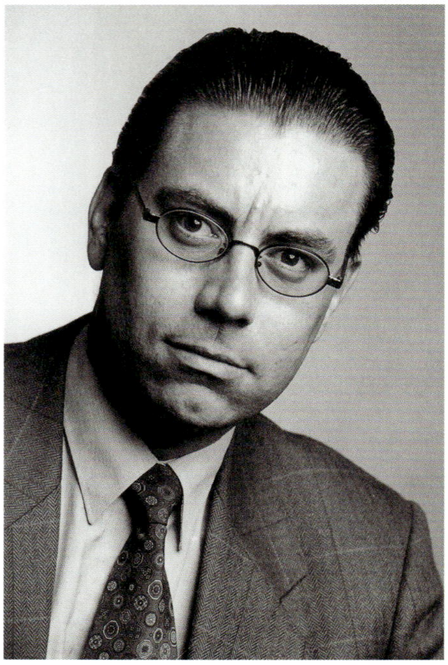

Sven Friedrich, 1997

Bei der Berufung des vollständig unbeschriebenen Blattes durch den Bayreuther Stadtrat dürfte sich neben der (überschätzten!) kaufmännischen und wissenschaftlichen Doppelqualifikation vor allem die Empfehlung seines wichtigsten Lehrers Dr. Oswald Georg Bauer (1941–2023) ausgewirkt haben. Bauer war von 1974 bis 1985 künstlerisch-wissenschaftlicher Mitarbeiter Wolfgang Wagners, seit 1976 auch Leiter des Pressebüros der Festspiele und von 1986 bis 2004 Generalsekretär der Bayerischen Akademie der Schönen Künste. Den Festspielen blieb er als freier Mitarbeiter Wolfgang Wagners bis 2008 eng verbunden.

Franz-Liszt-Museum

Ab 1. März 1993, zunächst noch für zwei Monate als Egers »Co-Pilot«, trat Friedrich also nicht nur in große Fußstapfen, sondern hatte erst während des Einstellungsverfahrens mitgeteilt bekommen, dass ihm außer dem Richard-Wagner-Museum mit dem Nationalarchiv auch die Leitung des Jean-Paul-Museums und des neuen Franz-Liszt-Museums anvertraut werden sollte, dessen Eröffnung für Liszts Geburtstag am 22. Oktober, also keine 8 Monate später, vorgesehen war. Glücklicherweise hatte Eger das Feinkonzept für das Museum noch fertiggestellt, sodass »nur« noch die Realisierung der Ausstellung mit ihren rund 300 Exponaten in den künftigen Museumsräumen im Sterbehaus Franz Liszts in unmittelbarer Nachbarschaft zu leisten war – die sich freilich noch im Rohbau befanden.

Wie schon das Richard-Wagner-Museum war auch das Franz-Liszt-Museum von dem bewährten Rudolf Werner von der Landesstelle für die nichtstaatlichen Museen in Bayern gestaltet worden. Wieder hatte er geschmackvolle Mahagoni-Vitrinen mit Zierleisten aus Messing und um 45 Grad gedrehten Beinen entworfen, die vor taubengraue Wandverblendungen montiert wurden, hinter denen die von einer Sockelheizung erwärmte Luft in den Raum stieg. Dadurch hatten die hässlichen Radiatoren unter den Fenstern vermieden werden können. Diese Ausstellungsarchitektur ist bis heute im Museum zu sehen.

Leider konnte sich Ernst Burger, der sich vertraglich ein Mitspracherecht bei der Museumsgestaltung hatte einräumen lassen, nicht so recht mit den Ideen Werners anfreunden. Ihm schwebte eher eine Raumgestaltung wie zu Liszts Zeiten vor, mit zierlichen Messingvitrinen und dunkelgrüner Farbgebung, die ja tatsächlich vorzüglich zu den vielen goldenen Rahmen der zahlreichen Liszt-Porträts gepasst hätte. Der junge, unerfahrene Museumsdirektor befand sich jedenfalls unverse-

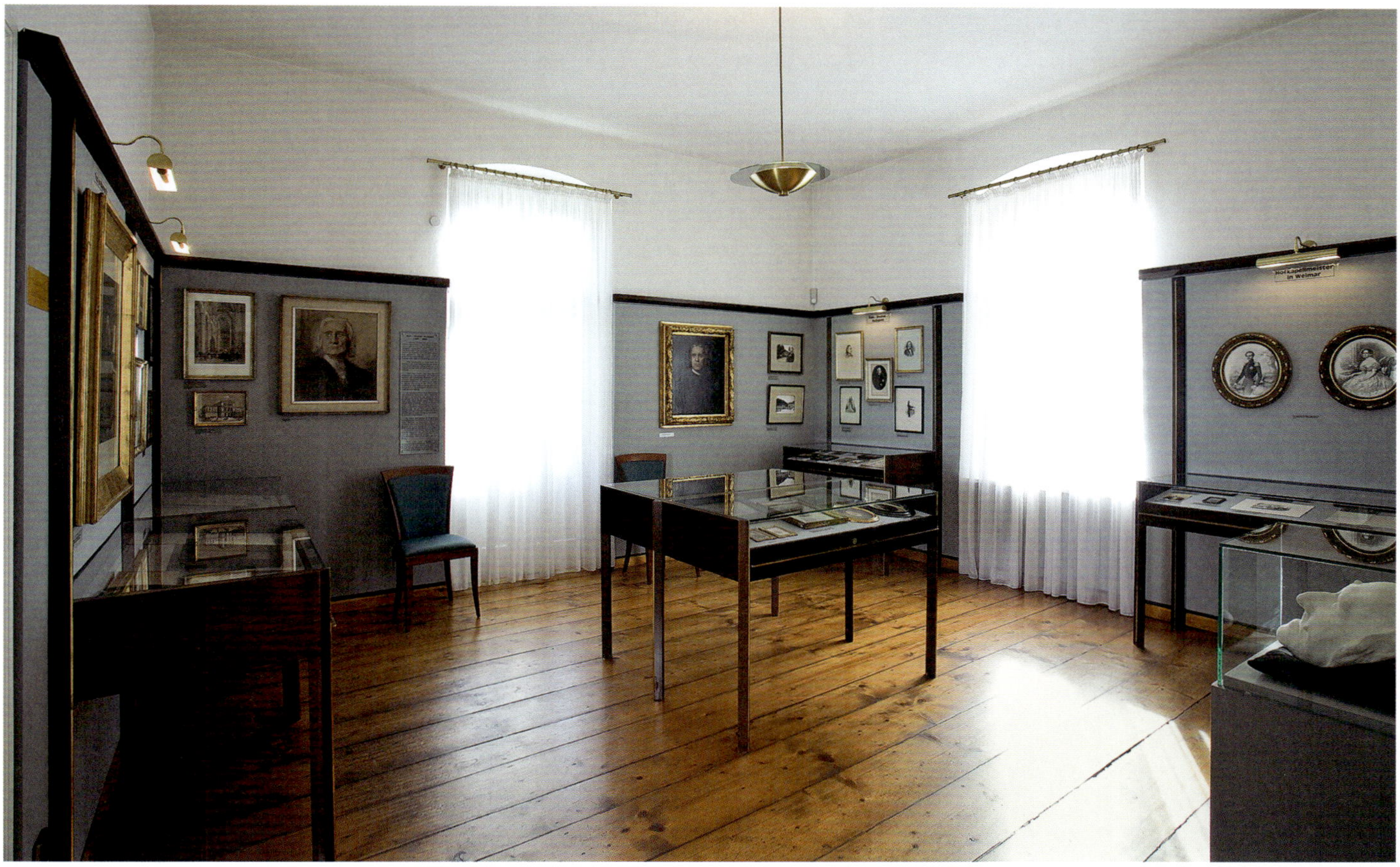

Franz-Liszt-Museum, 2011

hens zwischen Skylla und Charybdis und gelegentlich mehrmals pro Woche auf der Autobahn, um mit Farbmustern, Vorschlägen und Argumenten zwischen Bayreuth und Burgers Wohnungen in München und Schliersee hin und her zu fahren, um ihn mühsam, aber nach und nach schließlich doch von der Richtigkeit der Entwürfe Werners zu überzeugen. Dabei lernte er einen sturen, aber herzensguten, auf wohltuende Weise unzeitgemäßen Menschen kennen, mit dem er bis heute freundschaftlich verbunden ist und dem für seine Verdienste am 12. August 2025 die Bayreuth-Medaille in Gold verliehen worden ist. Tatsächlich wurde das Museum rechtzeitig fertig und konnte wie vorgesehen an Liszts 182. Geburtstag am Freitag, dem 22. Oktober 1993, eröffnet werden. Eine Serie von sechs Klaviermatinéen mit Werken Liszts an Wagners Steinway in Wahnfried schloss sich an.

Nachdem also das Liszt-Museum (neben der nun unter Hochdruck zu beendenden Dissertation) Aufmerksamkeit, Zeit und Arbeitskraft vollumfänglich beanspruchte, lief das Richard-Wagner-Museum zunächst wie gewohnt und unverändert weiter. Aber auch in den Folgejahren gaben der Respekt vor Manfred Egers Lebensleistung und die durchaus noch zufriedenstellende Erscheinung von Haus und Ausstellung sowie Betrieb und Publikumszuspruch kaum Anlass zu fundamentalen Veränderungen. Außerdem waren mit den bestehenden Personalressourcen kaum Berge zu versetzen. Neben dem Leiter gab es die Schreibkraft Monika Seeser und den Bibliothekar Günter Fischer (1941–2022), die für die Beaufsichtigung des Jean-Paul-Museums eingestellte, aber damit zumeist leider unterbeschäftigte Susanne Kutschera kümmerte sich um das Bildarchiv. Der Museumsbetrieb kam mit den alternierenden Kassenkräften Elke Duschner, Almut Fohrbeck, Sigrid Vogel und Hilde Lötzbeyer aus. Im ehemaligen Gärtnerhaus wohnte der Hausmeister Klaus Bauer mit seiner Frau.

Tagesgeschäft

Erst nach der Eröffnung des Liszt-Museums und dem Abschluss des Promotionsverfahrens begann die wirkliche Orientierung und Einarbeitung Friedrichs, wozu auch erste Erfahrungen mit Fallstricken und Schlangengruben in Rat- und Festspielhaus gehörten. Aber auch beglückende Begegnungen und Freundschaftsschlüsse, vor allem mit dem damaligen, leider viel zu früh verstorbenen Pressechef der Festspiele Peter Emmerich (1958–2019), der sich immer wieder als kluger Ratgeber und Begleiter über die zahlreichen Untiefen der Bayreuther Kulturgewässer erwies.

Neben der vergleichsweise noch übersichtlichen Verwaltungsarbeit und der Vorbereitung von Sonderausstellungen sowie gelegentlicher Vortragstätigkeit vergingen viele Stunden im Tonstudio zur Herstellung weiterer Vorführprogramme für das »Klingende Museum« – mit einem nicht zu unterschätzenden Lerneffekt für den leitenden Museums-Azubi. Ansonsten stellte sich heraus, dass das gesammelte Wagner-Wissen eigentlich kaum von Nutzen war, galt es doch vor allem, sich mit den betrieblichen Belangen vertraut zu machen, wozu vor allem auch die Strukturen und Abläufe der Kommunalverwaltung und die Gremien der Stiftung gehörten. Hierzu wäre anstelle der Theaterwissenschaft ein Jurastudium vermutlich hilfreicher gewesen. Aber unter dem Kulturreferenten Erwin Pflaum und dessen Nachfolger Carsten Hillgruber sowie dem Oberbürgermeister und heutigen Bayreuther Ehrenbürger Dr. Dieter Mronz (geb. 1944) gelang die Abfassung formvollendeter Verwaltungsschriftsätze dank der sanften, aber ebenso nachdrücklichen wie beeindruckenden Autorität des Oberbürgermeisters alsbald recht mühelos. Gelegentliche jugendliche Naivität vermochte er durch seine unnachahmliche Fähigkeit, bei Bedarf allein durch Blicke die gefühlte Raumtemperatur innerhalb von Sekunden um 10 Grad fallen zu lassen, zurechtzurücken und öffnete so den Blick für die tatsächlichen Weiten des gelegentlich unergründlichen Bayreuther Kosmos.

Die Verwaltung von Museum und Archiv funktionierte damals noch vollständig analog, eine IBM-Kugelkopf-Schreibmaschine als technisch avanciertestes Büroinstrument versah zuverlässig ihren Dienst, und Günter Fischer beschriftete tippend Karteikarte um Karteikarte für den Bibliotheks-Katalog. Manfred Eger hatte die damals erst beginnende Digitalisierung bewusst seinem Nachfolger überlassen. So wurde zunächst der private Commodore Amiga 500 samt Nadeldrucker ins Büro geschleppt, um damit Schreibarbeiten zu erledigen. Aber bald gab es die ersten Windows-Rechner und die aus München mitgebrachte Archiv-Software LARS – sehr zum Unmut des Bibliothekars, der sich mit dem neumodischen technischen Kram zunächst nicht so recht anfreunden wollte.

So wurde zunächst mit der EDV-gestützten Erfassung des Katalogs der Forschungsbibliothek mit rund 40.000 Datensätzen begonnen. Die Dateneingabe erledigten vor allem ahnungslose ABM-Kräfte. Das Kürzel steht für »Arbeitsbeschaffungsmaßnahme«, womit das Arbeitsamt damals die Anstellung Arbeitsloser förderte. Die Spuren der Unwissenheit über Schreibweisen von Namen und Begriffen belastet die Konsistenz der Datenbanken indessen bis heute. Etwa ein halbes Jahr später erkundigte sich Erwin Pflaum nach dem Fortgang der Arbeiten und war ein wenig erstaunt darüber, dass diese noch nicht abgeschlossen waren ... – Zu dieser Zeit wurden auch ein erster ISDN-Internetanschluss ins Büro des Direktors gelegt, die Domains »wahnfried.de« und »wagnermuseum.de« eintragen und E-Mail-Adressen eingerichtet. Im Bayreuther Rathaus gab es damals noch keine eigene Abteilung für »EDV«, sondern lediglich einen Mitarbeiter im Hauptamt, der sich um diese Belange kümmerte. Dieser beschied angesichts der Aktivitäten der Museumsverwaltung weitsichtig: »Des wird doch nie wos mit diesen ›Indernetz‹ oder wie des haaßt ...!«

Als Antwort auf die Frage, warum das Museum tagsüber geöffnet ist, wenn die Menschen arbeiten, am Feierabend aber schließt, führten wir ab 1. Mai 1996 dienstags und donnerstags Abendöffnungen bis 20.30 Uhr ein. Die beim unberechenbaren Bayreuther Publikum erhoffte Resonanz blieb jedoch aus, sodass die Abendöffnungen schon ein Jahr später nur noch in den Monaten April bis Oktober praktiziert und auf 20 Uhr verkürzt wurden. Dafür öffnete das Haus statt erst um 10 Uhr bereits wieder um 9 Uhr. Von November bis März entfiel die Abendöffnung, und das Museum war täglich zwischen 10 und 17 Uhr für die Besucher geöffnet. Nach der Neueröffnung 2015 blieb das Haus dann – wie alle Museen und Friseure – montags geschlossen, was im Hinblick auf Arbeiten, die keinen Besucherverkehr vertragen, von nicht unerheblicher Bedeutung ist. Die Abendöffnungen wurden mangels Resonanz wieder abgeschafft, dafür war das Museum während der Festspielsaison in den Monaten Juli und August jetzt täglich und bis 18 Uhr geöffnet.

Eine der eindrucksvollsten und mysteriösesten Erinnerungen datiert vom 7. Oktober 2002: Die Granitplatte auf der Gruft Wagners bedurfte der Restaurierung und musste hierzu in die Steinmetz-Werkstatt der Bayreuther Firma Wölfel & Herold transportiert werden, da die erforderlichen Arbeiten vor Ort und im Freien nicht möglich waren. Gegen 10 Uhr am Vormittag traf ein Kranwagen an der Grabstätte ein, um die ca. 5,2 Tonnen schwere Grabplatte abzuheben. Dabei stellte sich heraus, dass die Grabplatte zugleich die Decke der Gruft bildet, und so blickten wir unversehens in die Gruft hinein und auf den Sarkophag Richard Wagners.

Nachdem Wagner am Nachmittag des 13. Februar 1883 im venezianischen Palazzo Vendramin-Calergi verstorben und Cosima mehr als 24 Stunden nicht von seiner Seite gewichen war, hatte der Bildhauer Augusto Benvenuti (1839–1899) die Totenmaske abgenommen und der Hausarzt Dr. Friedrich Keppler den Leichnam einbalsamiert. Am Morgen des 16. Februar, einem Freitag, war aus Wien der schwere, prächtige, oben mit einem Kruzifix, an der Seite mit vier Löwenköpfen

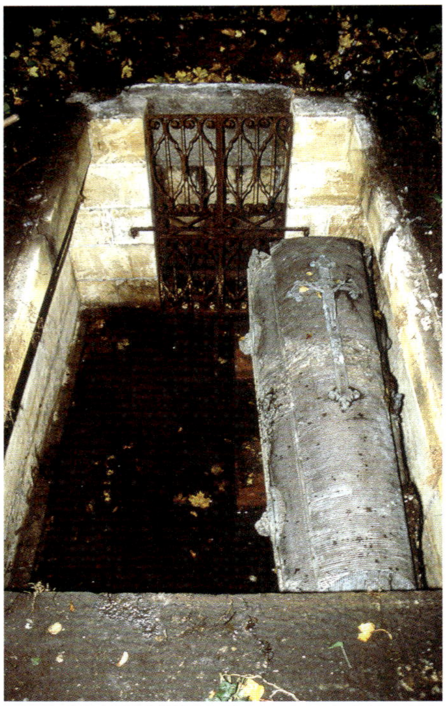

Geöffnete Gruft Richard Wagners, 2002

geschmückte Zing-Sarkophag eingetroffen. Der Tote wurde um die Mittagszeit in einen hermetischen Metalleinsatz samt Glasausschnitt über dem Gesicht gebettet, welcher im äußeren Sarg eingeschlossen wurde. Den Schlüssel trug Cosima um ihren Hals – heute befindet er sich in der Dauerausstellung des Museums im Obergeschoss des Hauses Wahnfried. Schwarze Trauergondeln trugen Wagners Sarg zum Bahnhof, zur Heimfahrt nach Bayreuth in einem Sonderzug mit zwei Waggons. Als der Zug am frühen Morgen des 17. Februar langsam durch München fuhr, standen Abordnungen mit gesenkten Fackeln an der Strecke. Gegen Mittag traf der Zug in Bayreuth ein, der Wagen mit dem Sarg blieb mit einer Totenwache über Nacht auf dem Gleis stehen. Am Sonntagnachmittag des 18. Februar formierte sich der Kondukt zu Siegfrieds Trauermarsch auf dem Bahnhofsvorplatz mit zwölf Sargträgern neben dem von Pferden gezogenen Leichenwagen zur Beisetzung in der Gruft im hinteren Garten Wahnfrieds.

Seit diesem Tag war die Gruft verschlossen geblieben. So fand sich auch Cosima Wagners Urne nicht in der Gruft, sondern diese wurde 1930 im Grabhügel außerhalb versenkt. Der durch ein geschmiedetes Eisentor gekennzeichnete Zugang zur Gruft an der Hofgarten-Seite war dagegen bereits 1883 vermauert worden. Daher drang an diesem Montagvormittag im Oktober 2002 erstmals wieder Licht in die aus Sandstein gemauerte Gruft, deren Zustand sich als erstaunlich gut erwies: die Innenwände waren hell und sauber. Der Sarkophag indessen war offenbar durch Grundwasseranstieg aufgeschwommen, von seinen circa 30 cm hohen Sockeln aus Ziegelsteinen gerutscht und befand sich in diagonaler Schräglage. Auf der Mitte des Sarkophags waren noch die Reste eines Kranzes zu erkennen. Am Boden der Gruft stand das Wasser circa 5 cm hoch. Der Sarkophag wurde wieder an seinen ursprünglichen Platz zurückgestellt, mit einem Besen grob gereinigt, der lose linke Sargfuß am Kopfende wieder platziert.

Aus dem Festspielhaus war Wolfgang Wagner herbeigerufen worden und stand nun in Begleitung seiner Frau Gudrun (1944–2007) und seines Pressechefs Peter Emmerich einigermaßen bewegt vor der offenen letzten Ruhestätte und dem Sarkophag seines Großvaters. Allen Anwesenden war die Einmaligkeit dieses Momentes bewusst. Die ohnehin privilegierte Nähe des Museumsdirektors zum Erbe Richard Wagners durch den Umgang mit dessen Nachlassgegenständen erreichte in der ganz körperlichen Gegenwart seiner sterblichen Überreste eine unvergleichliche Intensität. Wenn man gelegentlich davon spricht, vom Atem der Geschichte angehaucht zu werden, so war dies an diesem Tag der Fall. Unter manch unvergesslicher Erinnerung ist dieses Erlebnis von besonderem, unvergleichlichem Wert. Und in diesem bewegenden Augenblick drang plötzlich ein Sonnenstrahl durch das Blätterdach der umstehenden Bäume und fiel genau auf die Füße des Gekreuzigten auf dem Deckel des Sarkophags …

Nach dem Abtransport der Grabplatte wurde die Gruft mit Bohlen und Verschalungsbrettern abgedeckt. Man kam überein, die Öffnung der Gruft nicht weiter zu kommunizieren, um unnötiges Aufsehen zu vermeiden. Drei Tage später wurde die gereinigte und versiegelte Grabplatte zurückgebracht und wieder aufgesetzt.

Veränderungen

In den Jahrzehnten nach der Eröffnung des Museums vollzog sich in vielerlei Hinsicht ein immerwährender struktureller Wandel. Die Zeitläufte mit ihren Entwicklungen und auch Irrwegen forderten immer neue Anpassungen und Veränderungen. Die erfreulich hohen Besucherzahlen führten indessen zur zunehmenden Abnutzung von Einrichtung und Mobiliar, sodass der Reparaturbedarf wuchs. Mit den nach und nach qualitativ wie quantitativ erweiterten Angeboten nahmen auch die Erwartungen zu. Der technische Fortschritt, vor allem im Bereich der Digitalisierung, brachte neue Möglichkeiten, aber auch Herausforderungen mit sich.

Gerade bei Museen wird leider zu selten bedacht, dass nach der Inbetriebnahme kein beschaulicher Stillstand eintritt und der Betrieb sich nicht im Wesentlichen darauf beschränkt, morgens auf- und abends wieder zuzusperren. Vielmehr steigt auch der laufende Mittelbedarf durch sich stets verändernde Erfordernisse, die zum einen unvermeidbar, zum anderen notwendig sind, fortwährend an. Das gilt auch für das Wagner-Museum. Zugleich blieben aber die Betriebskostenzuschüsse weitgehend konstant. Der finanzielle Gestaltungsspielraum für die eigentliche museale Arbeit und die Angebote für das Publikum nahm daher im Laufe der Zeit eher ab als zu. Außerdem veränderte sich auch das museale Selbstverständnis. Neben die klassischen Aufgabenfelder »Sammeln«, »Konservieren« und »Ausstellen« trat zunehmend das »Vermitteln«, wobei die neuen technologischen Möglichkeiten ebenso einbezogen werden sollten wie der Anspruch bestand, dem Publikum Erlebnisse zu ermöglichen, die es so sonst nicht bekommt.

So gab es mit dem Jahr 2000 neben den Vorführungen des »Klingenden Museums« täglich jeweils um 11 und 15 Uhr auch Videoprogramme im als Medienraum genutzten Kaminzimmer des Siegfried-Wagner-Hauses. Ein Jahr später wurden in Wagners ehemaligem Arbeitszimmer vier Computer-Terminals mit einer Multimedia-Datenbank eingerichtet. Hier konnten die Besucher mittels eines Trackballs Informationen zu allen Produktionen der Festspiele erhalten. Neben den Besetzungen und biografischen Informationen zu den Mitwirkenden konnten auch Fotos und kurze Video-Sequenzen aufgerufen werden.

Der Hintergrund dieser Neuerung bestand zum einen im Wunsch nach einer interaktiven medialen Gestaltung des Ausstellungsteils zur Festspielgeschichte, der bis dahin im Wesentlichen einem begehbaren Fotoalbum entsprach. Zum anderen hätte dieser Ausstellungsteil dadurch aufgelöst und die gewonnenen Flächen genutzt werden können, um auch die ideologische Wirkungsgeschichte Wagners und der Festspiele zum Gegenstand der Dauerausstellung zu machen. Denn die Frage »Sagen Sie mal, wo haben Sie denn die Bilder vom Hitler?« wurde durchaus ambivalent gestellt. Nicht nur dadurch verfestigte sich die Überzeugung, dass die Geschichte der Festspiele nicht nur als Aufführungsgeschichte erzählt werden kann und dass man sich in dem Haus, in dem nicht nur Wagner gelebt hatte, sondern in welchem auch der Wagnerianer Adolf Hitler mit freundlichstem Familienanschluss ein und aus gegangen war, auch zu diesem Teil der Geschichte positionieren muss. Aber bald schon deutete sich an, dass es hiermit nicht getan sein, sondern eine vollständige Neugestaltung der Dauerausstellung erforderlich werden würde. Nicht absehbar war indessen, welche Dimensionen diese Überlegungen 10 Jahre später annehmen sollten.

Doch dass der Status quo nicht ad Infinitum bestehen bleiben konnte, zeigte sich auch in dem zunehmenden baulichen Sanierungsbedarf, dem mit Schönheitsreparaturen kaum mehr beizukommen war. So fiel im August 2004 während einer Veranstaltung in Wahnfried plötzlich ein Teil Stuck aus der umlaufenden Bordüre der Saaldecke. Gott sei Dank wurde niemand getroffen und verletzt. Jedoch musste der Saal aus Sicherheitsgründen zunächst gesperrt werden. Die restlichen für die Festspielzeit vorgesehenen Konzerte mussten abgesagt und die notwenigen Untersuchungen über den Zustand der Saaldecke vorgenommen werden. Glücklicherweise konnte jedoch nach einem Monat Entwarnung gegeben und der Saal wieder für das Publikum geöffnet werden. Aber ein gewisses Unbehagen über den baulichen Gesamtzustand des Hauses blieb, war der Wiederaufbau der Jahre 1974–1976 doch in sehr kurzer Zeit erfolgt. So wurde besonders im Obergeschoss auch ein Niveauunterschied zwischen dem noch originalen Westflügel und dem wiederaufgebauten Südflügel sicht- und spürbar, der sich durch Setzung etwas abgesenkt hatte, was immer wieder zu Rissbildungen in diesen Bereichen führte.

Prominenz

Über die Jahre besuchten zahlreiche mehr oder weniger prominente Persönlichkeiten das Museum. Darunter selbstverständlich die Mitwirkenden der Bayreuther Festspiele, welchen stets freier Eintritt gewährt wurde. Leider blieben und bleiben die meisten Besucherinnen und Besucher aber unerkannt und daher ungenannt, wirken Leitung und Verwaltung eines Museums doch zumeist hinter den Kulissen und kommen mit dem Großteil der Besucher nicht in Berührung. Be-

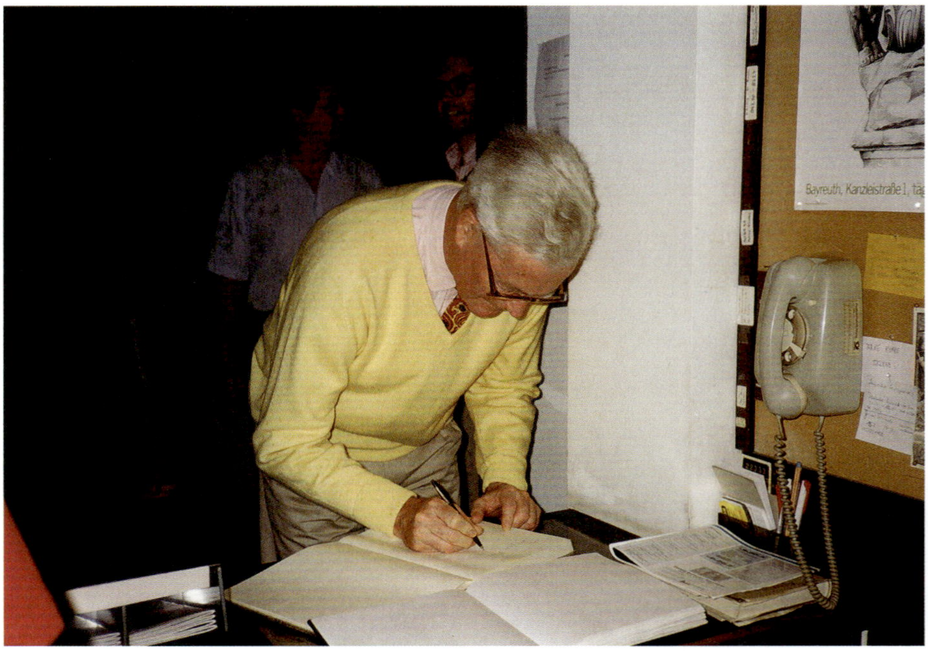

Besuch des britischen Außenministers Douglas Hurd am 27. Juli 1993

Besuch des Bundespräsidenten Horst Köhler mit seiner Frau, dem portugiesischen Staatspräsidenten Jorge Sampaio und dem bayerischen Ministerpräsidenten Edmund Stoiber (nicht im Bild) am 25. Juli 2005

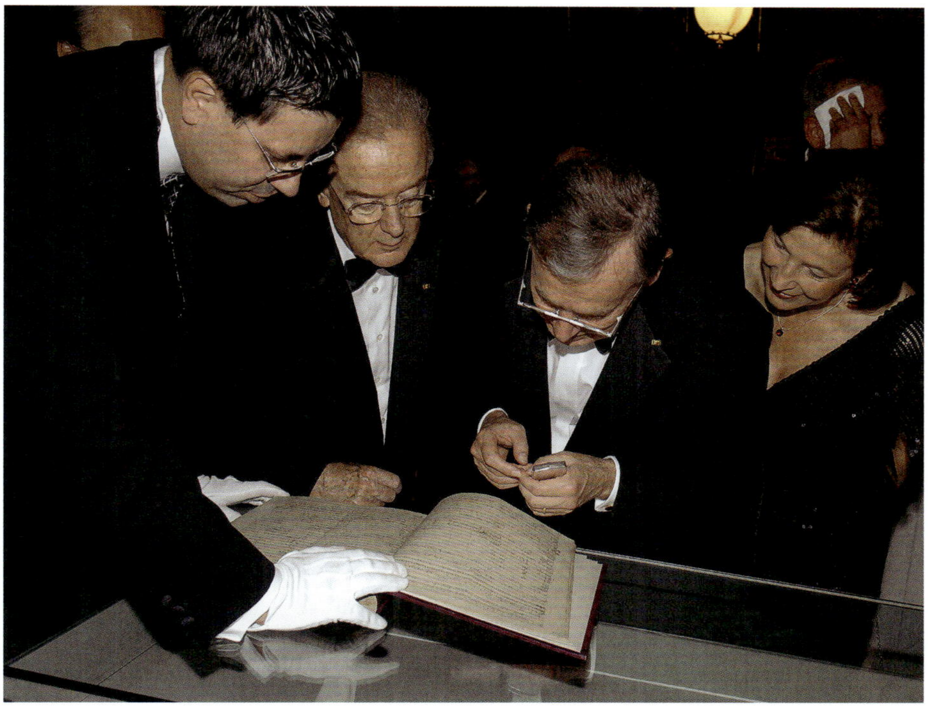

sondere, auch öffentliche Aufmerksamkeit erfahren indessen Besuche der politischen Prominenz, scheinen diese doch eine besondere Wertschätzung der Mandatsträger und damit auch der von diesen vertretenen Bevölkerung zum Ausdruck zu bringen. Dies steht natürlich zumeist im Zusammenhang mit einem Besuch der Festspiele, wo diese – von seltenen Ausnahmen abgesehen – den medienwirksamen Auftritt auf dem roten Teppich dann mit vielen Stunden Wagner im zumeist heißen Festspielhaus büßen müssen.

So wurde das Museum 1993 vom damaligen britischen Außenminister Sir Douglas Hurd (geb. 1930) besucht und 1998 vom damaligen Vorsitzenden der Grünen Joschka Fischer (geb. 1948), der nach der Bundestagswahl kurz darauf Vizekanzler und Außenminister im Kabinett von Bundeskanzler Gerhard Schröder (geb. 1944) wurde. Am Tag der Festspielpremiere 2005, dem 25. Juli, mit der Neuproduktion von *Tristan und Isolde* in der Inszenierung von Christoph Marthaler (geb. 1951), erwartete das Museum eine Stunde vor Vorstellungsbeginn den Besuch von Bundespräsident Horst Köhler (1943–2025), dem portugiesischen Staatspräsidenten Jorge Sampaio (1939–2021) und dem bayerischen Ministerpräsident Dr. Edmund Stoiber (geb. 1941) in Begleitung ihrer Gemahlinnen. Dieser Besuch, bei dem den Gästen die sonst im Tresor lagernde originale Partitur-Handschrift von *Tristan und Isolde* präsentiert wurde, war nicht nur eine besondere Ehre, sondern hatte das Haus bereits im Vorfeld durch die Planung und Durchführung beträchtlicher Sicherheitsmaßnahmen in einen Ausnahmezustand versetzt. Auch galt es, das auf die Minute getaktete Protokoll strikt einzuhalten, um die pünktliche Ankunft am Festspielhaus zu gewährleisten. Bundeskanzlerin Angela Merkel dagegen hat es in den 16 Jahren ihrer Amtszeit von 2005 bis 2021 trotz Wagner-Begeisterung und regelmäßigen Festspiel-Besuchen nie bis zu uns nach »Nibelheim« geschafft.

Im Jahr 2006 wurde das Museum im Rahmen einer Image-Initiative der Bundesregierung und der deutschen Wirtschaft zum späteren »Sommermärchen« der Fußball-WM unter der Schirmherrschaft von Bundespräsident Horst Köhler unter mehr als 1.200 Bewerbungen als einer von »365 Orten der Ideen« ausgezeichnet. An jedem Tag des Jahres wollte Deutschland sich so mit einem ausgewählten Ort aus Kultur, Wirtschaft und Bildung als »Land der Ideen« präsentieren. Am Sonntag, dem 12. Februar, dem Vorabend von Wagners 123. Todestag, war das Museum einer dieser Orte. Es bot eine Einführung in den *Ring des Nibelungen* in Form eines Marathons von vier anderthalbstündigen Vorträgen mit Illustrationen und Musikzuspielungen vom Vormittag bis zum Abend desselben Tages.

Die Restaurierung der Bühnenbildmodell-Sammlung (1999–2006)

Schon in der Gedenkstätte hatten sich die historischen Bühnenbildmodelle besonderer Beliebtheit erfreut. Die Sammlung war in den Jahren 1930 bis 1970 aus den Nachlässen der ehemaligen Bayreuther Bühnenbildner zusammengetragen worden. 55 davon waren im Untergeschoss des Hauses Wahnfried ausgestellt. In mystischem Dunkel schritten die Besucher an den Schaukästen vorüber, welche nicht nur Originalmodelle der Bühnenbildner von Anbeginn der Festspiele an enthielten, sondern auch einige spätere Nachbauten. Besonders kostbar waren und sind die Modelle aus dem Coburger Theateratelier der Gebrüder Max und Gotthold Brückner für die Zeit von 1876 bis zum Beginn des Ersten Weltkriegs. Aber auch unter den nicht ausgestellten Modellen sind herausragende Objekte. Dazu zählen unter anderem das Modell zur Münchner Uraufführung der *Walküre* von 1870 und zehn Modelle zur Uraufführung von Richard Wagners Jugendoper *Die Feen* aus dem Jahre 1888, ebenfalls in München,

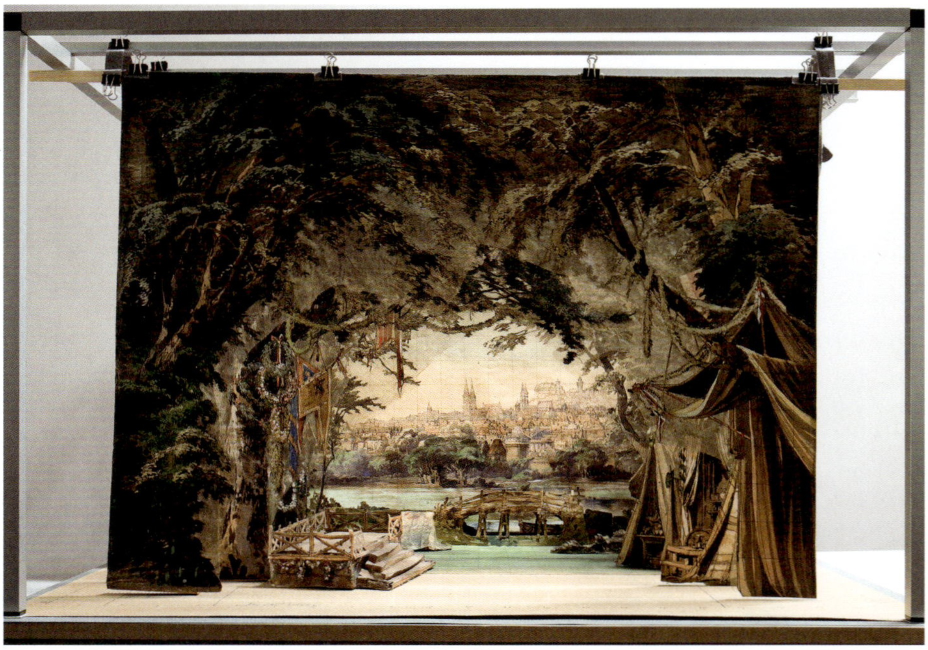

Bühnenbildmodell zu *Die Meistersinger von Nürnberg*, III. Aufzug, 2. Bild, 1888

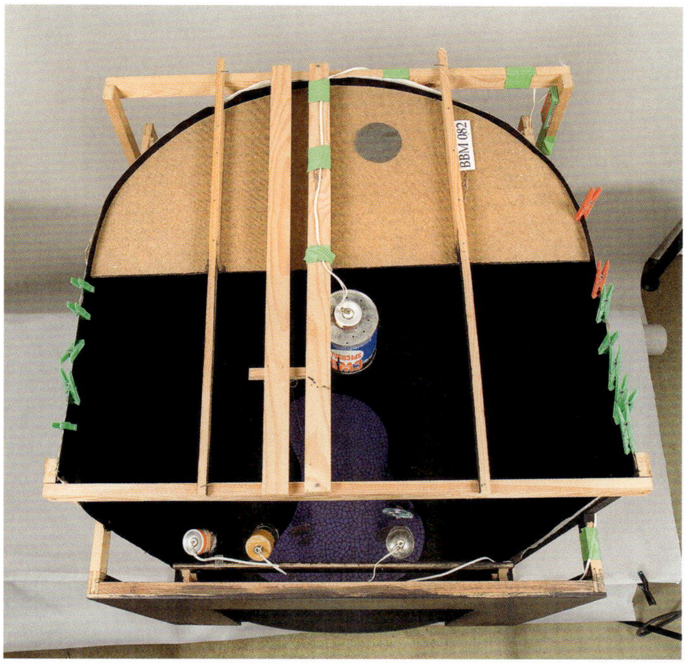

Bühnenbildmodell zu *Die Meistersinger von Nürnberg*, II. Aufzug, 1956, mit aufgesägter Spraydose

sowie zwei impressionistische Modelle Max Brückners zu einer Zaubergarten-Dekoration für *Parsifal* 1911.

Scheinbar originalgetreu beleuchtet, muteten die Modelle wie kleine Zeitmaschinen an und vermittelten so einen plastischen, dreidimensionalen Eindruck von den historischen Produktionen der Festspiele. Hierzu waren in großzügiger Auslegung von Brandschutz und konservatorischen Erfordernissen Taschenlampenbirnen unsichtbar über und hinter Proszenium und Kulissen montiert und stimmungsfördernd mit farbigen Folien als Filter bedeckt worden. Zur Lichtbündelung oder -abschirmung kamen sogar aufgesägte Spraydosen zum Einsatz.

Die in der Dunkelheit des Wahnfried-Kellers geheimnisvoll leuchtenden Miniaturbühnen verfehlten ihre Wirkung nicht und sorgten bei den Besuchern immer wieder für anerkennendes Zungenschnalzen und ergriffenes Seufzen. 1986 konnten die bisherigen Scheiben der Modellkästen aus Fensterglas durch das von Schott-Rohrglas zur Verfügung gestellte, entspiegelte Spezialglas »Mirogard« ersetzt werden, wodurch der Eindruck nochmals deutlich verbessert wurde.

Im März 1999 musste die besonders beliebte Abteilung aus Gründen der Verkehrssicherheit jedoch geschlossen werden, da eine asymmetrische Absenkung der Kellerdecke zur großflächigen Ablösung des Deckenputzes geführt hatte. Zum anderen nahm der Druck auf die bündig eingebauten Modellkästen zu, sodass diese beschädigt zu werden drohten. Außerdem war bei der ursprünglichen musealen Aufbereitung vor allem Wert auf den dreidimensionalen Effekt gelegt worden und nicht so sehr auf theaterhistorische Realität. Da nicht mehr alle Bühnengrundrisspläne erhalten sind, auf denen die Bühnenbild-Elemente eingezeichnet wurden und die Modellteile maßstabgetreu und in den richtigen Proportionen hätten aufgebaut werden können, erschienen die Modelle zumeist nicht in den originalen Maßstäben, sondern nach den Erfordernissen und Maßen der ver-

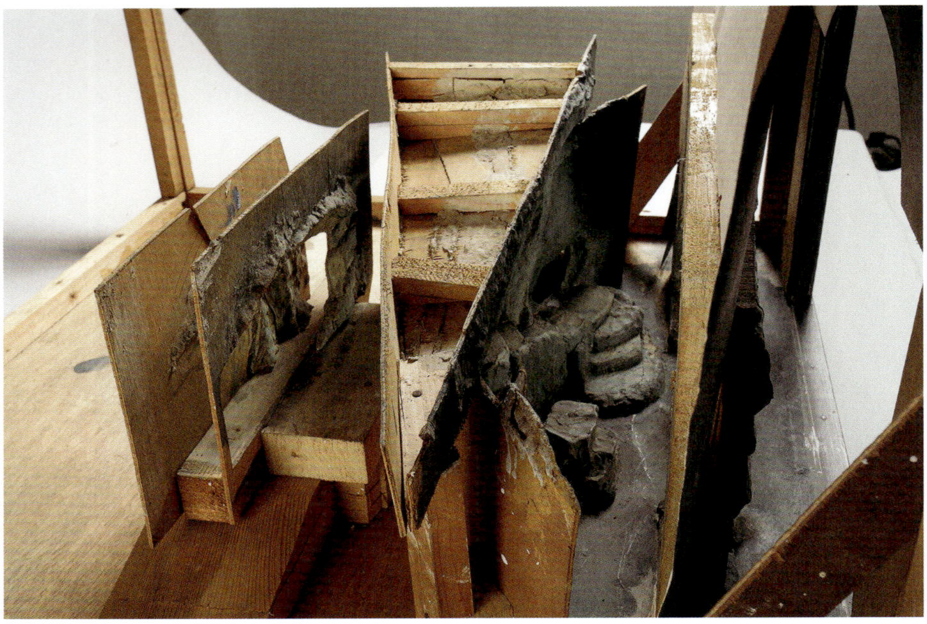

Bühnenbildmodell zu *Siegfried*, I. Aufzug, 1931

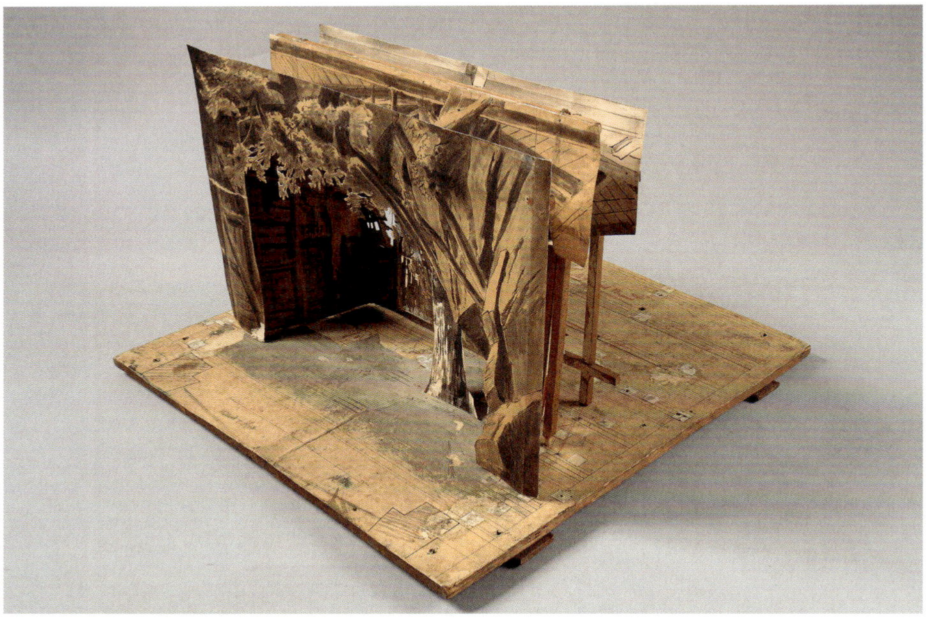

Bühnenbildmodell zu *Die Walküre*, I. Aufzug, der Uraufführung in München 1870

wendeten Modellkästen. Dadurch waren die meisten Modelle auch nicht in der maßstabgetreuen Tiefe der Festspielhaus-Bühne aufgebaut worden, sondern vielfach zu kurz und gelegentlich historisch unkorrekt. So wurden gelegentlich in einem Ausstellungsmodell auch Teile aus Modellen verschiedener Produktionsjahre verwendet (was nachträglich eine historisch korrekte Zuordnung beträchtlich erschwerte, gelegentlich sogar unmöglich machte), manchmal wurden die Modellkulissen und -prospekte sogar beschnitten, um sie in den vorgefertigten Modellkästen unterbringen zu können.

Keinesfalls jedoch wurden die Originalmodelle als das angesehen, was sie ihrer Art nach sind – als Kunstwerke! Demnach ließ man ihnen auch nicht die gleiche konservatorische Sorgfalt angedeihen wie anderen Werken der bildenden Kunst. Vielmehr wurden sie ihrem ja in der Tat nicht unbeträchtlichen Schauwert

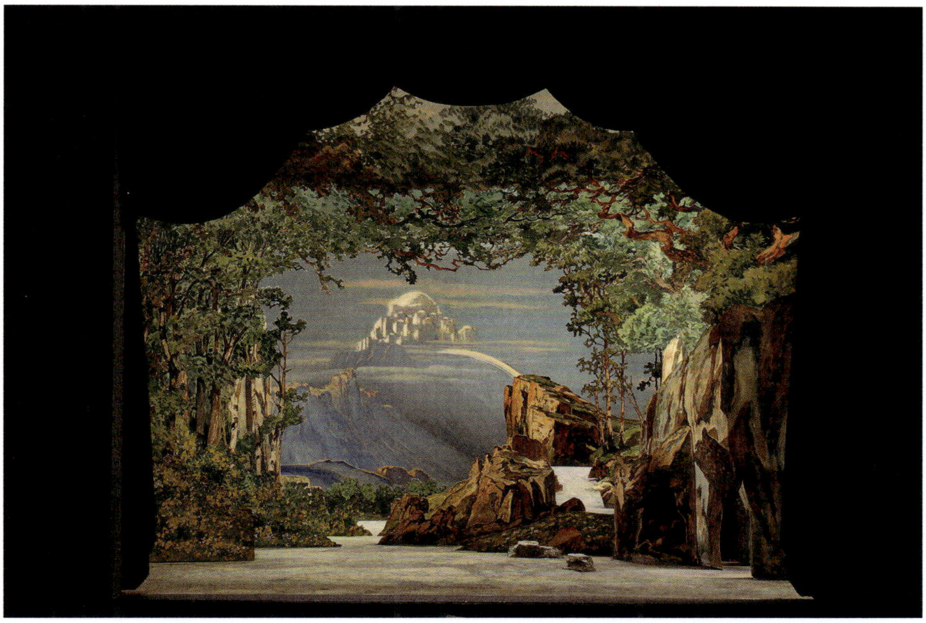

Bühnenbildmodell zu *Das Rheingold*, 2. Bild, 1896

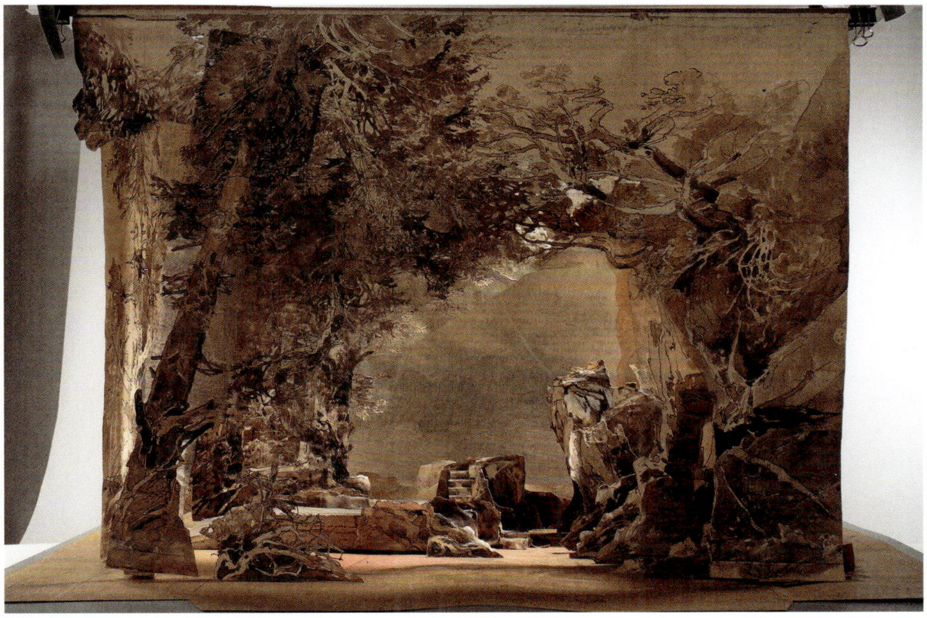

Bühnenbildmodell zu *Die Walküre*, III. Aufzug, 1896

nach begriffen und ausgestellt. Leitende Zielvorstellung war dabei, die Modelle mithilfe des Einbaus handgefertigter Beleuchtungselemente so zu inszenieren, dass möglichst die Illusion des originalen Bühneneindrucks im Kleinformat erzeugt wurde.

Diese Form der Präsentation blieb bei aller Erfolgsträchtigkeit jedoch nicht ohne Folgen. Handelt es sich bei dem Großteil der Modelle ohnehin um konservatorisch sensible Gebinde aus verschiedenartigsten Materialien (Holz, Papier, Pappe, Stoff, Farbe, später auch Kunststoffe), so bedeutete die museale Ausstellung in ihrer Art eine zusätzliche, nicht unerhebliche Belastung, vor allem, weil die Modellbeleuchtung in den klimatisch unzureichenden Räumlichkeiten während der gesamten Museumsöffnungszeiten stets durchgehend eingeschaltet blieb. Obgleich die Beleuchtungsanlagen in Niedervolttechnik ausgeführt worden waren, stellten sich so über die Jahre durch die Licht- und Wärmeemission zum Teil kritische Beschädigungen ein, bis hin zu vereinzelten Schmorspuren an einzelnen Modellteilen. Hinzu kamen Stockflecken und Schädlingsbefall (Silberfische), Verformungen, Verbleichung und Verstaubung. Alles in allem wurde das qualitativ ohnehin nicht besonders hochwertige Material trocken, spröde und brüchig, sodass am Ende ein unumkehrbarer Totalverlust drohte.

So war die Schließung der Abteilung eine zwar unpopuläre, wenngleich notwendige Maßnahme, um den Bestand zunächst einer wissenschaftlichen und konservatorischen Sichtung unterziehen zu können. Zu diesem Zweck wurde der Ausbau der Modelle aus den Schaukästen und deren Verbringung in das leerstehende ehemalige Ärztehaus in der Dr.-Franz-Straße nötig, welches zunächst für diesen Zweck unter anderem durch die Installation einer Alarmanlage ertüchtigt werden musste. Die Anamnese der Modelle bestätigte dann die Vermutung eines umfassenden Konservierungs- und Restaurierungsbedarfs für den Gesamtbestand. Überdies war in den Modellen zu Isolationszwecken teilweise das früher als unbedenklich geltende statische Material Asbest verwendet worden, welches dann zunächst aufwendig entsorgt werden musste.

Zur Konservierung wurden die nachträglich zu Ausstellungszwecken in Schaukästen montierten Modelle in sämtliche Einzelteile zerlegt, jedes einzelne Modellteil wurde konservatorisch bearbeitet und danach einzeln in säurefreien und alterungsbeständigen Schachteln verpackt. Alle verpackten Einzelteile eines Modells wurden dann zu Lagerungszwecken wiederum flach liegend in einem gemeinsamen Karton aufbewahrt. Nur die Modelle in originalen Modellkästen wurden im aufgebauten Zustand belassen. Das Projekt unter der restauratorischen Gesamtleitung von Johannes Baur, München, mit einem Volumen von rund 220.000 Euro dauerte insgesamt 7 Jahre und wurde mit großzügiger Unterstützung der Landesstelle für die nichtstaatlichen Museen in Bayern am Bayerischen Landesamt für Denkmalpflege, der Deutschen Stiftung Denkmalschutz und der Oberfrankenstiftung realisiert.

Bereits im Sommer 2003 hatte im Haus Wahnfried eine Werkschau zur Restaurierung der Bühnenbildmodell-Sammlung stattgefunden. Gefördert von der Bundesrepublik Deutschland und der Bayerischen HypoVereinsbank wurden dann 2006 zum Abschluss des Projekts exemplarisch die restaurierten Modelle zum *Ring*, zusammen mit historischen Kostümen und Bühnenbildentwürfen, im Rahmen einer großen Sonderausstellung *Die Szene als Modell – Der Ring in Bayreuth 1876–2000* auf der Bühne und in den Nebenräumen des Markgräflichen Opernhauses präsentiert.

Niederlagen

Es wäre kaum glaubhaft, 50 Jahre Museum als reine Erfolgsgeschichte darzustellen. Auch Krisen, Irrtümer und Misserfolge gehören selbstverständlich dazu, aus denen man günstigstenfalls etwas lernt und daran wächst. Das gilt beispielsweise für den schmerzlichen Verlust von Wagners Bechstein-Kompositionsklavier, einem sogenannter Piano-Sekretär, also einem Schreibtisch mit eingebautem

Tafelklavier. Ein solches aus dem Jahr 1863 hatte Ludwig II. Wagner zu dessen Geburtstag 1864 geschenkt. Wagner benutzte es fortan in München, Tribschen und Bayreuth für seine kompositorische Arbeit unter anderem an den *Meistersingern*, *Siegfried*, *Götterdämmerung* und *Parsifal*. Es stand stets in seinem Arbeitszimmer in Wahnfried, bis Winifred Wagner es gegen Kriegsende »zur Restaurierung« nach Leipzig bringen ließ. Danach kehrte es zunächst nicht mehr zurück. In den Wirren der Nachkriegszeit gab es dann offenbar andere Prioritäten und Probleme, und nach der deutschen Teilung war ohnehin nichts mehr über den Verbleib in Erfahrung zu bringen.

So konnte die Spurensuche erst nach der Wiedervereinigung wiederaufgenommen werden. Im Jahr 1998 machten wir das Instrument dann tatsächlich im Depot des Leipziger Musikinstrumentenmuseums ausfindig, wo es unbeachtet und völlig verstaubt herumlag. Zunächst vom Stadtgeschichtlichen Museum inventarisiert, war es irgendwann dorthin gelangt. Das Unterteil mit den Schubladenelementen war verlorengegangen. Nachdem in Leipzig kein Interesse an dem Objekt bestand, wurde es uns als zunächst auf 10 Jahre als befristete Dauerleihgabe überlassen und kehrte so im August 1999 wieder nach Wahnfried zurück, wo es – auf unsere Kosten restauriert – seitdem als besonders wertvolles Exponat in der Halle ausgestellt war. Im Hinblick auf die Vorhaben der Stadt Leipzig zum 200. Geburtstag Richard Wagners im Jahr 2013 wurde der Leihvertrag jedoch 2010 gekündigt, da man das gute Stück im Rahmen einer Jubiläumsausstellung des Stadtgeschichtlichen Museums zurückbekommen und selbst ausstellen wollte.

Wir waren indessen der Auffassung, dass das Klavier nie Eigentum der DDR und damit der Stadt Leipzig geworden sei, weshalb diese es eigentlich auch gar nicht hatte verleihen können und der Leihvertrag daher gegenstandslos war. Der Konflikt bedurfte schließlich bedauerlicherweise der gerichtlichen Klärung, die dann 2011 auch von der Presse genüsslich begleitet und kommentiert wurde.

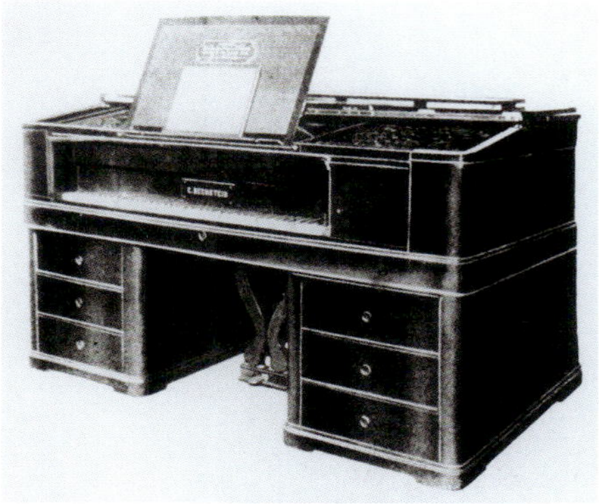

Anzeige für »Wagners Klavier« (mit Unterbau)

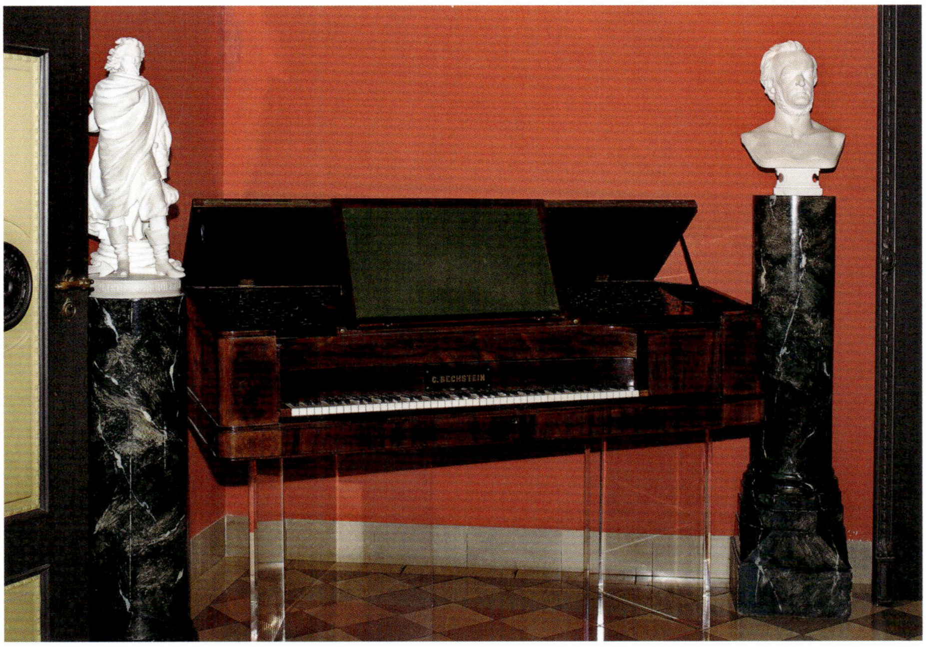

Richard Wagners Kompositionsklavier von C. Bechstein in der Halle von Haus Wahnfried

Nachdem Winifred Wagner sich des Eigentums an dem Klavier nie durch Schenkung, Verkauf oder auf anderem Wege begeben hatte, war Iris Wagner (1942–2014), Urenkelin Richard und Tochter Wieland Wagners, überdies der Auffassung, das Klavier gehöre in die Erbmasse Winifred Wagners und sei demnach Eigentum der Familie. Diesen Standpunkt versuchte sie im Wege einer sogenannten »Beitritts- oder Hauptinterventionsklage« durchzusetzen, um uns das Klavier dann schenken zu können.

Nun hatten wir jedoch nach Auffassung des Gerichts das Eigentum der Stadt Leipzig mit der Unterzeichnung des Leihvertrags faktisch anerkannt, sodass dieser und damit auch dessen Kündigung gültig sei. Im Ergebnis stimmte das Oberlandesgericht Dresden dieser Auffassung nach dem Grundsatz »pacta sunt servanda« zu und wies unsere Berufungsklage am 19. März 2013 letztinstanzlich ab. So mussten wir das Instrument schlussendlich nach 14 Jahren und ausgerechnet in Wagners 200. Geburtsjahr zurückgeben. Vom 18. April bis 26. Mai wurde es in der Ausstellung *Wagnerlust & Wagnerlast* des Stadtgeschichtlichen Museums in Leipzig präsentiert. Es ist seitdem nicht mehr an seinen eigentlichen historischen Ort nach Bayreuth zurückgekehrt. – Manchmal sollte man eben doch besser Jurist sein …

Sonderausstellungen

Die Konzeption, Planung und Realisierung von Sonderausstellungen blieb selbstverständlich auch nach Manfred Eger ein wesentlicher Bestandteil der Museumsarbeit. Als Sehenswürdigkeiten bilden Haus und Anwesen mit der Grabstätte Richard und Cosima Wagners ja selbst bereits eine Art museales Exponat, welches einem Großteil des touristischen Publikums auch genügt. Daher bedarf es immer wieder neuer und besonderer Impulse, um aus Passanten Museumsbesucher zu machen. Das gelingt naturgemäß vor allem durch Veranstaltungen und Sonderausstellungen, die vorzugsweise zu den Festspielen stattfinden, wo Aufmerksamkeit und Publikumszuspruch in besonderer Weise erwartet werden dürfen.

In den letzten Jahrzehnten haben dabei Anspruch und Opulenz deutlich zugenommen. Genügten zunächst noch wenige plastische Objekte in Vitrinen sowie Texte und Fotos, die mit Klebestift und Fotoecken auf großformatigen Papptafeln und später Leichtschaumplatten fixiert wurden, sind es heute multimedial szenografierte Erlebnisräume, in denen Form und Inhalt sich gegenseitig bedingen. Dies schlägt sich auch in einer erheblichen Zunahme des zu betreibenden Aufwands nieder, sowohl personell wie finanziell.

So war die Sonderausstellung 1993 zu *Tristan und Isolde* aus Anlass der Neuinszenierung von Heiner Müller (1929–1995) von der neuen Leitung noch im Alleingang und für einen niedrigen dreistelligen Betrag ausschließlich im Verbindungsbau verwirklicht worden. Sie zeigte im Wesentlichen Quellen, Schauplätze und Illustrationen zur Entstehungsgeschichte des Werks. Auch in den Folgejahren wurde zunächst allenfalls eine Honorarkraft als Assistenz für die Realisierung benötigt. Aber schon 15 Jahre später gelangten die Projekte in Dimensionen, die der finanziellen Unterstützung von Sponsoren bedurften. Dabei war vor allem die Bayerische HypoVereinsbank stets ein guter und verlässlicher Partner. In gestalterischer, baulicher und technischer Hinsicht war die Zusammenarbeit mit den Festspielen und die Inanspruchnahme von deren Werkstätten eine große Hilfe. Wolfgang Wagners persönlicher Assistent Stephan Jöris (geb. 1954) war hier mit seiner praktischen Erfahrung, seinen Ideen und seinen technisch-logistischen Fähigkeiten ein unverzichtbarer Mitstreiter. Besonders bei den beiden großen Ausstellungen im Markgräflichen Opernhaus 2006 und 2008 bewährte sich die Zusammenarbeit vorzüglich. Doch bewegten sich die Budgets auch damals noch im unteren fünfstelligen Bereich. Heute sind sie gelegentlich sechsstellig.

Aus Anlass von Siegfried Wagners 125. Geburtstag 1994 wurde wiederum nur im Verbindungsbau eine Sonderausstellung zu seinem Bühnenschaffen präsentiert, zu der allerdings bereits eine kleine Broschüre produziert werden konnte. 1995 konnte – erstmals durch die Unterstützung der Vereinsbank – die Ausstellung *Erlösung durch Liebe – Richard Wagner und die Erotik* verwirklicht werden. Sie erstreckte sich erstmals über sämtliche Sonderausstellungsräume, den »Lila Salon«, den Verbindungsbau und das Gartenzimmer und wurde bis zum 30. Mai 1997 gezeigt. Hierzu erschien erstmals eine großformatige Broschüre. Neben durchaus freizügigen Fotografien und Illustrationen wurde die Verbindung von Eros und Thanatos im letzten Raum durch eine verkleinerte Nachbildung des Gralstisches von Wieland Wagner mit einem darauf platzierten Glaskelch symbolisiert. Dieser war uns freundlicherweise von Gudrun Wagner aus ihrem Privathaushalt überlassen worden, nachdem Wolfgang Wagner ein Originalrequisit nicht hatte herausrücken wollen, hatte aber mit *Parsifal* nicht das Geringste zu tun. Der Clou: Unter dem Fuß war ein roter Strahler angebracht, der den Kelch zu jeder vollen und halben Stunde ganz langsam und zunehmend zum Leuchten brachte, dann eine Weile in voller Kraft strahlte, bevor er ebenso langsam wieder bis zum Verlöschen herabgedimmt wurde. – Der dezenten Ironie der Installation zum Trotz fanden sich immer wieder Besucher, die geduldig das Grals-Mysterium erwarteten und sodann in tiefer Ehrfurcht Anteil nahmen …

Im ehemaligen Speisezimmer in Wahnfried war normalerweise auf schweren Holztafeln eine Dokumentation der Geschichte des Hauses Wahnfried bis zur Museumseröffnung zu sehen. Später wurde der Raum auch für kleinere Kabinettausstellungen genutzt. So auch 1995 mit einer kleinen Ausstellung der Associazione Richard Wagner di Venezia mit exquisiten historischen fotografischen Stadtansichten unter dem Titel *Itinerari Veneziani di Richard Wagner – Venezianische Wege Richard Wagners*. Hier hatten wir die Beschriftungen erstmals elegant auf erhabenen Blöcken gedruckt, die aus selbstklebenden Kaltschaumplatten geschnitten und direkt auf die Wände geklebt worden waren. Am Morgen der Eröffnung waren diese jedoch dank des schwülwarmen Sommerwetters sämtlich heruntergefallen und mussten daraufhin in aller Eile und deutlich weniger elegant mit kleinen Nägeln im Putz befestigt werden. Während bereits die ersten Gäste zur Eröffnung eintrafen, hämmerten wir mit Schweiß auf der Stirn also noch die Beschriftungstäfelchen unter die Bilder.

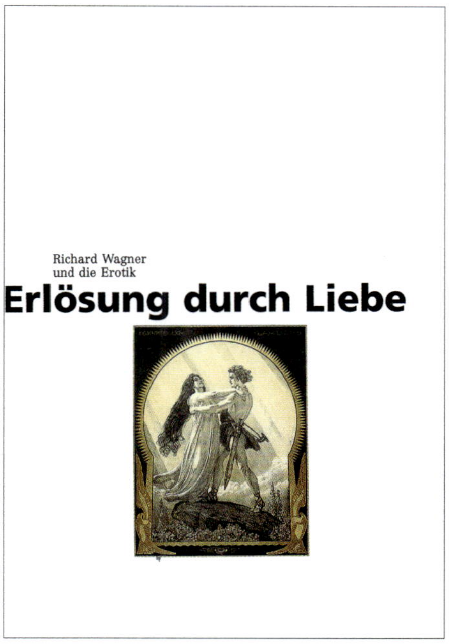

Publikation zur Ausstellung *Erlösung durch Liebe*, 1995

Bereits 1994 war ein etwas ratloser Besucher mit einer Mappe unter dem Arm erschienen, die sich schon seit langer Zeit im Besitz seiner Familie befand. Das Etikett trug die Aufschrift: »Männerlist größer als Frauenlist oder Die glückliche Bärenfamilie«. Tatsächlich handelte es sich um einen der seltenen Glücksfälle im Leben eines Kustos, nämlich den handschriftlichen Prosaentwurf sowie bis dahin vollständig unbekannte musikalische Entwürfe des 24-jährigen Wagner für die ersten drei Nummern (Introduktion, Duett und Terzett) zu dem gleichnamigen unvollendeten Singspiel (WWV 48) aus dem Jahr 1837, von dem bis dahin nur der Text bekannt war. Wir konnten uns schnell auf einen für beide Seiten überraschend zufriedenstellenden Kaufpreis einigen, und 1997 wurden die Handschriften erstmals der Öffentlichkeit präsentiert.

Im selben Jahr war auch eine Sonderausstellung aus Anlass von Winifred Wagners 100. Geburtstag geplant. Nach dem Motto »Differenzieren und Dokumentieren statt Relativieren und Moralisieren« erschien es überfällig, das gerade auch in Bayreuth bis in die 1980er Jahre gepflegte Verschweigen, Verdrängen und Beschönigen der wenig ruhmvollen Vergangenheit zu beenden. Nun war Winifred Wagner zweifellos eine beeindruckende und verdienstvolle Persönlichkeit, der es vor allem zu verdanken war, dass es das Museum überhaupt gab und mit der Stiftungsgründung 1973 der dauerhafte Fortbestand der Festspiele und des Archivs gesichert werden konnte. Ihre bis zum Tod 1980 unveränderte Nibelungentreue zu Hitler war dagegen im höchsten Maße problematisch. Nicht zuletzt deswegen hatte sie nach dem in seiner Offenherzigkeit so beeindruckenden wie erschreckenden fünfstündigen Film-Interview mit Hans-Jürgen Syberberg (geb. 1935) im Frühjahr 1975 vorübergehend Hausverbot im Festspielhaus erhalten, hatte Wieland Wagner jene berüchtigte Mauer zwischen Wahnfried und Siegfriedhaus errichten lassen und war sie schließlich zur Eröffnung des Museums auch nicht eingeladen worden.

Da sich zudem ihr Nachlass im Eigentum der Familie befand (und noch immer befindet), war die Unterstützung Wolfgang Wagners für das Ausstellungsprojekt unabdingbar. Dieser aber war und blieb skeptisch und der Meinung, dass das Thema in einer Ausstellung nur unzureichend dargestellt werden könne und einer Buchpublikation bedürfe. Der Konflikt führte zu einem seiner legendären Zornesausbrüche mit vielen »Enschuldgnsemal!!«, »Malbersönlichsag'n!!« und schlagenden Türen, bei denen man sich aber immer sicher sein konnte, dass er nach etwa 10 Minuten tonlos pfeifend zurückkehren würde, als sei nichts gewesen. Obgleich das Ausstellungskonzept bis zur Feinplanung gediehen war, musste die Ausstellung ohne die im Festspielhaus befindlichen Dokumente schließlich abgesagt werden. Das bereits gesammelte Material leistete gleichwohl noch gute Dienste, konnten wir es doch Brigitte Hamann (1940–2016) für das von Wolfgang Wagner gewünschte Buch *Winifred Wagner oder Hitlers Bayreuth* zur Verfügung stellen, das 2002 erschien und ein Standardwerk zum Thema wurde. Auch für einen Vortrag *Verehrung und Verirrung – Nachdenken über Winifred Wagner* leisteten die Recherchen für die Ausstellung noch gute Dienste. Über dessen Publikation in den »Festspielnachrichten« des *Nordbayerischen Kurier* 1998 schrieb Claus-Peter Bach in der

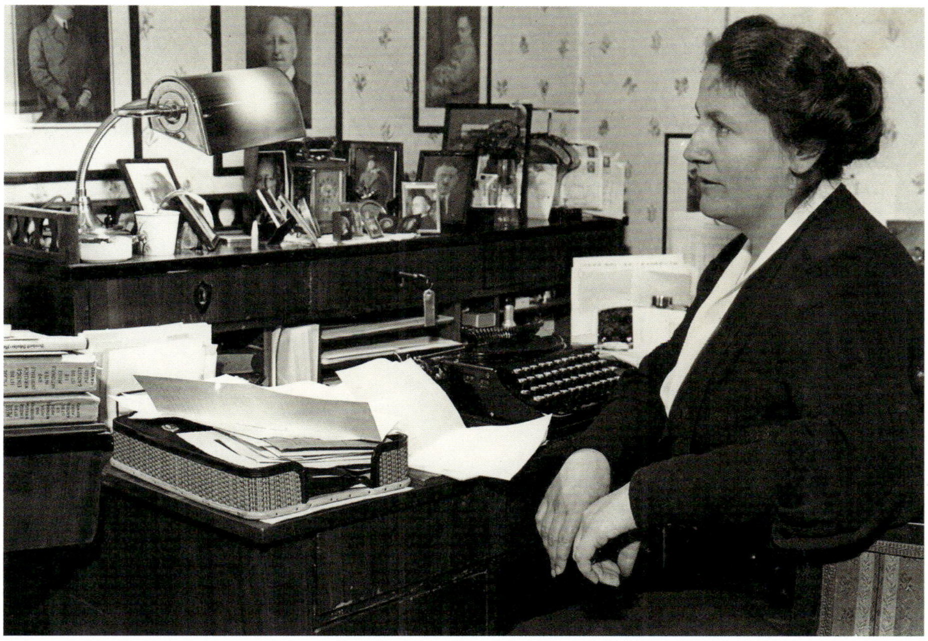

Winifred Wagner an ihrem Schreibtisch im Siegfried-Wagner-Haus, 1931

Rhein-Neckar-Zeitung Heidelberg vom 29. August 1998 unter dem Titel *Frische Luft in der Villa – Text zu Winifred Wagner beendet die ›Nacht über Bayreuth‹*, »daß durch Sven Friedrichs Schrift in der Villa Wahnfried endlich die Fenster aufgerissen wurden und frische, klare Luft durch die Ausstellungsräume flutet.«

Im Jahr 1998 griffen wir außerdem die Anregung der damaligen Doktorandin Simone Holert-Brandes auf, die ihre Dissertation über Wagner und Katalonien schrieb, und veranstalteten die Ausstellung *Viva Wagner! – Richard Wagner und die katalanische Moderne*. Insbesondere in Katalonien gab es schon zu Wagners Lebzeiten eine intensive Auseinandersetzung mit dem Musikdramatiker, die sich vor allem auch in der bildenden Kunst niederschlug. Antonio Gaudí (1852–1926) und Salvador Dalí (1904–1989) mögen hier als Beispiele dienen. Auch sind der bayerische Sonderweg in Deutschland und Ludwig II. für die katalanische Unabhängigkeitsbewegung ein besonderes Vorbild. Die katalanische Wagner-Rezeption ist wie die französische überdies ein Beispiel für den bemerkenswerten Umstand, dass Wagner in Deutschland vorzugsweise als konservativer Nationalkünstler wahrgenommen wird, während er im Ausland vor allem als Vertreter einer ästhetischen Moderne gilt. Diese Ausstellung wurde bis Ende Juni 2000 gezeigt.

Publikation zur Ausstellung *Viva Wagner!*, 1998

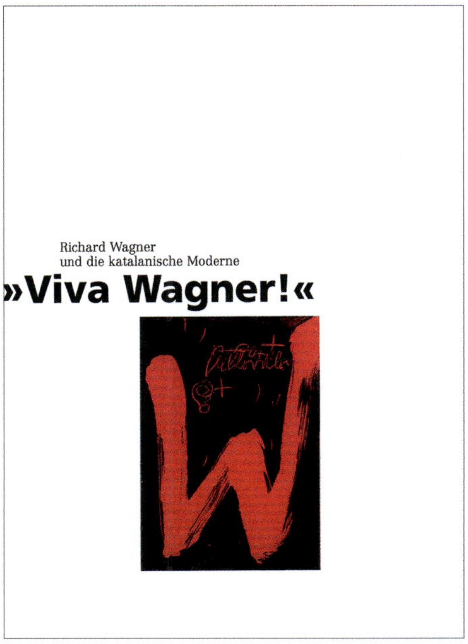

Im Jahr 2000 stellte zunächst der Bayreuther Karikaturist Matthias Ose (geb. 1959) unter dem Titel *O Götter, welche Dämmerung!* im Speisezimmer-Kabinett aus. Aus Anlass des 100. Todesjahrs von Friedrich Nietzsche kuratierten wir die bis zum 28. August 2001 gezeigte Schau *Nietzsches Labyrinth*, für die wir ein solches wie bei einem Spiegelkabinett durch alle Ausstellungsräume gebaut hatten. Hierbei leistete ein von Stephan Jöris erfundenes, eigenes Stellwandsystem gute Dienste: Türblätter aus dem Baumarkt, die mit Schraubgewinden und Tellern nach oben an die Decke und unten am Boden verspannt wurden und durch Türangeln mit Stiften auf der einen und Hülsen auf der anderen Seite verbunden und so in fast jeden beliebigen Winkel zueinander gestellt werden konnten. Ein Vo-

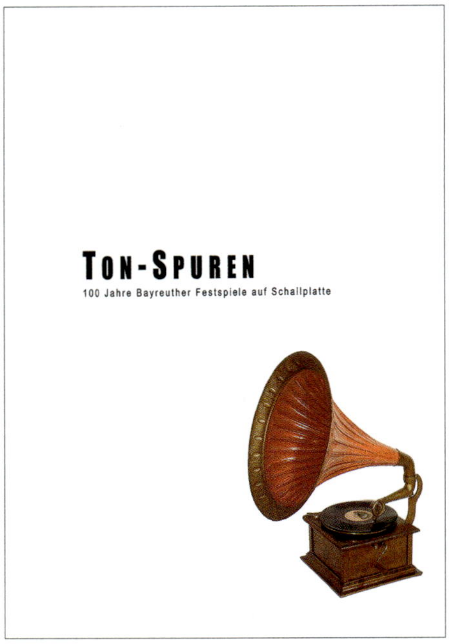

Publikation zur Ausstellung *Ton-Spuren. 100 Jahre Bayreuther Festspiele auf Schallplatte*, 2004

lontär, den wir für dieses Projekt eingestellt hatten, fand seine Hauptaufgabe derweil im dozierenden Kaffeetrinken mit einer Praktikantin (und was der pädagogische Eros möglicherweise sonst verlangen mochte), während er auf die etwas besorgte Frage nach dem auszustellenden Bildmaterial drei Tage vor Ausstellungseröffnung freudestrahlend auf die Fotoabzüge deutete, die er hatte herstellen lassen. Im wenig ausstellungstauglichen Format 10 × 15 cm …!

Nach den etwas abstrakten Ausstellungsthemen gehörten die Folgejahre vorzugsweise konkreten Werken der bildenden Kunst. So zeigten wir 2001 Kupferstiche zum *Ring des Nibelungen* von Baldwin Zettl, 2002 Grafiken aus der Privatsammlung Friedrich W. Rüttinger, Bayreuth, der zahllose Darstellungen der Wartburg besaß, und 2003 neben der bereits erwähnten Dokumentation und Werkschau zur Restaurierung der Bühnenbildmodellsammlung *Franz Liszt in der Photographie seiner Zeit. 1843–1886* aus der Sammlung Ernst Burger.

100 Jahre nachdem im Bayreuther Hotel »Sonne« die ersten Tondokumente von Sängern der Festspiele aufgezeichnet worden waren, veranstalteten wir 2004 die sehr schöne Ausstellung *Ton-Spuren. 100 Jahre Bayreuther Festspiele auf Schallplatte*. Hier wurden nicht nur historische Tondokumente verschiedenster Art auf Schallstelen präsentiert, sondern auch die Technikgeschichte der Tonaufzeichnung vermittelt und historische Aufzeichnungs- und Wiedergabegeräte vom Phonographen bis zum CD-Spieler ausgestellt. Eine besondere Überraschung war das Experiment, bei der Ausstellungseröffnung eine Phonographen-Aufnahme herzustellen und abzuspielen, um feststellen zu können, ob dabei der Klangcharakter einer Stimme erhalten bleibt. Hierzu erklärte sich freundlicherweise der befreundete Tenor Wolfgang Schmidt (1956–2026) bereit, der zwischen 1992 und 2010 bei den Festspielen gesungen hat, unter anderem die Partien des *Tannhäuser* sowie in zwei aufeinanderfolgenden Produktionen des *Ring* die Titelpartie sowohl im *Siegfried* als auch der *Götterdämmerung* in sämtlichen Vorstellungen. Hier nun sang er den »Schwert-Monolog« des Siegmund aus der *Walküre* in den Trichter – und siehe da: Als die Walze unter Knistern und Rumpeln abgespielt wurde, erklang etwas hohl, aber doch unverkennbar, seine Stimme.

Im Jahr 2005 zeigten wir die Fotoausstellung *Sternstunden von Neu-Bayreuth – Festspielblitzlichter von Ernst Gebauer* aus der Sammlung Bernd Mayer (1942–2011), bevor wir 2006, im Jahr des 130-jährigen Bestehens der Festspiele, gleich zwei Ausstellungen veranstalteten, nämlich die große Präsentation *Die Szene als Modell – Der Ring in Bayreuth 1876–2000* im Markgräflichen Opernhaus, unter anderem mit den frisch restaurierten Bühnenbildmodellen, sowie unter dem Titel *Mein lieber Schwan …* mit Werken des Malers, Bühnen- und Kostümbildners Henning von Gierke (geb. 1947), der 1987–1993 die wunderbar poetische *Lohengrin*-Produktion von Werner Herzog (geb. 1942) ausgestattet hatte.

Im Jahr 2007 fand die vom Richard-Wagner-Verband Bayreuth kuratierte Ausstellung *Der freie Eintritt – 125 Jahre Richard-Wagner-Stipendienstiftung* statt, im Speisezimmer-Kabinett zeigten wir die schrillen *Walküren* von Mariano Rinaldo Goñi (geb. 1972). Ein Jahr später veranstalteten wir 2008 mit der Ausstellung *Wer ist der Gral? Geschichte und Wirkung eines Mythos* die nächste große Präsentation auf der Bühne des Markgräflichen Opernhauses, die sich neben verschiedensten Darstellungen des Motivs in Kunst und Literatur auch der spezifischen Grals-Esoterik im Nationalsozialismus widmete. In Wahnfried waren dagegen wieder einmal die Gouachen Ferdinand Leekes und die weit weniger ernsten Illustrationen von Peter Klier (geb. 1939) zu sehen.

Im Jahr 2009 zeigten wir die vom Schweizer Büro artes, Dr. Verena Naegele (geb. 1959) und Sibylle Ehrismann (geb. 1962), kuratierte Ausstellung *Alpenmythos im 19. Jahrhundert: Richard Wagners Wanderungen in der Schweiz*, Musikerfotografien von Mat Hennek (geb. 1969) und eine Intervention von Hans-Peter Reuter (1942–2024) mit dem Titel *Wahnblau – Raumstation IV*. Hierbei handelte es sich um ein mehrere Meter hohes, tiefblaues Ellipsoid, das wie ein außerirdisches Objekt in der Halle schwebte, den Raum so neu definierte und die Besucher überraschte. 2010 war dann die wiederum von artes kuratierte Ausstellung *Arturo Toscanini – Vom Plüschtheater ins Tonstudio* zu sehen sowie *Neue Perspektiven auf Wahnfried* von der US-Fotokünstlerin Raïssa Venables (geb. 1977).

Danach wurde das Haus für die grundlegende Sanierung, Erweiterung und Neugestaltung für fünf Jahre geschlossen. So präsentierte es sich im Jahr des 200. Geburtstages Richard Wagners 2013 zu allseitiger Verärgerung als Großbaustelle. Davon wird im nächsten Kapitel zu berichten sein. Gleichwohl konnten wir in diesem Jubiläumsjahr und im Herzen der Baustelle, logistisch und sicherheitstechnisch nicht ganz unaufwendig, wenigstens eine vom Haus der Bayerischen Geschichte kuratierte Ausstellung über Ludwig II. zeigen.

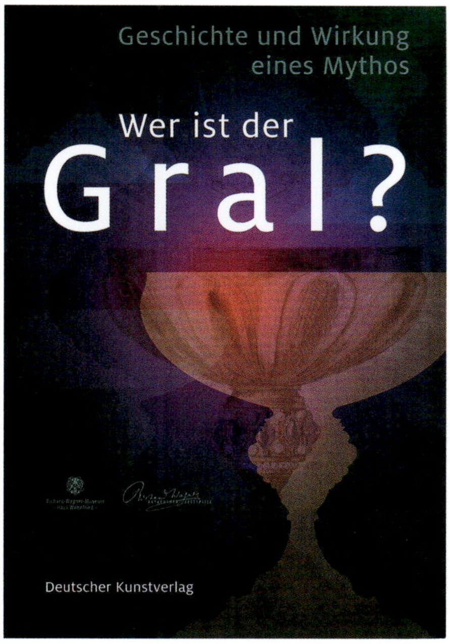

Publikation zur Ausstellung *Wer ist der Gral? Geschichte und Wirkung eines Mythos*, 2008

Konzerte und andere Veranstaltungen

Hausmusik unter Einbeziehung seines prachtvollen Steinway-Flügels war schon bei Richard Wagner und seiner Familie ein fester Bestandteil der Abendgestaltung gewesen. Demnach schrie der Wahnfried-Saal förmlich danach, nicht nur für das »Klingende Museum«, sondern auch für Kammerkonzerte genutzt zu werden. Es sollte überdies auch vielleicht nicht überraschen, dass in einem Musiker-Museum auch Musik gemacht wird. Auch wurden hier gelegentlich CD-Aufnahmen produziert, 1993 beispielsweise mit Gerhard Oppitz (geb. 1953) und der Kontra-Altistin Nathalie Stutzmann, die inzwischen Weltkarriere als Dirigentin gemacht hat und als solche auch bei den Festspielen mitwirkt.

So setzten wir die auf Wagner zurückgehende Tradition musikalischer Darbietungen in Wahnfried fort und begannen 1999 mit den *Sonntags-Soiréen*. An jedem ersten Sonntag eines Monats sollte dem Publikum ein Kammermusikkonzert angeboten werden, wobei natürlich Klavier-Recitals und Liederabende im Mittelpunkt standen. Es zeigte sich jedoch bald, dass wir das lokale Kulturpublikum damit offenbar überfordern. Denn anders als das Klischee von der außerhalb der Festspielsaison toten Provinzstadt behauptet, scheint das kulturelle Angebot in Bayreuth die Nachfrage oft zu übersteigen. Gelegentlich drängt sich sogar der Eindruck auf, dass es mehr – oft selbsternannte – Kulturakteure gibt als Publikum. Außerdem ist der Wahnfried-Saal als Veranstaltungsort mit seinen knapp 100 Plätzen ökonomisch nicht unproblematisch: zu klein, um durch den Kartenverkauf einen nennenswerten Anteil der Kosten einzuspielen, zu groß, um ihn bei speziellen Veranstaltungen nicht leer aussehen zu lassen. Da sich die Veranstaltungen außerhalb der Saison, gerade auch in den für das Museum besonders besucherschwachen Monaten November bis Februar, als besonders problematisch erwiesen, haben wir unsere Konzertangebote daher seit 2003 auf die Festspielzeit beschränkt.

Programmatisch war und ist die Vorgabe, dass die aufgeführten Komponisten und Werke in irgendeiner Weise einen Bezug zu Wagner und/oder Liszt haben sollen. Im Ergebnis bedeutet das natürlich, dass praktisch alles möglich ist. Bei den Engagements ist es das Bestreben, eine Balance zwischen hoffungsvollen Nachwuchsmusikern und arrivierten Profis zu präsentieren, wobei mancher Festspielsolist sich in dem schönen Ambiente auch gerne mal als Liedinterpret zeigt und das Publikum die intime Nähe schätzt. War es anfangs oft gar nicht einfach, Musiker zu unseren bescheidenen Bedingungen zu verpflichten, können wir uns heute vor Angeboten kaum mehr retten. So haben wir seit Beginn mindestens 150 Konzertveranstaltungen durchführen können. Dabei ist es besonders beglückend, wenn Künstler und Zuhörer gleichermaßen beseligt sind, weil an diesem besonderen Ort Musik miteinander geteilt werden kann.

Schon angesichts der reinen Quantität ist es unmöglich, alle Konzerte vollständig zu dokumentieren, die in Wahnfried stattgefunden haben. Besonders erfreuen indessen Engagements junger, noch kaum bekannter Musiker, die später Weltkarriere machen und so zeigen, dass man sich mit deren Verpflichtung schon damals nicht geirrt hat. Andere Konzerte und Veranstaltungen bleiben aufgrund von Umständen und Besonderheiten in Erinnerung, die oftmals gar nicht so viel mit der Musik zu tun haben.

So trat im Jahr 2000 die gerade volljährig gewordene Geigerin Arabella Steinbacher in Wahnfried auf und verzauberte schon damals das Publikum mit dem Ausdruck und der technischen Perfektion ihres Spiels. Gleiches gilt für die wunderbare Pianistin Alice Sara Ott, die 2004 und 2006 mit gerade einmal 16 bzw. 18 Jahren bei uns zu Gast war. Ebenfalls 2001 ließ die inzwischen berühmte Anja Kampe mit einem Liederabend in Wahnfried ahnen, dass hier eine der großen Hochdramatischen unserer Zeit heranwächst.

Arabella Steinbacher

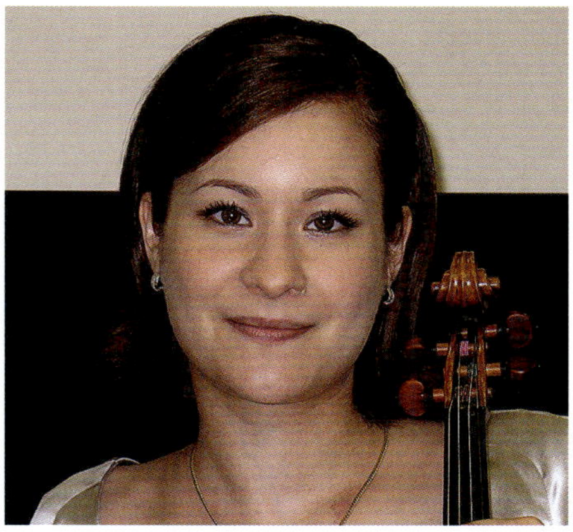

Nicht unbedingt publikumsträchtig, aber doch bedeutsam war, dass Wolfgang Wengenroth (geb. 1975) im Jahr 2001 Arnold Schönbergs gesamtes, aber gerade einmal abendfüllendes Klavierwerk zu dessen 50. Todestag auf Wagners Flügel präsentieren konnte. Auch der hochveranlagte, später leider so tragisch abgeglittene und früh verstorbene Stefan Mickisch (1961–2021), der sein Publikum über viele Jahre während der Festspiele mit brillanten und witzigen Einführungen in Wagners Werke begeisterte, trat mit seinen Wagner-Paraphrasen zunächst bei uns in Erscheinung.

Wie in vielen andere Städten gab es auch in Bayreuth ab 2001 jährlich eine Museumsnacht, welche sich zumindest anfangs großer Nachfrage erfreute, dem Museum ein besonderes Publikum bescherte und uns die Gelegenheit zu Veranstaltungen gab, die sonst eher nicht in die altehrwürdigen Gemäuer passen. Am jeweils letzten Samstag im Oktober, wenn die Nacht durch die Umstellung von Sommer- auf Winterzeit ohnehin eine Stunde länger dauert als sonst, bot die Mischung von Kultur und Kulinarik oftmals besondere Erlebnisse. So begannen wir mit wechselnden Programmen im »Klingenden Museum« und Filmvorführungen im Saal, dazu Bier und Bratwürste. Im Jahr 2003 veranstalteten der Museumsleiter und der Pressechef der Festspiele Peter Emmerich unter dem Titel *Götter, Helden und Wagner, oder: Die Geschichte von der verkehrt angefassten Schnupftabakdose* eine heitere dialogische Rezitation von Texten aus Wagners Leben und musikalischen Wagner-Parodien, dargeboten von dem großartigen Klavierduo Yaara Tal & Andreas Groethuysen.

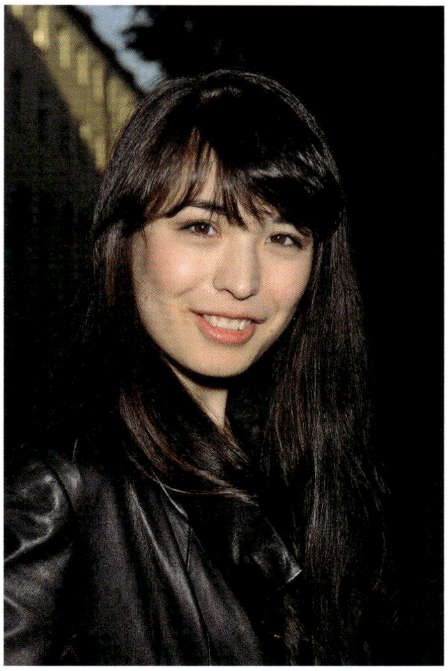

Alice Sara Ott

Ein Jahr später hatten wir dann mit dem hinreißenden, damals allerdings noch wenig bekannten Ensemble »Salut Salon!« die »Fortsetzung der Girl Group mit anderen Mitteln« zu Gast, und bereits 2005 das Mike Svoboda Quartett Adult Entertainment mit *14 Versuche, Wagner lieben zu lernen*, was durch schräge Jazz-Aneignungen erleichtert werden sollte. Beim ersten telefonischen Kontakt zum Zweck des damaligen Engagements war Svoboda über den Anruf aus dem Haus Wahnfried zunächst etwas erschrocken und zweifelte nach kurzem Schweigen angesichts seiner frechen Jazz-Aneignung von Wagners Musik: »Ach, und ich dachte, Sie wollen mich beschimpfen …!« Dass »unsere« Künstler uns oft über viele Jahre verbunden bleiben, mag man auch daran ermessen, dass Mike Svoboda auch 21 Jahre später, im Jubiläumsjahr 2026, wieder bei uns zu Gast sein wird.

Den Internationalen Museumstag am 21. Mai 2006, am Vorabend von Wagners Geburtstag, begingen wir mit einem Tagesprogramm über *Wagnerianer und andere Leute*, und am Abend lasen Inge (1927–2021) und Walter Jens (1923–2013) aus ihrem Buch *Katias Mutter* über Hedwig Pringsheim (1855–1942), die bemerkenswerte Schwiegermutter Thomas Manns. Bei der 6. Museumsnacht spielte das Ensemble *salonfähig* im Saal leichte Salonmusik, die zumindest Cosima Wagner sicher ebenso entsetzt hätte, wie 2008 das Programm *Musical – itäten* mit der Sängerin Tatjana Conrad und der Pianistin Eva Herrmann, die schauerlich Schönes aus Musical, Chanson und Film darboten. Bei der vorläufig letzten Museumsnacht vor der sanierungsbedingten Schließung waren mit den Schauspielern Gerd Silberbauer (geb. 1953) und Florian Odendahl (geb. 1974) zwei Protagonisten der ZDF-Vorabendserie »SOKO München« zu Gast, die hier jedoch einmal nicht nach Verbrechern fahndeten, sondern aus dem Briefwechsel zwischen Wagner und Liszt lasen, begleitet am Flügel von Seung-Yeun Huh.

Inge und Walter Jens

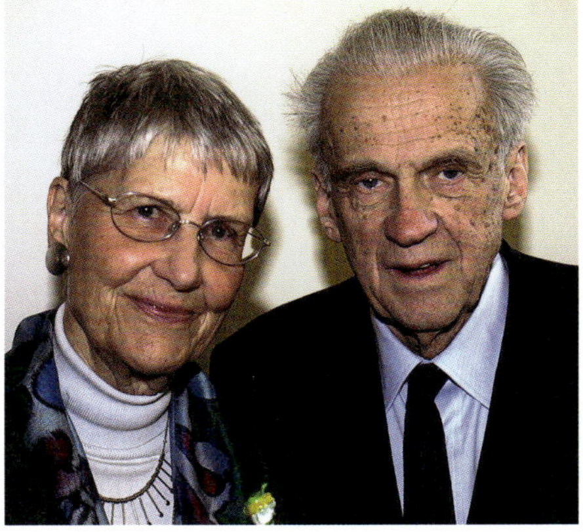

Aber auch bei den Veranstaltungen zur Festspielzeit gab es neben den klassischen Kammerkonzerten einige Besonderheiten. So präsentierten wir vom 6. bis 11. August 2003 ein »Cyber-Symphony-Project« des schwedischen Komponisten Mats Wendt (geb. 1965) mit dem Titel *The invincible sword of the Elv-Smith*, ein multimediales Spektakel mit von Wagner inspirierter elektronischer Musik. Ebenfalls 2003 hatten wir den ungarischen Pianisten Adám Fellegi (geb. 1941) zu Gast, der auf Wagners Flügel Liszts Transkription der III. Symphonie Beethovens spielte. Anders als andere Kollegen trat er nicht etwa erst vor dem ihn gespannt erwartenden Publikum auf, sondern saß bereits beim Einlass am Flügel und

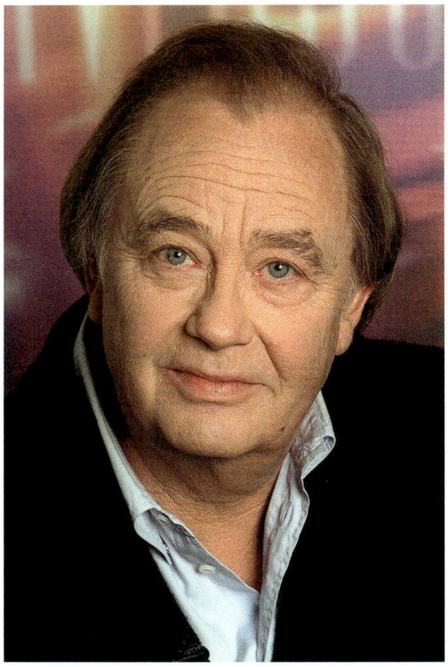

René Kollo

klimperte vor sich hin, bis er der Meinung war, dass man wohl anfangen könne. 2005 kam er erneut nach Wahnfried, diesmal hatte er nichts Geringeres als die Klavierfassung von Beethovens Neunter im Gepäck – und außerdem eine Aufnahme der vom Orchester isolierten Singstimmen von Soli und Chor im 4. Satz, die dann über die »Audionova«-Anlage im Saal zu seiner Klavierinterpretation eingespielt wurden. – Im selben Jahr konnten wir auch einen reizenden Gesprächsabend mit dem großen René Kollo (geb. 1937) veranstalten, bei dem Werke seines Großvaters Walter (1878–1940) und seines Vaters Willi (1904–1988) zu hören waren und über Gott, die Welt und das Theater geplaudert wurde. Der Abend endete – wie häufiger auch andere in der Festspielzeit – erst am folgenden frühen Morgen im legendären, heute wie so vieles leider nicht mehr existierenden »Weihenstephan« in der Bahnhofstraße.

Im Jubiläumsjahr 2006 zum 130-jährigen Bestehen der Festspiele und einer Neuproduktion des *Ring* von Tankred Dorst (1925–2017) fand in Wahnfried – neben vielen anderem – in Zusammenarbeit mit der Bayerischen Akademie der Schönen Künste und der Friedrich-Baur-Stiftung auch ein Symposium »›Beziehungszauber‹ – Ring-Resonanzen« mit hochkarätigen Referenten wie Prof. Dr. Dr. h.c. Dieter Borchmeyer, Prof. Dr. Udo Bermbach, Dr. Oswald Georg Bauer, Prof. Dr. Susanne Vill und Prof. Dr. Siegfried Mauser statt. Beschlossen wurde die Saison von einer Figurentheater-Aufführung des Berliner Ensembles *Handgemenge* mit dem Stück »*Tristan und Isolde*«. *Ein Spiel von Liebe und Zufall* nach Gottfried von Straßburg.

Etwas kurios war 2007 die als buddhistisches »Ritual« bezeichnete Performance des koreanischen Künstlerpaars Hyon-Soo Kim (geb. 1956) und Emmanuel Byok-Song Woo (geb. ca. 1963): Die Fontäne des Brunnens im Park umgab eine mehrere Meter durchmessende Lotusblüte aus weißem Metall, während täglich um 12 Uhr, »Mittag, die Stund' ist da …« (*Parsifal*), zu einer Meditation eingeladen wurde, bei der Woo 108 Verbeugungen vollführte, und zu der sich neben einigen etwas ratlosen Passanten tatsächlich auch immer einige Teilnehmer mit Isomatten einfanden und mitmachten. Zum Abschluss umkreiste Woo den Brunnen und sang dazu »Wotans Abschied«.

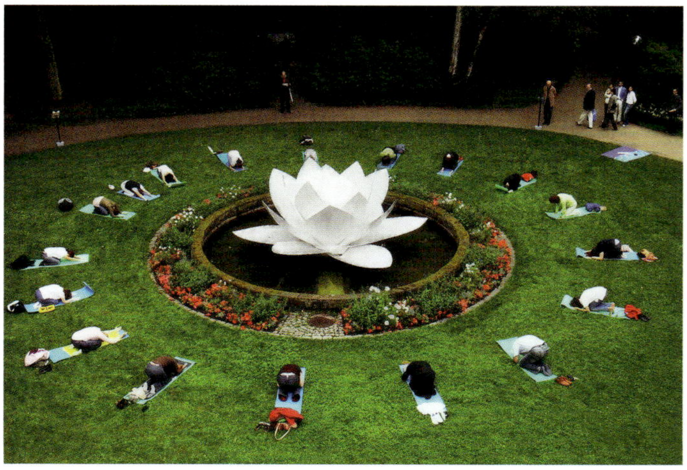

Lotusblüte aus Metall im Brunnen des Gartens von Haus Wahnfried, 2007

Das Museum verstand sich immer wieder auch als Raum für ästhetische Experimente. So veranstalteten wir 2007 beispielsweise die multimediale Komposition *LISZ[:T:]RAUM* des burgenländischen Musikers Gerhard Krammer (geb. 1965) und Antoine Wagners (geb. 1982), dem Sohn von Wolfgang Wagners Tochter Eva Wagner-Pasquier (geb. 1945) und Ururenkel Liszts, der mit einer Installation auch am Jubiläumsjahr 50/150 zum 150-jährigen Bestehen der Festspiele und 50 Jahren Richard-Wagner-Museum mitwirken wird. Die Komposition bestand aus einzelnen Modulen für drei Klaviere in Bayreuth, Raiding und Luxemburg, die über Internet verbunden und im Wahnfried-Saal mit Videozuspielungen sowie Vibraphon, Marimbaphone und Raumklängen zusammengeführt wurden. Auf diese Weise wurden Liszts Geburts- und Sterbeort sowie der Ort seines letzten Konzertauftritts miteinander verbunden. Besonders bewegt zeigte sich das Publikum schließlich von Robert Holls (geb. 1947) Interpretation der *Winterreise* Schuberts und einem Liederabend mit Cheryl Studer, die bereits am Ende ihrer großen Karriere stand, wodurch der Monolog »Die Zeit ist ein sonderbar' Ding« aus dem *Rosenkavalier* besondere Bedeutung erhielt.

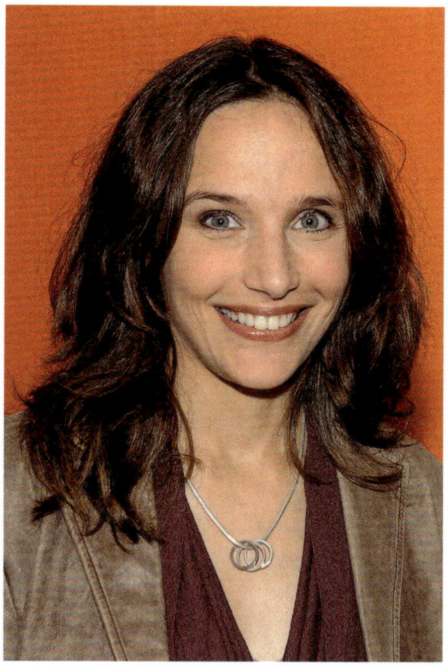

Hélène Grimaud

Eindrucksvoll war 2008 auch ein Auftritt von Hélène Grimaud, die für die einzelnen Stücke zwischen ihrem Flügel im Saal und Wagners Steinway in der Halle hin und her wechselte. Eine besonders schmerzliche Erinnerung ist dagegen die an die wunderbare junge Altistin Maria Radner (1981–2015). Sie begeisterte bei einem Liederabend im selben Jahr restlos und war dann auch 2015 für die Neuproduktion des *Ring* von Frank Castorf (geb. 1951) und unter der musikalischen Leitung von Kirill Petrenko (geb. 1972) als Erda bei den Festspielen vorgesehen. Bei ihrem letzten Auftritt war sie für ebendiese Rolle im *Siegfried* am Gran Teatre del Liceu in Barcelona engagiert. Auf dem Rückflug kam sie am 24. März 2015 beim Absturz des Germanwings-Flugs 9525 in den französischen Alpen zusammen mit Mann und Kind ums Leben – ebenso wie ihr Kollege, der ukrainische Bariton und Darsteller des Alberich Oleg Bryjak (geb. 1960).

Maria Radner (†)

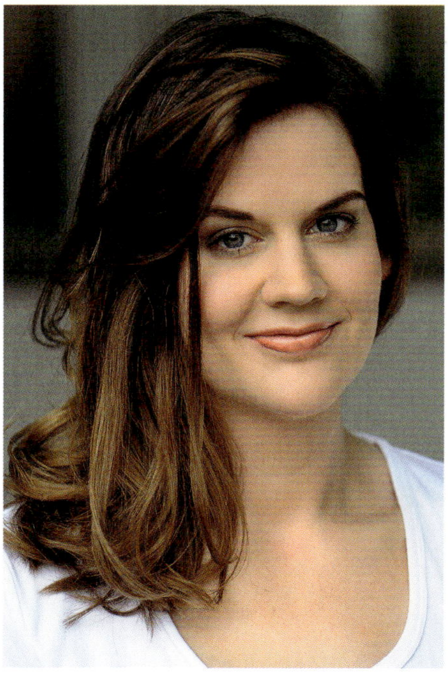

In der letzten Saison vor der fünfjährigen Schließung 2010 konnten wir dann noch die Welturaufführung des Opernpasticcio der Kammeroper Leipzig *See you in Walhalla* präsentieren. Den vorläufigen und allerdings urkomischen Schlusspunkt setzte bei der letzten Veranstaltung die Kabarettistin Jutta Wübbe (geb. 1955), deren von ihr kreierte Figur Marlene Jaschke zum großen Vergnügen des Publikums mit der ihr nicht unbedingt vertrauten Oper konfrontiert wurde. – Der Ausspruch eines Kollegen »Museum könnte ja so schön sein, wenn nur die Besucher nicht wären …« wurde danach für ein halbes Jahrzehnt in Wahnfried Realität.

Erneuerung
2010–2015

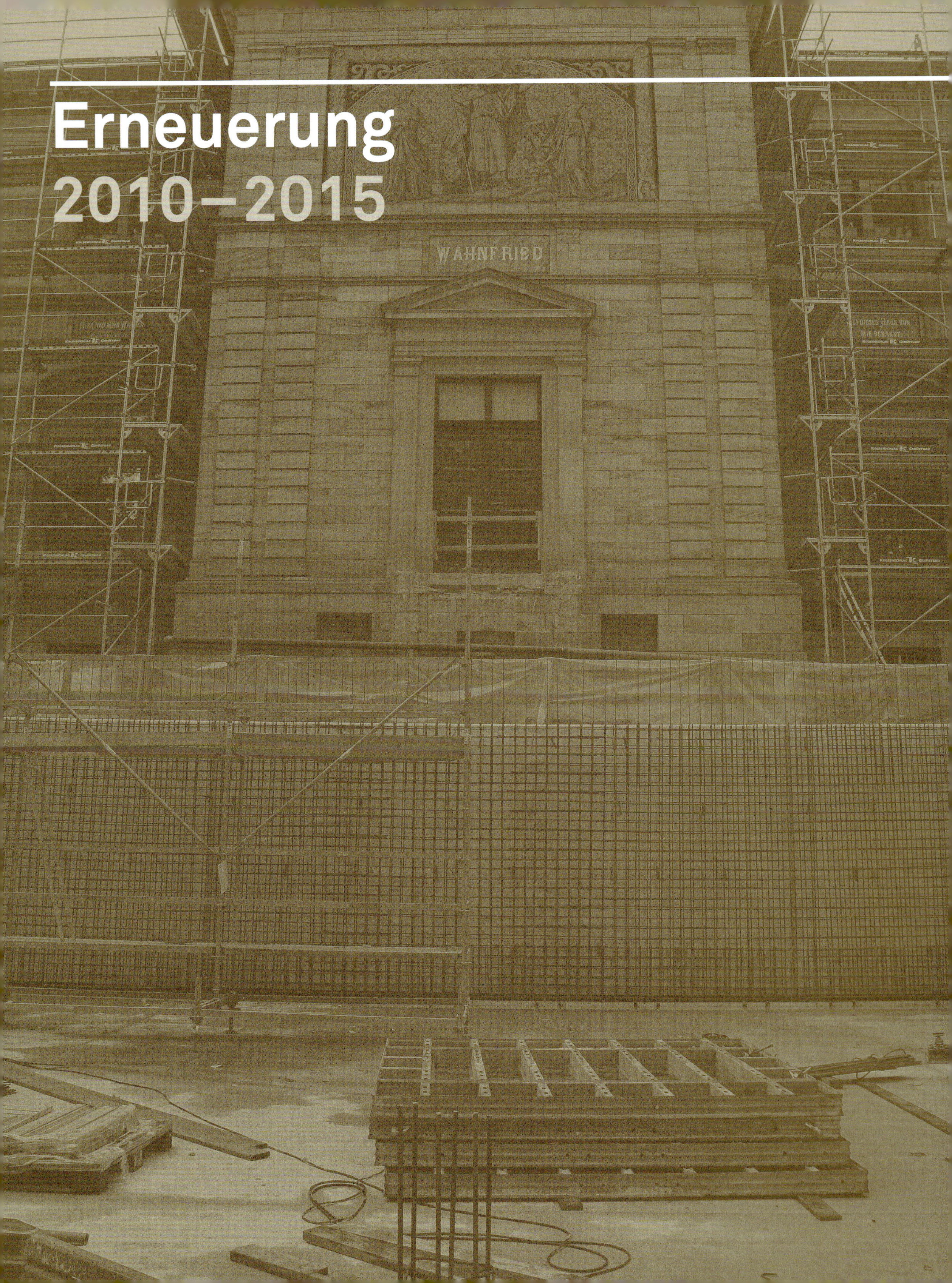

»Kinder, macht Neues … !«

Nach 25 Jahren Museumsbetrieb traten in Wahnfried die Spuren der intensiven öffentlichen Nutzung immer deutlicher zutage. Auch sonst hatte sich baulicher Sanierungsbedarf eingestellt, wie schon die zumindest vorübergehende Sperrung des Saals 2004 wegen herausgebrochenen Deckenstucks gezeigt hatte. Das Untergeschoss mit den Bühnenbildmodellen war schon seit 1999 nicht mehr zugänglich. Die Haustechnik war veraltet und entsprach nicht mehr den Sicherheitsbestimmungen. So waren beispielsweise beim Wiederaufbau zwischen 1973 und 1976 streckenweise noch zweiadrige Stromleitungen verwendet worden. Die Sanitäranlagen hatten den Charme der späten DDR, die Alarmtechnik funktionierte nicht mehr verlässlich. Von Barrierefreiheit konnte ebenfalls keine Rede sein, Rollstuhlfahrer scheiterten bereits an der großen Freitreppe zum Eingang im Hochparterre. Als Depot dienten die Kellerräume des Siegfried-Wagner-Hauses, die sicherheits- und klimatechnisch aber unzureichend waren. So wiesen einige dort gelagerte Objekte bereits Schimmelspuren auf. Flächen und geeignete Räume für die gewachsenen Anforderungen an Sonder- und Wechselausstellungen fehlten, »Lila Salon«, Verbindungsbau und die Räume im Siegfried-Wagner-Haus waren zu klein und logistisch wie technisch ungeeignet. Der Wahnfried-Saal war seinerzeit zwar originalgetreu rekonstruiert worden, die Halle bis hin zu den Solnhofener Fliesen sogar tatsächlich noch original, die anderen Räumen waren jedoch völlig neutral und erinnerten in keiner Weise mehr an ihre ursprüngliche Nutzung.

Auch die Dauerausstellung, die sich seit 1976 kaum verändert hatte, war konservatorisch, inhaltlich und didaktisch in die Jahre gekommen und als positivistische Dokumentation zu Leben und Werk Wagners sowie der Geschichte der Bayreuther Festspiele selbst museal geworden. Die Attraktivität des Museums schien vielleicht auch deswegen nachzulassen, und so konnten die Augen vor einem kontinuierlichen Besucherrückgang ebenfalls nicht mehr verschlossen werden. Vor allem aber fehlte jegliche Auseinandersetzung mit der Ideologiegeschichte Wagners und der Festspiele. Außerdem hatten sich Bestimmung und Selbstverständnis der Institution »Museum« zwischenzeitlich erheblich gewandelt. Zu den »klassischen« Aufgaben des Sammelns, Konservierens und Ausstellens trat zu-

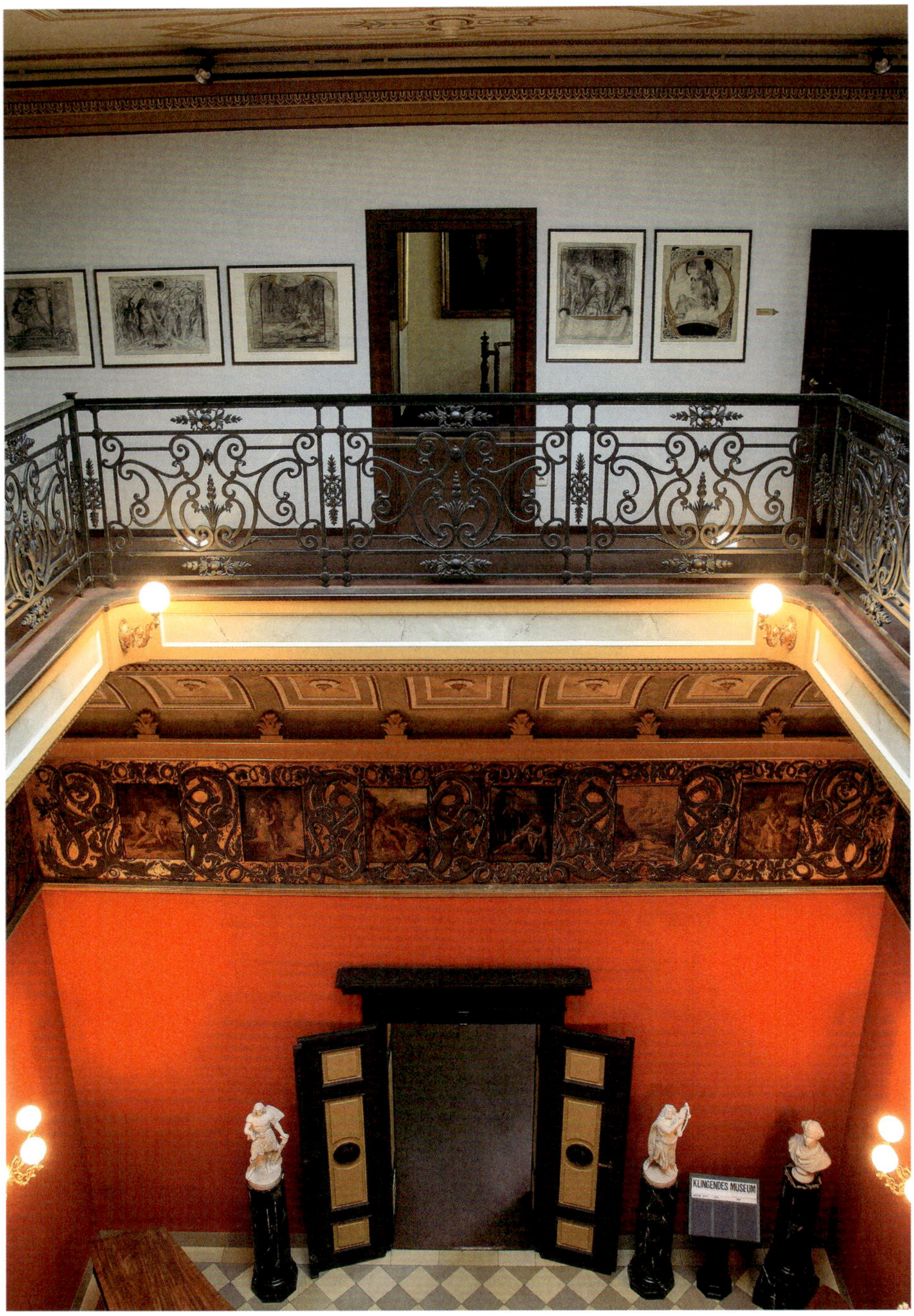

Galerie und Halle, vor 2011

nehmend der Aspekt der Vermittlung, der neben einer auch sozialen und identitätsstiftenden Funktion mittlerweile sogar zum eigentlichen Sinn und Zweck eines Museums geworden ist. Auch die Möglichkeiten musealer Präsentation und Ausstellungsgestaltung hatten sich weiterentwickelt. Die Evolution von Ausstellungstechnik, -gestaltung und Szenografie, vor allem durch die faszinierenden Möglichkeiten der digitalen Revolution, schufen neue Präsentations- und Vermittlungsformen. Schließlich bestand der Wunsch, durch die Verbesserung der Aufenthalts- und Servicequalität eine ihrem Gegenstand angemessene, attraktive, informative und nachhaltig zukunftsträchtige Musikergedenkstätte von europäischem Rang zu schaffen.

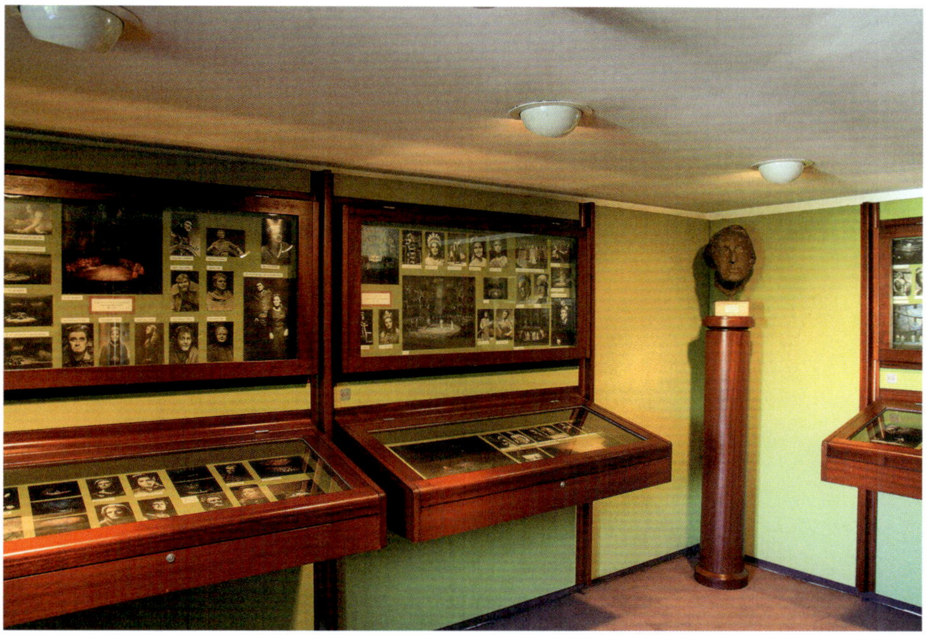

Grünes Zimmer, vormals Ankleideraum Richard Wagners, vor 2011

Ein Auftrag

Richard Wagner und sein Werk sind – unabhängig davon, wie man dazu stehen mag – eines der bedeutendsten Kulturphänomene der europäischen Neuzeit mit internationaler Ausstrahlung. Wagner polarisierte das Publikum schon zu Lebzeiten und tut es bis heute. Vor allem die mit ihm verbundene, in weiten Teilen prekäre Ideologiegeschichte macht Wagner und sein Schaffen weit über das 19. Jahrhundert hinaus zu einem überzeitlichen Gesamtkulturphänomen, in dem sich die deutsche Geistesgeschichte der letzten 200 Jahre wie in einem Brennglas zu bündeln scheint.

Wahnfried ist der Ort, wo mit der Vollendung von Wagners gigantischem musikdramatischen Schaffen und der Begründung der Festspiele in dem eigens und exklusiv dafür errichteten Theater nicht nur sein »Wähnen Frieden fand«, sondern der eben dadurch auch das Mekka der »Wagnerianer« wurde und so eine höchst ambivalente Tradition begründete, sowohl ihrem überragenden ästhetischen Wert nach als auch – stets damit verbunden – mit ihrer hoch problematischen ideologischen Schlagseite.

Anders als noch vor 50 Jahren bedürfen jedoch weder Wagner noch die Liebe zu seinem Werk mehr der Apologie oder der Rechtfertigung. Die kulturgeschichtliche Bedeutung Wagners und seines Werks steht heute ebenso außer Frage wie die fragwürdigen und problematischen Seiten seiner ästhetischen Weltanschauung, die stets auch von seinem notorischen Antisemitismus grundiert ist, dessen monströse Dimension und Tragweite sich erst im 20. Jahrhundert entpuppte und schließlich in der Shoah eine beispiellos mörderische Konsequenz erfuhr. Schon deshalb ist es allerdings unmöglich, Wagner und sein Werk als isoliertes und damit weitgehend dekontaminiertes historisches Phänomen des 19. Jahrhunderts betrachten und begreifen zu wollen. Der Blick zurück auf Wagner fällt zwangsläufig immer durch die Optik seiner Wirkungsgeschichte, deren Sedimente sich um seinen Kern herum anlagern und schließlich untrennbar mit ihm verschmelzen.

Nach der gleichnamigen Ausstellung von Manfred Eger 1984 fand vom 6. bis 11. August 1998 ein viel beachtetes und wichtiges Symposium über das schwierige Thema »Wagner und die Juden« statt, das vom Museum mitveranstaltet wurde. Es war Saul Friedländer (geb. 1932), der uns bei einem intensiven Gespräch am Rande dieser Tagung in die Pflicht nahm und insistierte, dass sich gerade und vor allem das Richard-Wagner-Museum in Wahnfried, wo Hitler sich in vielfacher Hinsicht und nicht umsonst zu Hause gefühlt hatte, unbedingt diesem Thema stellen müsse. Es dürfe sich nicht auf die biografische Dokumentation eines Künstlerlebens im 19. Jahrhundert und die Darstellung der zweifellos beeindruckenden Aufführungsgeschichte der Bayreuther Festspiele zurückziehen, ohne den besonderen ideologischen Begleitumständen Rechnung zu tragen.

Friedländer hatte damit nur allzu Recht! Man kann und darf – wenn überhaupt – nur dann guten Gewissens »Wagnerianer« sein, wenn man bereit ist, sich auch der Kehrseite des beglückenden ästhetischen Rausches zu stellen. »Schlussstriche« unter schmerzvolle und peinliche Kapitel der Geschichte sind dabei weder möglich noch zulässig. »Zukunft braucht Herkunft« hat der Philosoph Odo Marquard (1928–2015) einmal gesagt. Diese wächst immer nur aus dem stets gegenwärtigen Bewusstsein kultureller und historischer Identität diesseits von bequemen Distanzierungen durch wohlfeile Bekenntnisse und moralische Postulate, die vor allem der Selbstvergewisserung und Behauptung der eigenen Anständigkeit dienen. Dazu gehört auch das Monströse, zu dem Wagner zweifelsohne einen Beitrag geleistet und damit eine »Wunde« hinterlassen hat, die jeder

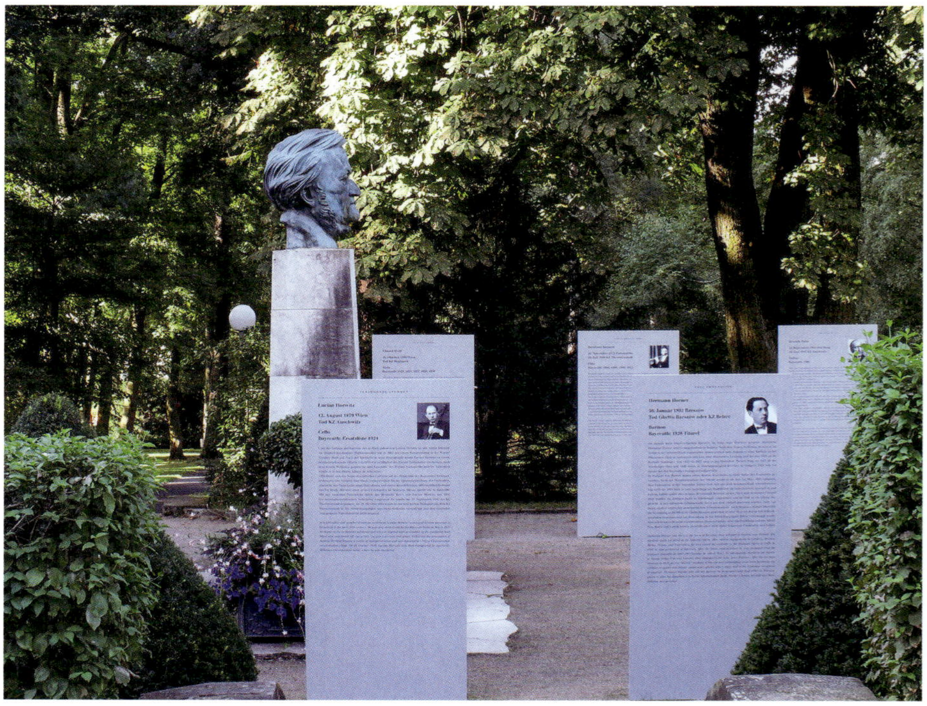

Freiluftausstellung *Verstummte Stimmen* im Festspielpark, 2018

reflektierte »Wagnerianer« spüren muss, damit es vielleicht möglich wird, dass sie der »Speer schließt, der sie schlug«.

Eine bewegende Veranstaltung war in diesem Zusammenhang ein Liederabend von Natascha Petrinsky, die als israelische Sängerin zwischen 2000 und 2002 bei den Festspielen die Rheintochter Wellgunde sang und bei einem Liederabend in Wahnfried unter anderem Werke des israelischen Komponisten und Mitorganisators des Bayreuther Symposiums Ami Maayani (1936–2019) interpretierte, wobei sie deren hebräische Texte gleich charmant ins Deutsche übersetzte. Es bleibt unvergesslich, wie Maayani uns mit Tränen in den Augen dankte, hätte er es doch nie für möglich gehalten, dass seine Lieder einmal ausgerechnet in Wahnfried erklingen würden.

Nach außen sichtbar schloss der Kreis sich vorläufig, als es 2012 gelang, die von Hannes Heer (geb. 1941) kuratierte und nicht unumstrittene Ausstellung *Verstummte Stimmen – Die Bayreuther Festspiele und die »Juden«* zu veranstalten. Avi Primor (geb. 1935), der ehemalige israelische Botschafter in Deutschland, der bereits bei dem Bayreuther Symposium 1998 einen beeindruckenden Festvortrag gehalten hatte, fand nun auch bei der Eröffnung der Ausstellung berührende und bewegende Worte zur deutschen Erinnerungskultur. Inzwischen konnte die besonders beeindruckende Dokumentation zu den in der NS-Zeit verfolgten und ermordeten Festspiel-Mitwirkenden ausgerechnet und symbolträchtig im Umkreis der Büste Wagners von Arno Breker (1900–1991) im Festspielpark zur Dauereinrichtung gemacht werden.

Überzeugungsarbeit

Mit der Jahrtausendwende hatten bereits erste Überlegungen zu einer umfassenden Neugestaltung des Museums begonnen. Zur Depoterweiterung skizzierten wir einen kleinen unterirdischen Anbau an das Siegfried-Wagner-Haus unter dem Wahnfried-Vorplatz und entwickelten erste Ideen zur Gestaltung eines neuen Ausstellungsteils zur Ideologiegeschichte im westlichen Zwischengeschoss des Hauses Wahnfried, das bisher die Aufführungen der Festspiele zwischen 1951 und 1976 dokumentiert hatte. Dieses Material war ja seit 2001 in den neuen Multimedia-Stationen in Wagners ehemaligem Arbeitszimmer verfügbar und hätte daher entfernt werden können, wodurch der nötige Raum frei geworden wäre. Im Jahr 2003 wurde dieses Konzept der Richard-Wagner-Stiftung vorgelegt. Es umfasste auch die Einrichtung eines Museums-Shops und -Cafés. Das geschätzte Kostenvolumen betrug 6 Mio. Euro. Zwei Jahre später beschloss der Stadtrat die Trägerschaft der Maßnahme durch die Stadt Bayreuth als Eigentümerin von Gebäuden und Liegenschaft. Zuschüsse wurden von der Bundesrepublik Deutschland, dem Freistaat Bayern und der Oberfrankenstiftung als Mitstifter der Richard-Wagner-Stiftung in Aussicht gestellt. Besonders hilfreich bei der Herbeiführung der entsprechenden Gremienbeschlüsse war vor allem die Unterstützung von Oberbürgermeister Dr. Michael Hohl, der sich das Projekt trotz der damit verbundenen Risiken zu eigen machte.

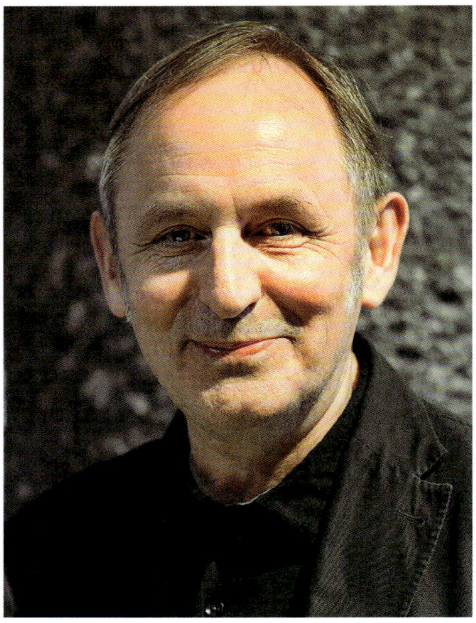

Volker Staab

Schon bald entstanden allerdings Zweifel, ob lediglich kosmetische Maßnahmen zur Instandsetzung und Neugestaltung wirklich ausreichen würden. So gab der Stiftungsrat der Richard-Wagner-Stiftung 2008 eine Machbarkeitsstudie für eine Lösung mit einem ergänzenden Galerie- und Depot-Neubau in Auftrag. Diese ergab eine erste Kostenschätzung in Höhe von rund 12 Mio. Euro. Auf dieser Grundlage wurde dann im Folgejahr die sogenannte »Große Lösung« von der Stiftung ebenso beschlossen wie die Durchführung eines nunmehr erforderlichen Architektenwettbewerbs, aus dem dann unter rund 200 Einsendungen der Entwurf von Staab Architekten Berlin als Sieger hervorging und zur Ausführung empfohlen wurde. Mit Volker Staab (geb. 1957) und seinem Projektleiter Per Pedersen (geb. 1963) gewannen wir die wohl denkbar besten Partner, gehört Staab doch zu den profiliertesten deutschen Museumsarchitekten. So hatte er unter anderem bereits 1999 das Neue Museum Nürnberg entworfen und 2000 das Museum Georg Schäfer in Schweinfurt. 2007 verantwortete er das Museum Gunzenhauser in Chemnitz, 2010 die Sanierung und den Neubau des Zentraldepots der Dresdner Albertinums, 2011 die Neue Galerie Kassel und das Museum der bayerischen Könige Hohenschwangau, 2013 das Kunstmuseum Ahrenshoop.

Natürlich waren wir von dem mutigen Entschluss begeistert, versprach die »Große Lösung« doch ganz neue Aussichten für das Museum und sein Publikum ebenso wie für eine wirklich zukunftsträchtige Entwicklung. Zaghafte Hinweise auf die äußerst knappe Zeit bis zur Neueröffnung, die im 200. Geburtsjahr Wagners 2013 stattfinden sollte, sowie auf die ungeklärte Deckung der künftigen, etwa in doppelter Höhe wie bisher anzunehmenden Betriebskosten, deren überschlägige Kalkulation wir den Geldgebern am 26. Oktober 2010 vorstellten, wurden mit ermutigendem Optimismus beiseite gewischt: »Ach, Sie immer mit Ihren Unkenrufen …« und »Jetzt bau'n wir erst mal, und der Rest findet sich dann schon!« – So beschloss der Bayreuther Stadtrat am 8. Oktober 2010 die Beauftragung von Staab Architekten zur Ausführung ihres Entwurfs.

Schon nach den Festspielen 2010 war das Museum ab 1. September geschlossen und die Bestände waren in der Folgezeit an verschiedene Orte ausgelagert worden, darunter das Lastenausgleichsarchiv in Bayreuth, die Staatsbibliothek in Bamberg und das zu diesem Zweck ertüchtigte Dachgeschoss der Graser-Grundschule. Organisatorisch und logistisch keine ganz anspruchslose Maßnahme. Derweil und durch die Planungen offenbar ermuntert, forderten 28 Wissenschaftler und Wissenschaftlerinnen aus 10 Ländern auch den Ausbau des Archivs mit seinen »provinziellen« Arbeitsbedingungen – was zwischenzeitlich ebenfalls erfolgte, allerdings erst nach der Neueröffnung des Museums.

Immerhin hielt das angeblich rückständige Archiv das unsere Arbeit schon seit vielen Jahren und auch weiterhin mit großer Sympathie verfolgende New Yorker Ehepaar Jeffrey & Nadežda Brinck nicht davon ab, uns 2011 einen Teil ihrer bemerkenswerten Wagner-Sammlung als Schenkung zu überlassen. Es handelt sich um Handschriften und Dokumente aus der »Burrell-Sammlung«, deren größter Teil bereits 1978 für das Archiv erworben worden war. Die Zustiftung umfasst vor allem Briefe an Mary Burrell, im Wesentlichen aus den 1890er Jahren.

Jeffrey und Nadežda Brinck mit Festspielleiterin Eva Wagner-Pasquier und Sven Friedrich bei der Übergabe von Dokumenten aus der Sammlung Burrell an das Richard Wagner Museum, 2011

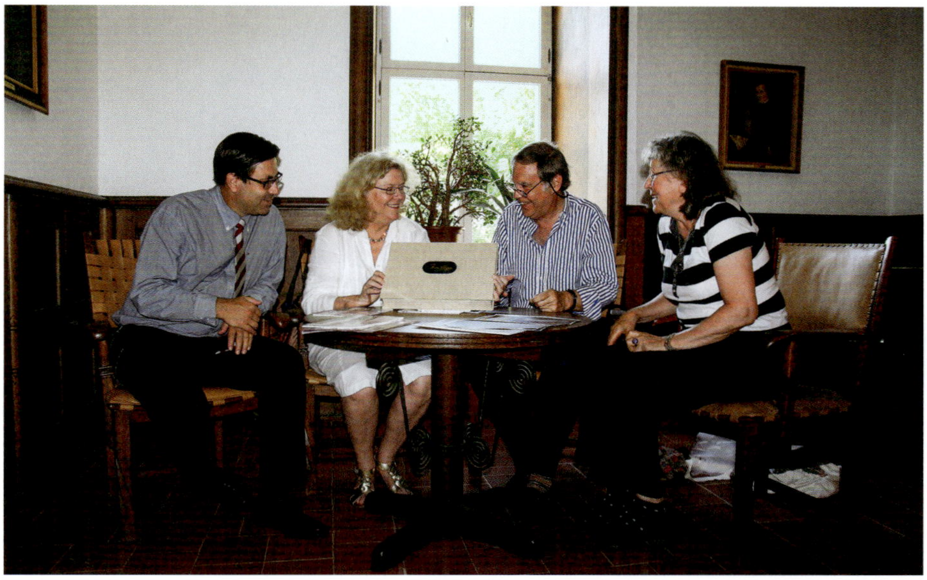

Die meisten Briefe stammen von Natalie Bilz-Planer, der außerehelichen Tochter Minna Wagners, welche diese stets als ihre Schwester ausgab, weitere von Wagners Nichte Johanna Jachmann-Wagner (1828–1894) sowie Wagners Schwestern Ottilie Brockhaus (1811–1883) und Clara Wolfram (1822–1899). Insgesamt handelt es sich um 42 Dokumente, unter denen sich unter anderem auch die Geburtsurkunde und eine Fotografie von Natalie Bilz-Planer, ihre Memoiren und Aufzeichnungen über die gemeinsame Flucht mit Wagner aus Riga 1839, eine Skizze der Wohnung Wagners in der Rue du Halder, Paris 1841, Aufzeichnungen über die Beziehung Wagners zu seiner Schwester Cäcilie Avenarius (1815–1893) sowie ein Notizbuch Mary Burrells befinden.

Schon mit Beschluss der »Großen Lösung« 2009 war eine kontroverse, gelegentlich heftige Diskussion um die künftige Gestaltung der Innenräume im Erdgeschoss des Hauses Wahnfried entbrannt. Nachdem es zumindest hiervon historische Fotografien gibt, welche den Zustand vor der Kriegszerstörung zeigen, lag natürlich die Überlegung nahe, nach dem Haus selbst auch dessen Innenräume originalgetreu zu rekonstruieren und so einen Eindruck von Wagners Wohnsituation zu schaffen. Ein solches »Musée sentimental« wäre zweifellos sehr publikumsträchtig gewesen. – Nun sind wir keineswegs prinzipiell gegen Rekonstruktionen, und die Darstellung und Vermittlung von Wagners Lebenswelt sollte auch nach unserer Vorstellung das Thema in den Erdgeschoss-Räumen sein. Aber eine Szenografie, die eine falsche Authentizität behauptet, wäre nach unserer Überzeugung eine Irreführung der Besucher. Sie käme einem »historistischen Disneyland« gleich, das sich als solches über die geschichtlichen Tatsachen hinweglügen würde, zu denen hier nicht ohne Grund Zerstörung und Verlust gehören und sich in das Haus eingeschrieben haben. Das historische Wahnfried Richard Wagners ist aber nicht zuletzt aufgrund der Verbrechen des hier so herzlich willkommenen »Onkel Wolf« 1945 unwiderruflich untergegangen. Daher sei es ein Gebot der historischen Redlichkeit, der Geschichte auch in der Raumgestaltung ins Gesicht zu sehen.

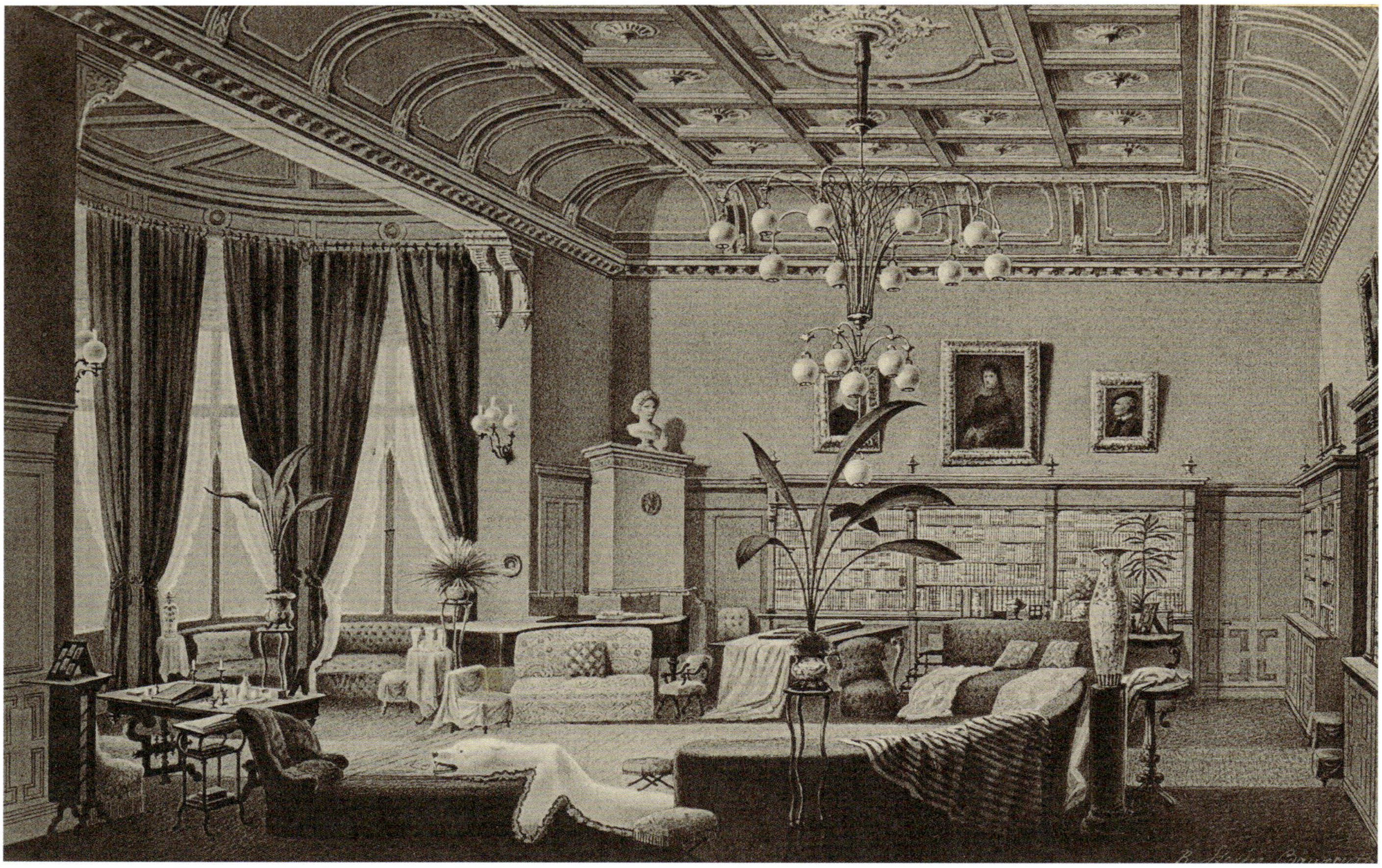

Haus Wahnfried, Saal, zeitgenössisches Foto eines Gemäldes von R. Steche, letztes Viertel des 19. Jahrhunderts

Hans-Günter Merz

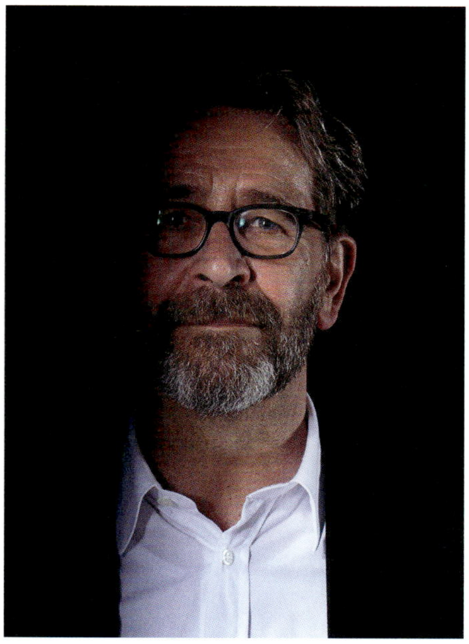

Im März 2011 konnten wir ein erstes »Ausstellungsdrehbuch« vorlegen, welches zugleich als »Raumbuch« das zu vermittelnde Narrativ ebenso fixierte wie die zu diesem Zweck ausgewählten Exponate. Alsbald stellte sich jedoch heraus, dass die Vorstellungen des vorgesehenen Museumsgestalters und des Architekten nicht zur Deckung zu bringen waren, sodass wir uns nach bereits begonnener gemeinsamer konzeptioneller Arbeit leider trennen mussten. Nach einem Auswahlwettbewerb wurde schließlich das Büro hg merz, Stuttgart und Berlin, mit der Innengestaltung beauftragt. Die ambitionierte Medienplanung übernahm 2013 jangled nerves, Stuttgart. Auch mit Merz gewannen wir einen kompetenten Museumsgestalter und Szenografen, der beispielsweise auch 2005 die Gestaltung der KZ-Gedenkstätte Sachsenhausen, 2006 des Mercedes-Benz-Museums Stuttgart, 2010 des Ruhr-Museums Zeche Zollverein in Essen, 2012 den Umbau des Militärhistorischen Museums in Dresden oder 2017 des Hessischen Landesmuseums realisierte.

Nachdem der Blick auf einen Gegenstand von außen und mit einer gewissen Distanz gelegentlich hilfreich sein kann, diskutierten wir bei einem Expertenkolloquium vom 16. bis 18. Oktober 2011 das Museumskonzept mit Kollegen aus Wissenschaft und Museumspraxis und erhielten hierdurch wertvolle Rückmeldungen und Impulse. So konnten wir bis März 2012 ein Betriebskonzept mit Betriebskostenschätzung vorlegen, und nachdem auch alle Zuschussgeber ihre Förderbescheide erteilt hatten, konnte mit den konkreten bauvorbereitenden Maßnahmen begonnen werden. – Dass das neue Museum 2013 aber nicht fertig sein würde, war jetzt schon klar …

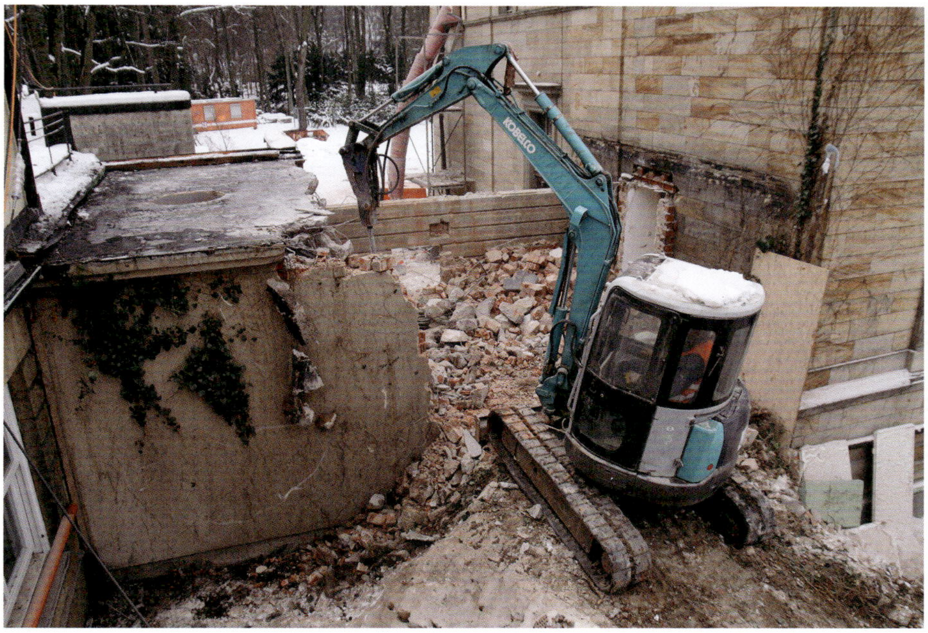

Abriss des Verbindungsbaus zwischen Haus Wahnfried und dem Siegfried-Wagner-Haus, 2012

Nach Einrichtung der Baustelle rückte als Erstes ein Bagger an und riss den Verbindungsbau zwischen Wahnfried und Siegfried-Wagner-Haus ab, da Wahnfried seine ursprüngliche Solitärstellung zurückerhalten sollte. In den folgenden drei Jahren konnte von ehrfürchtiger Ruhe und unantastbarem Stillstand, dem Gefühl und Ausdruck geronnener Zeit, wie sie Museen einschlägigen Vorurteilen nach anhaftet, keine Rede mehr sein – im Gegenteil: Der Ort, wo Wagners »Wähnen Frieden« gefunden haben sollte, wurde zu einer lauten und in keiner Weise seiner mythisch umflorten Aura gemäßen Baustelle, die neben vielem anderen lehrte, warum schon Wagner selbst Wahnfried während der Bauzeit »Ärgersheim« genannt hatte.

»Ärgersheim«

Wenn man sich Ärger mit seinen Mitbürgern einhandeln möchte, gibt es kaum einen sichereren Weg als Kunst oder Architektur im öffentlichen Raum. Da eskalieren Geschmacksurteile und Bedenken ziemlich sicher und vorhersehbar. So auch hier. Bereits im Oktober 2010 hatten wir vorsorglich die 23 für den Wettbewerb ausgewählten Architektur-Entwürfe in Wahnfried öffentlich ausgestellt und damit der Diskussion preisgegeben. Auch der Siegerentwurf von Staab Architekten fand nicht nur begeisterte Zustimmung. Es gründete sich eine Bürgerinitiative der Anlieger, welche durch den Neubau ihren schönen Ausblick auf den Hofgarten gefährdet sahen, den sie dank ihrer privilegierten Wohnlage genießen konnten. Ende 2011 wurde daher vor Gericht ein Antrag auf Unwirksamkeit des Bebauungsplans gestellt, der aber im Januar 2012 vom Verfassungsgerichtshof München zurückgewiesen wurde. Protest gab es außerdem von Naturschützern gegen leider erforderliche Baumfällungen.

Wir begegneten dem – erwartbaren – Widerstand mit der Einrichtung eines »Info-Points bau.schau.stelle.« und dessen Eröffnung an Wagners Geburtstag,

Info-Point bau.schau.stelle, 2012

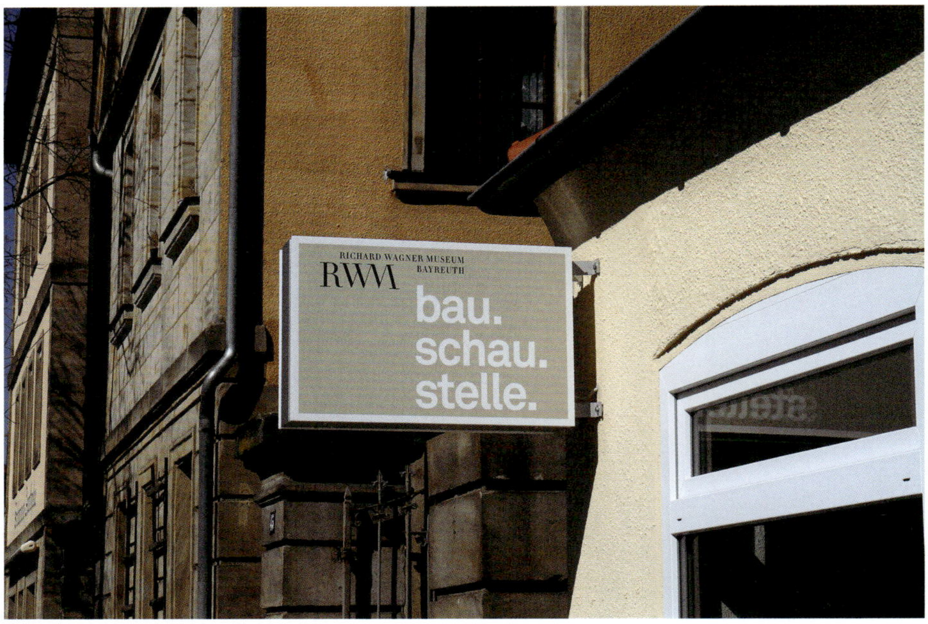

dem 22. Mai 2012, in einem Kiosk auf der gegenüberliegenden Straßenseite. Hier konnten sich Bürgerinnen und Bürger über Planungen und Ziele des Projekts informieren. Schon im Vorjahr hatten wir nach einem Konzept der Beratungsfirma actori unter dem Motto »wahren. schaffen. erleben« eine Fundraising-Kampagne begonnen, erstellten eine Website, gestalteten eine Broschüre, versendeten Newsletter und Mailings, dachten uns Aktionen wie Baustellenführungen aus … – allein: die Organisationsstruktur, die actori für die Kampagne auch für außerhalb unseres Hauses vorgeschlagen hatte, kam an den vorgesehenen Stellen nicht zum Tragen. So waren wir mit dem Konzept in Form einer Power-Point-Präsentation weitgehend auf uns allein gestellt, um das prognostizierte Einnahmeziel von 1 Mio. Euro zu erreichen, was jedoch nur teilweise gelang. Vermutlich hatte man die private Unterstützungsbereitschaft überschätzt.

Nun sind öffentliche Bauprojekte, gleich welcher Art, immer und überall Zankäpfel und als solche ein gefundenes Fressen für die Presse. Nicht jede öffentliche Debatte ist allerdings sinnvoll und zielführend. Und der Umstand, dass bisher noch jede Kulturbaustelle zu teilweise abenteuerlichen Überschreitungen der Zeit- und Kostenpläne geführt hat, deutet doch eher auf Systemversagen als auf Inkompetenz. Jedoch ist die Leitfrage bei Problemen im Allgemeinen nicht »Wie lösen wir sie?«, sondern »Wer ist schuld?«. Und gelegentlich gibt es tatsächlich auch Planungsfehler und Unvorhergesehenes. Auf diese Weise summierten sich die Gesamtkosten für das Projekt nach einigen unerfreulichen, weil immer wieder Legitimationszwang und Ärger erzeugenden Nachträgen schließlich von der ersten Kostenberechnung der Architekten mit rund 15,5 Mio. auf am Ende rund 22 Mio. Euro. Vergleichsweise aber gar nicht so schlecht, hat man heutzutage doch mindestens mit einer Verdopplung zu rechnen.

Hinzu kommt eine spezifische strukturelle Gemengelage, nämlich die Doppelträgerschaft des Museums durch Stadt und Stiftung. Fungiert die Stiftung als

Öffentliche Führung durch die Baustelle des Neubaus

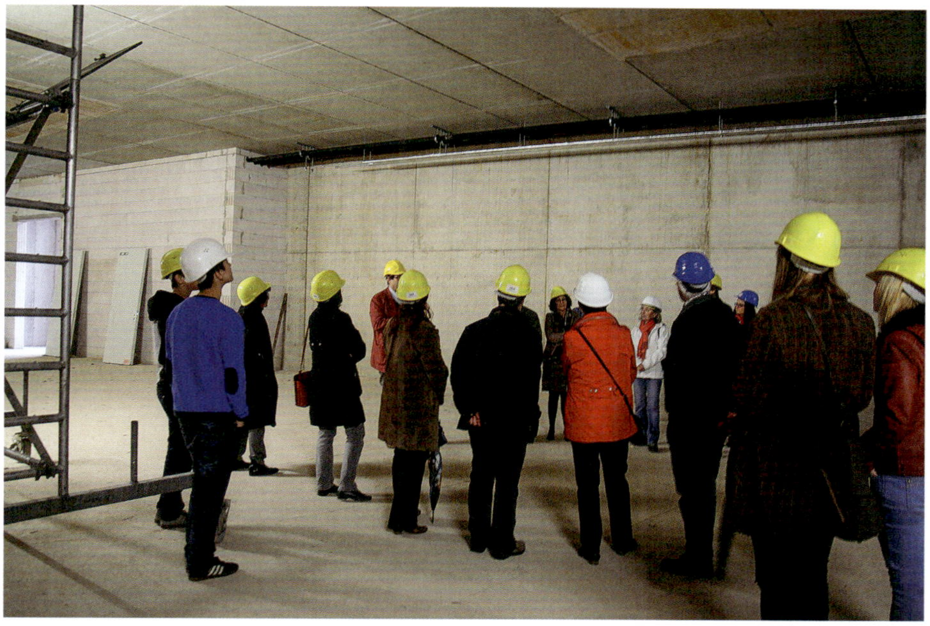

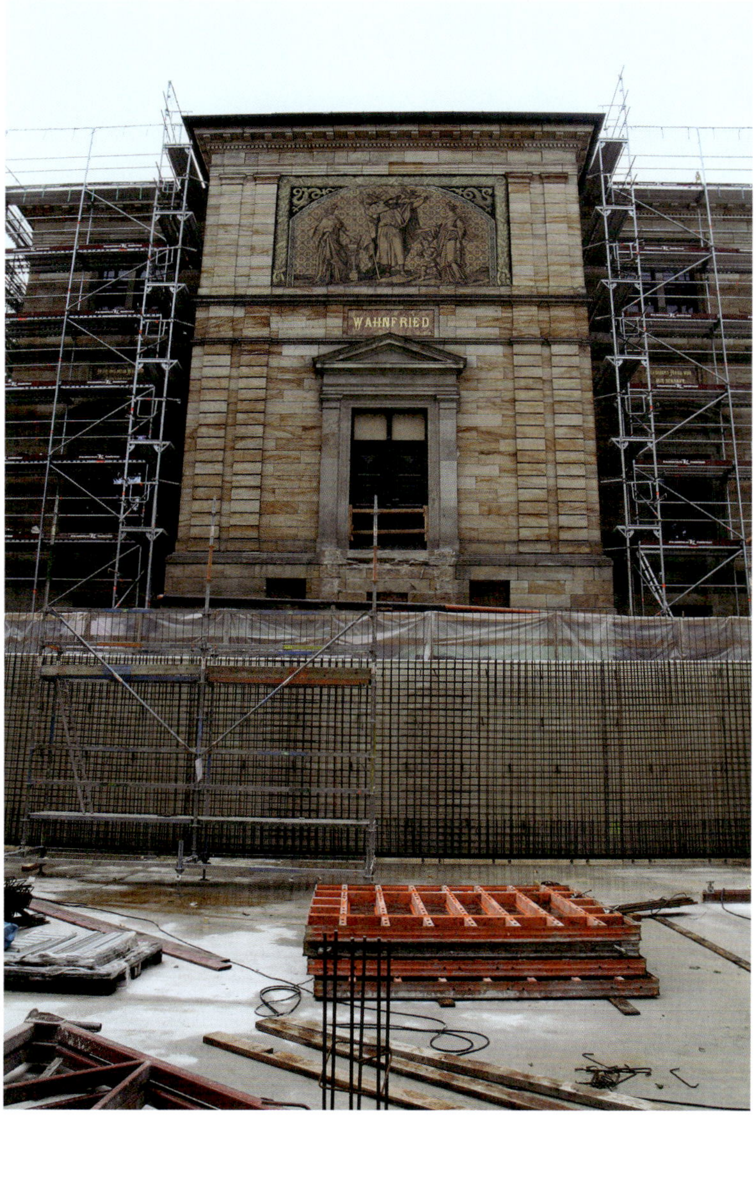

Baugrube für das Depot, 2013

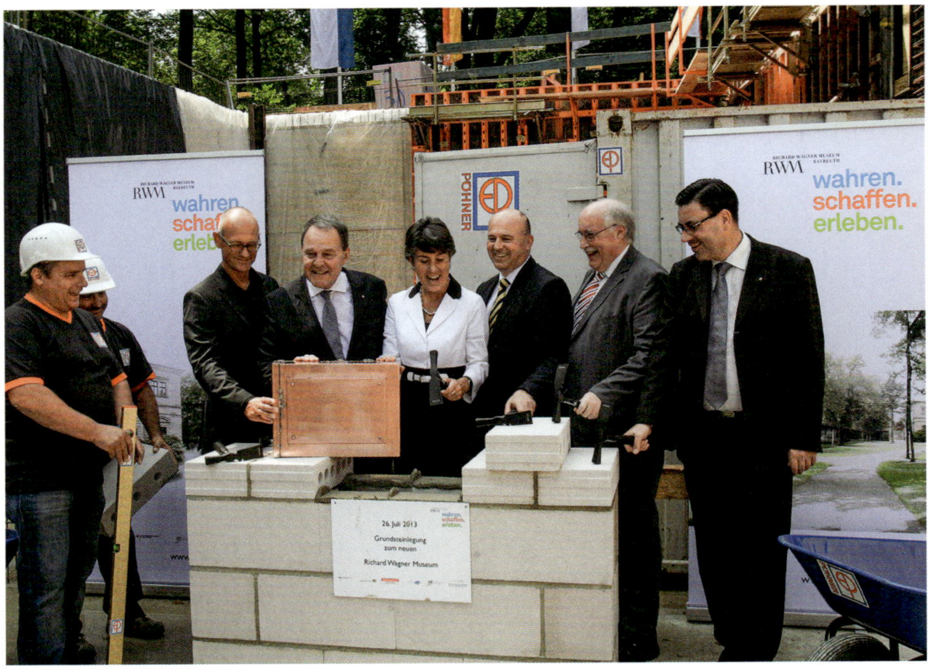

Grundsteinlegung für den Neubau am 26. Juli 2013: Per Pedersen, Bauleiter staab-Architekten, Kultusminister Wolfgang Heubisch, Oberbürgermeisterin Brigitte Merk-Erbe, Landtagsabgeordneter Hartmut Koschyk, Regierungspräsident Wilhelm Wenning, Museumsdirektor Sven Friedrich (v.l.n.r.)

Kostenträgerin des laufenden Betriebs, über den das Museum demnach dieser gegenüber rechenschaftspflichtig ist, so ist die Stadt als Eigentümerin von Gebäuden und Liegenschaft, die sie der Stiftung zur Nutzung überlässt, Bauherrin und zum Bauunterhalt verpflichtet, ohne jedoch wiederum für die musealen Belange zuständig und verantwortlich zu sein. Man kann sich leicht denken, dass ein solches Konstrukt zu erheblichen Reibungsverlusten, zu Kompetenzgerangel und Zuständigkeitskonflikten zwischen Eigentümer und Nutzer führen muss.

Wahnfried als Baustelle

Für den Depotneubau unter dem Wahnfried-Vorplatz und die neue Galerie mit Ausstellungsflächen, Kassen- und Shopbereich, die sich an das sogenannte Gärtnerhaus anschließen und als flacher, langgestreckter Pavillon mit transparenter Glasfassade in den Park erstrecken sollte, wurden also gigantische Baugruben ausgehoben. Wahnfried wurde zunächst vollständig entkernt, sodass innen nur der Rohbau übrigblieb. Bei Begehungen erfasste uns gelegentlich etwas Wehmut über den Verlust der über 20 Jahre lang vertraut gewordenen Museumsräume, gemischt mit einem gelinden Entsetzen über das, was man da angerichtet hatte.

Im Jahr des 200. Geburtstages Wagners 2013 hätte das neue Museum eigentlich eröffnet werden sollen. Stattdessen fand bei brütender Hitze erst die Grundsteinlegung für den Neubau statt. Allerseits war die Enttäuschung groß, zum Wagner-Jahr hinter einem undurchdringlichen Bauzaun lediglich in das gähnende Loch einer Baugrube blicken zu können.

Trotz allem und mangels eigener Räumlichkeiten konnten wir in Zusammenarbeit mit dem Buddenbrookhaus Lübeck im Bayreuther Rathaus die Ausstellung *Liebe ohne Glaube – Thomas Mann und Richard Wagner* zeigen. Von Oktober bis November ging im Rahmen unserer Fundraising-Kampagne außerdem Wagners ungenutzter Flügel auf Städtetour in die Steinway-Häuser München, Hamburg, Berlin, Düsseldorf und Frankfurt. Ganz nebenbei gestalteten wir 2012/2013 das Jean-Paul-Museum aus Anlass seines 250. Geburtstags vollständig neu. Dieses jedenfalls wurde rechtzeitig fertig.

Im folgenden Jahr wurden die Rohbauarbeiten abgeschlossen und der museale Ausbau begann. So wurde die Einrichtung des Museums am Ende der »Fresskette« mit Bestückung der Vitrinen, Objektmontagen und Inbetriebnahme der Haus- und Medientechnik unter Hochdruck zu einem nicht minder spannenden Wettlauf gegen die Zeit, wie es schon 1976 der Fall gewesen war. Etwa 500 Objekte mussten in 60 Vitrinen platziert und montiert, 4,5 Kubikmeter Archivmaterial bewegt werden.

Neueröffnung

Allen Widrigkeiten zum Trotz konnte das runderneuerte und erweiterte Museum am 26. Juli 2015 unter großem öffentlichem Interesse und bei kaum geringerer Hitze als bei der Grundsteinlegung zum Neubau zwei Jahre zuvor wiedereröffnet werden. Wahnfried war nun vollständig dem Leben und Schaffen Wagners vorbehalten und

Wiedereröffnung des neugestalteten Richard Wagner Museums am 26. Juli 2015

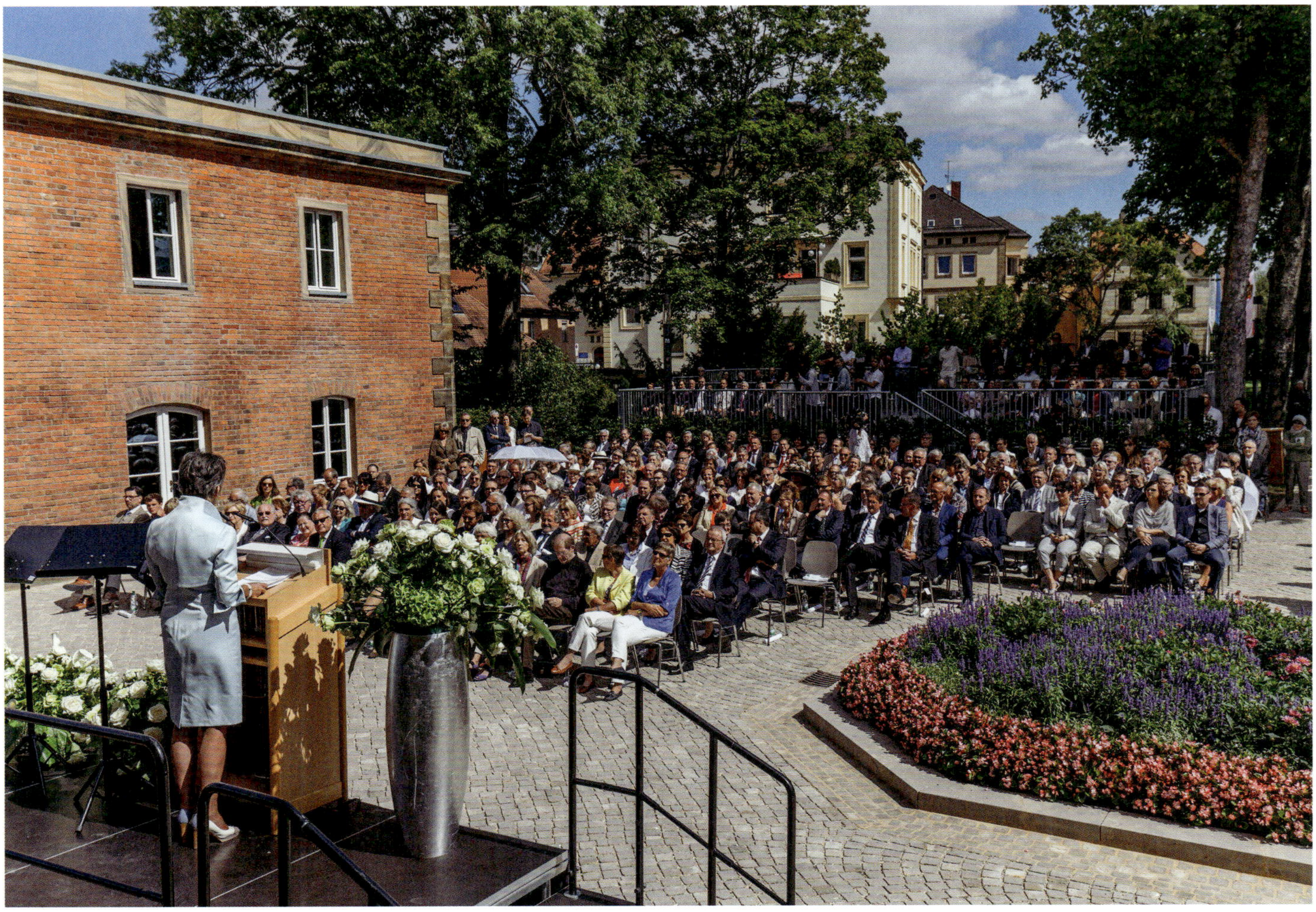

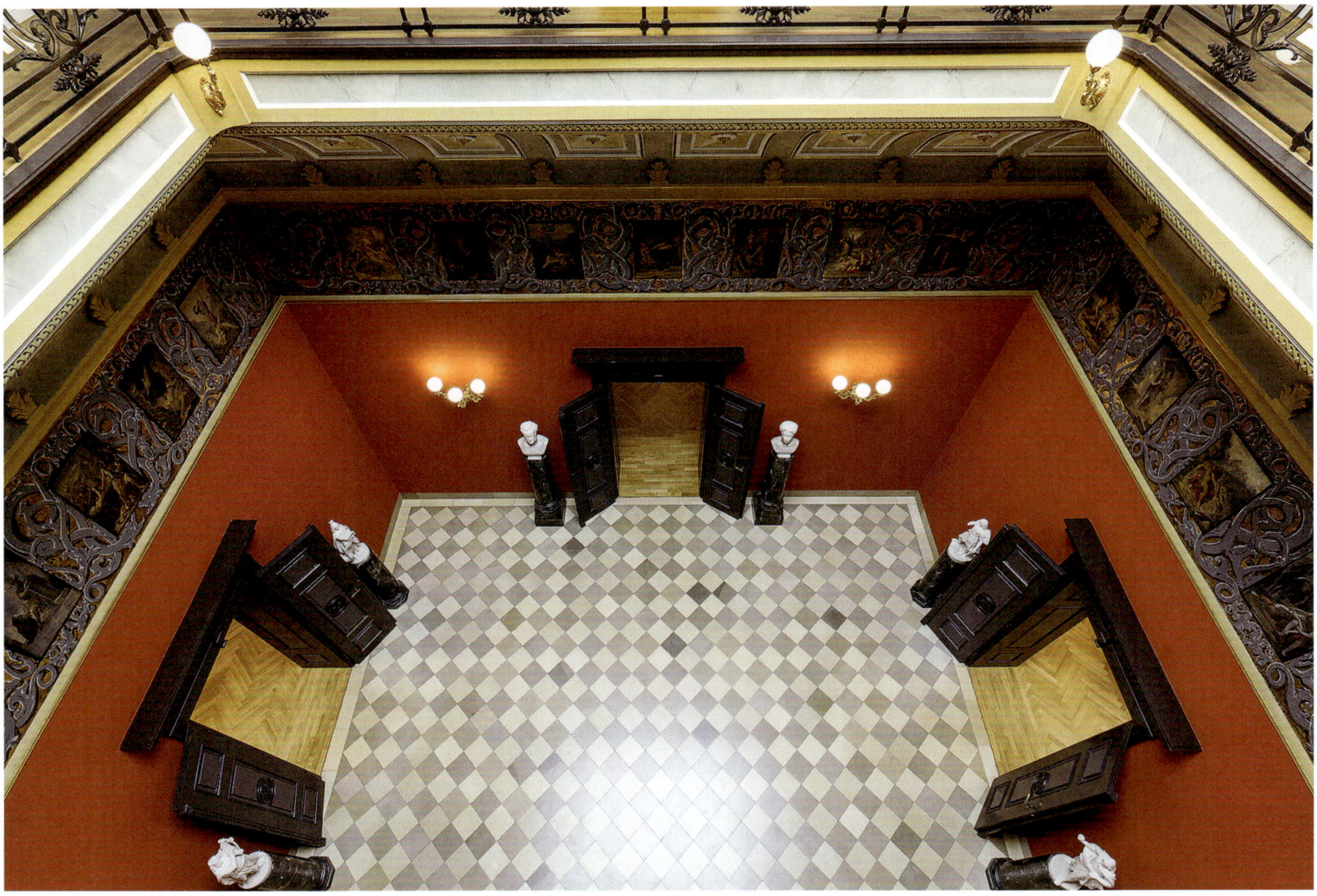

Haus Wahnfried, Blick von der Galerie in die Halle, 2015

steht damit naturgemäß nach wie vor im Mittelpunkt auch des neuen Museums. In den Räumen des Erdgeschosses soll die Lebens- und Schaffenswelt Wagners spürbar werden, die Wohnatmosphäre und die besondere Aura dieses sagenumwobenen Künstlerhauses. Hierzu wurden Decken, Wände und Böden nicht nur in Halle und Saal, sondern auch in den Nebenräumen nach den historischen Quellen erstmals vollständig rekonstruiert. Erfreulicherweise wurden trotz Mehrkosten auch die Stuckdecken in »Lila Salon« und Speisezimmer wiederhergestellt.

Im Saal konnte die erforderliche Klimatisierung ohne sichtbare Eingriffe realisiert werden, indem die Zuluft hinter den Bibliotheksschränken in den Raum, die Abluft durch die diskret abgehängten Rosetten und Bordüren in der Kassettendecke geführt wird. Der ursprünglich mit Teppichen bedeckte Dielenboden wurde durch Parkett ersetzt. Hierzu war der 1976 verlegte, schallschluckende, aber ahistorische rote Teppichboden entfernt worden, was bei Konzertveranstaltungen nicht zuletzt der Raumakustik spürbar zugutekommt. Schließlich wurde an den großflächigen Rotundenfenstern, die auf der Südseite dem Sonnenlicht besonders stark ausgesetzt sind, eine elektrisch fahrbare Außenverschattung installiert und Spezialglas zur Vermeidung von UV- und IR-Immissionen verwendet.

Bei der Farbgebung, beispielsweise bei den Wänden im Saal, konnten wir uns entweder an noch original erhaltenen Resten orientieren oder, wie im »Lila Salon«,

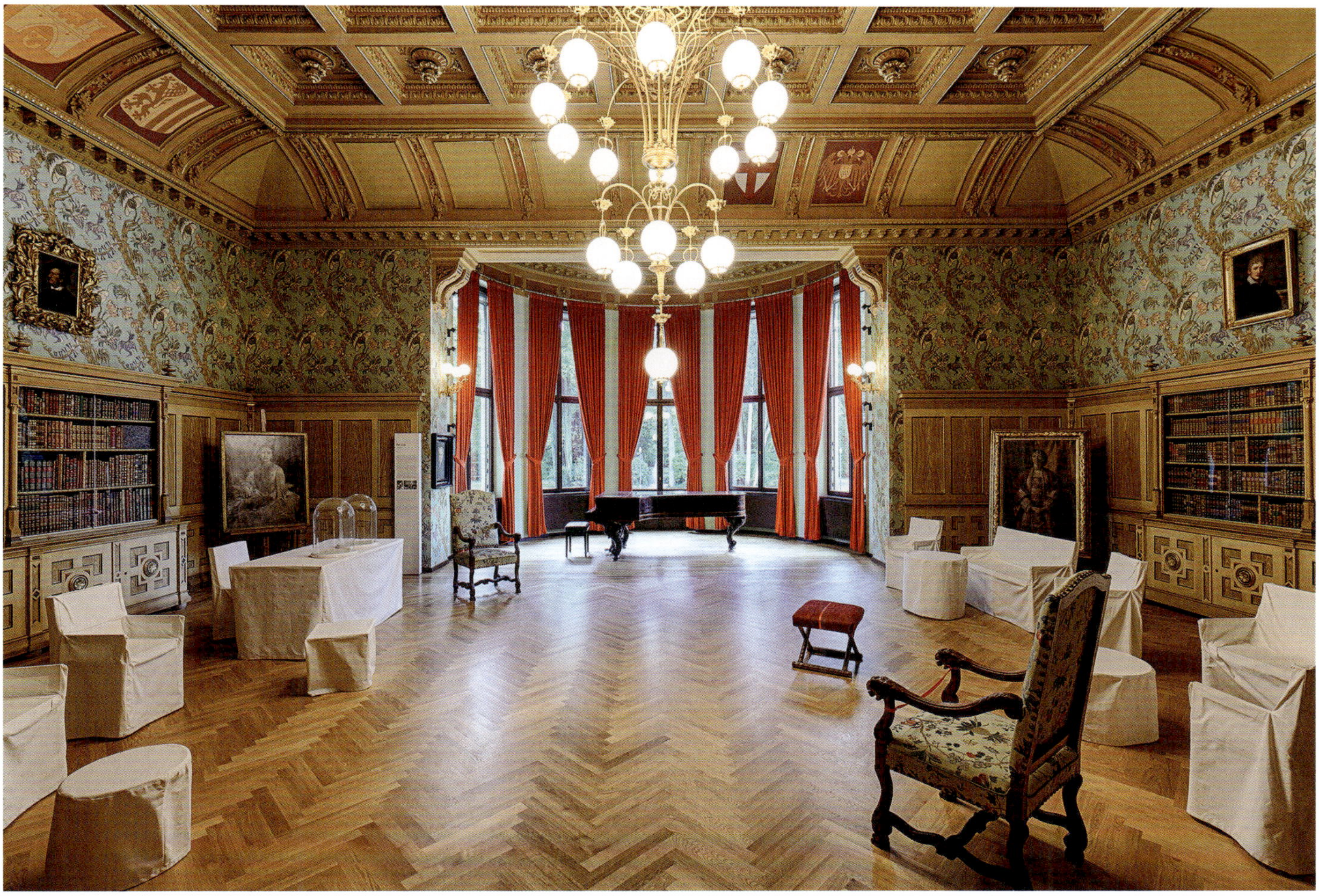

Haus Wahnfried, Saal, 2015

mittels einer Computersoftware aus den historischen Schwarzweißfotos und den darauf abgebildeten, noch original vorhandenen Gegenständen die entsprechenden Farbwerte der Tapete errechnen lassen. Damit ist jetzt auch wieder klar, warum der Raum »Lila Salon« genannt wurde. Dabei wurde in allen Räumen – nicht zuletzt aus Kostengründen – jedoch lediglich Fototapete verwendet, nicht wie ursprünglich Seide. Die Rekonstruktion sollte ja als solche stets bewusst bleiben und nicht als Imitation unabweisbar vergangener Geschichte erscheinen. Denn mit der Brandbombe, die das historisch authentische Wohnhaus Wagners am 5. April 1945 zumindest zur Hälfte unwiederbringlich zerstört hatte, war auch ein Teil des geistigen Sprengstoffs, der nicht nur, aber auch von hier seinen Ausgang genommen hatte, auf höchst symbolträchtige Weise auf einen seiner Ursprungs- und prominentesten Vermittlungsorte zurückgefallen. Das hatte auch bereits Wolfgang Wagner in seiner Rede zur Eröffnung des Museums 1976 zum Ausdruck gebracht, als er sagte: »Wahrscheinlich musste die Bombe auf Wahnfried fallen …«.

Für die museale Neukonzeption ergab sich daher die Herausforderung, den Wunsch nach einer anschaulichen und atmosphärisch glaubwürdigen Vermittlung der Aura der Lebenswelt Wagners am historisch authentischen Ort mit dessen unwiederbringlich verlorener Vergangenheit zu verbinden. Also mit dem Umstand seiner Geschichtlichkeit, die sich hier in der dramatischen Zerstörung und dem Verlust authentischer historischer Substanz des Gebäudes selbst wie auch seiner Inneneinrichtung niedergeschlagen hatte. Nachdem im Zuge der Bauarbeiten bislang vollständig unbekannte originale Befunde der ursprünglichen Wandgestaltung im nördlichen Haupttreppenhaus freigelegt und sogar der Rapport rekonstruiert werden konnte, erscheint nunmehr das gesamte Erdgeschoss des Hauses Wahnfried, einschließlich des Treppenhauses, zumindest in den Raumschalen wieder weitgehend in der Optik, wie sie Richard Wagner selbst gestaltet und gesehen hat. Das verlorene Mobiliar und die nicht mehr vorhandenen, jedoch auf historischen Fotos dokumentierten Einrichtungsgegenstände wurden dagegen durch mit Hussen bedeckte Attrappen als plastische Schattenrisse des Verlustes ersetzt, so, als ob Wagner mit seiner Familie für längere Zeit verreist sei (wie es in seinen letzten Lebensjahren mit mehrmonatigen Aufenthalten in Italien während der Wintermonate ja tatsächlich der Fall war) und daher die Möbel zum Schutz hatte abdecken lassen. Dass die Hussen auch an Leichentücher erinnern, unterstreicht den offensiven Umgang mit der Vernichtung des originalen Mobiliars, statt diese mittels einer Simulation von historischer Authentizität unter den Teppich zu kehren. Künftig ist überdies geplant, die historische Erscheinung mittels einer VR-Brille und damit als erkennbares medientechnisches Artefakt sichtbar werden zu lassen.

Dagegen werden alle noch original erhaltenen Gegenstände exakt an den Orten gezeigt, an denen sie sich auch zu Wagners Lebzeiten befanden. So liegen beispielsweise auf seinem nicht mehr vorhandenen und daher nur angedeuteten Schreibtisch seine Brille und sein Federhalter, geschützt durch Glasglocken für Tischuhren als Symbol für Zeit und Zeitlichkeit. Auch alle Ausstellungsgegenstände im »Lila Salon« sind demnach Originale an ihrem historisch verbrieften Ort. Das Prinzip lautet: Was alt aussieht, muss original sein, was nicht mehr original ist, darf nicht alt aussehen. So wurden die nicht mehr vorhandenen Kristall-Kronleuchter in den Nebenräumen durch eindeutig als modern zu erkennende Leuchten ersetzt – die allerdings an Kronleuchter erinnern. Im Saal hängen die Bilder der Familiengalerie ebenfalls wieder exakt so wie zu Wagners Lebzeiten – auch die beiden Porträts von Goethe und Schiller über der Eingangstür, die nicht mehr vorhanden sind und daher durch ebenfalls mit weißem Tuch bedeckte einfache Holzrahmen vertreten werden. Das hat überdies den Vorteil, dass die Stellvertreter mit einem Wert von wenigen Euro einfach entfernt und durch die Originale ersetzt werden können, sollten diese eines Tages doch wieder auftauchen und ins Haus gelangen. Auch kann der Saal auf diese Weise schnell und unkompliziert geräumt und eine Bestuhlung aufgestellt werden, wenn diese für Veranstaltungen benötigt wird.

Auf diese Weise entsteht die Anmutung des historischen Interieurs, ohne dieses jedoch künstlich zu behaupten und die noch vorhandenen, bewahrten und überlieferten Originale durch Vermischung mit nachgebauten Imitaten zu entwerten. Auch werden so Zeit und Zeitlichkeit, Verlust und Zerstörung, Original und Rekonstruktion als solche bewusst. Authentizität entsteht mithin durch den aufrichtigen und redlichen Umgang mit der Geschichte eines Ortes und nicht durch eine den Verlust und die Zerstörung überdeckende oder gar verleugnende künstliche Wiederherstellung einer tatsächlich unwiederbringlich vergangenen Epoche. Es geht um eine bewusste Vermittlung einer stets vergänglichen Geschichtlichkeit der Zeitläufte. So können wir guten Gewissens eine Szenografie in historischer Anmutung präsentieren, die zugleich deutlich macht, nur in Teilen auch *historisch* authentisch zu sein. Die Lebens- und Schaffenswelt Wagners erscheint so als museales Artefakt mit durchaus emotionalem Gehalt. Daher konnte uns die Erscheinung Wahnfrieds zu Wagners Lebzeiten um 1880 als Orientierung für die Gestaltung dienen, ohne die unwahrhaftige Illusion einer vermeintlich archäologisch konservierten historischen Wirklichkeit entstehen zu lassen.

Für den Außenbereich bedeutete dies, die beim Wiederaufbau 1974–1976 verkürzte Allee zur Richard-Wagner-Straße in ihrer ursprünglichen Länge und damit die historischen Proportionen der Gesamtanlage wiederherzustellen, den Verbindungstrakt zwischen Wahnfried und Siegfried-Wagner-Haus aus den 1960er Jahren abzureißen und die Außenanlagen des Parks samt Wegeführung und floralem Programm nach den historischen Plänen und Dokumenten neu zu gestalten.

Anders als für die Räume des Erdgeschosses gibt es für das Ober- und Zwischengeschoss des Hauses Wahnfried kaum aussagekräftige und brauchbare Dokumente über deren ursprüngliche Gestaltung. Auch von deren Einrichtung ist so gut wie nichts erhalten. Damit schieden hier rekonstruktive Maßnahmen von vorneherein aus. Lediglich für die Wandfarbe der Galerie hatte Wagner einmal geschrieben, es sei die eines »griechischen Mittagshimmels«. Dies gäbe an sich zwar weiten Raum für Interpretationen, nachdem aber der Zuschauerraum im Festspielhaus dem antiken griechischen Theater nachgebildet ist und die Deckenbemalung demnach ein Sonnensegel zeigt, durch dessen Spannzwickel eben

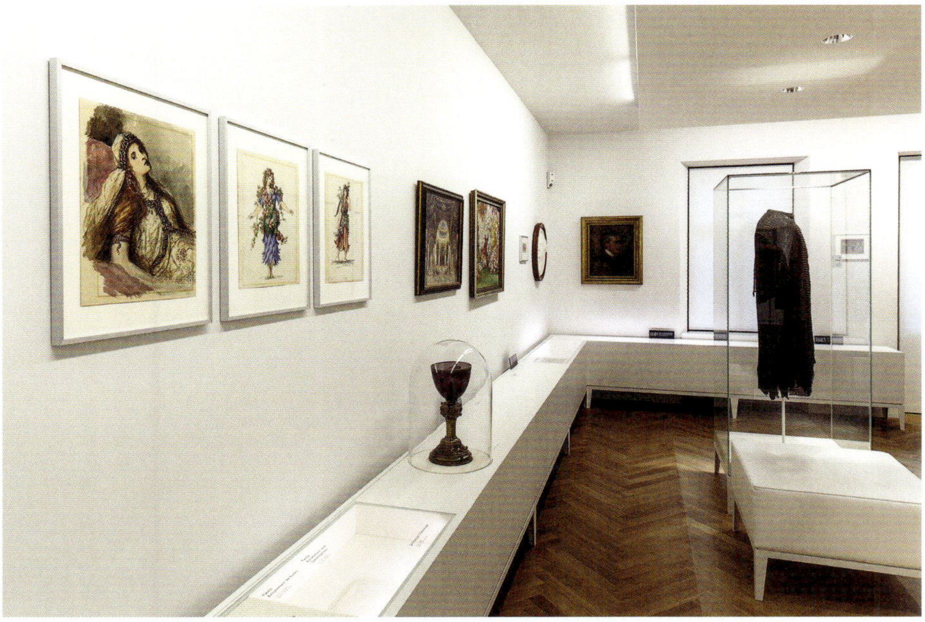

Haus Wahnfried, Obergeschoss, Dauerausstellung mit Objekten zur Uraufführung des *Parsifal* 1882

jener griechische Mittagshimmel hindurchscheint, haben wir uns bei der Farbgebung genau daran orientiert.

In den Räumen finden die Besucher – wie auch schon früher – eine allerdings vollständig überarbeitete, neu erschlossene und gestaltete Dokumentation zu Leben und Schaffen Richard Wagners mit wertvollen Exponaten und Archivalien aus dem Archiv. Wir zeigen fast ausschließlich Originale, da nur diese die spezifische Aura der Einmaligkeit besitzen und es das Privileg von Museen ist, Originale zu zeigen. So, wie man sich nicht vorstellen möchte, in einer Gemäldegalerie mit Kopien abgespeist zu werden, so wollten auch wir Replikate nur in Ausnahmefällen verwenden. Den konservatorischen Gegenargumenten können wir dadurch begegnen, dass sämtliche Vitrinen durchschuss- und alarmgesichert, die Räume klimatisiert sind und der Lichtexposition durch eine Minimierung des UV-Anteils Rechnung getragen wird. Das erreichen wir durch die Verwendung moderner LED-Leuchtmittel, durch die Abdeckung der Fenster sowie dauernde Überwachung des Zustands der Handschriften. Außerdem ist das Material konservatorisch weitgehend unkritisch und die empfohlene Lichtmenge von maximal 50 Lux ist überdies ein Durchschnittswert, der sich auch dann ergibt, wenn die Handschriften tagsüber heller beleuchtet sind und dafür nachts im Dunkeln liegen.

Die Besucher werden grundsätzlich nie auf bestimmte Führungs- und Vermittlungslinien gezwungen, sondern können sich auf dem gesamten Museumsareal mit allen drei Gebäuden frei bewegen und an jedem Punkt in die Ausstellungen »einsteigen«. Als Hilfsmittel steht ohne Zusatzentgelt ein modernes Mediaguide-System zur Verfügung, sodass das Museum mit allen Sinnen wahrgenommen kann: Das Schauen wird nicht durch den Zwang zum Lesen gestört, die Erläuterungen und Kommentare zu Räumen und Objekten werden nicht zu unschönen »Wandzeitungen«, sondern akustisch vermittelt und durch Illustrationen auf einem kleinen Monitor ergänzt. Das hat überdies den Vorteil der problemlosen Realisierung einer mehrsprachigen Vermittlung: neben Deutsch auch in Englisch und Französisch sowie barrierefrei mit Audiodeskription und Gebärdensprache.

Wie in vielen museal genutzten Wohnhäusern stehen Ansprüche und Erfordernisse der Präsentation oft im Widerspruch zu den räumlichen Gegebenheiten und stellen damit die Ausstellungsgestalter vor besondere Herausforderungen. Sind im Haus Wahnfried bereits im Obergeschoss einige Räume für Museumsbedürfnisse recht klein, so kommt bei denen des Zwischengeschosses (wie auch im Untergeschoss) auch noch eine beinahe bedrückend geringe Raumhöhe hinzu. So wird das Zwischengeschoss ganz bewusst als Vertiefungsebene abseits des biografischen Narrativs in den Räumen des Obergeschosses genutzt. Hierzu kann man über die engen Wendeltreppen in die beiden Kabinette hinabsteigen. Im westlichen Kabinett, das leider als einziger Bereich des Hauses nicht barrierefrei zugänglich ist, befinden sich in zwei Großvitrinen Artefakte und Gegenstände aus dem persönlichen Besitz, dem täglichen Leben und dem Hausstand Richard und Cosima Wagners, während das östliche Kabinett zur Darstellung des Archivs, seiner Sammlung, Geschichte und Arbeit thematisch wechselnde Grafik- und Handschriftenbestände sowie auch kleinere Themenausstellungen präsentiert.

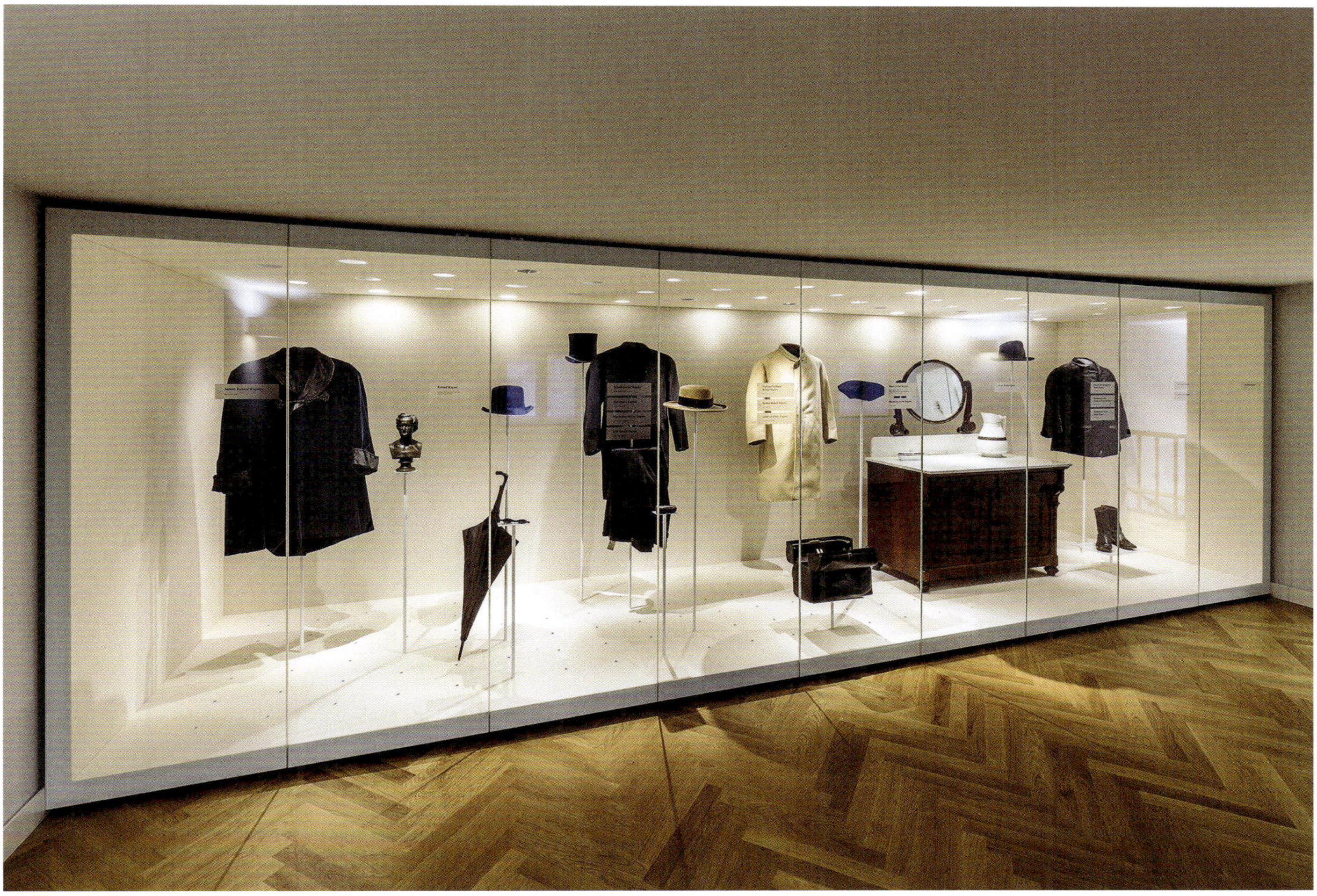

Haus Wahnfried, Zwischengeschoss, Vitrine mit Kleidungsstücken Richard Wagners, 2015

Das »Klingende Museum« im Saal hatte Wagners musikalische Werke und ihre vielfältigen Interpretationen stets beeindruckend vermittelt. Dadurch erschien der Raum allerdings als Hybrid eines Vermittlungsortes mit Konzertbestuhlung in historisch authentisch anmutender Dekoration. Nach dem neuen Konzept sind museale Erscheinung einer Wohnraum-Anmutung und funktionale Nutzung als Veranstaltungsort getrennt, eine Konzertbestuhlung wird nur bei Bedarf aufgestellt. Gleichwohl ist eine unsichtbare Lautsprecheranlage vorhanden.

Schon Beethoven hat einmal gesagt, die Grundlage aller Musik sei Stille. Er musste es ja wissen ... Und genau diese Stille ist es, die viele Museumsbesucher als Insel der Ruhe in dem lärmenden Ozean unserer Welt mit der dauernden akustischen Belästigung durch Lounge-Musik und Signaltöne schätzen. Daher wollen wir Wagners Musik auch nicht als Hintergrundbeschallung missbrauchen, abgesehen davon, dass einem das nur auf die Nerven gehen kann, da Wagner vollständige Hingabe und Konzentration des Hörers verlangt. So verstehen wir die Musik ebenfalls als Exponat, dem man sich nun in zwei Audiotheken des Neubaus nach Herzenslust und eigener Auswahl widmen kann.

Im Wahnfried-Untergeschoss befindet sich eine »Schatzkammer« mit der sogenannten Dresdner Bibliothek und wertvollen Notenhandschriften Richard Wagners, im Mittelpunkt eine autografe Partitur-Reinschrift zum jeweils bei den

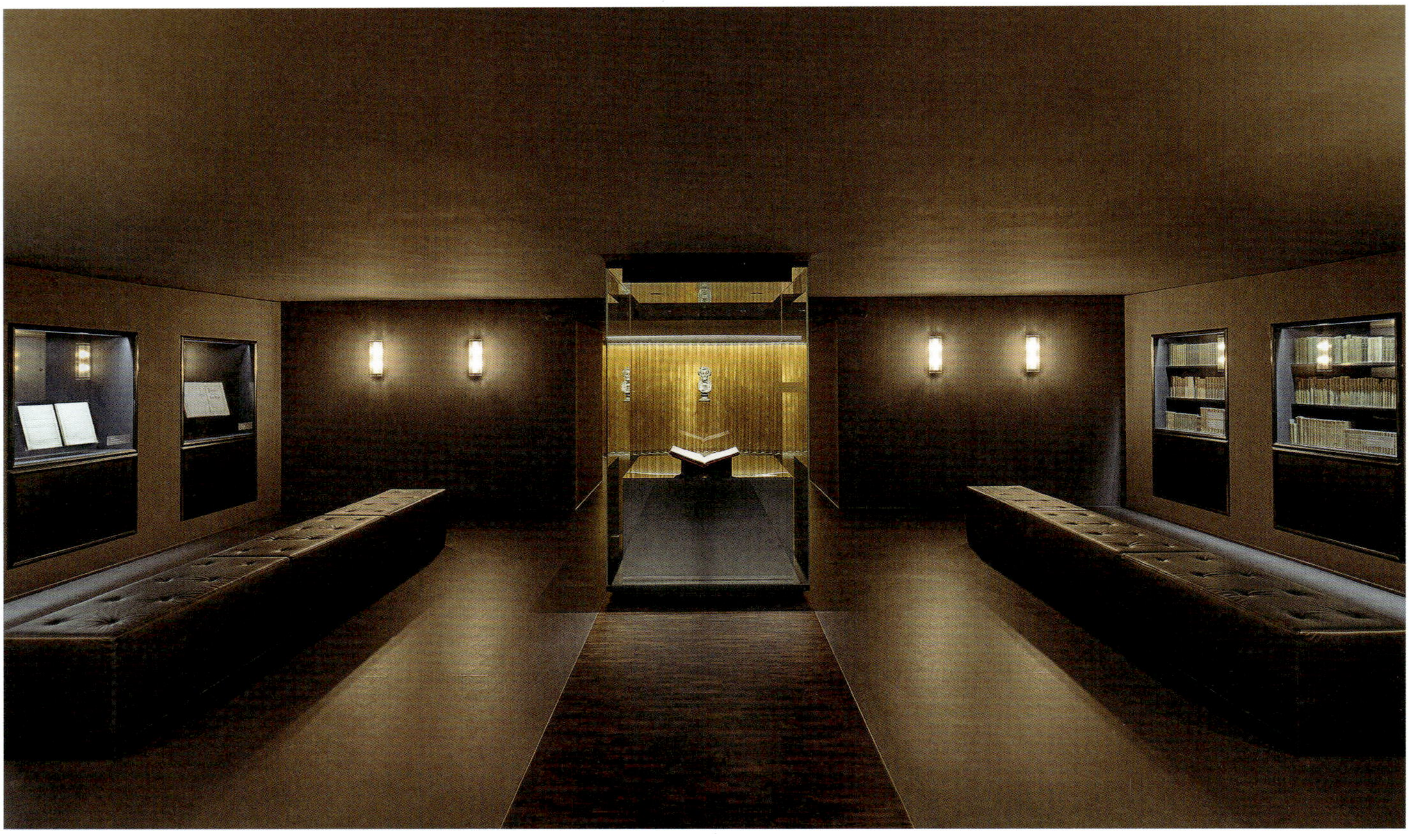

Haus Wahnfried, Untergeschoss, »Schatzkammer« mit Büste Richard Wagners von Lorenz Gedon und der Dresdner Bibliothek auf der rechten Seite, 2015

Festspielen neu produzierten Werk. Im Gegensatz zu der bewusst in nüchternem Weiß gehaltenen Präsentationsarchitektur des Obergeschosses herrscht hier eine dunkle, mystisch-sakrale Stimmung mit Sitzbänken rechts und links, einem »Altar« in der Mitte und einem goldenen Theatervorhang in der Apsis, vor dem die Bronzebüste des »Meisters« von Lorenz Gedon schwebt und so über sein Werk wacht. Bei aller berechtigten und nötigen kritischen und auch ironischen Distanzierung ist der Mythos doch ebenfalls ein nicht unwesentlicher Aspekt der Wirkung Wagners. Wer möchte, kann diese Raumgestaltung aber auch als mit einem Augenzwinkern gedacht verstehen.

Hier kann der Besucher etwas über die Arbeitsweise Wagners von den epischen Quellen und der dramatischen Idee über die Entstehung des Librettos bis hin zur Komposition erfahren. Da aber jedes musikalische und dramatische Werk nur Literatur bleibt, solange es nicht in der Aufführung im Konzertsaal oder auf der Bühne lebendig wird, vermittelt im Nebenraum die »Interaktive Partitur«, die sich zu einem besonderen Besuchermagneten entwickelt hat, die Rückverwandlung der notierten musikalischen Idee in realen Klang. Dabei werden multimedial und interaktiv unter anderem einige zentrale Prinzipien der Kompositionsweise Wagners ebenso erläutert wie die Bedeutung der musikalischen Interpretation. Vollkommen innovativ ist hierbei das »Interaktive Orchester«, bei dem der Besucher bei der realen Aufführung dreier Orchesterstücke Wagners Instrumentengruppen nach freier Wahl ein- und ausschalten und miteinander kombinieren kann, um auf diese Weise spielerisch die überragende Instrumentationskunst

Wagners zu erleben. Schließlich wird auch gezeigt, wie Wagners wirkungsmächtige und ausdrucksstarke musikalische Kompositionen als Vorläufer der Filmmusik fungieren und auch als solche Verwendung finden. Als hoch emotionale Klangillustration verschiedenster Filmbilder, aber auch in ihrem einschlägigen ideologischen Rezeptionskontext kommt es dabei zwischen Bild und Musik häufig zu spannenden, intensiven, aber auch ironischen Bedeutungstransfers.

Herausforderung Ideologiegeschichte

Dauerhafter Bestandteil des Museums ist seit der Neugestaltung auch die Ideologiegeschichte Wagners. Im historischen Erdgeschoss des Siegfried-Wagner-Hauses begegnen Besucher dem Nachleben und den Nachfahren Wagners, seinem geistigen Erbe und dessen Vertretern sowie den Bewohnern Winifred Wagner und Adolf Hitler. Es geht dabei nicht um ein wohlfeiles Bekenntnis angesichts des schwierigen Kapitels deutscher und Bayreuther Geschichte, sondern um die Zusammenhänge zwischen ästhetischer und politischer Ideologie, um Bayreuth und das sogenannte Dritte Reich, um die Familie Wagner und Adolf Hitler – aber es geht auch um Wagner-Kritik, die Opposition und die Reflexion dieser Epoche nach dem Zweiten Weltkrieg.

Dabei werden die einzigen historisch authentischen und unter Denkmalschutz stehenden Räume und deren Gestaltung nicht durch museale Präsentationsarchitektur, durch Vitrinen und darin ausgestellte Objekte überformt, sondern in ihrer zeitgeistigen Erscheinung und atmosphärischen Wirkung ganz unmittelbar als museale Objekte präsentiert. Erstmals sind auch die ursprünglichen Erdgeschossräume aus der Zeit vor der baulichen Erweiterung des Hauses nach Siegfried Wagners Tod 1930 sowie das vollständig erhaltene Speisezimmer Winifred Wagners öffentlich zugänglich.

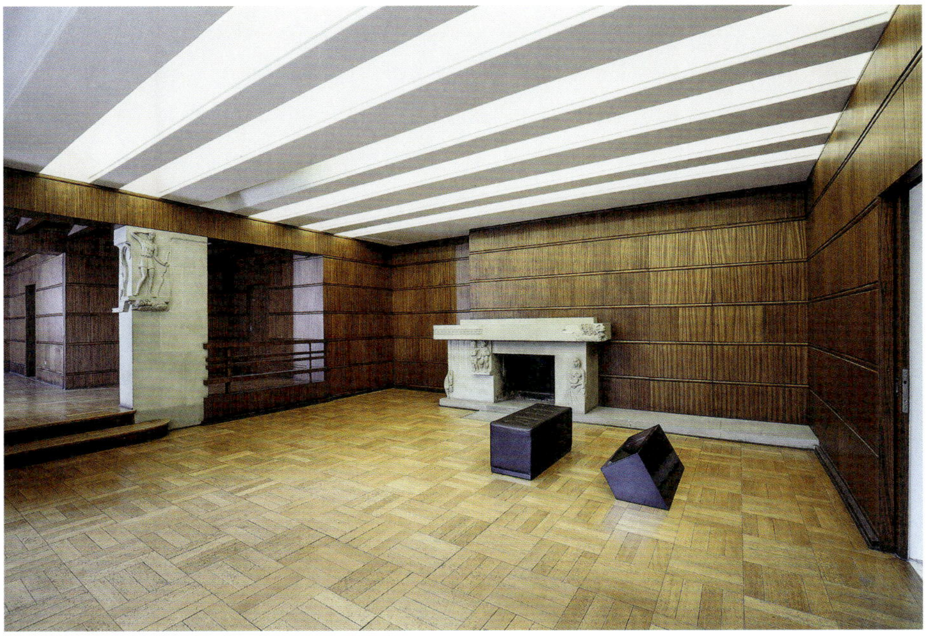

Siegfried-Wagner-Haus, Kaminzimmer mit originaler Holzverkleidung aus den 1930er Jahren und Monitor, 2015

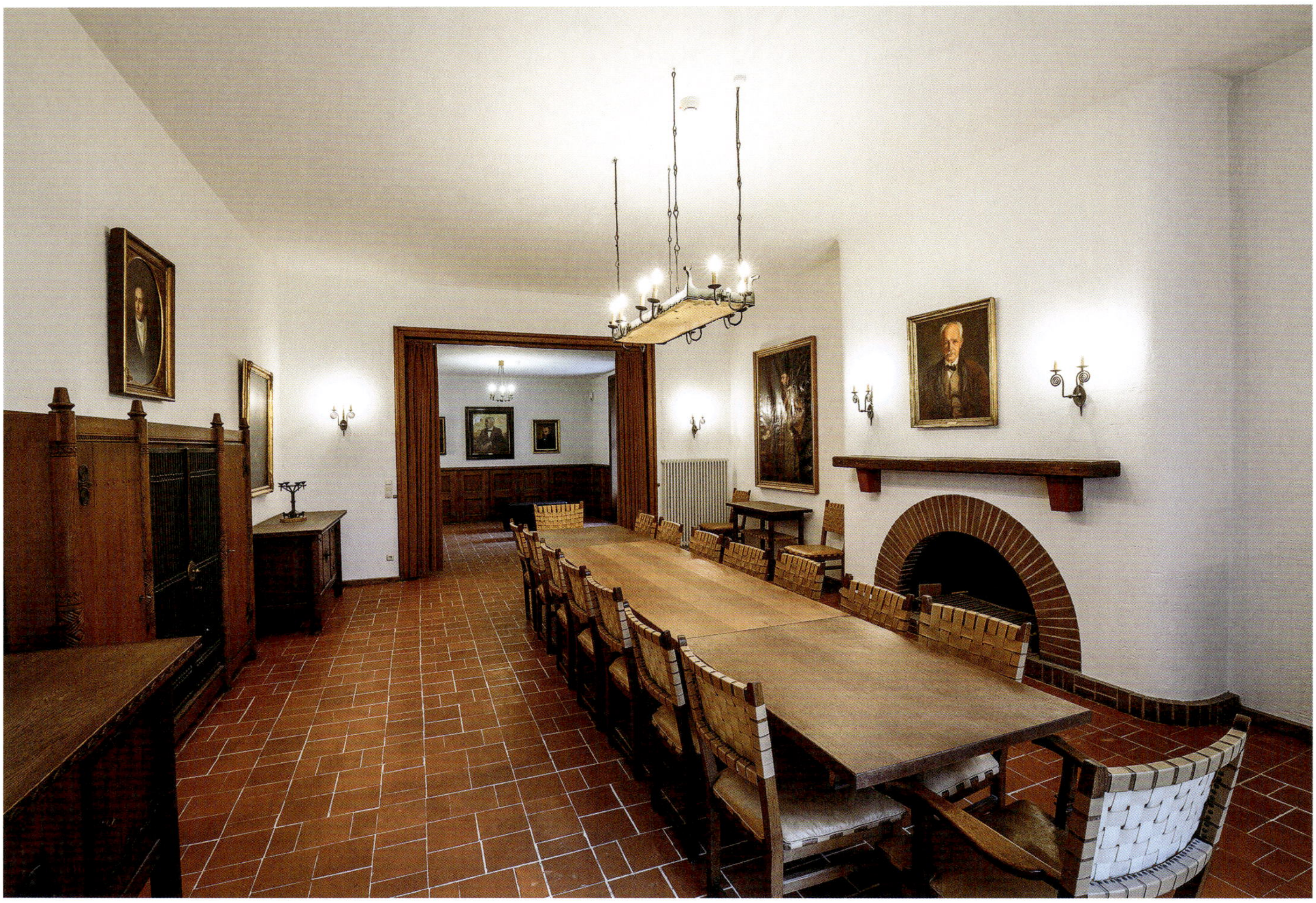

Siegfried-Wagner-Haus, Esszimmer mit originaler Ausstattung aus den 1930er Jahren, 2015

Das Haus ist nicht nur durch die besondere Prominenz der Raumgestaltung aus den 1930er Jahren gekennzeichnet. Großbürgerliche Wohninterieurs aus dieser Zeit sind nur selten erhalten. Denn anderswo folgte man nach der NS-Zeit so verschämt wie bereitwillig der neuen Mode der 1950er Jahre und ersetzte die klassizistisch-germanisierende Sachlichkeit einer depravierten Bauhaus-Moderne mit ihren in jeder Hinsicht allzu rechten Winkeln durch die bunten und runden Wohn-Dekorationen mit Nierentisch und Tulpenlampe. Winifred Wagner dagegen sah aufgrund ihrer ungebrochenen ästhetischen wie politischen Ansichten überhaupt keinen Grund oder Anlass, die von ihr bis zum Tod 1980 bewohnten Räume gestalterisch grundlegend zu verändern.

Zur inhaltlichen Dokumentation und Vermittlung der Ideologiegeschichte Wagners am historisch prädestinierten Ort des Siegfried-Wagner-Hauses erschienen museale Objekte weniger geeignet, geht es doch im Wesentlichen um ein historisches Narrativ. Hierzu dienen in den einzelnen Räumen wie Stolpersteine auf die Böden montierte Monitore, auf denen Dokumente, Bilder und Filme gezeigt werden, während der erläuternde Kommentar als Stimme im Raum erklingt. Über den Media-Guide sind die Texte auch in englischer und französischer Sprache zu hören und werden automatisch mit den in Endlosschleife laufenden Kurzfilmen synchronisiert.

Im Vestibül erhalten Besucher zunächst eine kurze Einführung in die Geschichte des Siegfried-Wagner-Hauses und das Thema der Präsentation. Vor dem Speisezimmer geht es unter dem Titel »Wini und Wolf« um die persönliche Beziehung zwischen Hitler und der Familie, vor allem zu Winifred Wagner. Im »Kaminzimmer« werden unter dem Titel »Ideologie« Wagners Antisemitismus und die Verwandlung von Ästhetik in Politik im Dritten Reich behandelt. Die Leitfrage »Wieviel Hitler ist in Wagner und wieviel Wagner in Hitler?« ist natürlich komplex und heikel. Da dürfen in den Texten keine sachlichen Fehler vorkommen und auch kein falscher, missverständlicher Zungenschlag. Daher war deren Erstellung eine besondere Herausforderung, das dankenswerte Lektorat durch das Institut für Zeitgeschichte München ein dringender Wunsch. Die *Süddeutsche Zeitung* jedenfalls schrieb: »Das Richard Wagner Museum macht keinen Bogen mehr um die Tatsache, dass Bayreuth zu den geistigen Zentren des Dritten Reichs gehörte.« Die vierte und letzte Station im »Gartenzimmer« befasst sich schließlich mit der gegen die völkische Wagner-Aneignung gerichteten »Opposition und Kritik«. Hier kommen die kritischen Wagnerianer wie Friedrich Nietzsche und Thomas Mann ebenso zu Wort wie die Familienmitglieder, die bewiesen haben, dass man als Nachkomme Wagners kein Nazi sein muss. Genannt seien Winifred Wagners rebellische Tochter Friedelind (1918–1991), die mit 21 Jahren aus Protest gegen ihre Mutter und Hitler ins amerikanische Exil gegangen war, und Wagners ältester Enkel, der Sohn seiner später von Cosima verstoßenen Lieblingstochter Isolde (1865–1919) Franz-Wilhelm Beidler (1901–1981), der nach dem Zweiten Weltkrieg mit seiner Schrift *Bedenken gegen Bayreuth* gegen ein kritikloses »Weiter so!« und für ein alternatives Festspielkonzept votiert hatte. Schließlich wird die ideologiekritische Wagner-Rezeption nach dem Krieg, namentlich der »Frankfurter Schule« mit Theodor W. Adorno (1903–1969), Ernst Bloch (1885–1977) und Hans Mayer (1907–2001), ebenso dargestellt wie die ideologiekritischen Interpretationen des sogenannten Regietheaters, welche die Wirkungsgeschichte als Teil des Werks zeigen.

Der Neubau

Die bauliche Sanierung und museale Erneuerung des Hauses Wahnfried und des Siegfried-Wagner-Hauses waren im Gesamtprojekt planerisch wie finanziell trotz allem der vergleichsweise deutlich geringere Aufwand. Wesentliche Bestandteile der technischen Sanierung und Erneuerung waren die dringend erforderliche, jedoch ebenso wie die zentrale Sicherheits-, Anlagen- und Steuerungstechnik hochkomplexe und aufwendige Klimatisierung des Museums, was den Exponaten ebenso zugutekommt wie der Aufenthaltsqualität für die Besucher, sowie der bislang fehlende barrierefreie Zugang, der nun durch drei neue Aufzugsanlagen gewährleistet wird. Davon befindet sich eine im Ostflügel des Hauses Wahnfried und verbindet alle Geschosse, eine im Neubau, die zugleich als Lastenaufzug mit Zugang in das neue Depot ausgelegt ist, sowie eine in der unterirdischen Verbindung zwischen Neubau und Wahnfried zum Niveauausgleich zwischen beiden Gebäu-

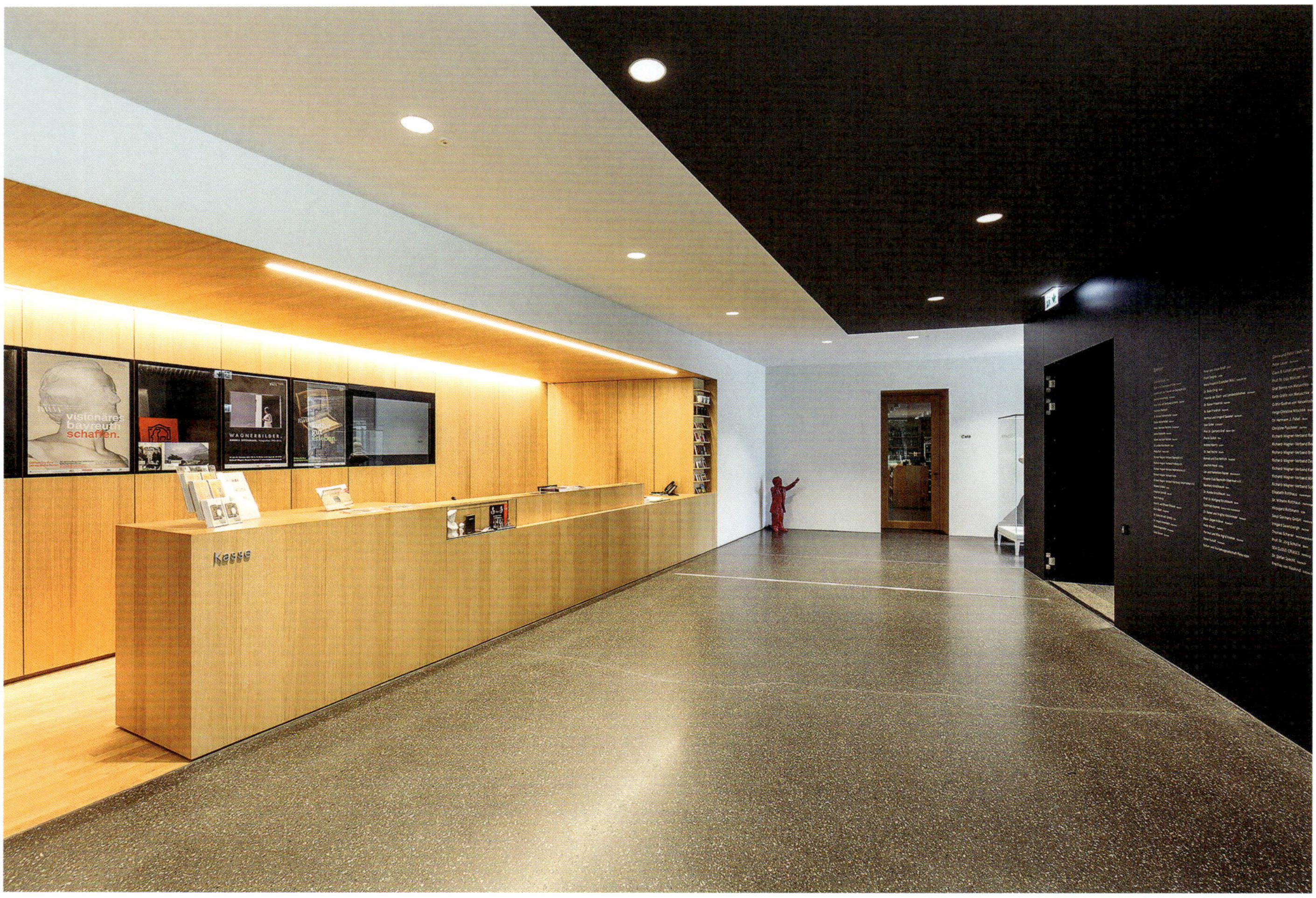

Neubau, Eingangsbereich mit Kassentresen, 2015

den. Im Siegfried-Wagner-Haus hingegen sind lediglich zwei Treppenstufen im »Kaminzimmer« zu überwinden.

Von außen augenfällig ist vor allem der neue Galeriebau im westlichen Teil des Wahnfried-Parks. Waren im Rahmen des Architektenwettbewerbs verschiedenste Möglichkeiten einer baulichen Erweiterung des Museums vorgestellt und durchgespielt worden, so erwies sich schließlich der Entwurf Volker Staabs als der sinnvollste, praktikabelste und ansprechendste. Errichtet auf einem Grundstücksteil, der zu Wagners Lebzeiten noch gar nicht zu seinem Anwesen gehörte, sondern erst von Winifred Wagner in den 1930er Jahren hinzugekauft worden war, markiert die gläserne Gebäudevorderseite nunmehr ziemlich genau die einstige Westgrenze des ursprünglich symmetrischen Grundstücks. Auch entspricht der Neubau in punktsymmetrischer Projektion dem Siegfried-Wagner-Haus mit Wahnfried im Zentrum. Die moderne, gleichwohl zurückhaltende Gestaltung des flachen Baus wirkt leicht und transparent, vergrößert die Optik des Parks in den großen spiegelnden Glasfronten und bezieht den Besucher auch innerhalb des Baus stets auf das gesamte Ensemble. Der besondere Rang von Staabs Arbeit für das Museum kam 2017 in der Verleihung des Preises für »Bauen im Bestand« der Bayerischen Architektenkammer und des Kunstministeriums zum Ausdruck.

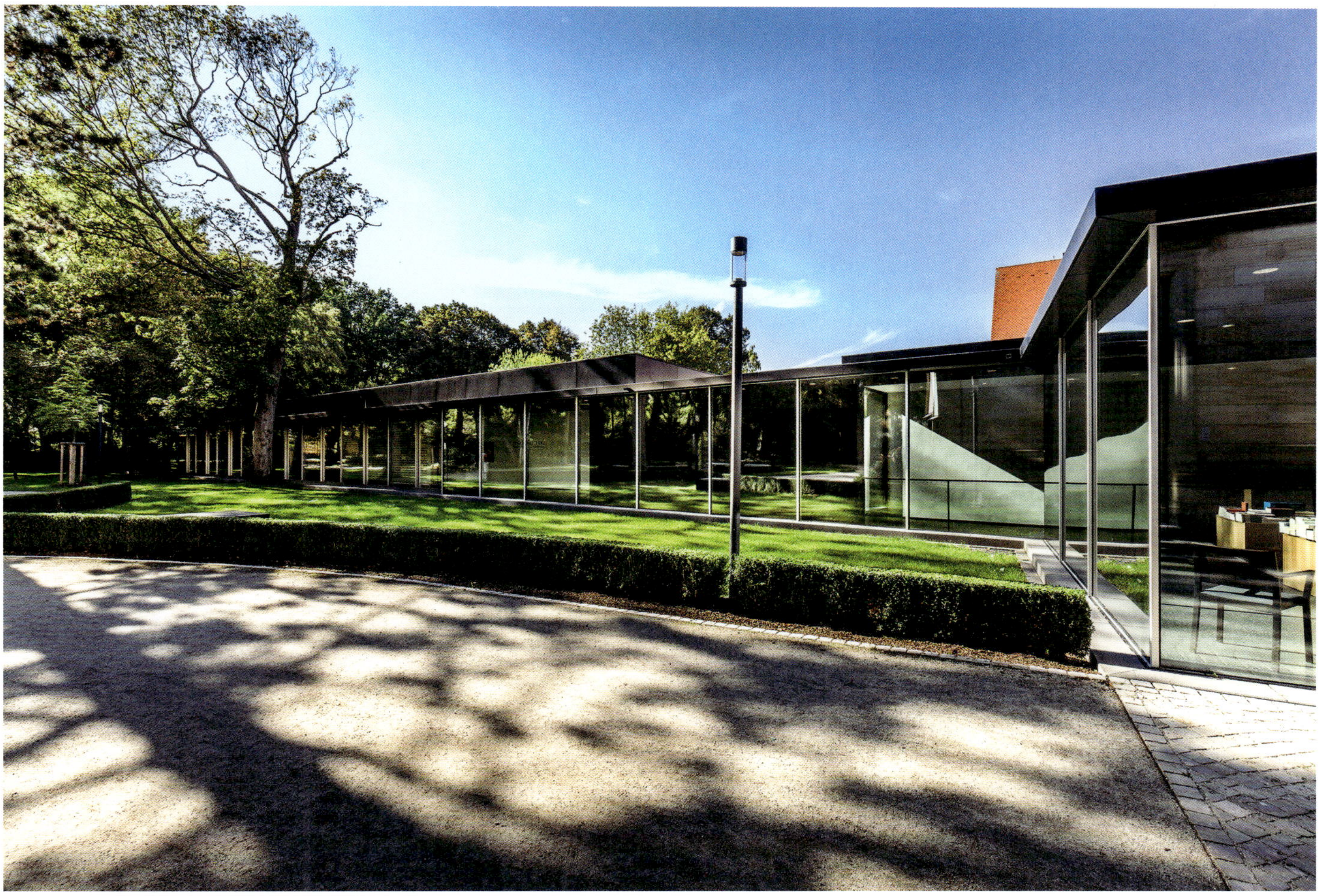

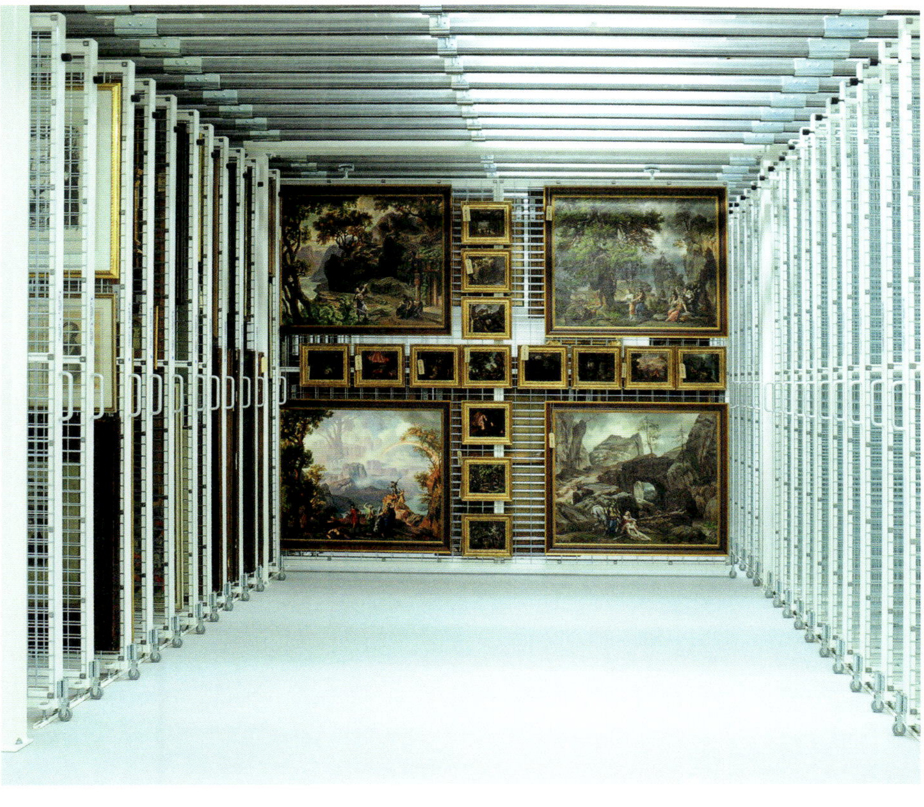

Neubau von außen, 2015

Depot mit Gemäldezuganlage, 2015

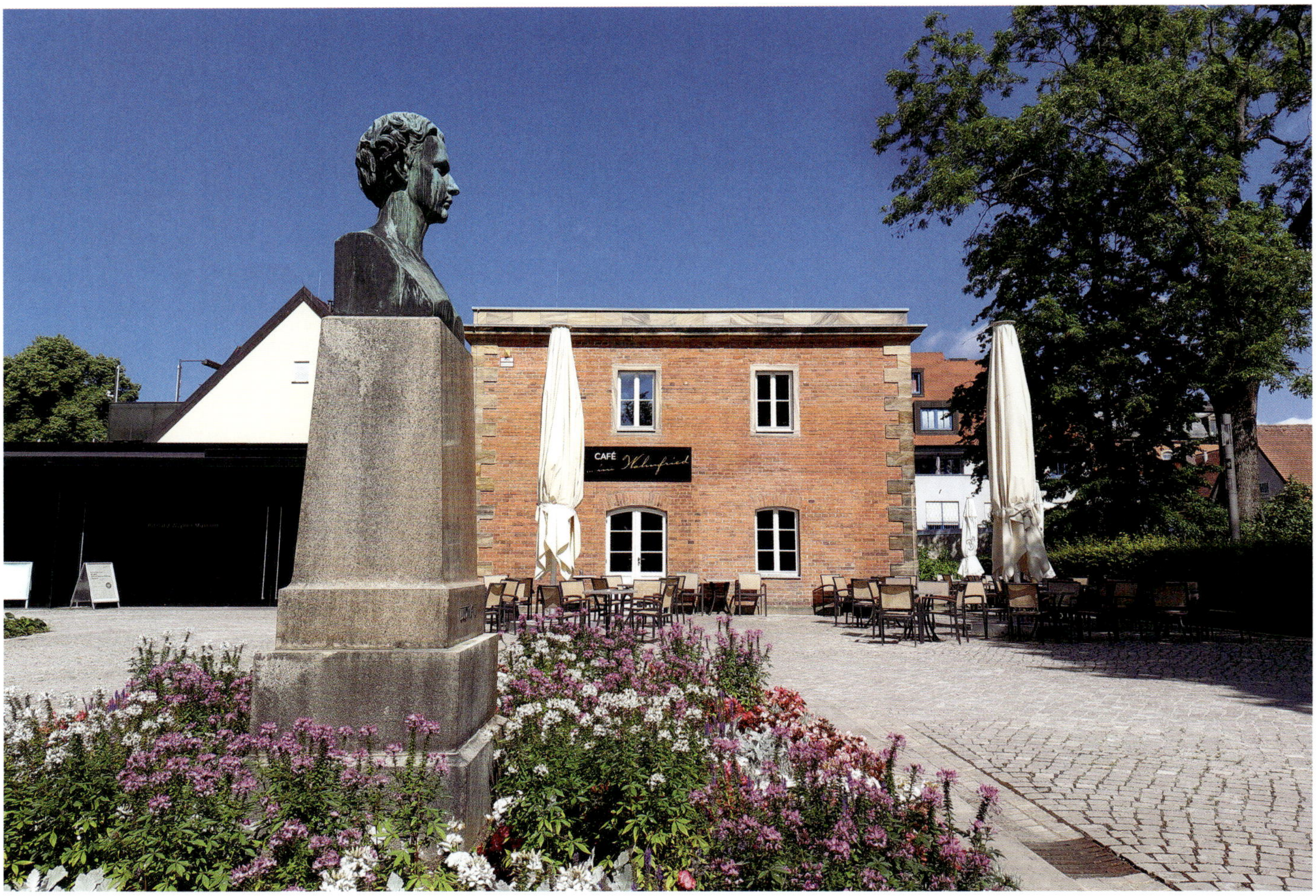

Café Wahnfried im ehemaligen Gärtnerhaus, 2023

Neben den sichtbaren und jedermann zugänglichen Bereichen umfasst der Neubau auch ein angemessen großes, auf Zuwachs eingerichtetes Depot nach dem neuesten technischen Stand unter dem Vorplatz des Hauses Wahnfried. So sitzt der König als Denkmal jetzt gleichsam wie Fafner auf dem Hort. Denn selbstverständlich können längst nicht alle Sammlungsgegenstände in den Dauerausstellungen gezeigt werden und benötigen, wie auch die hochwertvollen Schätze des Archivs mit dem handschriftlichen Nachlass Richard Wagners, eine auf Dauer konservatorisch und sicherheitstechnisch angemessene Aufbewahrung. Neben verschiedenen Funktions- und Andienungsräumen befindet sich hier auch der neue, separat und doppelt abgesicherte Tresorraum für die Handschriften. Für den Brandschutz und zur Schädlingsbekämpfung wurde außerdem eine Sauerstoffreduktionsanlage eingebaut. Der große Depotraum selbst ist mit einer ruckfreien Zugregalanlage, Planschränken und einer Fahrregalanlage mit zwei Schwerlastregalen ausgestattet.

Der Neubau entlastet die bisherige bauliche Infrastruktur von dort nur unzureichend möglichen Museumsfunktionen und bietet als Erweiterung insgesamt deutlich mehr Ausstellungs-, Veranstaltungs- und Serviceflächen als bisher. So können Haus Wahnfried und das Siegfried-Wagner-Haus jetzt vollständig für die Dauerausstellungen zu Wagners Leben, Schaffen und Werk sowie seiner Rezep-

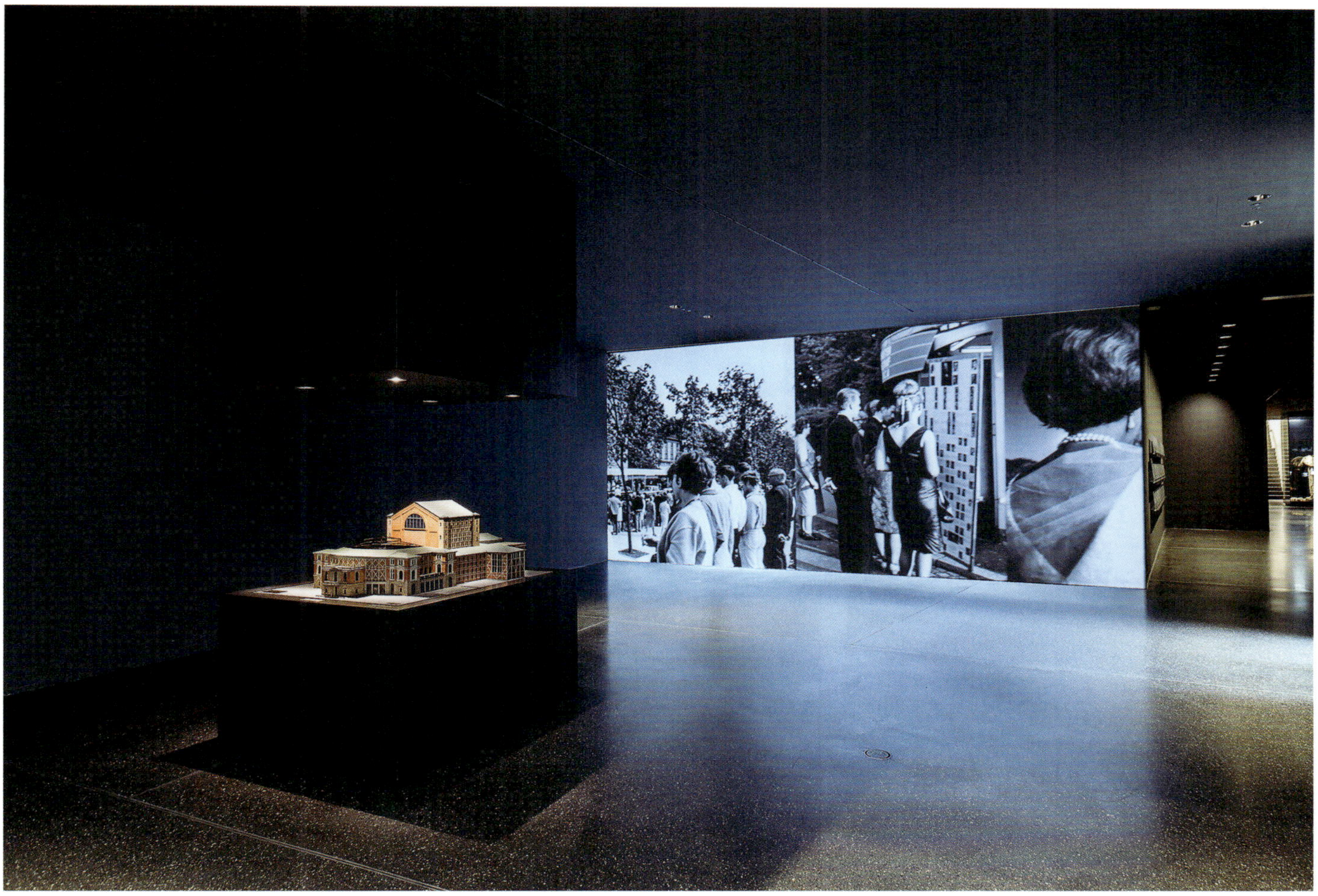

Neubau, Untergeschoss mit Modell des Festspielhauses, 2015

tions-, Wirkungs- und Ideologiegeschichte genutzt werden. Die Einrichtungen für den Besucherservice, Kasse und Information, Museumsshop und Museumscafé befinden sich sämtlich im Foyer des Neubaus sowie dem Erdgeschoss des ehemaligen Gärtnerhauses mit direktem Zugang.

Ursprünglich war sogar ein veritables Restaurant am Südende des Neubaus an der Grenze zum Hofgarten geplant, zumal dieser bis heute in keiner Weise gastronomisch erschlossen ist. Im Oktober 2011 kam ein in Auftrag gegebenes Gastronomie-Gutachten jedoch zu dem Ergebnis, das ein solches Restaurant kaum wirtschaftlich zu betreiben sei. Denn außerhalb der besonders besucherstarken Sommermonate ist die Nachfrage vor allem zwischen November und Februar eher bescheiden. So wurde schließlich das ehemalige Gärtnerhaus zum Standort des neuen Museumscafés. Glücklicherweise konnten wir das Ansinnen eines reinen Automatenbetriebs abwenden, sodass das Café im Schatten Wahnfrieds zu einem der schönsten und begehrtesten Anlauf- und Treffpunkte in der Stadt geworden ist.

Im Untergeschoss des Neubaus schließlich befindet sich neben Garderobenschränken und Sanitäranlagen die Dauerausstellung zu den Festspielen. In einem großzügigen Vestibül steht zentral ein großes Modell des Festspielhauses. Hier lassen sich Entstehung und Besonderheiten dieses eigentümlichen Theaterbaus vorzüglich erläutern. Eine wandgroße Projektion zeigt durchlaufend historische fotografische Impressionen vom »Environment« der Festspiele, der Umgebung des Festspielhauses und das Publikum vor und nach der Vorstellung sowie während der Pausen. Auch dies ist ja Teil des »Gesamtkunstwerks«, oder wie Goethe im »Vorspiel auf dem Theater« zum *Faust* schrieb:

> *»Die Pfosten sind, die Breter* [sic!] *aufgeschlagen,*
> *Und jedermann erwartet sich ein Fest.*
> *Sie sitzen schon, mit hohen Augenbraunen,*
> *Gelassen da und möchten gern erstaunen.*
> *[...]*
> *Zwar sind sie an das Beste nicht gewöhnt,*
> *Allein sie haben schrecklich viel gelesen.*
> *Wie machen wir's? daß alles frisch und neu*
> *Und mit Bedeutung auch gefällig sey.*
> *Denn freylich mag ich gern die Menge sehen,*
> *Wenn sich der Strom nach unsrer Bude drängt,*
> *Und mit gewaltig wiederholten Wehen,*
> *Sich durch die enge Gnadenpforte zwängt;*
> *Bey hellem Tage, schon vor Vieren,*
> *Mit Stößen sich bis an die Kasse ficht*
> *Und, wie in Hungersnoth um Brot an Beckerthüren,*
> *Um ein Billet sich fast die Hälse bricht.*
> *[...]*
> *Man eilt zerstreut zu uns, wie zu den Maskenfesten,*
> *Und Neugier nur beflügelt jeden Schritt;*
> *Die Damen geben sich und ihren Putz zum besten*
> *Und spielen ohne Gage mit.«*

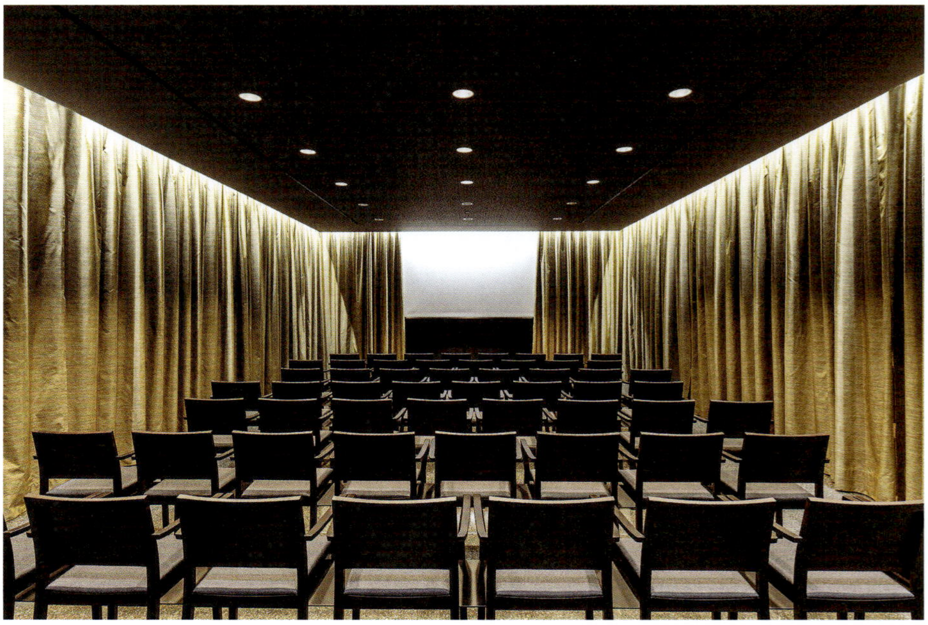

Neubau, Untergeschoss, Kino, 2015

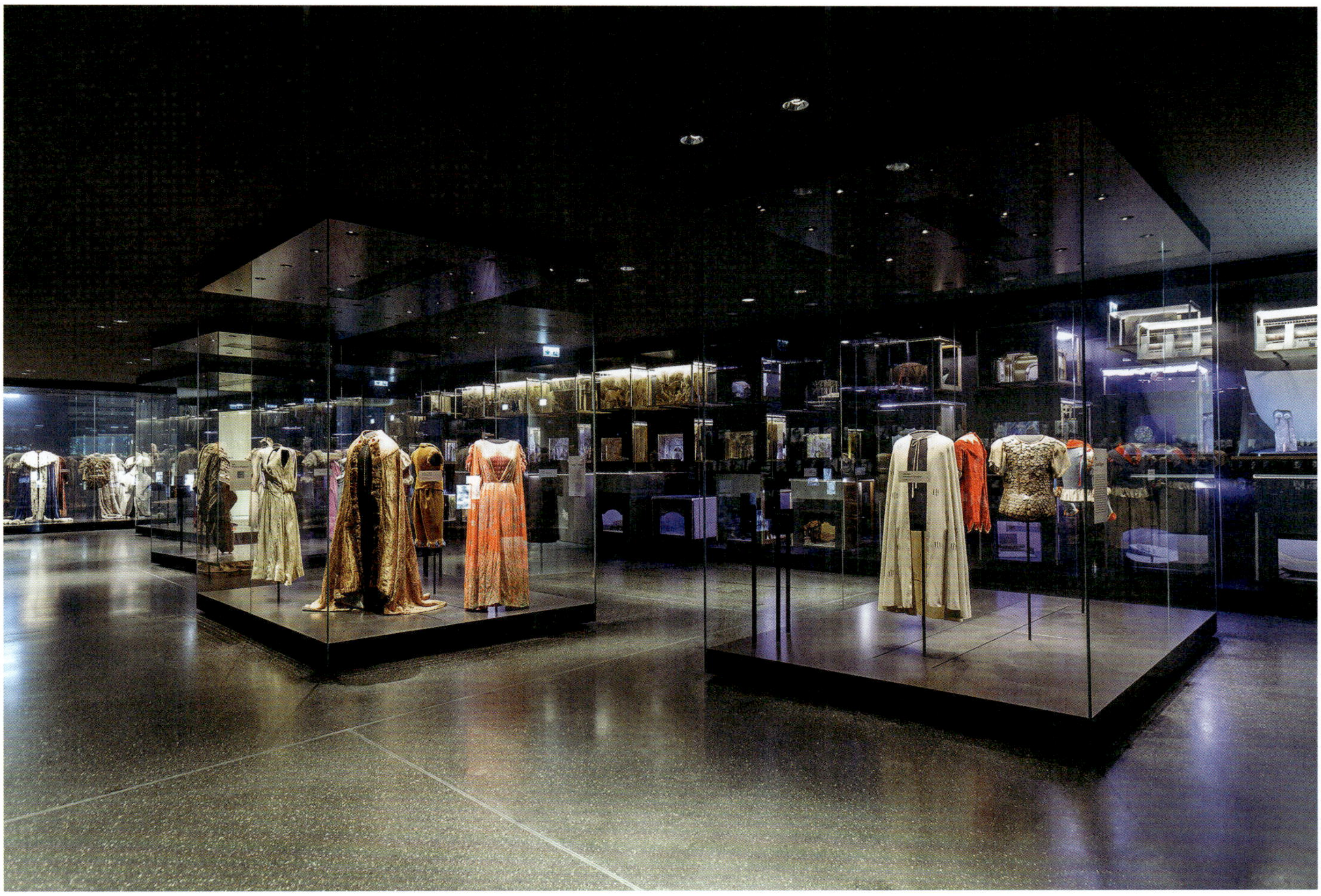

Neubau, Untergeschoss mit Kostümvitrinen, 2015

Von hier gelangt man auch in das Museumskino mit 60 Plätzen. Hier werden Dokumentationen und Filme zu Wagner und Bayreuth oder historische Festspielproduktionen gezeigt, außerdem dient der Raum als Black Box für Veranstaltungen, die Medieneinsatz benötigen. Der große Ausstellungsraum präsentiert neben der Dirigentengalerie in fünf Großvitrinen Kostüme aus allen Epochen der Festspiele sowie eine Auswahl aus der Bühnenbildmodell-Sammlung. Eine weitere Großvitrine enthält Requisiten, Instrumente und bühnentechnische Gegenstände. Es schließen sich die beiden bereits erwähnten Audiotheken an. Das Obergeschoss schließlich dient als flexibler Galeriebau mit einer Fläche von 300 Quadratmetern für Sonderausstellungen und verschiedenste Veranstaltungsformate.

Neue Perspektiven

Mit der Erneuerung und Erweiterung hat sich das Museum von einer ausgestellten Sammlung zu einem vielfältigen Ort des Sammelns, Bewahrens, Ausstellens und Vermittelns, des Veranstaltungsbetriebs und der Forschung entwickelt. Von der eher herbariumartigen Präsentation historischer Objekte und Artefakte in Schauvitrinen mit handgemachten Objektbeschriftungen ist die Ausstellungs- zur Raumgestaltung geworden, bei der Präsentationsmobiliar und Exponate eine

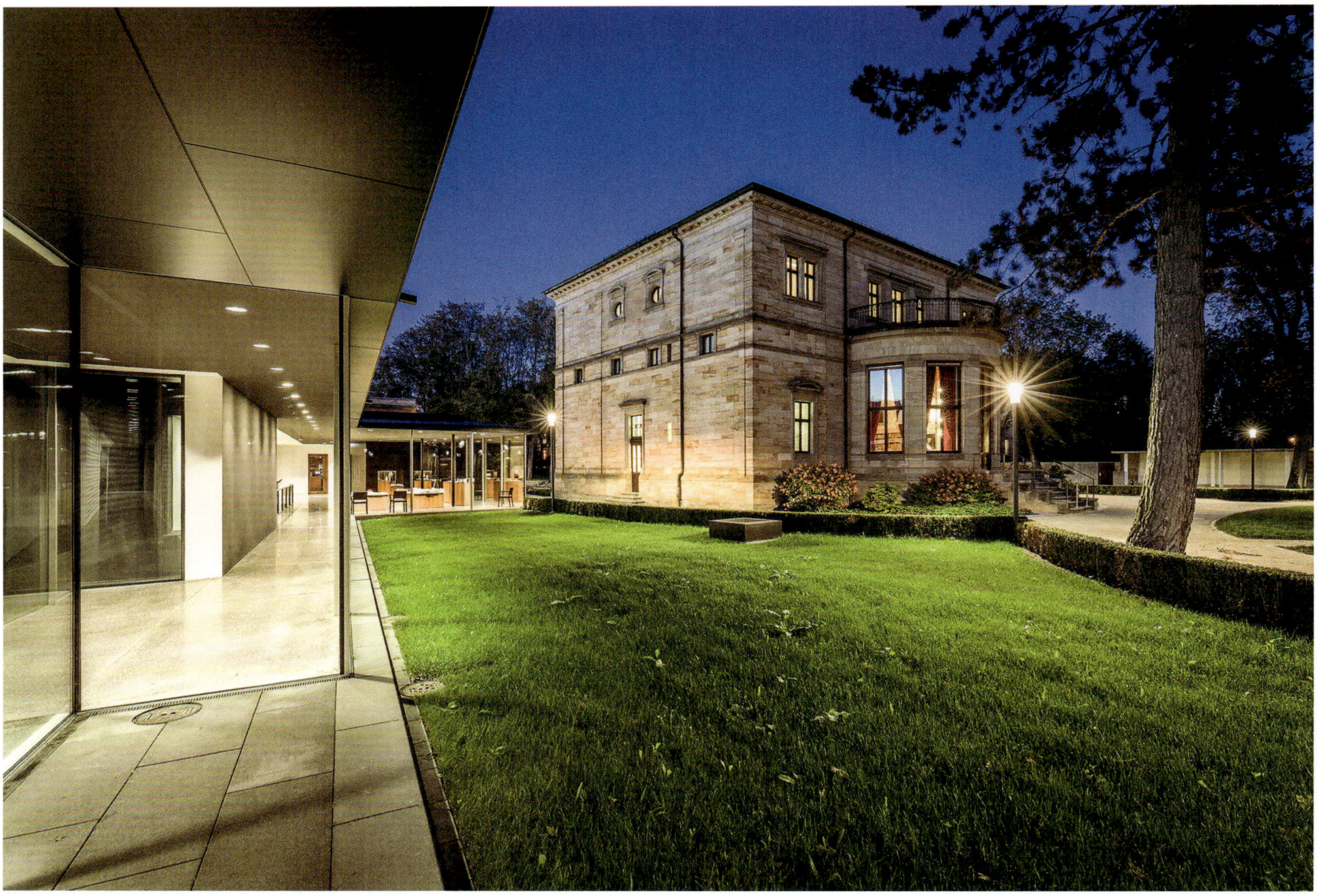

Haus Wahnfried und der Neubau von Süden, 2015

ansprechende Einheit bilden und mittels mehrstufiger Ausstellungstexte sowie einem mehrsprachigen Media-Guide didaktisch zeitgemäß erschlossen werden. Und selbstverständlich bieten die technischen Möglichkeiten der modernen Mediengestaltung Erlebnisdimensionen, die man so eben nur im Museum bekommt, ohne sich jedoch in virtueller Selbstbezogenheit zu verlieren. All dies steht im Dienst der Aufgabe, die nicht zuletzt in der Satzung der Richard-Wagner-Stiftung verankert ist: das Verständnis für Richard Wagner und seine Werke – und man darf getrost hinzufügen, auch seiner Wirkungen – zu fördern, und dies auf den verschiedensten Ebenen für ein breit gefächertes Publikum, das vom interessierten und touristischen Besucher über den Festspielgast bis hin zum wissenschaftlichen Kenner und zum eingefleischten Wagnerianer reicht. Jedem Besucher sollen Möglichkeiten für horizonterweiternde Aha-Effekte geboten werden, ob nun in der Entdeckung des historischen Exponats, der Auseinandersetzung mit der prekären Ideologiegeschichte Wagners – oder vielleicht auch »nur« im Erleben der besonderen Aura des historischen Ortes.

Tätige und lebendige Auseinandersetzung mit Wagner, seinem Werk und seinem Erbe sind so an die Stelle ehrfurchtsvollen Staunens getreten. Eine gewisse kritische und vorsichtige, manchmal durchaus auch ironische Distanz steht dabei in keinem Widerspruch zur Hingabe an Wagners Kunst. Wenn das Museum einen

Beitrag dazu leisten und helfen kann, sich Wagner nicht mehr in devoter und blinder Verehrung zu nähern oder ihn vorurteilsbeladen in Bausch und Bogen abzulehnen, sondern Faszination und Vernunft in reflektierender, aufgeklärter Wahrnehmung zusammenzubringen, dann ist ein wesentliches Ziel erreicht.

Im neuen Richard-Wagner-Museum soll – wie Goethe sagte – »im Gegenwärtigen Vergangenes« erscheinen, die Aura Wagners und seines Werks als Phänomen einer »einmaligen Erscheinung einer Ferne, so nah sie sein mag«, wie Walter Benjamin (1892–1940) die Aura definierte. Auf diese Weise kann und soll der Besucher sich Wagner nähern, um sich selbst als Teil der Kulturgeschichte erkennen zu können, die wie die menschliche Natur selbst Fragwürdigkeiten und Abgründe besitzt, deren Bewältigung zum Verständnis des Ganzen ebenso nötig wie allein durch kritisches Betrachten und Nachdenken möglich ist. So kann auch im Falle Wagners das Bewusstsein einer Größe gelingen, die sich nicht nur im gleichwohl unersetzbaren Enthusiasmus des unmittelbaren Erlebens seiner Werke erschließt und mitteilt und die sich daher eben auch nicht nur nach ihren überwältigenden ästhetischen Wirkungen ermessen lässt, sondern ebenso nach der Länge und Tiefe ihrer Schatten.

Rampenlichter
2015–2025

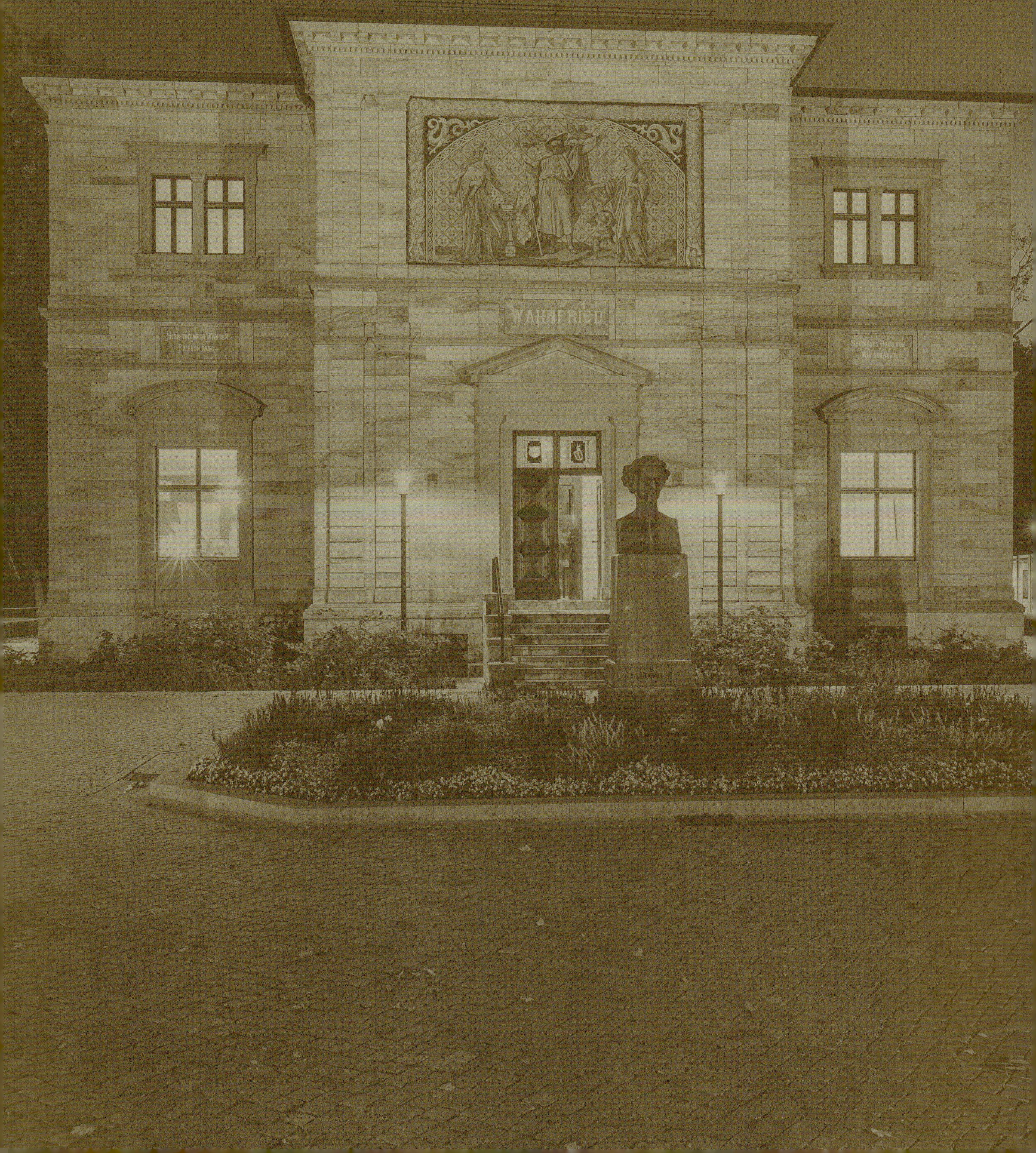

Museumsbetrieb

Das neue Museum hat nicht nur das Angebot von Ausstellungen und Veranstaltungen in eine neue Dimension befördert, sondern auch dessen Betrieb und damit naturgemäß auch die Kosten. Mit der Erneuerung ging nicht nur etwa eine Verdopplung der Ausstellungs- und Depotfläche einher, sondern auch eine technisch anspruchsvolle Haustechnik mit Alarm- und Klimaanlagen, unterschiedlichsten Medienstationen in den Ausstellungen, zentraler Beleuchtungssteuerung und damit auch deutlich gewachsenem Instandhaltungsaufwand.

Doch haben nicht nur die technischen Anforderungen zugenommen. Eine neue Ausstellungshalle will regelmäßig mit attraktiven Ausstellungen bespielt werden, ein interessanter und abwechslungsreicher Veranstaltungsbetrieb macht das Haus erst lebendig, Sammlungs- und Depotmanagement mögen zwar nach außen kaum sichtbar sein, sind aber die Grundlage von Leihverkehr und Ausstellungsbetrieb. Die Digitalisierung eröffnet vielfältige neue Möglichkeiten, schafft aber auch neue Herausforderungen, die Dauerausstellungen müssen gepflegt und unterhalten werden und schließlich geht auch nichts mehr ohne museumsdidaktische Vermittlung sowie aktive Presse- und Öffentlichkeitsarbeit mittels konventioneller Print-Kommunikation ebenso wie mit digitalen Medien.

So rücken Sonderausstellungen, Veranstaltungen und Meilensteine der Museumsentwicklung das Haus stets in besonderer Weise in die öffentliche Wahrnehmung. Aber auch die laufenden Angebote wurden weiterentwickelt. So gibt es regelmäßige Führungen durch geschultes Personal, thematische Kuratorenführungen und Sonderführungen sowie museumspädagogische Programme. Nachdem die eigenen Konzertveranstaltungen sich auf die Festspielzeit im August konzentrieren, konnten die Angebote außerhalb der Saison durch Kooperationen mit anderen Veranstaltern wie der »Gesellschaft der Kulturfreude« oder »Zeit für Neue Musik« erweitert werden.

Für die Erfolgsbeurteilung der Museumsarbeit sind die »Besucherzahlen« der kulturpolitische Maßstab schlechthin. Als wenn die Quantität der Nachfrage etwas über die Qualität des Angebots aussagen würde! Zwar steht eine empirische

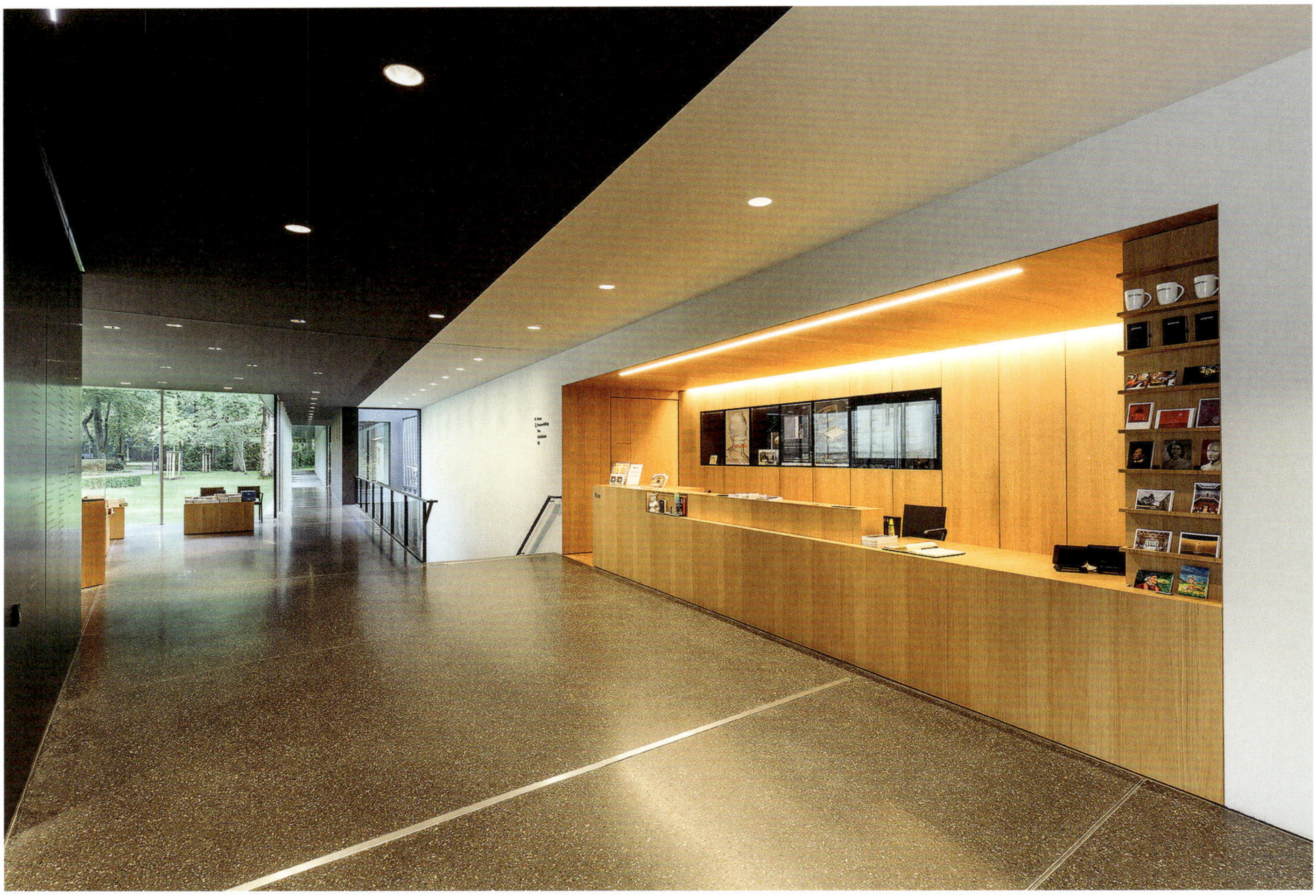

Neubau, Eingangsbereich mit Kassentresen und Blick in den Park, 2015

Besucherstudie noch aus, aber in aller Regel bestätigen solche Untersuchungen ohnehin nur das, was man ohne sie auch schon wusste. Demnach rekrutiert sich unser Publikum im Wesentlichen aus drei Gruppen:

1. Das lokale und regionale Kulturpublikum
Diese Zielgruppe ist überschaubar und ohne besondere Anlässe kaum zu wiederholten Museumsbesuchen zu motivieren.

2. Das touristische Publikum
Zwar kann Bayreuth hier insgesamt auf eine sehr positive Entwicklung verweisen, vor allem durch konsequente Markenbildung jenseits von Wagner, insbesondere im Hinblick auf das barocke Bayreuth der Markgräfin Wilhelmine und ihres mittlerweile als Weltkulturerbe anerkannten Opernhauses (das daher vermutlich öfter mit dem Festspielhaus verwechselt wird), aber nicht jeder Tourist hat auch ein so ausgeprägtes kulturelles Interesse, dass er auch zu einem Besuch in einem kulturgeschichtlichen Spezialmuseum zu bewegen wäre. Außerdem reisen Städtetouristen oft in Gruppen mit sehr engem Zeitplan, sodass man sich im Falle von Wahnfried auf die Außenansicht der Sehenswürdigkeit beschränkt, allenfalls noch im Rahmen einer Stadtführung.

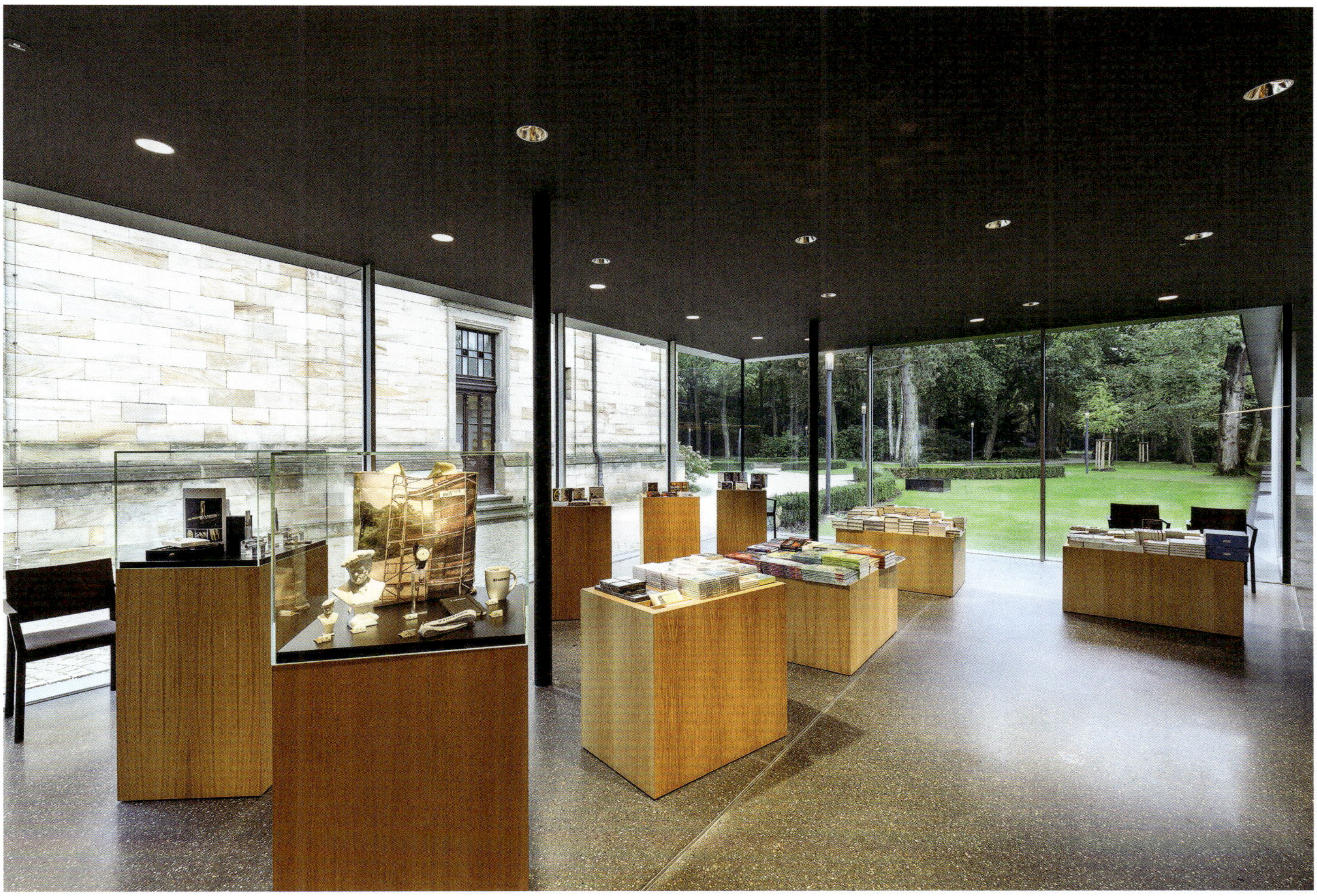

Neubau mit Museumsshop, 2015

3. Das Festspielpublikum

Auch hier ist leider kaum eine Konjunktur zu verzeichnen und zu erwarten, hat sich dieses doch in den letzten Jahren stärker in Richtung einer Eventorientierung ohne tieferen inhaltlichen Anspruch entwickelt. Waren die Besuche von Gedenkstätte und Museum früher gleichsam Pflichtprogramm, um das kulturelle Erlebnis durch Bildung zu unterfüttern, so stehen heute soziale Partizipation und konsumtives Wohlbehagen im Mittelpunkt. Außerdem nimmt die Bindung der Festspielbesucher an die Stadt und ihre Angebote ab. Musste, wollte oder konnte man früher für einen *Ring*-Zyklus zumindest eine Woche in Bayreuth verbringen und hatte demnach Zeit und Gelegenheit, außer den Vorstellungen im Festspielhaus noch verschiedenartigste andere Angebote zu nutzen, so beobachtet man heute nach jeder Vorstellung größere Karawanen auf dem Weg zur Autobahn, um sich eine Übernachtung in einem der Bayreuther Hotels mit gelegentlich unausgewogenem Preis-Leistungs-Verhältnis zu ersparen. Hotelgäste werden dagegen oft per Shuttle-Service zum Festspielhaus chauffiert und nach der Vorstellung wieder zurück. Viele Festspielbesucher kommen daher mit der Stadt und ihren Angeboten kaum mehr in Berührung. Trotzdem sind und bleiben die Monate Juli und August mit inzwischen beinahe der Hälfte des jährlichen Besucheraufkommens die mit Abstand wichtigste Hauptsaison.

Den größten Teil von Zeit und Energie beansprucht zumeist die Verwaltungsarbeit. Sie legt überhaupt erst die Grundlagen für eine erfolgreiche Arbeit und Öffentlichkeitswirkung des Museums, ist aber fast immer abhängig von den Organen und Gremien der Stiftung sowie den Dienststellen der Stadtverwaltung. Allerdings arbeitet die öffentliche Verwaltung meist eher problem- als lösungsorientiert, weshalb ihre hierarchischen Strukturen durch eine Tendenz zur Reduktion persönlicher Verantwortung im Wege von Rückvergewisserungsschleifen gekennzeichnet sind. Das zieht eine bürokratische Selbstverstärkung nach sich, wobei die abnehmende Qualität der Akteure, Stichwort: Fachkräftemangel, auch in der öffentlichen Verwaltung quantitativ kompensiert werden muss. Dies wiederum führt zu laufendem personellem Mehrbedarf und zunehmender kommunikativer Redundanz, trotz – oder auch wegen – der Möglichkeiten der elektronischen Medien. Dadurch werden die strukturelle Komplexität des Systems befördert, Prozesse und Entscheidungswege verkompliziert. Das Ergebnis ist also ein Teufelskreis mit immer mehr administrativem Aufwand und zunehmender Bürokratie. Überdies hatten wir bereits 2006 die Verwaltung der Stiftung vom städtischen Kulturamt übernommen, was sich damals vergleichsweise übersichtlich gestaltete, zwischenzeitlich aber aus den genannten Gründen ebenfalls multipliziert hat.

Wissenschaft und Forschung

Zum eher unspektakulären Tagesgeschäft gehört neben der allgemeinen Verwaltung, dem Personalwesen und der Projektentwicklung auch der wissenschaftliche Betrieb mit mehr oder weniger aufwendiger Korrespondenz und gelegentlichen Publikationen sowie der Mitherausgeberschaft der einzigen wissenschaftlichen Wagner-Fachzeitschrift *wagnerspectrum*, die 2005 von Udo Bermbach, Dieter Borchmeyer, Hans R. Vaget, Hermann Danuser, Ulrike Kienzle und Sven Friedrich gegründet wurde.

Titelseite der ersten Ausgabe des *wagnerspectrums* 2005

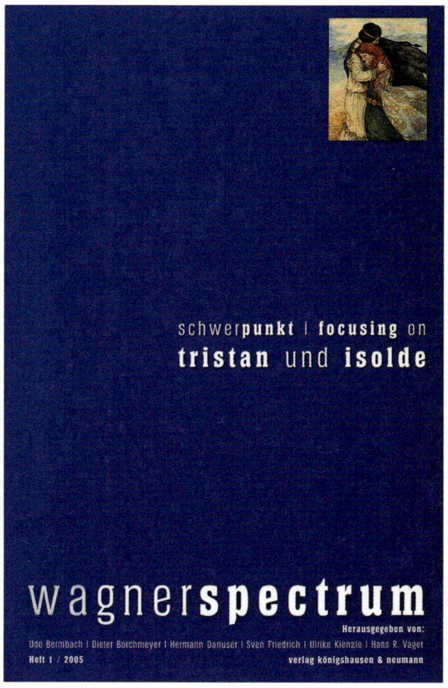

Einer unserer Forschungsschwerpunkte liegt dabei neben Fragen zur Theaterästhetik unverändert auf der ideologischen Rezeptions- und Wirkungsgeschichte Wagners und der Festspiele. Leider lässt die Beanspruchung durch das Tagesgeschäft die Publikation von Monografien kaum zu, weshalb wir uns zumeist auf Aufsätze (vor allem im *wagnerspectrum*) und Vorträge beschränken müssen. Eine besondere Ehre war hierbei die Einladung in das renommierte Fritz Bauer Institut der Goethe-Universität Frankfurt/Main am 8. Juni 2022 zu einem Vortrag über *Neu-Bayreuth? Mythos und Realität der »Stunde null«*. Denn hinter dem Starkult um Wieland Wagner und seiner »Entrümpelung« der Bayreuther Bühne vom naturalistischen Ausstattungspomp ebenso wie von der politischen Inanspruchnahme nach dem Neubeginn 1951 verbarg sich auch manche reaktionäre Kontinuität aus dem dunkelsten Kapitel deutscher Geschichte, die auch vor der Familie Wagner nicht Halt machte.

Eine große Freude war 2023 die Rettung der Richard-Wagner-Briefausgabe, die nach dem Auslaufen der seit 2006 geleisteten Förderung durch die Deutsche

Forschungsgemeinschaft aufgrund der erreichten Förderungshöchstdauer vor dem finanziellen Aus stand. Sie wurde bereits 1967 von Gertrud Strobel und Werner Wolf begonnen und soll erstmals alle erreichbaren von den insgesamt fast 10.000 Briefen Wagners historisch-kritisch versammeln, erschließen und kommentieren. Die Briefe sind naturgemäß nicht nur zentrale Dokumente für Leben und Werk Wagners, sondern überhaupt kulturgeschichtlich hochbedeutsame Quellen. Die Ausgabe war bis zum Ende der Förderung 2022 bei Band 26 mit den Briefen des Jahres 1874 angelangt. Sie wurde von einer Arbeitsstelle am Institut für Musikforschung der Julius-Maximilians-Universität Würzburg unter der Projektleitung von Prof. Dr. Andreas Haug (geb. 1958) vom Leiter der Edition Dr. Martin Dürrer (geb. 1962) erarbeitet und erscheint im Auftrag der Richard-Wagner-Stiftung als Gesamtherausgeberin im Musikverlag Breitkopf & Härtel, Wiesbaden.

Durch den Abbruch der Ausgabe an diesem Punkt hätte ausgerechnet die bedeutungsvolle und besonders folgenreiche letzte Lebensdekade Richard Wagners mit dem Kapitel »Bayreuth« fast vollständig gefehlt. Sie umfasst den Bau des Festspielhauses, die Bayreuther Festspiele zu Wagners Lebzeiten mit der Uraufführung des *Ring des Nibelungen* 1876 und des *Parsifal* 1882, Wagners Lebensalltag in Wahnfried und Italien sowie die Entstehung seiner späten sogenannten »Regenerationsschriften«, die seinen folgenreichen Rassenantisemitismus mit seiner Kulturtheorie und der Ästhetik von Gesamtkunstwerk und Kunstreligion verbinden. Dabei war die Textkonstituierung der noch ausstehenden fünf Bände bereits abgeschlossen, sodass nur noch deren Edition, Kommentierung und Herstellung ausstanden. Auch die Kommentierung war vorbereitet, die jeweiligen Register und Verzeichnisse lagen in Rohfassung vor, sodass mit einer Restlaufzeit von »nur« noch fünf Jahren kalkuliert wurde. Ein Abbruch in diesem Stadium wäre daher aus unserer Sicht ein kulturpolitischer Sündenfall gewesen.

Aus diesem Grund hatten wir – nicht zuletzt als Mitglied des wissenschaftlichen Kuratoriums der Ausgabe – zunächst eine Online-Petition initiiert, um ein möglichst breites und qualifiziertes öffentliches Interesse an einer Fortsetzung der Ausgabe zu dokumentieren. Tatsächlich wurde die Petition von fast 1.300 Persönlichkeiten aus Kultur und Wissenschaft unterzeichnet, was ganz wesentlich dazu beitrug, dass nach verhältnismäßig kurzen und einhelligen Verhandlungen die Restfinanzierung durch den Freistaat Bayern, die Bundesrepublik Deutschland und die Oberfrankenstiftung erreicht werden konnte. Für die Übernahme der Herstellungskosten konnte die Landt Foundation Berlin gewonnen werden. Schließlich wurde die Leitung der Arbeitsstelle nach der Emeritierung von Andreas Haug dankenswerterweise von Prof. Dr. Ulrich Konrad (geb. 1957) übernommen, der auch die kritische Ausgabe der Schriften Wagners leitet, und ist damit weiterhin an der Universität Würzburg angesiedelt.

Im Jahr 2023 konnten wir aus der Sammlung Ernst Burger für das Franz-Liszt-Museum die kostbare Daguerreotypie Franz Liszts von Hermann Biow (1803/04–1850) aus dem Jahr 1843 erwerben und so für die Öffentlichkeit sichern. Es handelt sich um die früheste fotografische Darstellung Liszts in Form

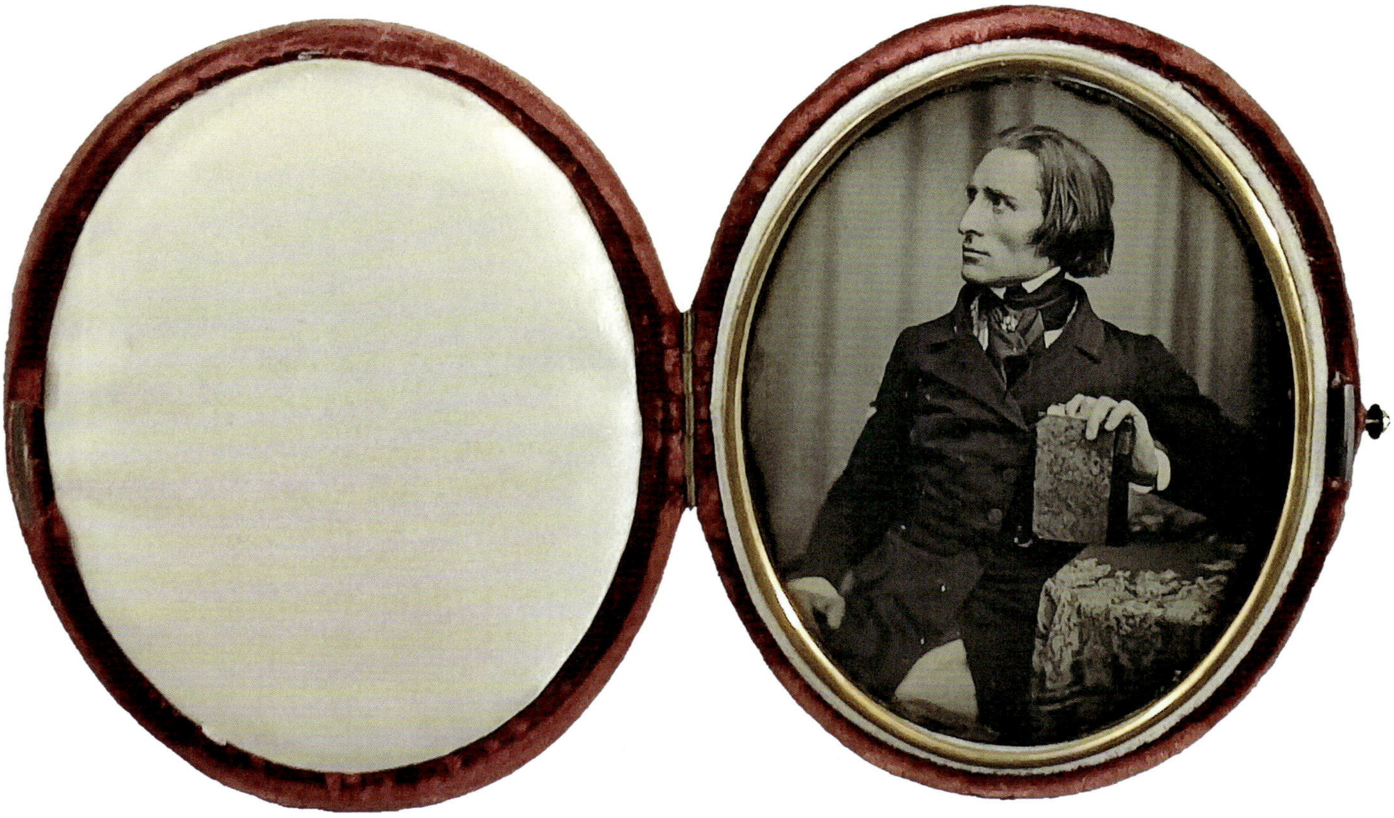

Hermann Biow, Daguerreotypie Franz Liszts, 1843

einer ovalen versilberten Kupferplatte in einem roten Samt-Etui mit Verschluss. Hermann Biow war zu seiner Zeit einer der bedeutendsten Daguerreotypisten in Deutschland. Da das Verfahren, mit dem die Geschichte der Fotografie beginnt, erst 1839 erfunden wurde, ist das Objekt als sehr frühes Exemplar auch fotogeschichtlich von großer Bedeutung. Außerdem ist es nach bisheriger Kenntnis die erste und damit älteste fotografische Darstellung eines Prominenten und Künstlers überhaupt. Diese bedeutende Neuwerbung wurde durch die freundliche Unterstützung der Kulturstiftung der Länder, der Ernst von Siemens Kunststiftung und – wieder einmal – der Oberfrankenstiftung ermöglicht.

Bestands-Digitalisierung

Museum und Archiv sind wie ein Eisberg: Etwa 10–15 % liegen über der Wasseroberfläche und sind sichtbar. Das sind die Ausstellungen des Museums, das auf diese Weise so etwas wie unser Schaufenster ist. 85–90 % aber befinden sich unter der Wasseroberfläche und sind unsichtbar. Das sind die Sammlungsbestände in Archiv und Depot.

Nachdem die Museumserneuerung abgeschlossen war, begannen wir mit der von außen als deutlich weniger spektakulär wahrgenommenen, aber kulturell mindestens gleichbedeutenden Digitalisierung unserer dokumentarischen Sammlungsbestände. Nach Konzeption, Bestandsanamnese und Erstellung eines Mengengerüsts, Zeit- und Finanzierungsplanung mit Förderanträgen und Bewilligungsverfahren, Herstellung der technischen und logistischen Infrastruktur, Durchführung der Digitalisierung und Erfassung mit Metadaten konnte bis 2021 der handschriftliche Nachlass Richard und Cosima Wagners und damit das Herz unserer Sammlung mit rund 12.000 Dokumenten digital erfasst und in einer Online-Datenbank weltweit zugänglich gemacht werden. Die Kosten von insgesamt rund 250.000 Euro wurden von der Bundesrepublik Deutschland, der unentbehrlichen Oberfrankenstiftung und der digitalen Schatzkammer des Freistaats Bayern bavarikon bezuschusst.

Nachdem wir mit der Erneuerung des Museums auch über die erforderlichen Lagerkapazitäten verfügten, wurde das Archiv 2016 um die »Zustiftung Wolfgang Wagner« erweitert. Diese war bereits 1987 in das Eigentum der Richard-Wagner-Stiftung übergegangen, jedoch vertragsgemäß bis zum Ende der Amtszeit Wolfgang Wagners 2008 und danach – mangels Lager- und Erschließungsmöglichkeiten bei uns – zunächst im Festspielhaus verblieben. Der 230 laufende Regalmeter und 640 Kisten Archivmaterial umfassende Bestand enthält neben dem Presse- und Bildarchiv des Festspielhauses Korrespondenzen, Regiematerial, Probenpläne, Besetzungszettel und Vorstellungsberichte zu den 49 Inszenierungen der Bayreuther Festspiele von 1951 bis 1986. Diese kultur- und theatergeschichtlich wichtige Sammlung führt das bislang bis 1945 reichende Archiv der Festspielverwaltung fort. Die Privatnachlässe der Familie nach Winifred Wagner sind in der »Zustiftung Wolfgang Wagner« dagegen nicht enthalten.

Dabei ergab sich eine besondere logistische Herausforderung, weil Wolfgang Wagners Tochter und heutige Festspielleiterin Katharina (geb. 1978) den Privatnachlass ihrer Eltern als deren Alleinerbin schenkungsweise dem Bayerischen Hauptstaatsarchiv in München überlassen hatte. Nun hatte Wolfgang Wagner aber zwischen »privat« und »geschäftlich« nie so genau unterschieden und auch nicht unterscheiden müssen, denn bis zur Gründung der Bayreuther Festspiele GmbH 1987 waren diese ohnehin ein zuschussfinanziertes Privatunternehmen Wolfgang Wagners und blieben es im Grunde auch für die zwanzig Jahre danach, war Wolfgang Wagner doch alleiniger Gesellschafter und Geschäftsführer der GmbH. So befanden sich Gegenstände der Zustiftung und Akten des Privatnachlasses zu einem ziemlichen Durcheinander vermischt in verschiedenen Lagerräumen des Festspielhauses. Dies wurde noch dadurch befördert, dass Wolfgang Wagner sich gerne immer wieder neue »Ordnungssysteme« einfallen ließ, deren Umsetzung dann ausgesprochen kontraproduktiv wirkte, zumal die damit betrauten Mitarbeiter nach motiviertem Beginn oftmals nach einiger Zeit frustriert aufgaben. Gemeinsam mit der Archivdirektorin des Hauptstaatsarchivs Dr. Sylvia Krauss-Meyl (geb. 1951) konnten wir die Bestände jedoch in ausgesprochen kollegialem Miteinander halbwegs zufriedenstellend auseinandersortieren.

Bis Dezember 2016 konnten die Archivalien der Zustiftung ausgepackt und eine erste Vorsortierung vorgenommen werden. Von Ende 2020 bis Ende 2023 wurden sie im Rahmen eines von der Beauftragten der Bundesregierung für Kultur und Medien, des Kulturfonds Bayern und der Oberfrankenstiftung geförderten Projekts geordnet, konservatorisch bearbeitet, in Teilen restauriert und digitalisiert sowie in der Datenbank erschlossen. Seit Herbst 2023 ist das Dokumentarmaterial der »Zustiftung Wolfgang Wagner« online recherchierbar: Knapp 5.400 Fotos geben einen detaillierten Eindruck von den 49 Bühnenproduktionen der Festspiele in der betreffenden Zeitspanne. Zugleich können rund 1.700 Datensätze schriftlicher Dokumente durchsucht werden. Weitere Digitalisierungsmaßnahmen sind in Arbeit. Mit den Maßnahmen zur Bestands-Digitalisierung leisten wir nicht nur einen wichtigen Beitrag zur Bestandssicherung, sondern machen die Archivalien auch weltweit und standortunabhängig für alle Wagner-Forscher und -interessierte verfügbar. Der manchmal beschwerliche Weg nach Bayreuth ist daher zumindest für die digitalisierten Archivalien nicht mehr zwingend erforderlich. Mag diese Erleichterung den Nutzern auch sehr willkommen sein, so bedauern wir doch gelegentlich die auf diese Weise nun häufiger ausbleibenden Besuche von Kolleginnen und Kollegen.

Das Team

Sollte bis hierher der Eindruck einer Arbeitsbeschreibung des Museumsdirektors entstanden sein, so ist das natürlich grundfalsch und wäre sträflich eitel. Denn jeder Chef ist immer nur so viel wert wie seine Mitarbeiterinnen und Mitarbeiter. So wurden die soeben geschilderten Digitalisierungsprojekte beispielsweise höchst professionell von zwei langjährigen und bewährten Mitarbeiterinnen eigenständig geplant und durchgeführt: Schon seit 2015 betreut die Archivarin Tanja Dobrick als Nachfolgerin der langjährigen Mitarbeiterin Gudrun Föttinger vor allem das Bildarchiv und vertritt auch den Museumsdirektor bei Abwesenheit, als Nachfolgerin Günter Fischers ist Kristina Unger sogar schon seit 2004 für die Bibliotheken und Handschriften zuständig. Noch länger, nämlich bereits seit 2002, bewährt sich die Zusammenarbeit mit Yvonne Jost. Damit ist sie nach dem Museumsdirektor eine der beiden dienstältesten Mitarbeiterinnen. Zunächst im Vorzimmer tätig, wurde sie später unsere unentbehrliche »Finanzministerin« und ist als solche für Planung und Vollzug vier verschiedener Haushalte zuständig, für die Abwicklung von Zuwendungen und Förderungen, die Jahresrechnung und alles andere, was irgendwie mit Zahlen zu tun hat.

Seit der Neueröffnung und den damit fast unüberschaubaren technischen Anforderungen hat sich herausgestellt, dass ein einziger Haustechniker für die verschiedenen und vielfältigen Aufgaben nicht mehr ausreicht. So sorgen Dimitri Koßmann seit 2017 und Holger Göhl seit 2024 dafür, dass technisch alles funktioniert, führen Kleinreparaturen und handwerkliche Tätigkeiten aus und sind bei Auf- und Abbauten unentbehrlich. Die Kassenkräfte sind für das Museum besonders wichtige Mitarbeiter, sind diese doch die ersten und oft einzigen Kontaktpersonen für die Besucher. Sie bestimmen daher maßgeblich den Eindruck des Hauses auf das Publikum. Gleiches gilt auch für das Sicherheitspersonal, das besonders gut ist, wenn es unauffällig bleibt. Seit 2015 führt James Rose unsere »Uniformierten« mit Umsicht und Verantwortungsbewusstsein. Bereits seit 2002 arbeitet Cristiana Bilotti-Donath mit Freundlichkeit und guten Nerven an der Museumskasse. Sie kannte daher noch das »alte« Museum und ist die zweite der dienstältesten Mitarbeiterinnen. Mit der Neueröffnung 2015 kamen Kevin Fickenscher, Birgit Pietsch und Birgit Jantsch, die auch den Museumsshop verwaltet, dazu. Dass sie immer noch da sind, spricht vor allem für sie. Seit 2019 und 2025 verstärken Erika Bauernfeind und Thomas Eberlein das Kassenteam.

Die deutlich erweiterten Aufgaben und Leistungen des neuen Museums erforderten auch mehr wissenschaftliches Personal, um den durch die Erneuerung erwünschten zeitgemäßen Museums- und Archivbetrieb herstellen und gewährleisten zu können. Denn die baulich-technische Infrastruktur allein nützt bekanntlich gar nichts, wenn sie nicht auch durch Hirne und Hände mit Inhalten gefüllt wird. So ist Kurator Oliver Zeidler bereits seit 2011 die Allzweckwaffe im Ausstellungs- und technischen Museumsbetrieb. Er kümmert sich nicht nur um den Unterhalt und die Weiterentwicklung von Gebäuden und Dauerausstellung, sondern konzipiert und realisiert auch unsere Sonderausstellungen. Das Sammlungs- und Depotmanagement mit seinen technischen und logistischen Herausforderungen auch im Leihverkehr ist nach Melanie Möbius und Marco Freundlieb seit 2023 bei Paul Theodor Waltermann ebenso in besten Händen wie auch sämtliche IT-Belange, die sich mittlerweile zu einer eigenen Wissenschaft entwickelt haben. Was aber nützen all die guten Taten, wenn sie nicht auch öffentlich kommuniziert werden? Die Presse- und Öffentlichkeitsarbeit, das Marketing und auch das Veranstaltungsmanagement verantwortet nach Christine Schoch, Julia Weigold und Laura Schröder seit 2024 Julia Nützel. Seit 2018 gibt es auch endlich eine für die Vermittlung als zentrale Museumsaufgabe unentbehrliche Stelle für Museumsdidaktik – wenn bislang leider auch nur in Teilzeit. Hier leistet nach Ursula Goßmann-Bahr seit 2023 Yvonne Halfter vorzügliche Arbeit.

Immer schon wurden und werden wir durch tüchtige Mitarbeiterinnen im Vorzimmer bei der Büroorganisation unterstützt. Sie sitzen dabei stets auf der Schnittstelle zwischen Chef, Kollegen und Externen und benötigen daher in besonderer Weise Übersicht und Stressresistenz, wenn es von allen Seiten auf sie einprasselt. Schon zwischen 2015 und 2019 besetzte Ricarda Uygun das Sekretariat. Sie kehrte erstaunlicher- und erfreulicherweise 2025 zurück und teilt sich seitdem die Stelle mit der seit 2024 beschäftigten Lilith Daxenberger. Den allfälligen Schreibdienst und die Aktenverwaltung übernimmt seit 2025 ebenfalls in Teilzeit Nina Kraus. Allen Vorgängern und Vorgängerinnen der hier stellvertretend genannten Mitarbeiterinnen und Mitarbeiter gilt kaum geringerer Dank für ihren oft jahrelangen Einsatz. Alle Namen derjenigen, die seit 1976 ihren Beitrag für das Museum geleistet haben, finden sich ganz am Ende dieses Buches.

Für den Museumsleiter indessen gab es 2019, nach über einem Vierteljahrhundert, lediglich eine räumliche Veränderung, denn die Einrichtung eines Besprechungsraums wurde ein immer wichtigeres Desiderat. So wurde die ehemalige Werkstatt Manfred Egers im Hinterzimmer des Direktorenbüros aufgelöst und selbiges dorthin verlagert, wodurch der gewonnene Raum seitdem für Besprechungen und Sitzungen verschiedenster Art genutzt werden kann.

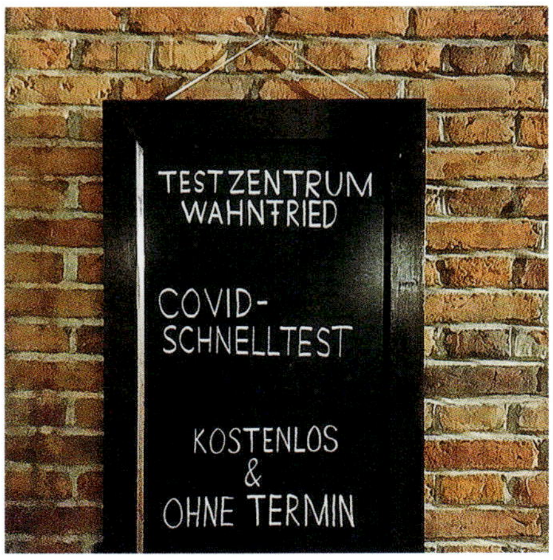

Café Wahnfried als Covid-Testzentrum

Pandemie

Es hatte also den Anschein, als sei alles in bester Ordnung und dass das Museumsschiff nun gut gerüstet auf weitere große Fahrt gehen könne. Doch 2020 war plötzlich alles anders. Wie alle sahen wir uns mit einer Krise konfrontiert, die so fast niemand hatte kommen sehen und auf die sich auch niemand hätte vorbereiten können. Plötzlich gab es nur noch ein Thema: die Covid-Pandemie und den Umgang mit einer bis dahin unbekannten Bedrohung. Ein hochansteckendes, schnell mutierendes Virus, das bereits mit der Atemluft übertragen werden, zu schweren Lungenerkrankungen führen und tödlich sein konnte. Von überall auf der Welt sah man auf einmal Bilder von Menschen mit schwerster Atemnot, von überfüllten Krankenhäusern und Patienten im Koma, die man zur Erleichterung auf den Bauch gedreht hatte. – Wie schnell scheint das alles heute schon wieder vergessen. Einen Impfstoff gab es noch nicht und einen wirksamen Schutz auch nicht. Die Menschen gingen vorsorglich auf Abstand und trugen selbstgenähte Stoffmasken vor Mund und Nase. Auch wir boten solche Masken in unserem Museumsshop an, passenderweise mit einem Zitat von Wagners Isolde: »Luft! Luft! Mir erstickt das Herz!«. Um die Ansteckungsgefahr zu reduzieren, wurden Kontaktverbote verhängt und das gesamte öffentliche Leben auf geradezu beeindruckende Weise in nur wenigen Tagen komplett heruntergefahren. Nur die Supermärkte durften bei strenger Kapazitätsbegrenzung öffnen, aber Schulen, Kindergärten und alle anderen öffentlichen Einrichtungen wurden geschlossen.

Auf einmal sah man sich mit einer Fülle bislang unbekannter Gesetze und Verordnungen konfrontiert. Wie die schon als Wort furchterregende »Infektionsschutzmaßnahmenverordnung« wurden sie phasenweise mehrmals wöchentlich der Lage angepasst und geändert. Auch die Museen wurden als den »Freizeiteinrichtungen« zugehörig zunächst von Mitte März bis Mitte Mai 2020 komplett geschlossen, nach diesen zwei Monaten nochmals vier Monate von November bis 7. März 2021 und nach nur drei Wochen Öffnung nochmals zwei Monate im selben Zeitraum wie im Vorjahr vom 25. März bis zum 15. Mai 2021. Dazwischen und auch danach befassten wir uns statt mit Wagner oder kuratorischen, konservatorischen und wissenschaftlichen Fragen mit immer wieder neuen Auflagen für den Museumsbetrieb, schrieben Hygienekonzepte und setzten diese um, überwachten Abstandsregeln, insbesondere in geschlossenen Räumen, Kapazitätsbeschränkungen und Ergebnisse von Infektionstests, übten Homeoffice und Videokonferenzen, um den Betrieb auch unter den größten Auflagen und Beschränkungen irgendwie aufrecht zu erhalten. Gerade in dieser besonders schwierigen Zeit erwies sich die kollegiale und unkomplizierte Unterstützung durch den Kulturreferenten Benedikt Stegmayer (geb. 1981) und Oberbürgermeister Thomas Ebersberger (geb. 1957) als stabilisierend und ermutigend.

Die Krankenstände mit den dazugehörigen angeordneten Quarantänezeiten schnellten nach oben, da jeder Mitarbeiter früher oder später selbst eine oder mehrere Infektionen durchmachen musste, die bei uns Gott sei Dank und nach den dann zur Verfügung stehenden Impfungen sämtlich einigermaßen glimpflich abliefen. Da die Teilnahme am öffentlichen Leben ohnehin nur noch mit dem Nachweis negativer Covid-Tests möglich war, ließen wir Anfang Dezember 2021 schon aus reiner Bequemlichkeit im geschlossenen Museumscafé ein auch von uns selbst gerne und oft genutztes Schnelltestzentrum mit den opulenten Öffnungszeiten 6.30–21.00 und sonntags 14.00–21.00 Uhr einrichten. Statt an der Museumskasse bildeten sich Schlangen jetzt vor den Fenstern des Gärtnerhauses, wo man sich von bewundernswert engagierten Helfern Wattestäbchen zwecks Abstrichs wahlweise in Nase oder Rachen stoßen lassen konnte.

Nachdem während der »Lockdowns« mit Museumsbesuchern nicht zu rechnen war, machten wir es uns zur Angewohnheit, morgens vor dem Weg an den Schreibtisch im Museum vorbeizuschauen, uns spontan ein Objekt auszusuchen, hierzu improvisiert irgendetwas zu erzählen, das Ganze »quick and dirty« mit dem Mobiltelefon aufzuzeichnen und das Video dann ins Netz zu stellen. Nach dem Motto »Wenn die Menschen nicht ins Museum kommen können, kommt das Museum eben zu ihnen« entstand auf diese Weise ein »Coronamuseum-Podcast« mit insgesamt 33 Folgen. Die Resonanz war ausgesprochen positiv, aber dann gingen uns die Ideen aus und wir wollten den Museumsbesuch auch nicht überflüssig machen, den wir trotz allem in besseren Zeiten irgendwann wieder für möglich hielten.

Im besonders schrecklichen ersten Jahr 2020 mussten wegen der Pandemie die Festspiele ausfallen. Auch Festspielleiterin Katharina Wagner erkrankte schwer und stand monatelang nicht zur Verfügung. Immerhin konnte gemeinsam mit den Festspielen ein denkwürdiges »Wahnfried-Open Air« veranstaltet werden, bei dem der langjährige Festspieldirigent Christian Thielemann (geb. 1959) ein Konzert im Saal des Hauses Wahnfried leitete und Musiker des Festspielorchesters Wagners *Siegfried-Idyll* sowie die Stars Camilla Nylund und Klaus-Florian Vogt Ausschnitte aus Wagners Opern präsentierten, die auf zwei große Video-

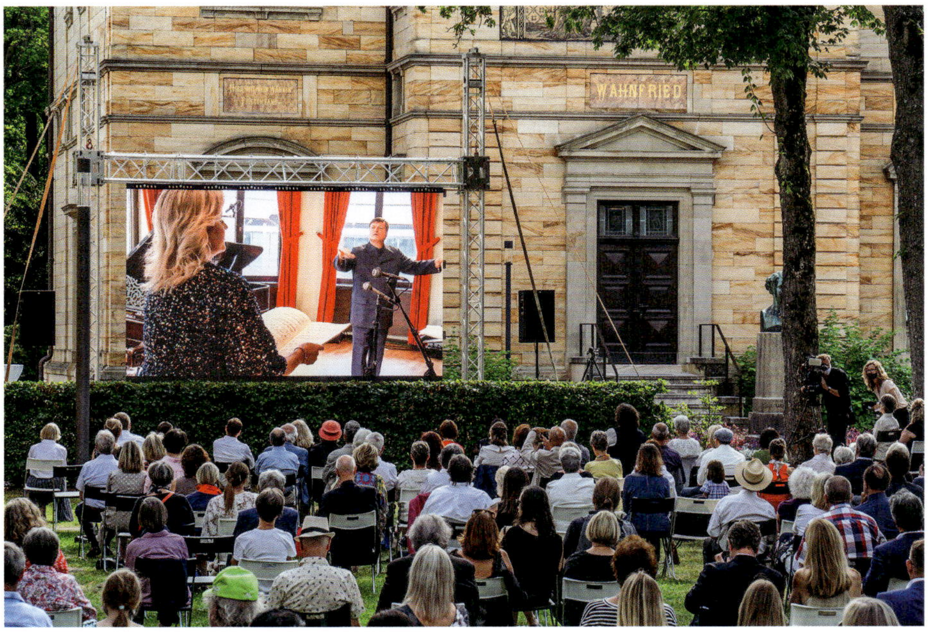

Wahnfried-Open Air, 2020

wände rechts und links der Allee vor Wahnfried für etwa 400 Zuhörer auf den Rasenflächen übertragen wurden.

Die Wahnfried-Konzerte konnten unter strengen Auflagen und unter dem Motto »Musik trotz(t) Corona-Krise« jedoch tatsächlich stattfinden. Aufgrund der Abstandsregeln konnten nur maximal 30 maskierte und getestete Hörer im Saal verteilt werden, weshalb wir die Konzerte zu unterschiedlichen Uhrzeiten auch zwei Mal durchführten. So präsentierte das Voyager Quartett beispielsweise aus Anlass des 250. Geburtsjahrs von Wagners musikalischem Hausgott Ludwig van Beethoven in einem sechsteiligen Zyklus seine sämtlichen (!) Streichquartette. Bereits seit 17. Mai gab es aus demselben Anlass sowie zum 150. Jahrestag der Veröffentlichung von Richard Wagners *Beethoven*-Schrift auch eine Intervention zu Wagner und Beethoven in unserer Dauerausstellung mit einer vorübergehenden Schwerpunktsetzung zu Wagners produktiver Beethoven-Rezeption und deren Einflüssen auf das eigene Werk. Ein Jahr später und unter denselben Bedingungen wurde unter anderem am 6. August 2021 der Schubert-Zyklus *Die schöne Müllerin*, interpretiert von dem Tenor-Star der Festspiele Klaus-Florian Vogt und Jobst Schneiderat am Flügel, zu einem echten Privatissimum. Das Solistenensemble »d'Accord« präsentierte am 26. und 28. Juli jeweils um 18 und 20 Uhr eine Paraphrase zu *Tristan und Isolde* für Streichersextett aus der Feder seiner 1. Violinistin Martina Trumpp. Dieses Konzert war so erfolgreich, dass wir das Ensemble im Folgejahr am 29. Juli 2022 mit *Tannhäuser* einluden, ebenfalls arrangiert von Martina Trumpp. Gelegentlich wurden Konzerte auch als Videostream ins Internet übertragen. Not macht eben erfinderisch.

Wirtschaftlich gesehen waren diese Konzerte jedoch die einträglichsten überhaupt, denn dank Förderprogrammen der Bundesregierung wie »NeustartKultur« wurde erstaunlicherweise jeder aufgrund der Abstandsregeln nicht verkaufte Platz mit dem Doppelten des regulären Kartenpreises erstattet. Dadurch erreichten wir Einnahmen wie nie zuvor – sofern es denn gelang, die widerspenstige und dysfunktionale Antrags-Website des BKM zu bezwingen … Überhaupt gehört zur Wahrheit auch, dass wir die entfallenden Einnahmen aus Eintrittsgeldern durch entsprechende staatliche Kompensationen mehr als ausgleichen konnten, die Betriebskosten durch die Schließungen zugleich aber sanken, beispielweise durch geringeren Energieverbrauch und Reinigungsaufwand, vor allem aber durch Kurzarbeit des Kassen- und Aufsichtspersonals.

Die Pandemie, die bis zum Ende der internationalen Gesundheitsnotlage Anfang Mai 2023 nach WHO-Schätzungen weltweit mindestens 20 Millionen Menschen das Leben gekostet hat, markiert mithin einen tiefgreifenden globalen Einschnitt, dessen wirtschaftliche, soziale und individuelle Folgen bis heute reichen und andauern. Unter den Auflagen der schrittweise vorsichtig reduzierten Corona-Schutzmaßnahmen konnten bei uns seit Mitte Februar 2022 wieder Führungen stattfinden. Einen Monat später fielen die meisten weitreichenden Einschränkungen wie Kontaktbeschränkungen oder Kapazitätsobergrenzen weg, doch erst Anfang April 2023 wurden sämtliche Corona-Schutzmaßnahmen in Deutschland beendet.

Kuriosa

Es ist kaum verwunderlich, dass es unter den Wagnerianern eine bemerkenswerte Anzahl randständiger Menschen gibt, für die ihr Idol der »Orpheus alles heimlichen Elendes« ist, wie Nietzsche ihn so schön wie treffend genannte hatte. Auch findet man eigentümliche, oft einsame Käuze, signifikant viele Homosexuelle oder auch verhinderte Künstler, denen man das Wagner-Erlebnis besser erspart gewünscht hätte. Thomas Mann hat diesen Menschentypus mehrfach beschrieben, die »jungen Herren, die die Beine werfen und das Nothung-Motiv pfeifen« in *Gladius Dei* oder Typen wie der selbsternannte »Dichter« Detlev Spinell in der *Tristan*-Novelle.

Gelegentlich finden sie natürlich ihren Weg nach Wahnfried, um ihr Sendungsbewusstsein gleichsam an der Quelle auszugießen. So wurde beispielsweise 1980 ein junges Paar vorstellig, weil Wagner der angeblich als Medium begabten Mutter des Mannes schon Anfang der 1960er Jahre aus dem Jenseits die letztwillige, »gereinigte« und bessere Fassung des *Parsifal* diktiert habe, welche künftig einzig aufzuführen sei. Praktischerweise wurde diese sogleich in einem kleinen Heft als Typoskript überreicht. Sie entspricht im Wesentlichen dem bekannten Text Wagners, mit dem Unterschied, dass der zweite Teil des I. Aufzugs mit der Gralsfeier komplett fehlt. Stattdessen springt der Text von der Prophezeiung des »reinen Toren« direkt zum Beginn des II. Aufzugs, dann fehlen im III. Aufzug wiederum die Karfreitagsaue und die Chorszene, nur der Schluss ist erhalten. Wolfgang Wagner kommentierte diese faszinierende Entdeckung mit den Worten: »Dann sollen die doch noch mal beim Alten oben anrufen und sich auch noch die Musik durchgeben lassen!« –

Auch vielerlei enthusiastisch Selbstgedichtetes wurde und wird dem Archiv zur ewigen Bewahrung übergeben, darunter so poetisch schwergewichtige Verse wie »Richard Wagner überall / du bist für mich der Schöpfungsknall!« – Nicht minder komisch erscheint manche Frage, mit der sich das Museum gelegentlich konfrontiert sieht. So beispielsweise, ob die etwas androgyne Büste König Ludwigs II. von Bayern vor dem Haus Wahnfried, die damals noch nicht den dann schleunigst angebrachten Namenszug trug, nun »Cosima oder Winifred« darstelle und ob denn »der« Winifred nun Wagners Sohn oder Enkel sei, oder die erstaunte Erkundigung, ob Wagners Leichnam, anders als bislang angenommen, denn tatsächlich verbrannt worden sei, wo sich doch am Fuß seiner Grabstätte ein Gedenkstein mit der Aufschrift »Hier ruht und wacht Wagners Ruß ...« befinde.

Einst erhielten wir Besuch von einem deutschen Choristen der Festspiele, der sich jedoch einen wohlklingenden italienischen Künstlernamen zugelegt hatte und dem Museum eine in einen Glassarg gebettete Schwanenfeder, die der Meister angeblich einst berührt haben sollte, für eine sündhaft hohe Summe Geldes anbot. Ein begeisterter Ingenieur meinte mit zahlreichen Papieren unter dem Arm den Beweis antreten zu können, die Gralsburg Monsalvat gefunden zu haben, die sich nämlich überraschenderweise bei Kronach befände. Zu diesen unvergesslichen Besuchern zählt auch der schon etwas betagte »letzte Heldentenor« aus den Niederlanden, der als Empfehlung für einen Konzert-Auftritt stolz eine

CD überreichte, für deren Produktion in einem professionellen Tonstudio der Arme vermutlich sein weniges Vermögen aufgewendet hatte. Das Werk versammelt die schönsten Tenor-Arien der Opernliteratur, darunter beispielsweise auch Lohengrins »Gralserzählung«, bei denen der wackere Sänger sich sogar selbst am Klavier begleitet, arthrosebedingt jedoch mit nur je drei Fingern jeder Hand, und den Hörer mit einem Gesang beglückt, der die legendäre Florence Foster-Jenkins wie Maria Callas erscheinen lässt.

Auch ist es nicht ungewöhnlich, dass gelegentlich amtliche oder geschäftliche Schreiben an einen »Herrn Richard Wagner« in der Museumsverwaltung landen. Darunter sind dann schon mal Fragebögen zur Vervollständigung von Personenstandsdaten, Bankverbindung oder Telefonnummer, Zahlungsaufforderungen, die zwar prinzipiell angesichts Wagners Verhältnis zum Geld nicht unplausibel sind, wenngleich verjährt sein dürften, oder – wohl aus gleichen Gründen – Angebote für einen Kleinkredit.

2006 gab es sogar ein Parfüm *Wagner* für 25 Euro mit echtem Efeu von Wagners Grab, 2008 wurde von einem ziemlich reumütigen Sünder ein seit 30 Jahren aus der Bibliothek »ausgeliehenes« Buch zurückgegeben. Dasselbe gilt für ein im Dezember 2022 als gleichsam frühzeitiges Weihnachtsgeschenk zurückgekehrtes, rund 40 Jahre zuvor als eigentümliche Mutprobe zum Zwecke eines Liebesbeweises aus Wagners Wahnfried-Bibliothek entwendetes Exemplar von Heinrich Pröhles 1872 erschienenem Buch *Friedrich der Große und die deutsche Literatur*, das im August 1876 von Wagner höchstselbst signiert worden war.

Viele heitere Erlebnisse verdanken wir auch dem wunderbaren Liedbegleiter Semjon Skigin aus St. Petersburg, der unsere Konzerte immer wieder durch originelle Programmideen bereicherte und mehrfach als Liedbegleiter engagiert wurde. Ihm verdankt der Museumsdirektor auch seinen hoffentlich einzigen Auftritt als Mitwirkender bei einem Wahnfried-Konzert, wurde er doch beim Liederabend von Julia Novikova am 21. August 2015 gezwungen, bei Ausschnitten aus der Blumenmädchen-Szene im *Parsifal* aus dem Hintergrund aufzutreten und aus der Partie des Titelhelden den Vers »Wie duftet ihr hold! Seid ihr denn Blumen?« beizusteuern. Zu einem Engagement bei den Festspielen hat das unbegreiflicherweise nicht geführt.

Weitere Katastrophen

Zu den Kuriositäten zählen auch Begebenheiten und Erlebnisse, die zunächst deutlich weniger amüsant, ja katastrophal erscheinen und erst im Rückblick, mit einigem zeitlichen und emotionalen Abstand, eher anekdotischen Charakter annehmen. Das tatsächlich schlimmste Vorkommnis seit 1993 ereignete sich 2013, ausgerechnet im Jahr von Wagners 200. Geburtstag, aus Anlass einer großen Wagner-Ausstellung im Kulturzentrum der alten japanischen Kaiserstadt Nara, für die wir zahlreiche Leihgaben beigesteuert hatten und die der Museumsdirektor als Kurier begleitete, um Transfer, Aufbau, Objektmontagen und konservatorische Bedingungen wie Licht und Klima zu überwachen. Das aufwendigste und

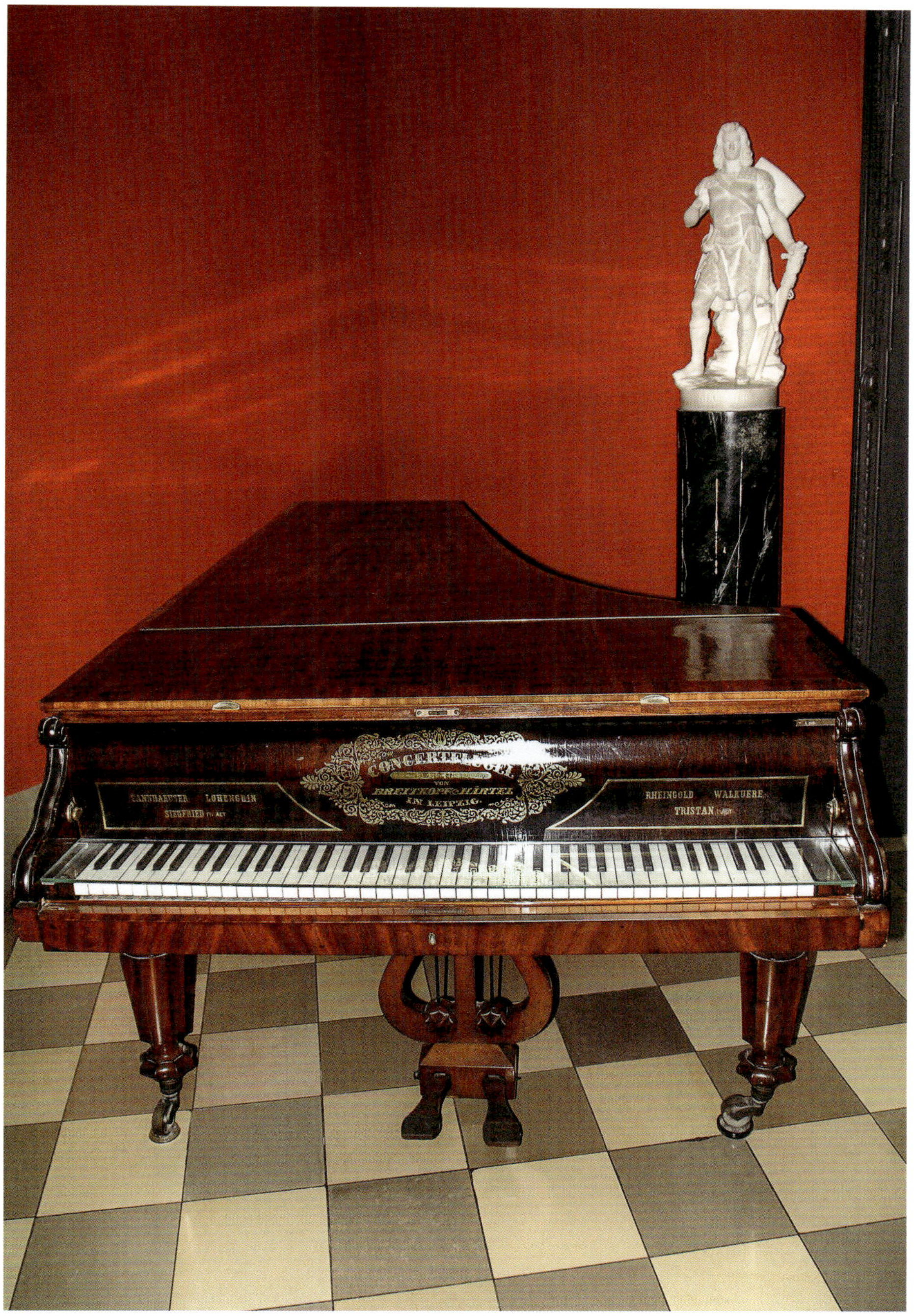

Richard Wagners Flügel von Breitkopf & Härtel

größte Objekt war der braune Flügel von Breitkopf & Härtel, den Wagner zwischen 1843 und 1855 zum Komponieren nutzte, auf dem also *Tannhäuser*, *Lohengrin*, *Rheingold* und *Walküre* entstanden. Dieser war für den Transport von der Spedition sorgsam demontiert und in eine große Kiste verpackt worden, wobei jedes Einzelteil seine von Hand ausgeschnittene, passgenaue Aussparung im Polstermaterial erhielt.

Vor dem Kulturzentrum in Nara wurde die Kiste dann zunächst von einem Kran auf eine Terrasse im 1. Obergeschoss gehoben. Die Ausstellungsräume befanden sich jedoch noch eine Etage höher, die lediglich durch eine nicht besonders stabil anmutende Freitreppe zu erreichen war. Obwohl die japanischen Spediteure die Kiste wie ein rohes Ei behandelten, baten wir darum, doch von einem freihändig getragenen Transport über diese Treppe absehen zu wollen. Daraufhin bauten die findigen Mitarbeiter ein wohl 5–6 Meter hohes Turmgerüst, welches sie über eine Schiene mit einem kleineren Äquivalent auf der oberen Galerie verbanden. Die Kiste mit dem Flügel sollte nun mit einem Flaschenzug nach oben und sodann mittels einer Laufkatze auf die Galerie gezogen werden. Aufgrund des nicht unbeträchtlichen Gewichts bot sich den Rollen der Laufkatze jedoch ein gewisser Widerstand, sodass der hohe Turm beim Ziehen plötzlich mangels ausreichender Sicherung in bedrohliche Schieflage geriet. Schon war der Mund geöffnet, um »Stopp!!« zu rufen, da schwankte der Turm auch schon unter der Schiene hindurch zurück, diese kippte nach unten in den freien Raum, während das andere Ende jenseits des Drehpunkts auf dem kleineren Turm nach oben schoss, ein beträchtliches Loch in die Raumdecke bohrte und die Laufkatze samt Kiste blitzartig abwärts sauste, um nach kurzem freiem Fall mit gehöriger Wucht und einem ungesunden dumpfen Knall auf dem Boden aufzuschlagen. – Totenstille. Erstarrung. Die japanische Kuratorin war auf der Treppe zusammengesunken, hatte sich entsetzt die Hände vor den Mund geschlagen und begann tonlos zu schluchzen. Die Kiste war an einer Seite aufgeplatzt, das innere Auge sah nur noch Splitter und Sägemehl.

Die mit gesenktem Kopf murmelnd herumstehenden Arbeiter wurden gebeten, die Kiste vorsichtig zu öffnen, die Teile herauszunehmen und nun doch – da alternativlos – über die Treppe nach oben zu schaffen. Erstaunlicherweise war dank der grandiosen Verpackungskünste unserer Spedition kein einziges Teil irreparabel zerbrochen oder zerstört worden, sodass der Flügel tatsächlich montiert und auf seinem vorgesehenen Ausstellungspodest aufgestellt werden konnte. Nur die Tastatur klemmte etwas schief in ihrem Rahmen, was jedoch in einem unbeobachteten Moment durch einen gezielten Faustschlag behoben werden konnte. Der Bitte um einen Klavierrestaurator und einen Versicherungsvertreter aus Osaka wurde dienstbeflissen sofort entsprochen. Die Schäden wurden ermittelt und der Versicherung mitgeteilt. Nachdem das Instrument, das allerdings auch zuvor nicht mehr spielbar gewesen ist, nach Bayreuth zurückgekehrt war, wurde Freund Udo Steingraeber (geb. 1956), der Chef der renommierten Bayreuther Klavierbaumanufaktur, mit der wir seit über 30 Jahren gut und eng zusammenarbeiten, um eine Luxusrestaurierung gebeten, welche diese auch bereitwillig unternahm und die natürlich von der japanischen Versicherung bezahlt werden musste. Danach ist der Flügel heute in besserem Zustand als jemals zuvor und befindet sich wieder an seinem ursprünglichen Ort in Cosimas »Lila Salon«. Ende gut, alles gut.

Gleich an zweiter Stelle steht ein Wasserschaden zu Beginn des Frühlings 2022. Natürlich an einem Freitag, dem Nachmittag des 18. März, kam ein Anruf von unserem Haustechniker: »Ich glaube, wir haben hier ein Riesenproblem!« – Beim letzten Kontrollgang vor dem Wochenende war Wasser auf dem Kellerboden des Siegfried-Wagner-Hauses in dem Bereich bemerkt worden, in welchem die Chamberlain-Bibliothek eingelagert worden war. Es stand zwar »nur« etwa 2–3

Zentimeter hoch, aber im Lagerraum bot sich ein Bild des Schreckens: Die unteren Bücherkartons waren durchweicht, hatten nachgegeben und die in zwei Lagen darüber gestellten Kartons waren verrutscht und teilweise ebenfalls ins Wasser gefallen. Zwar hatten die tüchtigen Mitarbeiter begonnen, einige Kisten zu öffnen und die völlig durchnässten Bücher herauszunehmen, aber es war schnell klar, dass die fällige Bergung so nicht zu bewerkstelligen sein würde. Dankenswerterweise war die Freiwillige Feuerwehr schnell mit etwa 40 Kräften vor Ort und begann unter großem Einsatz mit der Bergung und Trockenlegung. Nachdem auch unsere Bibliothekarin Kristina Unger und einige andere Mitarbeiter eingetroffen waren, wurden die tropfnassen Bücher zunächst einzeln nebeneinander auf dem Boden des Erdgeschosses ausgebreitet. Bei einigen hatten sich Rücken und Einbände gelöst. Insgesamt etwa ein Drittel der insgesamt rund 12.500 Bücher war betroffen, und in kürzester Zeit schwamm auch hier der Boden.

Fatalerweise hatten wir die kulturhistorisch hoch bedeutsame Bibliothek fünf Jahre zuvor aus dem Dachgeschoss des Chamberlain-Hauses in die vermeintlich sicheren Lagerräume im Siegfried-Wagner-Haus verbringen lassen – und zwar ausgerechnet aus Angst vor einem Wasserschaden, ist doch das Dach des stark sanierungsbedürftigen Hauses undicht, was bereits zuvor zu massivem Wassereintritt über Decken und Wände geführt hatte. – Die Überflutung im Siegfried-Wagner-Haus war offenbar durch ein Rücklaufventil in einem Nebenraum erfolgt, das im vorhergehenden Herbst nach Entleerung der Gartenwasserleitung zu Beginn der Forstperiode nicht wieder geschlossen worden war. Nachdem nun am Vormittag des Unglückstages das Hauptventil für die Gartenbewässerung wieder geöffnet wurde, trat das Wasser aus diesem Rücklaufventil aus. Obgleich sich in diesem Raum vorschriftsgemäß ein Bodenabfluss befindet, der aber entweder bereits verstopft war oder von einem herabgefallenen, durchnässten Karton blockiert wurde, konnte das Wasser schließlich über die etwa 3 Zentimeter hohe Türschwelle steigen und in den Nebenraum mit den dort gelagerten Bücherkisten fließen. Wie meist bei solchen Ereignissen also eine Verkettung unglücklicher Umstände. Wenigstens aber handelte es sich um sauberes Leitungs- und kein Schmutzwasser.

Am Nachmittag des Folgetages traf der Notdienst der Leipziger Fach-Firma Paperminz Bestandserhaltung ein, da zur Schadensbegrenzung (Vermeidung von Schimmelbildung) eine unverzügliche Verbringung der betroffenen Bücher in die Gefriertrocknung erforderlich war. Noch am selben Nachmittag und Abend sowie am Sonntagvormittag wurden die Bücher fachgerecht in Folien verpackt und noch am selben Tage sowie am Montagvormittag nach Leipzig transportiert, in einer dort vorhandenen Spezialanlage gefriergetrocknet und danach fachgerecht restauriert. Zwei Jahre später kehrten sie nach Bayreuth zurück, die Bibliothek lagert jetzt wieder am vorherigen Ort im Siegfried-Wagner-Haus, wo sie nach dem »Garp-Prinzip« nun »pre-desastered« und damit sicher sein sollte.

Ausstellungen

Schon im Jahr der Neueröffnung 2015 war es mit einem vollständig neuen Museum nicht getan, sondern in der neuen Ausstellungshalle im Neubau wurde bis Ende Januar 2016 die erneut vom Büro artes kuratierte Schau *»Wahnfried« oder »Aergersheim«. Die Geschichte Wahnfrieds* gezeigt. Im Frühjahr 2016 wurden wieder einmal die beeindruckenden Wagner-Illustrationen von Ferdinand Leeke unter dem Titel *Germanenkult* aus dem Depot geholt, zur Festspielzeit eröffneten wir dann die große Sonderausstellung mit Werken der großartigen Theaterfotografin Monika Rittershaus aus den Jahren 1992–2016 unter dem Titel *Wagnerbilder*. Neben einem Blick in ihre Werkstatt und beeindruckenden Inszenierungs-Impressionen ist eine eindrucksvolle Videoprojektion über 180° der unter der Marke fettFilm firmierenden Videokünstler Momme Hinrichs (geb. 1976) und des leider viel zu früh verstorbenen Torge Møller (1972–2022) in Erinnerung geblieben.

Im Frühjahr 2017 veranstalteten wir in Zusammenarbeit mit der Hochschule Hof, Campus Münchberg, und dem Bayreuther Iwalewahaus ein experimentelles »Wagner-Labor« unter dem Titel *Rifts & Scratches – Wagner re-collected*. Hier wurden Erinnerungsstücke zu Wagner und den Festspielen aus Bayreuther Privat-

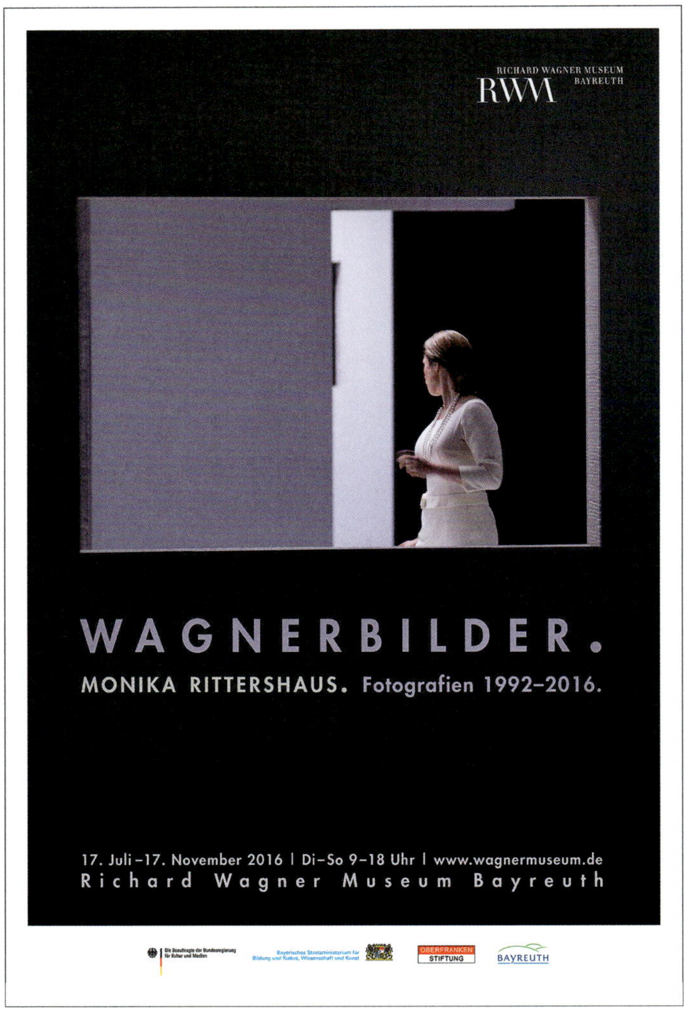

Plakat zur Ausstellung *Wagnerbilder. Monika Rittershaus. Fotografien 1992–2016*, 2016

haushalten mit multimedialen Installationen kombiniert, welche von Dozenten und Studierenden aus den Seminaren »Interaction Design« und »Information Design« des Studiengangs Mediendesign der Hochschule entwickelt und präsentiert wurden. Die Arbeitsergebnisse ihres gemeinsamen Projekts wurden zusammen mit Paul D Miller aka DJ Spooky vorgestellt. In diesem Rahmen wurde auch eine musikalische Performance mit dem japanischen Klagkünstler Shingo Inao unter dem Titel *Reingold* [sic!] – *Hringurinn víkinga* (isl. für: »Der Ring der Wikinger«) veranstaltet, eine Kombination aus Improvisation, Live-Musik und Schallplatte.

Im selben Jahr war der 100. Geburtstag Wieland Wagners Anlass für eine große Jubiläumsausstellung mit Schrift-, Bild- und Videodokumenten seines Schaffens unter dem Titel »*Es gibt nichts „Ewiges“*.« Sie spürte dem Menschen und Bühnenkünstler Wieland Wagner nach und vermittelte einen Eindruck von der zwar lediglich 15 Jahre währenden und damit vergleichsweise kurzen, jedoch bis heute legendären Epoche der Bayreuther Festspiele und damit der Musiktheaterkunst und eines radikal gewandelten Wagnerbildes weltweit. Die szenografische Form und multimediale Ausstattung der vom Stuttgarter Atelier Brückner gestalteten Ausstellung machte zudem die wesentlichen theater- und kulturgeschicht-

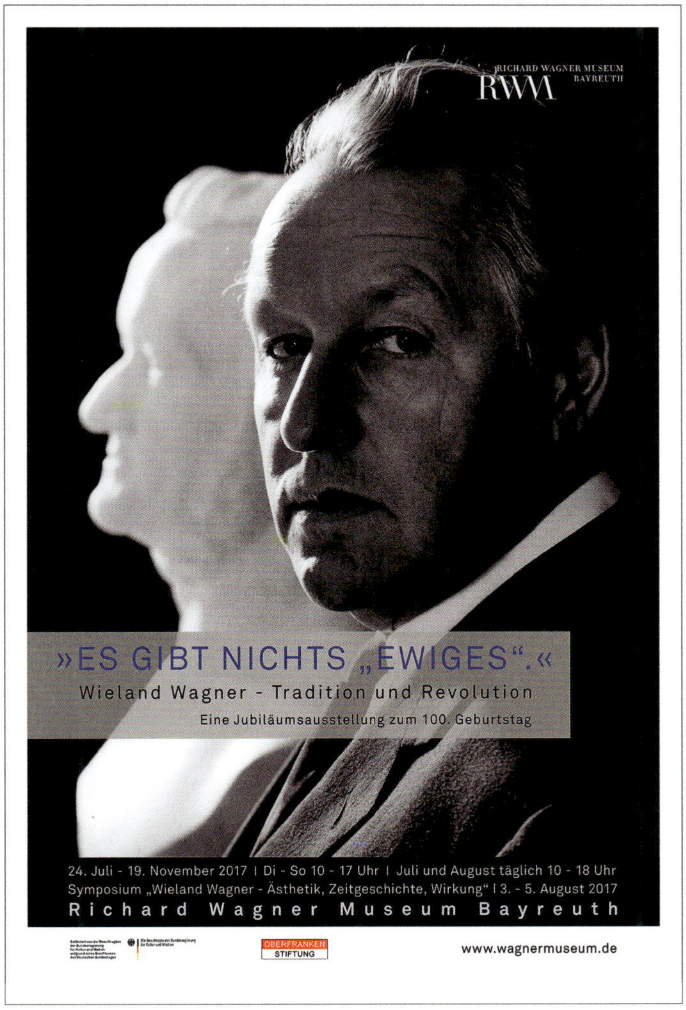

Plakat zur Ausstellung *»Es gibt nichts „Ewiges“.« Wieland Wagner – Tradition und Revolution*, 2017

lichen Aspekte des Theaters Wieland Wagners sinnlich erfahrbar. Hierzu fand in Wahnfried auch ein wissenschaftliches Symposium statt, dessen Beiträge Sven Friedrich zusammen mit Prof. Dr. Stephan Mösch (geb. 1964) unter dem gleichen Titel auch in Buchform herausgegeben hat.

Zur denkwürdigen Neuinszenierung der *Meistersinger von Nürnberg* von Barrie Kosky (geb. 1967) als erstem jüdischen Regisseur in Bayreuth hatten wir in unserer Schatzkammer ausnahmsweise einmal keine Partitur aus dem eigenen Bestand ausgestellt, sondern die originale autografe Partiturreinschrift Wagners als Leihgabe des Germanischen Nationalmuseums Nürnberg. Außerdem konnten wir ein Podiumsgespräch über Wagner mit Christian Thielemann und dem Stuttgarter Antiquar und Wagner-Spezialisten Ulrich Drüner (geb. 1943) veranstalten, der viele Jahre als Bratschist am Stuttgarter Staatsorchester tätig war. Nachdem auch Thielemann ausgebildeter Bratschist ist, lag kaum etwas näher, als den Abend mit einem der zahllosen Bratschisten-Witze zu beginnen. Allerdings weigerten sich beide, einen solchen zum Besten zu geben. Den von uns daraufhin beigesteuerten »Wie heißt die Schlussrunde in einem Bratschisten-Wettbewerb? – Achtelfinale.« fand zumindest Kapellmeister Thielemann albern.

Zum 100. Geburtstag Friedelind Wagners am 29. März 2018 fand in Wahnfried ihr zu überfälligen Ehren ein Festakt mit Kompositionen Siegfried Wagners und einem Festvortrag von Dr. Eva Weissweiler statt, die 1994 bereits Friedelind Wagners Buch *Nacht über Bayreuth* neu herausgegeben und 2013 auch eine Biografie mit dem Titel *Erbin des Feuers. Friedelind Wagner – Eine Spurensuche* vorgelegt hatte. Es folgte die Eröffnung einer Sonderausstellung mit dem Titel *»Ich lasse mich nicht zermahlen!!!« – Friedelind Wagner und Bayreuth* im Siegfried-Wagner-Haus, dem Wohnhaus ihrer Mutter Winifred Wagner, zu der sie zeitlebens ein angespanntes Verhältnis gehabt hatte. Die rebellische Wagner-Enkelin zeigt mit ihrem Lebensweg, dass man als Mitglied der Wagner-Familie nicht zwingend Nationalsozialist(in) gewesen sein muss. Die Ausstellung präsentierte bis zum 27. Mai zahlreiche Briefe, Fotografien und Schriften aus ihrem Nachlass, die ihren lebenslangen Kampf um intellektuelle Unabhängigkeit innerhalb der dominanten Wagner-Dynastie verdeutlichen. So wurde zunächst das Thema Widerstand und Emigration behandelt, der frühe Bruch Friedelinds mit der Familie und ihre Flucht aus dem nationalsozialistischen Deutschland sowie aus dem wohlbehüteten Haus Wahnfried im Alter von gerade einmal 21 Jahren im Jahr 1939. Danach wurden Dokumente zu ihrem Leben im amerikanischen Exil gezeigt, wo sie unter anderem mit Unterstützung des großen Dirigenten Arturo Toscanini (1867–1957) in Rundfunkbeiträgen gegen den Nationalsozialismus arbeitete. Ein weiterer Fokus lag auf ihrer Rückkehr nach Bayreuth nach dem Krieg und ihrem Versuch, mit den innovativen »Master Classes«, die sie von 1959 bis 1966 leitete, junge Künstler an den »Grünen Hügel« zu holen und die Festspiele zu modernisieren. Von ihren Brüdern Wieland und Wolfgang wurde sie jedoch nicht ernstgenommen und unterstützt, in Bayreuth schlug ihr Ablehnung als »Vaterlandsverräterin« entgegen. Sie bewohnte das Gärtnerhaus neben Wahnfried, konnte hier aber nie mehr richtig Fuß fassen. Umso mehr hat es uns gefreut, dass der Stadtrat unserer

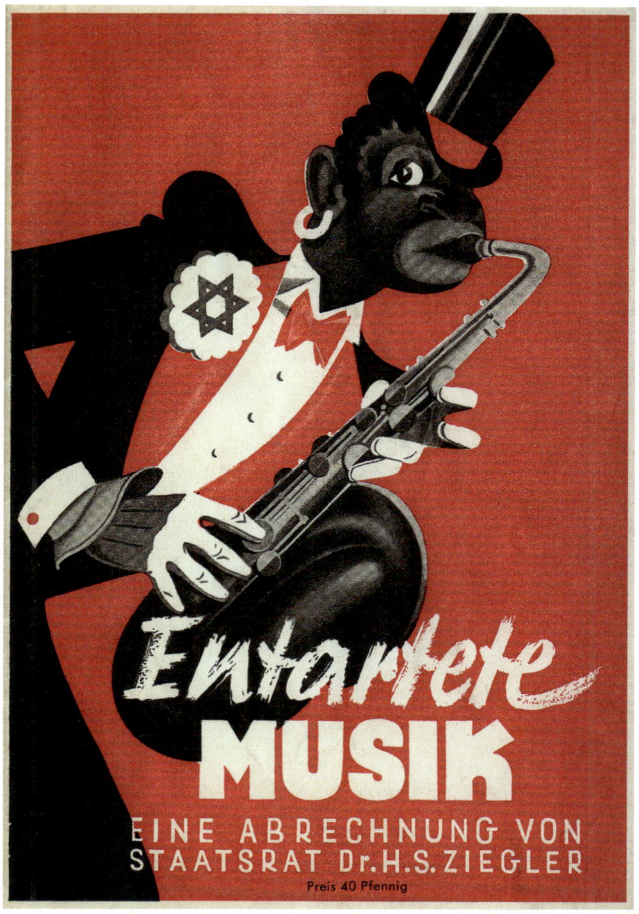

Titelblatt der Broschüre *Entartete Musik – Eine Abrechnung von Staatsrat Dr. H.S. Ziegler*, 1938

Anregung einstimmig gefolgt ist, und die »Hans-von-Wolzogen-Straße« 2022 in »Friedelind-Wagner-Straße« umbenannt wurde.

Im selben Jahr konnten wir einen weiteren Beitrag zur Auseinandersetzung mit der NS-Zeit leisten, indem es gelang, die von Alberecht Dümling (geb. 1949) unter dem Titel *Das verdächtige Saxophon. »Entartete Musik« im NS-Staat* rekonstruierte und kommentierte sowie durch eigene Objekte ergänzte Ausstellung zu zeigen, welche im Mai 1938 im Rahmen der Reichsmusiktage im Kunstpalast Düsseldorf eröffnet worden war. Zu diesem Anlass hatte Richard Strauss auch sein *Festliches Präludium* (1913) dirigiert. Die damalige Schau schloss an die Ausstellung »Entartete Kunst« von 1938 in München an und hatte wie diese im Rahmen der NS-Propaganda den Auftrag, jüdische, ausländische und moderne Komponisten wie unter anderem Hindemith, Schönberg oder Weill samt deren Werken mit Hörkabinen und Hetzschriften als »undeutsch« zu diffamieren und deren Entfernung aus dem deutschen Musikleben zu fordern. Diese NS-Ausstellung wurde auch in Weimar, München und Wien gezeigt.

Deren Kurator Hans Severus Ziegler (1893–1978), Generalintendant des Weimarer Nationaltheaters und Leiter des Gaukulturamts Thüringen, hatte hierzu eine Broschüre mit dem Titel *»Entartete Musik« – Eine Abrechnung* verfasst. Auf dem Titelblatt war die Karikatur eines schwarzen Jazzmusikers mit Saxophon zu sehen, der einen Davidstern im Knopfloch trägt: die rassistische Karikatur der

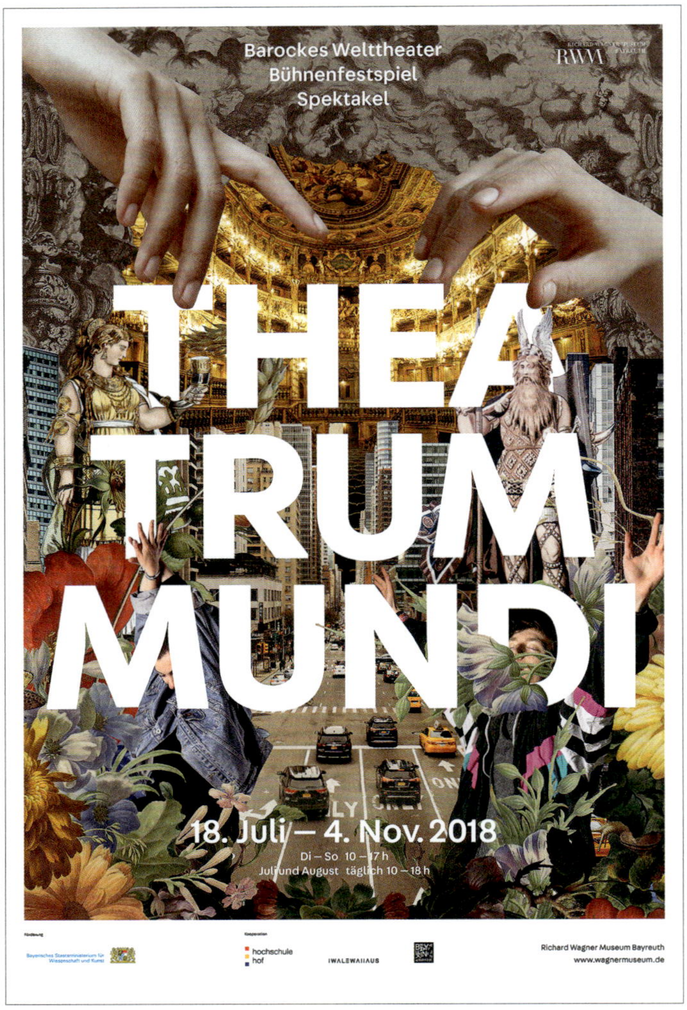

Plakat zur Ausstellung *Theatrum Mundi. Barockes Welttheater. Bühnenfestspiel. Spektakel*, 2018

Titelfigur aus Ernst Kreneks Jazzoper *Jonny spielt auf*. Ziegler hatte 1924 die politische Wochenzeitung *Der Völkische* herausgegeben, aus der später die Tageszeitung *Der Nationalsozialist* hervorging. Bereits seit 1925 war er Mitglied der NSDAP und seit 1933 Staatsrat und Mitglied der Staatsregierung von Thüringen, Präsident der Deutschen Schillerstiftung und Reichskultursenator. Nach dem Röhm-Putsch brachte ihn seine Homosexualität zunehmend in Bedrängnis. Bereits 1930 hatte er als stellvertretender Gauleiter einen Erlass für das Land Thüringen unter dem Titel »Wider die Negerkultur, für deutsches Volkstum« herausgegeben, 1941 erstellte er eine Liste für den »Hochbegnadeten Nachwuchs«, der vom Kriegsdienst freigestellt werden sollte. Auch Wieland Wagner stand auf dieser Liste und wurde vom Militärdienst befreit. Ziegler gehörte zu jenen besonders unappetitlichen Erscheinungen, die auch nach dem Krieg aktiv rechtsextremes Gedankengut verbreiteten und so für die prekären Kontinuitäten im Schatten der »Stunde null« stehen. Als Alterssitz wählte er Bayreuth, das in seinen Augen für Hitler einst »Kraftquell« und »Hauptkapital seiner musischen Natur« gewesen sei. Unbeanstandet war er bis mindestens Herbst 1962 am Mädchengymnasium (heute Richard-Wagner-Gymnasium) als Aushilfslehrkraft für Englisch tätig. Außerdem war er für die Leitung der geplanten Studiobühne der Volkshochschule

Plakat zur Ausstellung
Der Prinzipal. Wolfgang Wagner und die »Werkstatt Bayreuth«, 2019

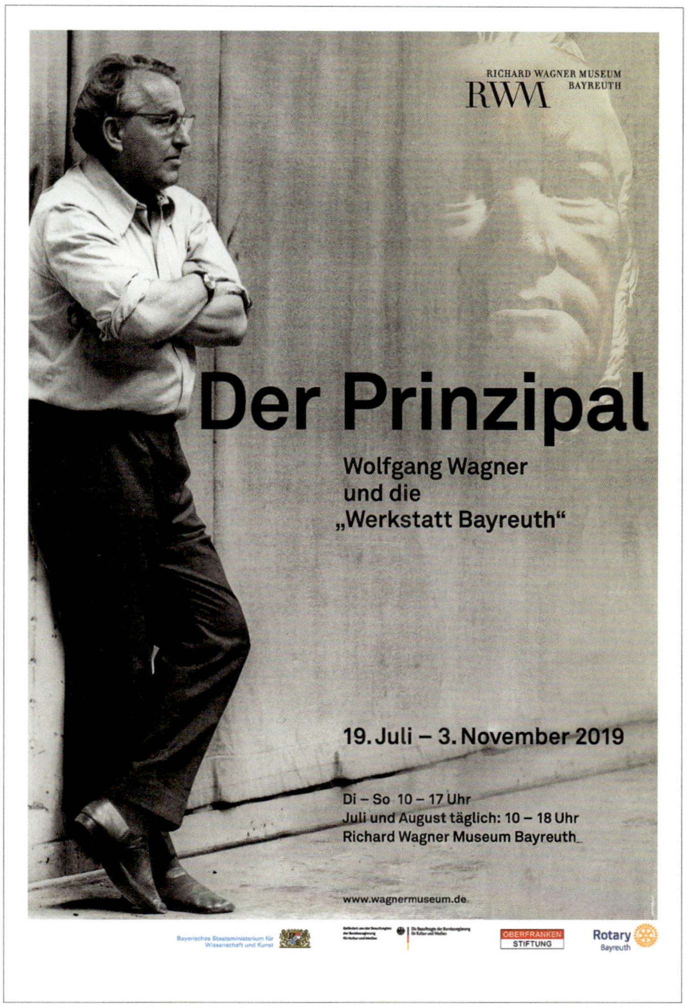

vorgesehen. 1964 veröffentlichte er sein Buch *Adolf Hitler – aus dem Erleben dargestellt* im Verlag des ehemaligen SS-Führers Waldemar Schütz, erhielt dafür aber eine Strafanzeige des Künstlers Arie Goral wegen Verherrlichung des Nationalsozialismus und antisemitischen Gedankenguts. Ziegler lebte gleichwohl als angesehener Mitbürger bis zu seinem Tod im 84. Lebensjahr in Bayreuth.

Ebenfalls 2018 gab es schließlich eine Ausstellung mit dem Titel *Theatrum Mundi. Barockes Welttheater, Bühnenfestspiel, Spektakel* als Blick auf die Vorläufer der Festspielidee Wagners und das 2012 auf die Liste des UNESCO-Weltkulturerbes aufgenommene und in diesem Jahr wiedereröffnete Markgräfliche Opernhaus. In Kooperation mit der Hochschule Hof, Campus Münchberg, dem Iwalewahaus Bayreuth und BayFinK näherte sich die Ausstellung mit den multimedialen Mitteln unserer Zeit den Fragen nach Inszenierung und Inhalt, Schein und Sein, Rolle und Selbstbestimmtheit als Gemeinsamkeit von barocker Oper, Wagners Gesamtkunstwerk und den heutigen virtuellen Realitäten des Internets.

Aus Anlass des 150. Geburtstags Siegfried Wagners begaben wir uns vom 4. April bis zum 26. Mai 2019 auf eine Spurensuche nach dem Sohn, Künstler, Festspielleiter und Menschen. Mit Exponaten aus unserem Archiv, das seinen künstlerischen Nachlass bewahrt, versuchten wir Lücken in der Biografie des

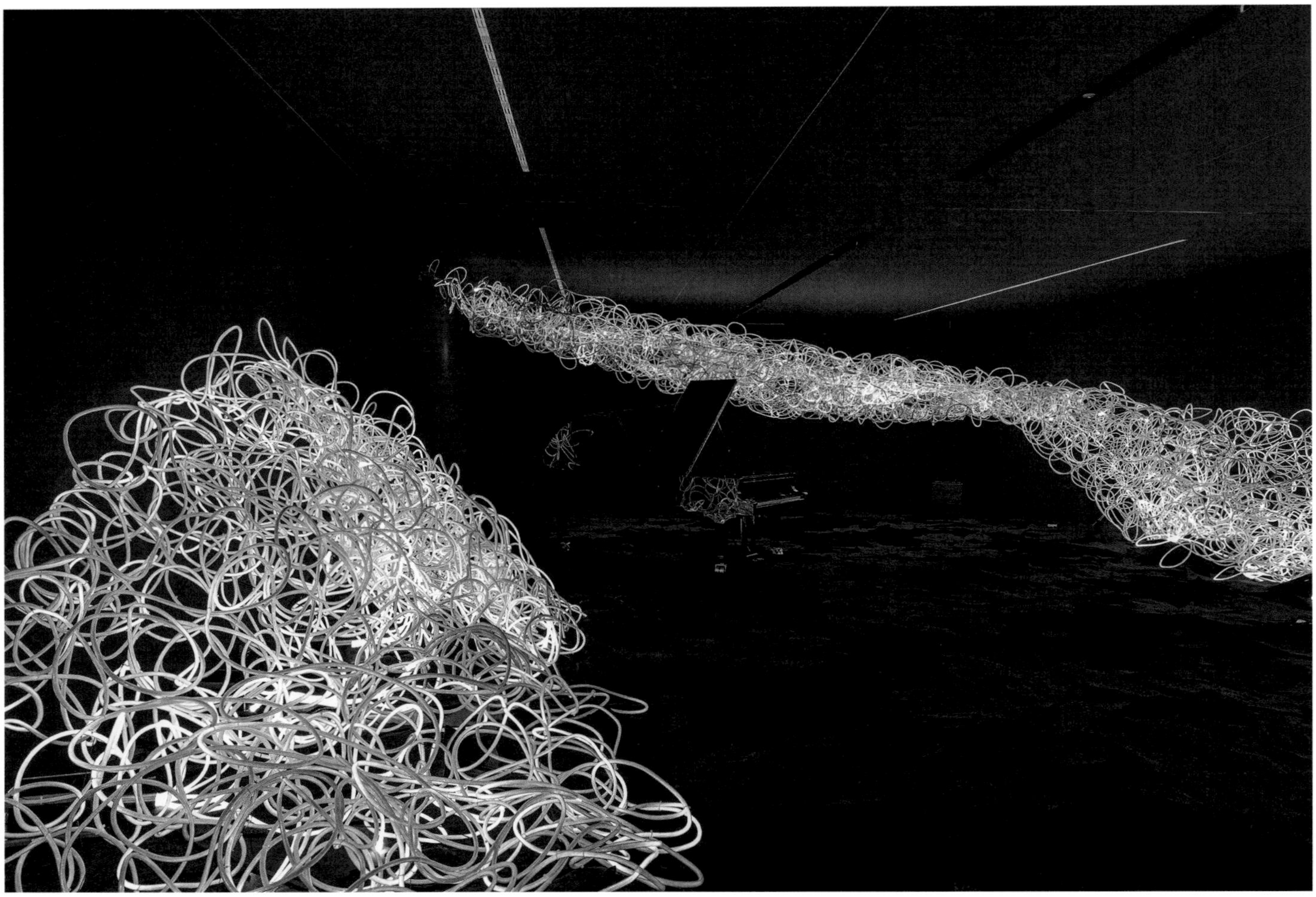

»Begehbare Landschaften der Melancholie« in der Ausstellung *rosalie und wagner. licht – mythos – material*, 2020

Wagner-Erben zu schließen, die bis heute seine Persönlichkeit, sein Künstlertum und seine Weltanschauung zur Projektionsfläche für unterschiedliche Interpretationen und kontroverse Diskussionen machen.

Im Mittelpunkt des Jahres stand indessen der 100. Geburtstag Wolfgang Wagners am 30. August, dessen Leben und Schaffen wir zur Festspielzeit mit der großen Sonderausstellung *Der Prinzipal. Wolfgang Wagner und die »Werkstatt Bayreuth«* beleuchteten. Wolfgang Wagner leitete die Bayreuther Festspiele über nahezu 60 Jahre und prägte sie während dieser schier unvorstellbar langen Ära wie kein anderer. Gleichzeitig war die Ausstellung ein Panorama deutscher Geschichte sowie gesellschaftlicher und kultureller Entwicklungen bis weit nach der deutschen Einheit, deren Spiegel, bisweilen gar Kristallisationspunkt, die Festspiele und ihr Umgang mit Werk und Person Richard Wagners immer waren. Hierzu gab es in Wahnfried auch eine Gesprächsrunde mit Erinnerungen an Wolfgang Wagner von den Kammersängern Linda Watson, Franz Mazura, Andreas Schmidt, Robert Holl, Siegfried Jerusalem und Peter Seiffert.

Im Gegensatz zum Bayreuther Brauch, die Produktionen der Festspiele nach den Regisseuren zu benennen, ist der *Ring* von 1994 bis 1998 (Musikalische Leitung: James Levine [1943–2021], Regie: Alfred Kirchner [geb. 1937]) mit dem Namen seiner Bühnen- und Kostümbildnerin rosalie (1953–2017) verbunden

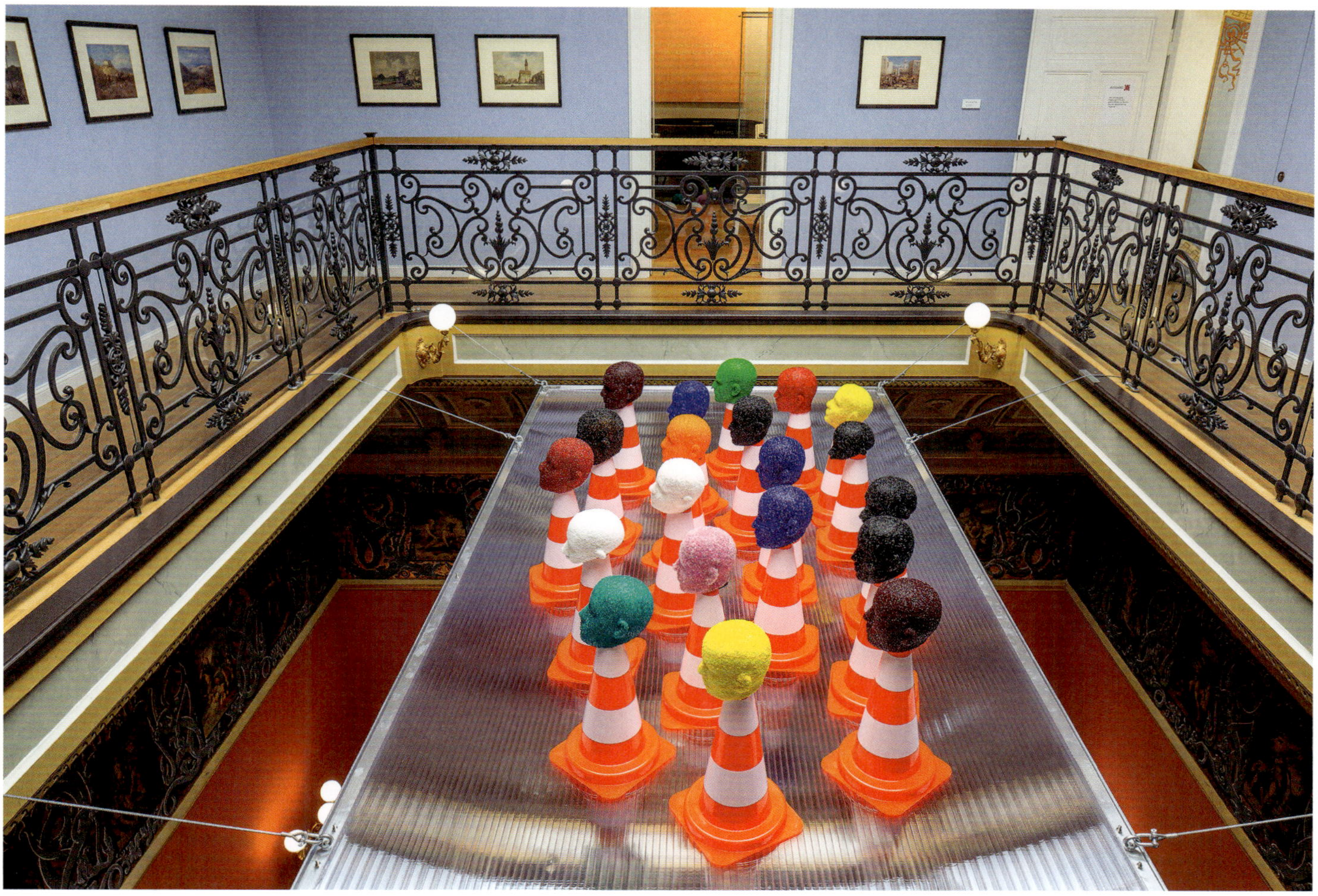

»*Heldenstück*« in der Ausstellung *rosalie und wagner. licht – mythos – material*, 2020

und in Erinnerung geblieben. Ein Vierteljahrhundert später haben wir unter dem Titel *rosalie und wagner. licht – mythos – material* eine große Werkschau ihres Bühnenschaffens zeigen können. Es wurde die bislang aufwendigste Sonderausstellung des Museums. Dabei schien das Projekt schon beendet, bevor es überhaupt begonnen hatte: Irgendwann im Herbst 2016 saßen wir mit rosalie im Museumscafé zusammen und plauderten über alte Zeiten. Dabei entstand die Idee zu der Ausstellung, die wir dann durch ihren Tod am 12. Juni 2017 jedoch zusammen mit ihr begraben glaubten. Ein Jahr später saßen wir im Sommer wieder einmal in dem wild-romantischen Biergarten *Auf der Theta* hoch über Bayreuth, uns gegenüber ein freundliches Paar. Man kam ins Gespräch, es stellte sich heraus, dass es sich bei den beiden um Thomas Jürgens und Julia Mottl vom Stuttgarter atelier rosalie handelte – und plötzlich lebte die Idee wieder.

Mit den Licht- und Bilderwelten »ihres« Bayreuther *Ring* hatte rosalie, Schülerin von Jürgen Rose (geb. 1937), Festspielgeschichte geschrieben. Für Wagners Mythos vom Anfang und Ende der Welt hatte sie ein Kaleidoskop aus disparaten Kunstgebilden in exquisiter Farbigkeit geschaffen, in denen Alltagsgegenstände in dessen Kontext gestellt wurden. Die im gesamten Farbspektrum leuchtenden Eimer der Regenbogenbrücke und die Schirme des Waldwebens beispielsweise sind in bleibender Erinnerung. Durch seine Bildmächtigkeit bekannte sich die-

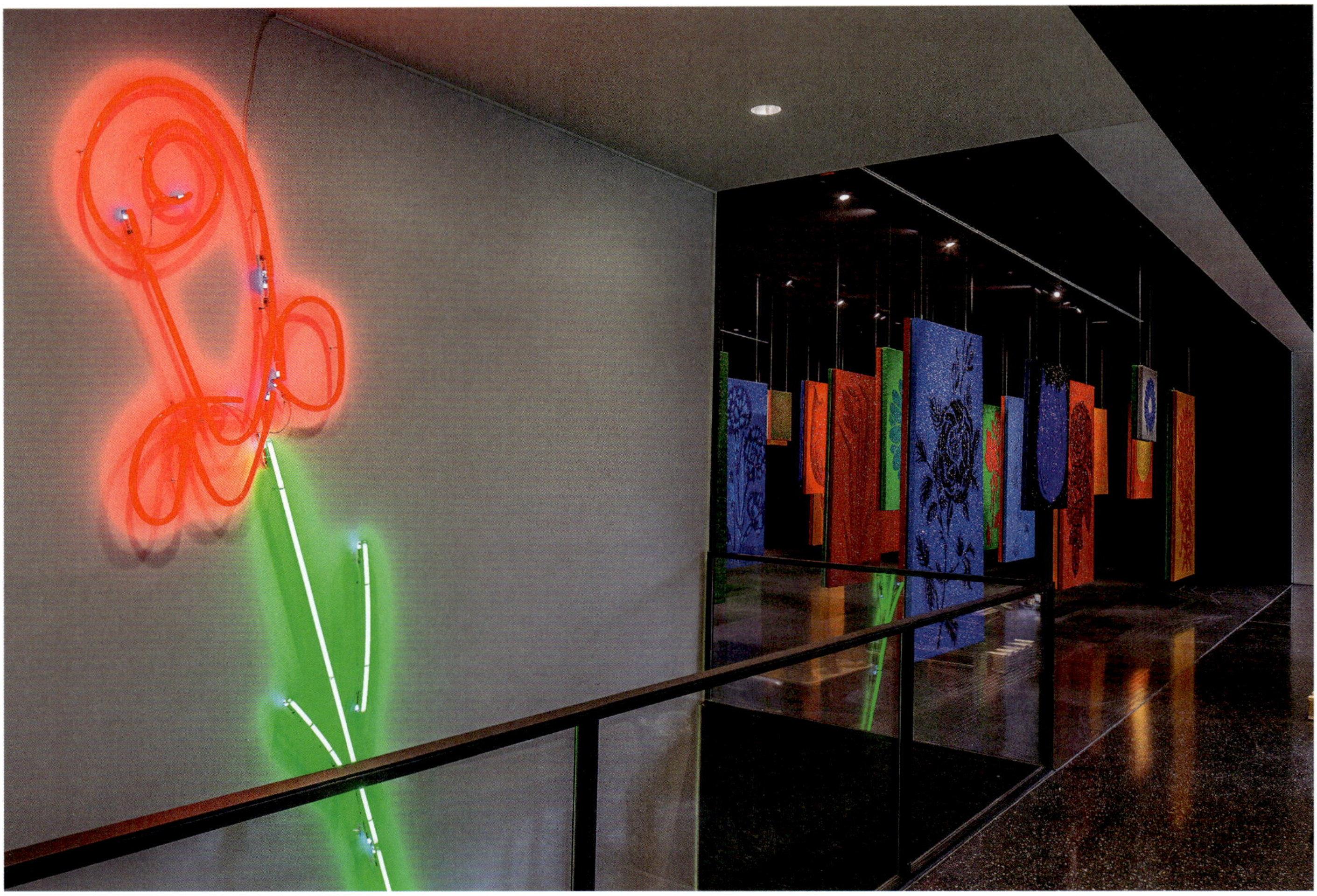

»Neon-Rose« und *»Kristallpark – Hängende Gärten der Melancholie«* in der Ausstellung *rosalie und wagner. licht – mythos – material*, 2020

ser *Ring* auch zur Verführungskraft des Medienzeitalters. In der Ausstellung zeugten Bühnenbildmodelle und Kostümentwürfe, Notizen und Regiebücher, Kostüme und Requisiten sowie Filme und Fotos von der Planung und Entwicklung der Inszenierung. Aber auch weitere beeindruckende Licht-Installationen rosalies wurden gezeigt, so beispielweise *Klinger – Begehbare Landschaften der Melancholie*, bei der Besucher in einem Raum durch das Betreten von Ahornblättern aus Filz einen automatischen Flügel und einen Wirbel aus Lichtfasern steuerten, *Mahler 8*, bei der das gigantische Finale von Mahlers Achter Symphonie durch eine Farb-Licht-Skulptur visualisiert wurde oder *Die Schatzkammer*, eine betretbare Box mit dutzenden rotierenden Warnleuchten.

Eigentlich hatte die Ausstellung wie üblich zu den Festspielen eröffnet werden sollen, die wegen der Covid-Pandemie aber ausfielen. Durch die Krise waren auch die üblichen Zeitpläne ziemlich schnell über den Haufen geworfen worden, sodass die Eröffnung erst am 20. Oktober stattfinden konnte. Da weitere Planungen aufgrund der Unsicherheiten und der extremen Situation ohnehin unmöglich waren, wurde die Ausstellung bis zum 3. Oktober 2021 gezeigt. So leuchtete die *Neon-Rose* an der Wand hinter der Fensterfront des Galeriebaus während dieses bedrückenden Winters wie ein fröhliches Zeichen der Hoffnung in den Wahnfried-Park.

Bereits im März 2020 hatte unter der Schirmherrschaft von Festspielleiterin Katharina Wagner in Barcelona ein internationaler Kunstwettbewerb anlässlich ihrer geplanten *Lohengrin*-Produktion im Gran Teatre del Liceu in Barcelona stattgefunden, bei dem wir der Jury angehörten. Die vier preisgekrönten Werke wurden dann in Kooperation mit dem Richard-Wagner-Verband Barcelona vom 26. Juli bis 2. September 2022 in der Halle des Hauses Wahnfried gezeigt.

In diesem Jahr begannen wir auch eine Ausstellungs-Trilogie, die Wagner einmal mehr vom Sockel holen sollte. Sie begann mit der Schau *VolksWagner. Popularisierung – Aneignung – Kitsch*, in der Wagners Einfluss auf die Populärkultur und seine Rezeption in der Alltagswelt gezeigt wurde. Die Fortsetzung war 2024 *Mensch Wagner*, die den Giganten des Musiktheaters von seiner persönlichen, privaten und menschlichen Seite zeigte, als Zeitgenossen, der mit seinen alltäglichen Sorgen und Nöten, aber auch Freuden von uns weniger weit entfernt ist, als es durch den Wagner-Mythos den Anschein haben könnte. 2025 schloss sich der Zyklus mit *Spot(t)-Light. Richard Wagner in der zeitgenössischen Karikatur* mit Leihgaben aus der Sammlung Gunther Braam (geb. 1972). Auch hier erschien Wagner einmal nicht in der übermenschlichen Größe kultischer Verehrung, sondern in der oft ätzenden, seine Eigenarten und Fragwürdigkeit mit spitzer Feder aufspießenden Darstellungen der Karikaturisten. Im »Zwischenjahr« 2023 jährte sich

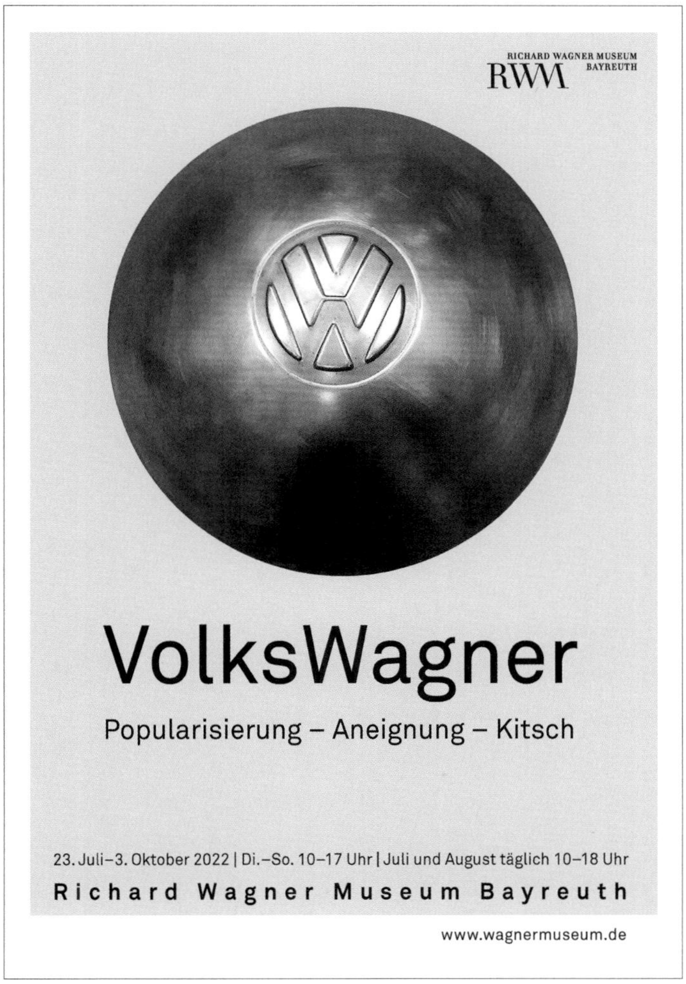

Plakat zur Ausstellung *VolksWagner. Popularisierung – Aneignung – Kitsch*, 2022

Susanne Schinkel, *Hotel Fantaisie*, Aquarell, 1878

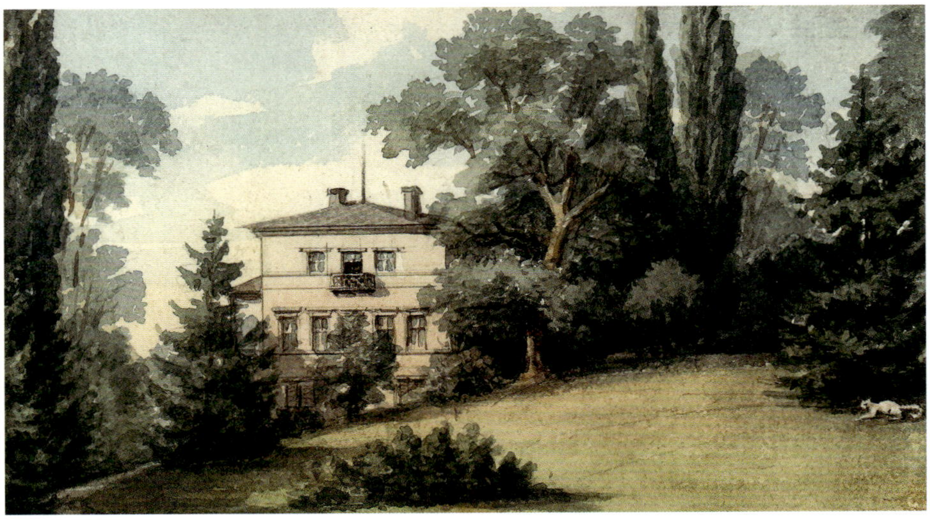

überdies das 50-jährige Bestehen der Richard-Wagner-Stiftung. Nachdem diese in der Öffentlichkeit eher eine Phantomerscheinung ist, nahmen wir das Jubiläumsjahr zum Anlass für einen Festakt und eine Dokumentation ihrer Geschichte, Aufgaben und Strukturen.

Nach mehrjähriger Schließung ist seit 2021 das »Wagnerzimmer« im ehemaligen Hotel Fantaisie in Donndorf zu besichtigen – Wagners erster Unterkunft in Bayreuth. Während des fünfmonatigen Aufenthalts begann Richard Wagner hier mit der Realisierung des Festspielhauses, plante Haus Wahnfried, vollendete die Orchesterskizze der *Götterdämmerung* und den zweiten Band seiner Autobiografie *Mein Leben*. Das Schlafzimmer, in dem Teile des Mobiliars erhalten sind, wurde im Hotelbetrieb bis 2015 als »Wagnerzimmer« vermietet. Nach umfangreichen Sanierungsmaßnahmen sind nun die Räumlichkeiten mit dem Originalmobiliar als Leihgabe der Oberfrankenstiftung sowie einigen Exponaten und Erläuterungen zu besichtigen. Die museale Konzeption und Einrichtung der privat betriebenen Räumlichkeiten durften wir kuratorisch begleiten und unterstützen.

Aus dem Bestand der Wahnfried-Bibliothek zeigten wir 2023 in unserem Grafik-Kabinett als besonders schönes Stück *Die Mutter von Wikipedia: Die* Encyclopédie *von Diderot und d'Alembert*. Es war die erste Kabinettausstellung, der künftig weitere folgen sollten und werden, so im Folgejahr die *Rosenstöcke* von Wagners fünfzehnjähriger Tochter Isolde, genannt »Loldi«, die später nach dem unglücklichen Prozess gegen ihre Mutter Cosima auf Anerkennung der Vaterschaft Richard Wagners aus der Familie ausgestoßen wurde. Zu Wagners 67. Geburtstag am 22. Mai 1880 hatte sie ihrem Papa in der Villa d'Angri in Neapel eine Art Bildbiografie geschenkt, 65 Manschetten mit wichtigen Lebensereignissen, die Töpfe mit Rosenstöcken zieren sollten. Im selben Jahr gab es auch eine Intervention im Wahnfried-Speisezimmer zum Thema *Essen und Trinken bei Wagner*, 2025 zeigten wir dann wieder im Grafik-Kabinett Arpad Schmidhammers Kostümentwürfe für den *Ring* 1896 unter dem Titel *Einmal Bayreuth und zurück*, und 2026 widmeten wir uns hier der Nutzung des Festspielhauses zwischen Kriegsende und Wiederbeginn unter dem Titel *Madame Butterfly in Walhall. »Fest-Spiele« 1945–1950*.

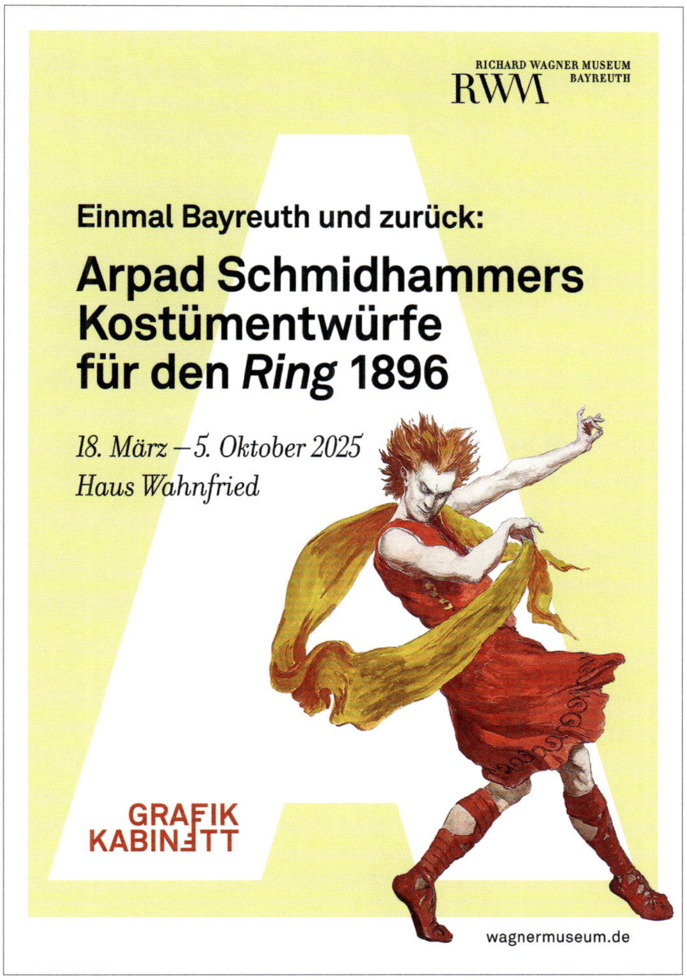

Plakat zur Ausstellung *Einmal Bayreuth und zurück: Arpad Schmidhammers Kostümentwürfe für den* Ring *1896*, 2025

Konzerte und andere Veranstaltungen

Auch die bereits seit 1999 erfolgreich durchgeführten Kammerkonzerte im Saal von Wahnfried wurden nach der Museumserneuerung fortgeführt. Im Mittelpunkt steht dabei stets der Steinway-Flügel Wagners von 1876, sei es für Solo-Recitals, Liederabende oder Kammermusik. Nach der Generalüberholung 1978, bei der jedoch leider historische Teile durch moderne ersetzt wurden und damit eigentlich ein hybrides Instrument entstanden war, wurde er 2025/26 von dem für derartige Aufgaben führenden europäischen Atelier von Chris Maene in Ruiselede/Belgien originalgetreu restauriert. Ermöglicht wurde dies durch eine großzügige anonyme Spende.

In den vergangenen 10 Jahren haben über 80 Konzerte veranstaltet werden können, weshalb es leider unmöglich ist, alle zu dokumentieren, und unangemessen, einzelne hervorzuheben. Für die Pianisten jedenfalls ist es stets ein besonderes Vergnügen und Erlebnis, auf dem Flügel Wagners zu spielen, dessen Tasten auch die Finger Franz Liszts berührt haben, dem vielleicht größten Klaviervirtuosen zumindest des 19. Jahrhunderts. Die Mischung von arrivierten und Nachwuchskünstlern ist für das Publikum dabei nicht weniger reizvoll als die Auftritte von Solisten der Festspiele, die hier einmal nicht mit voller Kraft über die Rampe in den Zuschauerraum singen müssen, sondern sich in der intimen

Empfang der Stipendiaten der Richard-Wagner-Stipendienstiftung im Park von Haus Wahnfried, 2025

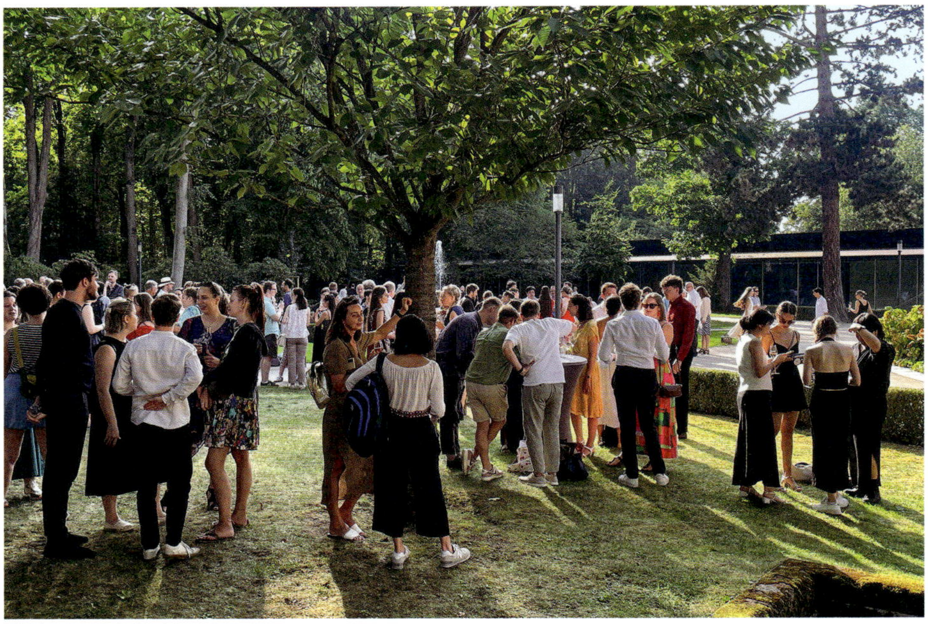

Nähe des Wahnfried-Saals als sensible und interpretationsstarke Liedgestalter beweisen können. Bei der Durchführung der Konzerte ist es schließlich schön und hilfreich, dass wir über eine Anzahl ehrenamtlicher Mitarbeiterinnen und Mitarbeiter verfügen, die bei der Bewältigung des Publikumsverkehrs gute Dienste leisten.

Eine der besonders segensreichen Bayreuther Einrichtungen ist die Richard-Wagner-Stipendienstiftung, deren Wirken wir daher bereits in mehreren Ausstellungen dokumentiert haben. Die im Richard-Wagner-Verband International zusammengeschlossenen weltweiten Richard-Wagner-Verbände sowie die Gesellschaft der Freunde von Bayreuth ermöglichen mit weiteren Spenden und Zustiftungen von engagierten Mäzenen und privaten Förderern durch die Stipendienstiftung jedes Jahr 250 begabten angehenden Musikern, Sängern und anderen Bühnenschaffenden, die als Nachwuchs für Orchester oder Bühne der Bayreuther Festspiele infrage kommen, gratis den Besuch mehrerer Aufführungen. Hinzu kommt ein Sonderkontingent für 25 junge Musiker und Musikerinnen aus Osteuropa. So ist es uns stets ein besonderes Anliegen, die Stipendiatinnen und Stipendiaten bei einem zwanglosen Empfang im Museum zu begrüßen und dadurch zu einer Bereicherung ihres Bayreuthaufenthalts beizutragen.

Als Wissenschaftsbetrieb ist das Museum auch ein prädestinierter Ort für Symposien, bei denen Experten Schlaglichter auf verschiedene Themen werfen und diskutieren. So fand in Zusammenarbeit mit dem Wissenschaftsformat der Festspiele *Diskurs Bayreuth* am 28. uns 29. Juli 2017 eine Tagung zum Thema *Wagner im Nationalsozialismus – Zur Frage des Sündenfalls in der Kunst* statt. Im Folgejahr wurden dann vom 3. bis 5. August *Verbote (in) der Kunst* in den Blick genommen, vom 2. bis 4. August 2019 galt das Interesse *Richard Wagner – Drama und Inszenierung*. Auch hier wurde die Fortführung für zwei Jahre durch die Covid-Pandemie unterbrochen. Dem sehr kontroversen Thema *Tendenzen und Perspekti-*

ven der Wagner-Regie widmeten wir uns zusammen mit namhaften Referenten dann am 2. und 3. August 2022, am 3. Februar 2023 reflektierten wir bei einer Podiumsdiskussion unter dem Titel *Alles wird gut!? – Aufgaben und Ausblicke für Museen heute!* zusammen mit Marion Grether, der Leiterin des Zukunftsmuseums Nürnberg, und Dr. Thomas Schauerte, Generaldirektor der Museen der Stadt Aschaffenburg, als Kollegen aus Ober-, Mittel- und Unterfranken Erfahrungen und Perspektiven aus der Covid-Pandemie.

Eine weitere besondere Veranstaltung fand am 31. Juli 2018 statt. Wenige Monate zuvor hatten sich zwei Damen aus den USA gemeldet, Nachfahrinnen eines ehemaligen GI, der bei Kriegsende in Bayreuth stationiert gewesen war und in den Trümmern Wahnfrieds einen Taktstock gefunden, eingesteckt und mitgenommen hatte. Es handelt sich um jenen Taktstock, mit dem Wagner das aus Anlass der Geburt seines Sohnes Siegfried komponierte und zu Cosimas Geburtstag am 25. Dezember 1870 im Treppenhaus von Tribschen uraufgeführte *Siegfried-Idyll* dirigiert hat. Dieser sollte nun nach Wahnfried zurückkehren und die Übergabe in würdigem Rahmen erfolgen. – So riefen wir also Christian Thielemann an und schilderten ihm eine Vision: »Sie, im Saal des Hauses Wahnfried, bei Sonnenuntergang den Blick auf des Meisters Grab gerichtet und mit *seinem* Taktstock, wie er selbst seinerzeit, das Siegfried-Idyll dirigierend …«. Nach kurzer Atempause kam die auf typische Weise knappe Antwort: »Ja, det mach ich!«. Und so geschah es.

Ebenfalls 2018 – und seitdem in jedem Jahr – fand erstmals das Abschlusskonzert der von den Festspielen veranstalteten Meisterkurse für den sängerischen Nachwuchs, die von bedeutenden Solisten geleitet werden, in Wahnfried statt. Nach Elena Pankratova war es 2019 Dame Gwyneth Jones. In der Begegnung mit ihr, deren Brünnhilde den Museumsdirektor 1980 überhaupt erst zum Wagnerianer gemacht hatte, schloss sich beinahe 40 Jahre später ein Kreis. In den Folgejahren traten dann die Teilnehmer der Meisterkurse von Günther Groiss-

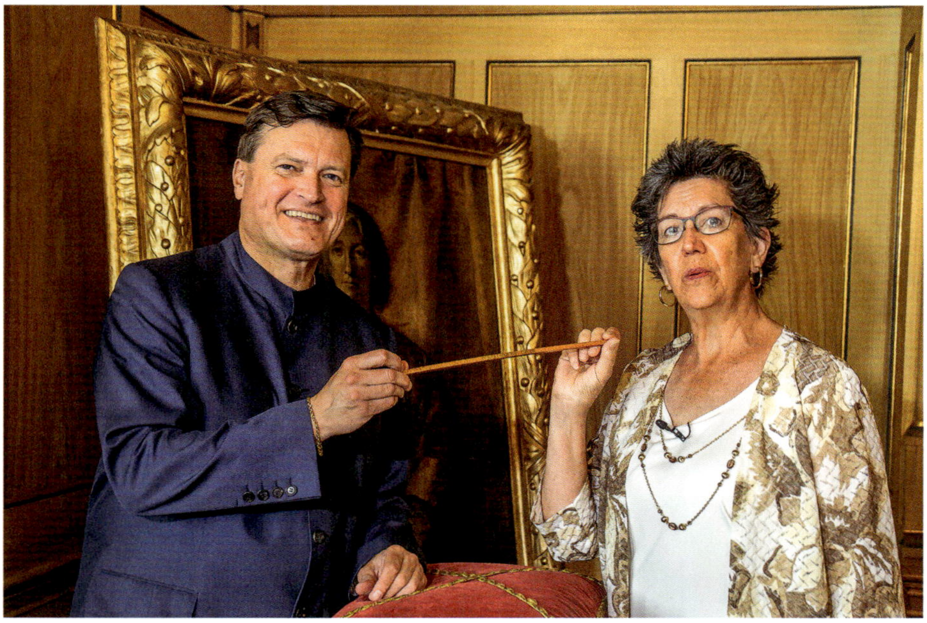

Übergabe von Richard Wagners Taktstock mit Christian Thielemann, 2018

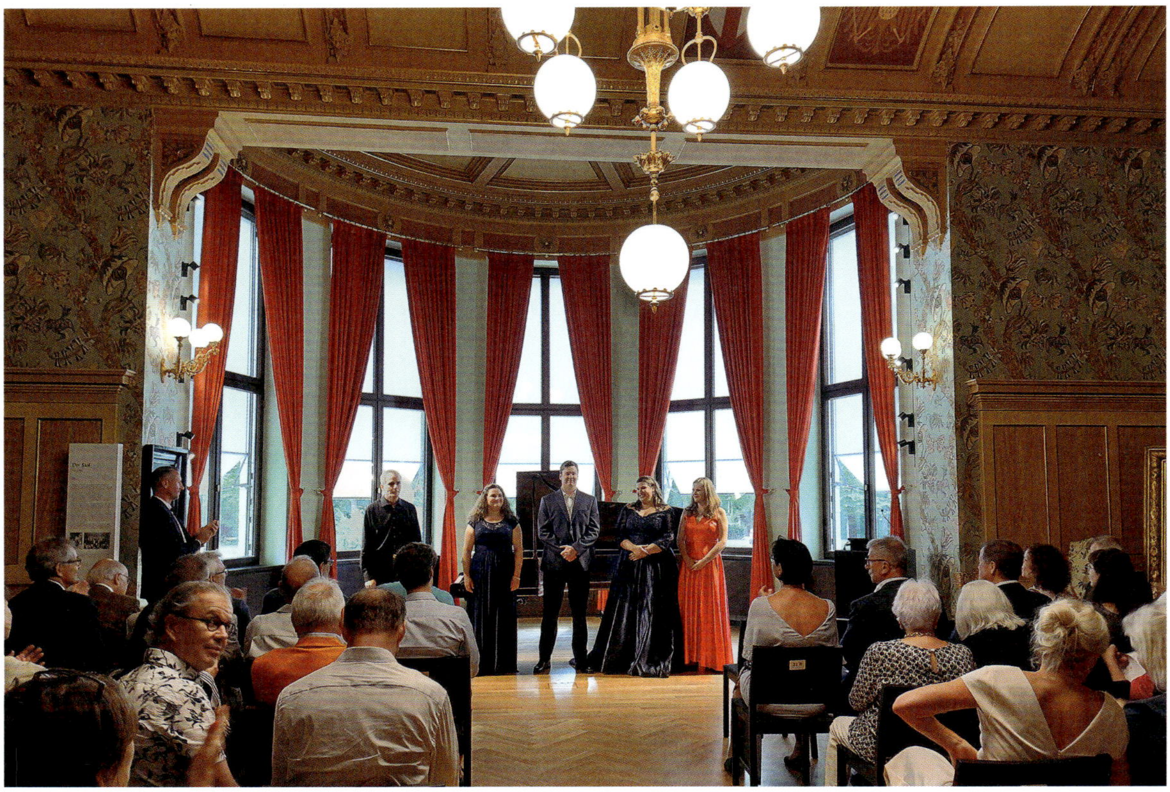

Abschlusskonzert des Meisterkurses von Catherine Foster, 2022

böck, Stephen Gould (†), Catherine Foster, Markus Eiche, der großen Waltraud Meier und Tomasz Konieczny in Wahnfried auf.

Bereits seit 2011 haben wir die Freude und Ehre, am Vormittag eines jeden Vorstellungstages der Festspiele die Inszenierungseinführungen im Festspielhaus bestreiten zu dürfen. Seit 2019 schließen sich daran im Museum etwa halbstündige Einführungen für Einsteiger unter dem Titel *Wie (üb)erlebe ich einen Tag am Grünen Hügel?* an. In diesem letzten Jahr vor der Pandemie fand dann am 5. August auch eine Gedenkveranstaltung für den Dirigenten der *Parsifal*-Uraufführung Hermann Levi (1839–1900) zum 180. Geburtstag statt, bei dem auch einige seiner Liedkompositionen erklangen. Nur drei Tage später interpretierte der damalige Beckmesser-Darsteller Johannes Martin Kränzle (geb. 1962) in hinreißender Weise unter anderem jiddische Lieder.

Nach dem Ende der pandemiebedingten Schließungen Ende Mai 2021 war der Museumsbesuch wieder ohne Anmeldung und Kontaktdatenerfassung möglich. Es galt »nur« noch Maskenpflicht und die sogenannte »3-G-Regel«, wonach der Besuch Genesenen, Geimpften oder Getesteten gestattet war. So kehrte nach bedrückenden Monaten langsam das Leben ins Haus zurück. Am 30. Oktober, in der Nacht zu Halloween, erwachten dann auch die Geister des Hauses. Wie in der Filmkomödie *Nachts im Museum* aus dem Jahr 2006 wurden hier Gestalten lebendig und begannen, im Museum umherzuwandern und Unruhe zu stiften. Sie begegneten den Besuchern bei deren nächtlichen Rundgängen wie auf einer Fahrt mit der Geisterbahn sprechend, musizierend, tanzend und gestikulierend. Nach dieser überaus erfolgreichen *Museumsgeisterbahn*, die wir in Zusammenarbeit mit

Gartenfest in Park von Haus Wahnfried, 2024

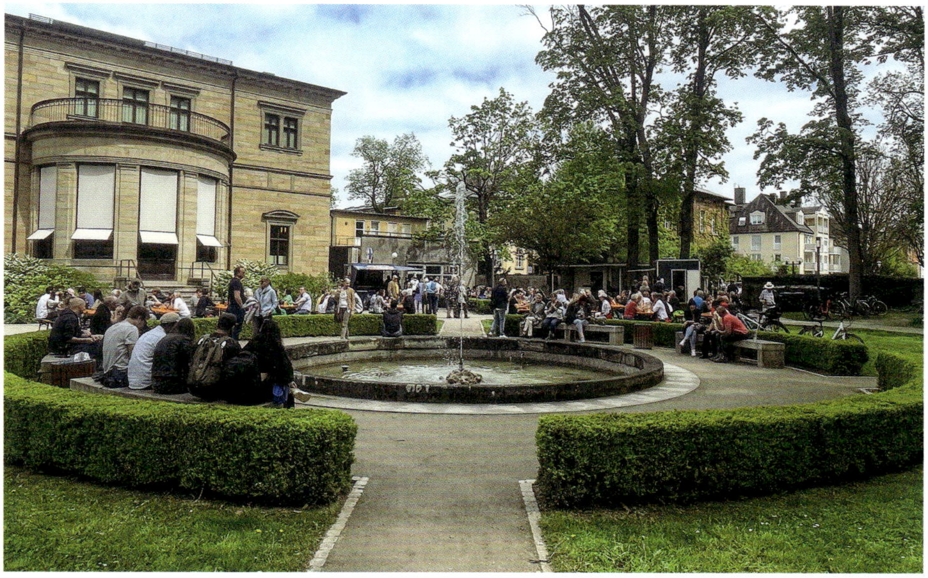

der studiobühne bayreuth unter der Regie von Dorothea Kirschbaum realisieren konnten, kooperierten wir im Folgejahr erneut und produzierten am 29. und 30. August unter dem Titel *Ich. Alma* nicht minder erfolgreich die Uraufführung einer musikalisch-szenischen Collage über Alma Mahler-Werfel (1879–1964).

Am 28. April 2024 feierten wir genau 150 Jahre nach dem Einzug der Familie Wagner in Wahnfried bei herrlichstem Wetter und Jazz-Musik aus Winifred Wagners Teepavillon bei Bier und Bratwürsten endlich wieder unbeschwert ein Gartenfest im Park für alle Bürgerinnen und Bürger. Bei dieser Gelegenheit wurde auch erstmals der Prototyp einer neuen, interaktiven Anwendung für unsere Dirigentengalerie im Untergeschoss des Neubaus öffentlich vorgestellt. Diese war 10 Jahre nach der Neueröffnung des Museums an ihre physikalischen Grenzen

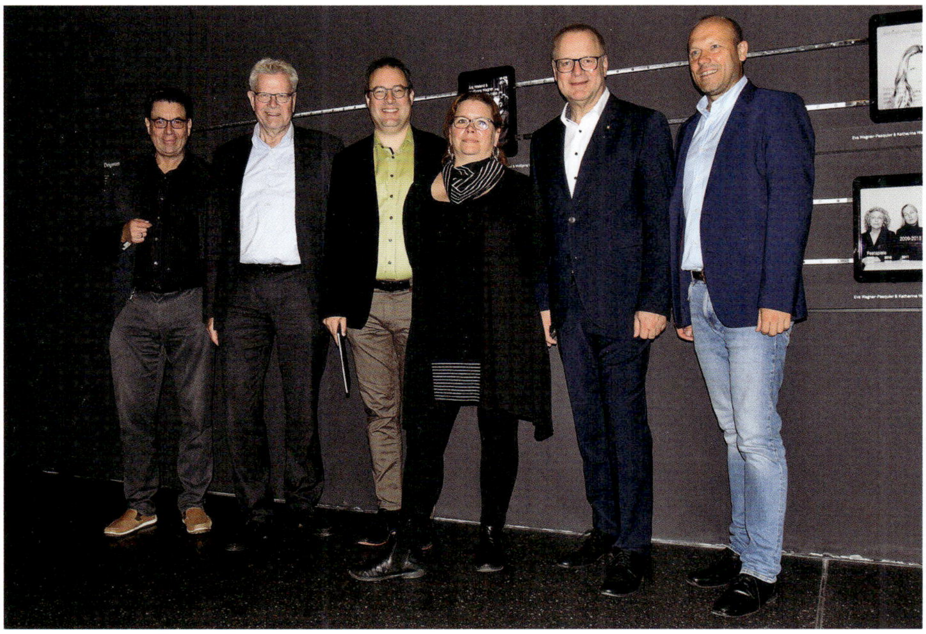

Eröffnung der digitalen Dirigentenwand, 2025: Museumsdirektor Sven Friedrich, Oberbürgermeister Thomas Ebersberger, Regierungspräsident Florian Luderschmid, Isabel Reindl (Landesstelle für die nichtstaatlichen Museen in Bayern), Wolfram Münch (Vorstandsvorsitzender der Sparkasse Bayreuth), Stefan Seewald (Geschäftsführer der Oberfrankenstiftung) (v.l.n.r.)

gestoßen, sprich: Es gab schlicht keinen Platz mehr für neue Porträts. Das war besonders misslich, weil dadurch auch die ersten weiblichen Dirigenten der Festspiele Oksana Lyniv und Nathalie Stutzmann nicht mehr erscheinen konnten. Daher hatten wir beschlossen, die bisherige Porträtgalerie durch eine laufend aktualisierbare digitale Installation zu ersetzen, mittels derer die Lebensdaten aller Festspiel-Dirigenten und -Dirigentinnen, die von diesen geleiteten Produktionen und andere Informationen interaktiv über mobile Bildschirme abrufbar sind. Plattform und Hardware wurden von der Forschungsgruppe Interaction & Data Driven Design des Instituts für Informationstechnologie der Hochschule Hof, Campus Münchberg, entwickelt. Ergänzend zur bereits seit der Neueröffnung besonders beliebten »Interaktiven Partitur« wurde das Angebot außerdem durch eine virtuelle Anwendung erweitert, die es den Besucherinnen und Besuchern ermöglicht, in einer Art Videospiel selbst einmal ein Wagner-Orchester zu dirigieren und dabei spielerisch die Grundlagen des Taktschlags sowie die Basiselemente des musikalischen Ausdrucks wie Tempo, Rhythmus und Artikulation zu erproben. Hier entwickelte das junge Bayreuther Unternehmen Emergo Entertainment die Hard- und Softwarelösung, womit ebenfalls eine seit vielen Jahren bestehende Praxis erfolgreicher Kooperationen mit regionalen Universitäten und Start-ups fortgesetzt werden konnte. Ermöglicht wurde das Projekt durch die großzügige finanzielle Unterstützung der Landesstelle für die nichtstaatlichen Museen in Bayern, der Oberfrankenstiftung, der Stiftung der Sparkasse Bayreuth sowie der Bayerischen Sparkassenstiftung. Bei der öffentlichen Präsentation am 7. August 2025 musste sich der Museumsdirektor beim Wettdirigieren Regierungspräsident Florian Luderschmid (geb. 1976) geschlagen geben.

Am 11. Dezember 2024 konnten wir bei Christie's, London, für einen sechsstelligen Betrag Richard Wagners Erstschrift des Librettos zum *Tannhäuser* ersteigern und so auf Dauer für die Öffentlichkeit und die Forschung sichern. Das Auto-

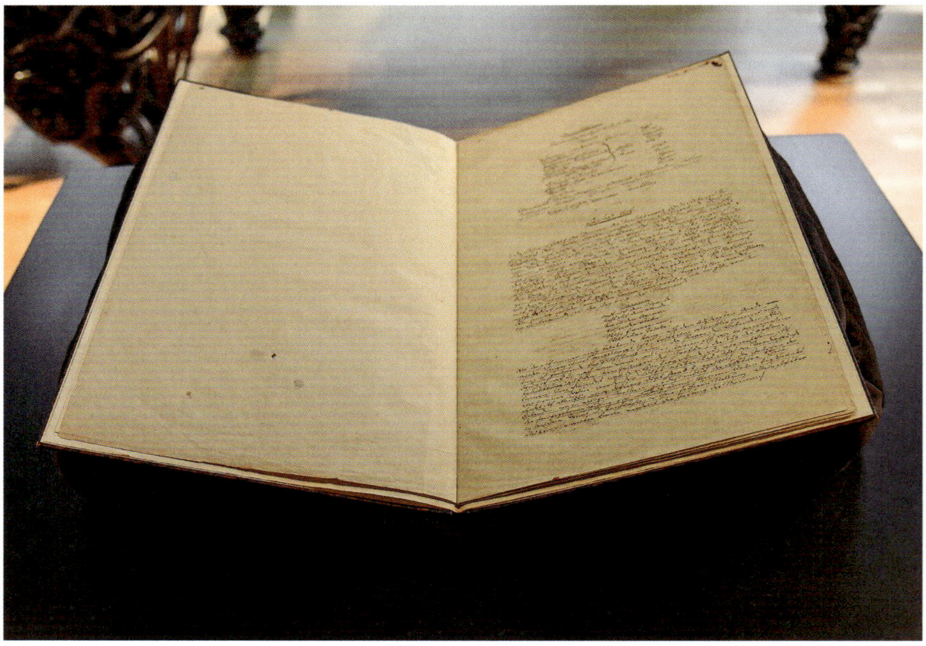

Präsentation von Wagners Erstschrift des Librettos zu *Tannhäuser*, 2025

graf ergänzt außerdem die Handschriftensammlung des Nationalarchivs um ein bislang fehlendes Glied und schließt damit auch die entstehungsgeschichtliche Dokumentationslücke zwischen Prosaentwurf und Reinschrift des Librettos. Das Manuskript mit dem ursprünglichen Titel *Der Venusberg* enthält den ursprünglichen Text mit zahlreichen Korrekturen, Streichungen und Ergänzungen. Derart umfangreiche Wagner-Handschriften sind extrem selten. Bis 1996 galt das Manuskript überdies als verschollen. Damit ist das Manuskript die wichtigste in den letzten 20 Jahren auf den Markt gelangte Handschrift Richard Wagners. Die Erwerbung wurde zu je einem Drittel der Kosten von der Kulturstiftung der Länder und der Oberfrankenstiftung gefördert. An Richard Wagners 212. Geburtstag, dem 22. Mai 2025, wurde das Manuskript von Vertretern der Richard-Wagner-Stiftung und den Förderern im Haus Wahnfried erstmals öffentlich präsentiert.

Am 17. und 18. Mai 2025 fand aus Anlass von dessen 200. Todesjahr ein Wochenende der Auseinandersetzung mit dem Werk Jean Pauls statt, der Friedrich Schiller »wie aus dem Mond gefallen« vorkam. Der marokkanische Gegenwartskünstler Yassine Balbzioui (geb. 1972) griff dies im Titel seiner im Mittelpunkt der Veranstaltungen stehenden Ausstellung *Tombé:e de la lune// Pourquoi dites-vous qu'il n'y a pas d'eau sur la lune?* (»Aus dem Mond gefallen// Warum sagen Sie, dass es auf dem Mond kein Wasser gibt?«) auf. Arrangiert von der Artist Residency Schloss Balmoral Bad Ems und anderen wurde im Museumsneubau zu einem umfassenden Programm mit Malerei und Musik geladen. Am 6. Juni 2025, dem 150. Geburtstag des höchst ambivalenten Wagnerianers Thomas Mann, präsentierten wir außerdem eine Lesung des Schauspielers und Rezitators Hans-Jürgen Schatz (geb. 1958) aus dem Kapitel »Fülle des Wohllauts« in Thomas Manns Roman *Der Zauberberg* von 1924 mit Einspielungen historischer Aufnahmen darin zitierter Musikstücke.

Die vorerst letzte größere Veranstaltung galt indessen nicht Richard Wagner, sondern wiederum Jean Paul aus Anlass von dessen 200. Todestag am 14. November 2025. In Zusammenarbeit mit dem Friedrichsforum, der im Rahmen eines baulichen Großprojekts zum zentralen Bayreuther Veranstaltungsort entwickelten Stadthalle, eröffnete Prof. Dr. Dr. h.c. Dieter Borchmeyer den Abend unter dem Motto der letzten Worte Jean Pauls auf seinem Sterbebett »Wir wollen's gehen lassen ...« mit einem Festvortrag über *Jean Paul – musikalischer Dichter und Visionär der letzten Dinge*, bevor wir nach einer Rezitation von Texten Jean Pauls von Heikko Deutschmann, musikalisch umrahmt von Ulf Schneider, Violine, und Jan Philip Schulze am Flügel, ein Podiumsgespräch mit den Schriftstellern Martin Mosebach, Tanja Kinkel und Christiane Neudecker zum Thema »Warum und wozu Jean Paul?« führen konnten. Durch die Verbindung von literarischen, musikalischen und wissenschaftlichen Aspekten wurden Jean Paul und sein Werk auf diese Weise aus verschiedenen Perspektiven reflektiert. Auch mit diesem Festakt für den großen Dichter, der just in Wagners Geburtsjahr 1813 die berühmte »Prophezeiung« niedergeschrieben hatte, dass wir noch »bis heute auf den Mann harren, der eine ächte Oper zugleich dichtet und setzt«, schloss sich also vorläufig ein weiterer Kreis.

Ausblicke

Mehr als 33 Jahre nach Amtsantritt des Verfassers dieser Dokumentation und Erinnerungen zeichnet sich in vier Jahren – der Dauer eine Olympiade also – der nächste Amtswechsel in der Leitung von Museum und Archiv ab. »Das wird dann aber auch Zeit!«, wird mancher vermutlich sagen, und falsch ist es ja nicht. Bis dahin bleibt aber noch das eine oder andere zu tun, und der Horizont ist doch noch fern genug für die eine oder andere schnurrige Geschichte oder vielleicht auch Posse.

Eine besonders große, nahezu unfassbare Freude ist die Errichtung einer Stiftung unserer Freunde Jeffrey und Nadežda Brinck, New York, für das Museum am 17. April 2026, der sie nicht nur ihre ansehnliche Wagner-Sammlung, sondern auch ihr gesamtes beträchtliches Vermögen im mittleren siebenstelligen Bereich vermacht haben. Sie reihen sich damit nach Helena Wallems Gedenkstätte als drittes großes »B« in die Reihe der herausragenden Förderer ein: Bartsch – Bales – Brinck.

Über diesen hier vorliegenden Rückblick hinaus zeichnen sich aber schon jetzt noch andere Projekte und Aufgaben ab, die jedoch voraussichtlich einem Nachfolger oder einer Nachfolgerin überlassen werden müssen. So hat der Stadtrat bereits 2017 die Neugestaltung des Franz-Liszt-Museums beschlossen, das nun nach über 30 Jahren ebenfalls unbedingt der Erneuerung bedarf. Sinnvoll wäre es dabei, das Museum auf das gesamte Haus auszudehnen, um es nicht nur bei der Ausstellung der Sammlung Ernst Burgers zu belassen, sondern auch didaktische Vermittlungsmöglichkeiten zu schaffen. Voraussetzung hierfür ist allerdings die bauliche Renovierung und Ertüchtigung des Sterbehauses Liszts, in dem sich das Museum befindet. Gleiches gilt für das Chamberlain-Haus, dessen Sanierungsbedarf vielleicht noch dringender ist als der der Liszt-Hauses. Dabei wäre der Umzug des Jean-Paul-Museums an den authentischen Ort seines Sterbehauses in der Friedrichstraße 5 sinnvoll und wünschenswert. Das Chamberlain-Haus sollte dagegen die Ausstellung im Siegfried-Wagner-Haus fortsetzen und für eine Darstellung und Vermittlung der wesentlich von Chamberlain betriebenen ideologischen Transformation von Wagners Ästhetik und Kunst in Politik und Propaganda namentlich der völkischen Bewegung und des Nationalsozialismus genutzt werden. In diesem Rahmen könnte dann auch Chamberlains derzeit im Siegfried-Wagner-Haus eingelagerte, jedoch kultur- und ideologiegeschichtlich hoch bedeutsame Bibliothek ausgestellt und öffentlich zugänglich gemacht werden. Eine solche ideologiegeschichtliche Auseinandersetzung mit den politischen Wirkungen von Kunst und Ästhetik gibt es bisher in Deutschland bislang allenfalls als Randaspekte anderer Themen und stünde Bayreuth sehr gut zu Gesicht. Denn so wie mit Jean Paul die Erinnerung das einzige Paradies ist, aus dem wir nicht vertrieben werden können, so ist sie zugleich auch die Hölle, deren Dämonen einem fortwährenden Exorzismus unterzogen werden müssen, damit sie nicht erneut von uns Besitz ergreifen.

Dankbar sind wir vor allem für die zahlreichen Begegnungen mit so vielen bemerkenswerten Menschen, die in den vergangenen 50 Jahren mit Bayreuth, den

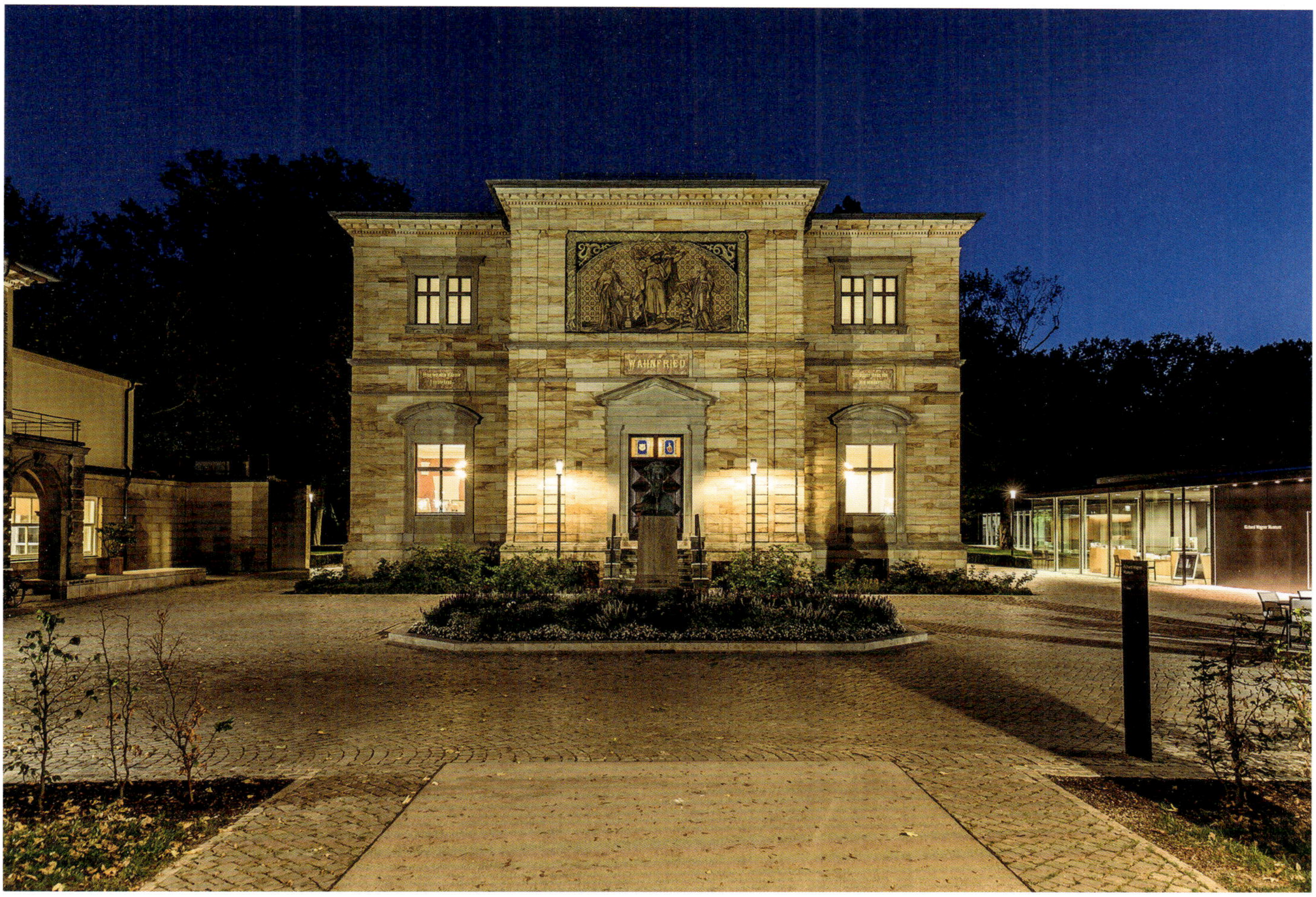

Haus Wahnfried bei Nacht

Festspielen und uns verbunden waren. Dankbar sind wir für die großen künstlerischen Persönlichkeiten, die wir in den vergangenen drei Jahrzehnten kennenlernen durften. Dankbar sind wir Kollegen, Mitarbeitern und Mitstreitern in Politik und Verwaltung. Dankbar sind wir aber auch den Widersachern, an denen man nur wachsen kann. Dankbar sind wir dem unbekannten Museumsbesucher, dem wir vielleicht etwas Freude, Nachdenklichkeit, Einsichten, aber gelegentlich vielleicht auch Verdruss bereitet haben, denn dann haben wir unsere Aufgabe erfüllen können. Dankbar schließlich sind wir all denen, die mit uns Freud und Leid eines nun doch erstaunlich langen Weges oft auch jenseits der vorgesehenen Fahrspuren geteilt haben.

Die Zukunft können wir nur ahnen. Erwartungen, gleich welcher Art, können keine Ansprüche sein, werden sie doch stets erfüllt oder enttäuscht. Für Hoffnungen dagegen besteht, gleich unter welchen Rahmenbedingungen, immer Anlass. Und der Glaube ist ohnehin stets der Stachel im Fleische jeden Zweifels. So möge das Richard-Wagner-Museum als Stätte für die lebendige und auch nachdenkliche Auseinandersetzung mit einer der großen Gestalten unserer Kulturgeschichte und Wagners unsterblichem Werk, ebenso wie alle, die dem Haus – in welcher Weise auch immer – verbunden sind und waren, auch in den nächsten 50 Jahren immerfort unter Gottes Segen stehen.

Literatur

Natalie-Felice Bartsch: Die Institutionalisierung von Wagners Erbe. Eine kulturhistorische Analyse der Richard-Wagner-Gedenkstätte in Bayreuth, Masterarbeit Hagen 2025, Nationalarchiv der Richard-Wagner-Stiftung Bayreuth, Signatur: NA A 8545.

Manfred Eger: *Auf dem Weg nach Wahnfried*, Bayreuth: Ellwanger 2011.

Manfred Eger: *Bayreuther Profile*, Bayreuth: Druckhaus Bayreuth 1984.

Manfred Eger/Sven Friedrich: *Richard-Wagner-Museum Bayreuth*, Museumsführer, Bayreuth: Neubert [14]2004.

Manfred Eger/Sven Friedrich: *Richard-Wagner-Museum Bayreuth*, Braunschweig: Westermann [15]2008.

Sven Friedrich: *Richard Wagner Museum Bayreuth*, hrsg. v. d. Richard-Wagner-Stiftung Bayreuth, Berlin/München: Deutscher Kunstverlag 2015.

Sven Friedrich: *»Das Buch eines edlen Geistes ist der kostbarste Freund«: Richard Wagner und seine Bibliotheken*, in: Klaus Döge (Hrsg.): *»Schlagen Sie die Kraft der Reflexion nicht zu gering an.« Beiträge zu Richard Wagners Denken, Werk und Wirken*, Mainz u. a.: Schott 2002.

Sven Friedrich: *Die Szene als Modell. Die Bühnenbildmodelle des Richard-Wagner-Museums und der »Ring des Nibelungen« in: Bayreuth 1876–2000*, Bayerische Museen, Bd. 30, Berlin/München: Deutscher Kunstverlag 2006.

Sven Friedrich: *Visionäre des Klangs. Das »Klingende Museum« in Richard Wagners Wohnhaus Wahnfried*, in: Kultur & Technik, Zeitschrift des Deutschen Museums 4/1997, München: Beck.

Heinrich Habel: *Festspielhaus und Wahnfried*, München: Prestel 1985.

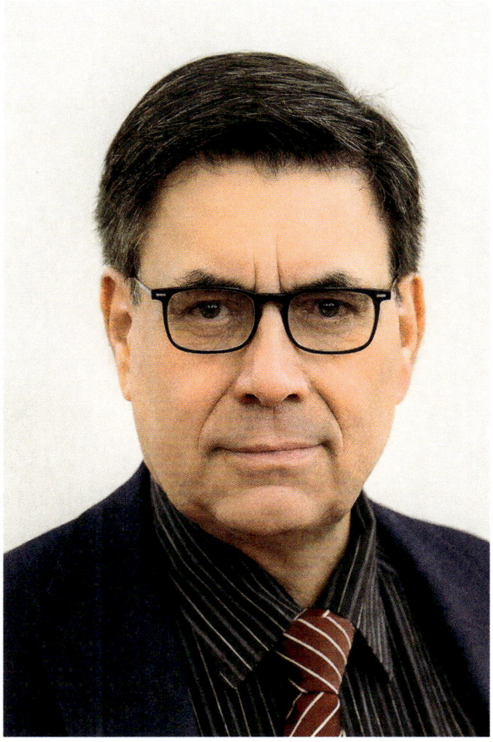

Dr. Sven Friedrich, geb. 1963, stammt aus Hamburg, studierte nach einer Ausbildung zum Bankkaufmann Theaterwissenschaft, Neuere deutsche Literatur und Kommunikationswissenschaft in München und leitet in Bayreuth seit 1993 das Richard Wagner Museum mit Nationalarchiv und Forschungsstätte der Richard-Wagner-Stiftung, das Franz-Liszt-Museum und das Jean-Paul-Museum. Im Sommer hält er im Festspielhaus die Inszenierungseinführungen zu den Produktionen der Bayreuther Festspiele. Er ist Mit- und Gründungsherausgeber der Zeitschrift *wagnerspectrum* und der Reihe *Wagner in der Diskussion* bei Königshausen & Neumann (Würzburg). Zahlreiche Vorträge, Aufsätze, Hörbücher und Ausstellungen zu Richard Wagners Leben, Werk und Wirkungen. Publikationen u. a.: *Das auratische Kunstwerk. Zur Ästhetik von Richard Wagners Musiktheater-Utopie* (Dissertation, Tübingen 1996); *Richard Wagner – Deutung und Wirkung* (Würzburg 2004); *Richard Wagner – Werke, Schriften und Briefe*, CD-ROM Digitale Bibliothek Bd. 107 (Berlin 2004); *Richard Wagners Opern. Ein musikalischer Werkführer* (München 2012); *Richard Wagner im Spiegel seiner Zeit* (Frankfurt 2013). Friedrich ist Ehrenmitglied des Richard-Wagner-Verbands Hamburg.

Spender, Sponsoren, Förderer

Jeffrey K. und Nadežda Brinck

Johannes Baillou • Bayerische Landesstiftung • Bayerische Sparkassenstiftung • Bayerisches Staatsministerium für Wissenschaft und Kunst • Bayreuther Festspiele • Der Beauftragte der Bundesregierung für Kultur und Medien • Leo Cornelissen • De Castro Family • E.ON Bayern Kulturstiftung Bayreuth • Gesellschaft der Freunde von Bayreuth e.V. • Heinz-Hermann Herbers • Adrian Indlekofer • Reiner und Karin Kersten • Dr. Juliane Kirschbaum • Klaus-Jürgen Krämer • Kulturstiftung des Bundes • Kulturstiftung der Länder • Marga Kurz • Dr. Corinna Lachmann und Dr. Kai Rösler • Landesstelle für die nichtstaatlichen Museen in Bayern • Landt Foundation gUG • Manfred Meklenburg • Oberfrankenstiftung • Rainer Markgraf Stiftung • Richard-Wagner-Verband International • Rotary Club Bayreuth • Dr. Wilhelm Rotthaus • Frank Sarnowski • Dr. Erika Glaab-Schrems und Prof. Dr. Wolfgang Schrems • Wieland Schäfer • Birgit Schleicher • Gerhard von Selzam • Sparkasse Bayreuth • Klavierfabrik Steingraeber & Söhne • Stiftung der Sparkasse Bayreuth• Elfriede und Horst R. Tittlbach • Brigitte und Klaus Trendel • Cornelia Wagner • Dr. Fridolin Wechsler • Heidi und Werner Zapf

Mitarbeiterinnen und Mitarbeiter

Alexandra Baier • Klaus Bauer • Erika Bauernfeind • Hildegard Bevern • Cristiana Bilotti-Donath • Michaela Boldt • Thomas Bourry • Johanna Bröckl • Christine Brömel • Nicola Daro • Lilith Daxenberger • Gisela Denzner • Tanja Dobrick • Ludwig Döbereiner • Sonja Döring • Elke Duschner • Teresa Dyck • Thomas Eberlein • Renate Engelbrecht • Victoria Ficht • Kevin Fickenscher • Günter Fischer • Ulrike Fischer • Almut Fohrbeck • Gudrun Föttinger • Karin Frenzel • Marco Freundlieb • Ulrich Frey • Siegfried Friemann • Leonore Fröbel • Günter Gaberz • Holger Göhl • Ursula Goßmann-Bahr • Sebastian Gruner • Lukas Gyra • Yvonne Halfter • Günter Hilpert • Helga Jach • Günther Jacob • Margarete Jacob • Birgit Jantsch • Yvonne Jost • Anna-Maria Kemper • Katja Koertge • Dimitri Koßmann • Nina Kraus • Doris Kuhn • Susanne Kutschera • Maria Langner • Barbara Lauterbach • Fanni Lentz • Bohuslava Leykam • Bärbel Lindner • Hilde Lötzbeyer • Annette Lowack • Margot Ludwig • Jadwiga Martynowska • Barbara Mayer• Laetitia Mischler • Melanie Möbius • Julia Nützel • Gabriele Palmer • Sabine Parchent • Birgit Pietsch • Monika Pillmann • Heidi Pöhlmann • Isabell Presenza • Annika Raithel • Jessica Rankl • Christa Reuth • Julia Richter • Katja Richter • Christoph Riedrich • Werner Ringler • Angela Roder • Benjamin Roderer • Angelika Rosenbaum • Heiko Rosenberger • Annette Scherer • Marie-Christine Schlotthauer • Anne Schmid-Bundschuh • Stephanie Schmid-Bundschuh • Swantje Schmid-Bundschuh • Irmgard Schoberth • Kathrin Schoepf • Bärbel Schramm• Kevin Schramm • Marion Schriefer • Laura Schröder • Florian Schütz • Monika Seeser • Heinrich Sesselmann • Janette Seufert • Yuliya Shein • Sandra Sichler • Barbara Sittig • Angelika Sutter • Julia Thyroff • Kristina Unger • Ricarda Uygun • Sigrid Vogel • Eva-Maria von Brocke • Claudia Wagner • Paul-Theodor Waltermann • Hans-Peter Warter • Julia Weigold • Doris Wiezorek • Petra Winterstein • Nora Wolf • Oliver Zeidler

Bildnachweis

Bayreuther Festspiele GmbH S. 120
bpk-Bildarchiv S. 169
Bundesregierung / Bernd Kühler S. 99
Franz-Liszt-Museum der Stadt Bayreuth S. 154
Andreas Harbach S. 105 (unten), 159, 179
Bernhard Holub S. 187
Jean-Paul-Museum der Stadt Bayreuth S. 47
Thomas Köhler, Franz-Liszt-Museum der Stadt Bayreuth S. 90, 93
Thomas Köhler, Nationalarchiv der Richard-Wagner-Stiftung, Bayreuth S. 4, 10, 38, 129, 130, 131, 133, 135, 136, 137, 138, 140, 141, 143, 144, 145, 146, 148, 150, 151, 185
Nationalarchiv der Richard-Wagner-Stiftung, Bayreuth S. 2, 14, 16, 17, 18 (oben), 18 (unten), 19, 20, 21 (links), 21 (rechts), 22 (links), 22 (rechts), 23 (oben), 23 (unten), 24, 25, 27, 28, 29, 31, 32, 33 (oben), 33 (unten), 34, 37, 40, 41, 42, 45, 46, 50, 52 (oben), 52 (unten), 53 (oben), 53 (unten), 54 (oben), 54 (unten links), 54 (unten rechts), 55 (oben), 55 (unten), 56, 57 (oben), 57 (unten), 58 (oben), 58 (unten), 59, 60 (oben), 60 (unten), 61, 63, 65, 66, 67 (oben), 67 (unten), 68, 69, 71 (oben), 71 (unten), 72, 73 (links), 73 (rechts), 74, 75, 76, 77 (oben), 77 (unten), 78, 79, 80, 82, 92, 96, 98, 100, 101, 102 (oben), 102 (unten), 103 (oben), 103 (unten), 105 (oben), 107, 109 (oben), 109 (unten), 110, 111, 114 (unten) , 116, 118, 119, 123, 124 (oben), 125, 126, 127 (oben), 127 (unten), 128, 141, 142, 152, 158, 163, 166, 167, 170, 171, 172, 173, 174, 175, 176, 177, 178, 180, 181 (oben), 181 (unten), 182
Frank M. Orel S. 124 (unten)
picture alliance / Anne Beatrice Clasmann S. 112
picture alliance / dpa / Felix Hörhager S. 113 (oben)
picture-alliance / Sven Simon S. 113 (unten)
picture-alliance/ dpa / Klaus Schultes S. 115 (oben)
picture-alliance / ZB / Thomas Schulze S. 114 (oben)
Marius Rittmeyer / Fotografie und Design S. 115 (unten)
Elke Wetzig, Wikimedia Commons (CC BY-SA 4.0) S. 122

Auftaktbilder

S. 2	Richard Wagner, 1880 (Ausschnitt)
S. 4	Haus Wahnfried, Fassade mit Büste Ludwigs II. von Kaspar Zumbusch (Ausschnitt)
S. 10	Haus Wahnfried, Halle mit Blick in den Saal, 2015 (Ausschnitt)
S. 14	Sterbesofa Richard Wagners aus dem Palazzo Vendramin-Calergi, Venedig in der Richard-Wagner-Gedenkstätte, 1930 (Ausschnitt)
S. 38	Haus Wahnfried, Halle und Blick in den Saal (Ausschnitt)
S. 50	Kitschkabinett, 2010 (Ausschnitt)
S. 90	Franz-Liszt-Museum, 2011 (Ausschnitt)
S. 116	Baugrube für das Depot, 2013 (Ausschnitt)
S. 148	Haus Wahnfried, Fassade bei Nacht, 2015 (Ausschnitt)

Impressum

Lektorat Andrea Schaller
Bildredaktion Tanja Dobrick
Mitarbeit Kristina Unger, Oliver Zeidler, Julia Nützel
Projektmanagement im Verlag Imke Wartenberg
Herstellung im Verlag Kerstin Protz
Gestaltung, Satz und Layout
Edgar Endl, booklab GmbH, München
Bildbearbeitung Savage Types Media GbR, Berlin
Druck und Bindung Beltz Grafische Betriebe GmbH, Bad Langensalza
Schriften Akkurat Pro und Filosofia
Papier Magno Volume 150 g/m²
Umschlagabbildung und Logo »Utopie und Echo«
Florian Baier, Baier Creative, Bayreuth

Verlag und Vertrieb
Deutscher Kunstverlag
Ein Verlag der Walter de Gruyter GmbH
Genthiner Straße 13
10785 Berlin

ISBN 978-3-422-80440-1

Library of Congress Control Number: 2026943589

Bibliografische Information der Deutschen Nationalbibliothek
Die Deutsche Nationalbibliothek verzeichnet diese Publikation in der Deutschen Nationalbibliografie; detaillierte bibliografische Daten sind im Internet über http://dnb.dnb.de abrufbar.

www.deutscherkunstverlag.de
www.degruyterbrill.com

Fragen zur allgemeinen Produktsicherheit:
productsafety@degruyterbrill.com

Mit freundlicher Unterstützung

BAYREUTH

RAINER MARKGRAF STIFTUNG
REGIONEN STÄRKEN & JUGEND FÖRDERN

ASKI_